REPRINT 1:

*BDÜ-KONGRESS:
DAS BERUFLICHE UMFELD DES
DOLMETSCHERS UND ÜBERSETZERS,
AUS DER PRAXIS FÜR DIE PRAXIS*

Tagungsakte (Nachdruck),
Bundesverband der Dolmetscher und
Übersetzer (BDÜ), Bonn 1993

REPRINT 1:

BDÜ-KONGRESS: DAS BERUFLICHE UMFELD DES DOLMETSCHERS UND ÜBERSETZERS, AUS DER PRAXIS FÜR DIE PRAXIS

Herausgegeben vom Bundesverband
der Dolmetscher und Übersetzer e.V. (BDÜ)

Die Deutsche Bibliothek – CIP Einheitsaufnahme

REPRINT 1: DAS BERUFLICHE UMFELD DES DOLMETSCHERS UND ÜBERSETZERS AUS DER PRAXIS FÜR DIE PRAXIS
Tagungsakte, Bonn 1993
hrsg. vom Bundesverband der Dolmetscher und Übersetzer e.V. (BDÜ), Berlin

ISBN 3 - 9808242 - 6 - 8

Für fehlerhafte Angaben wird keine Haftung übernommen.
© 2004 • Bundesverband der Dolmetscher und Übersetzer e.V. (BDÜ)

Das Werk einschließlich aller seiner Teile ist urheberrechtlich geschützt.
Jede Verwendung außerhalb der engen Grenzen des Urheberrechtsgesetzes ist ohne Zustimmung des Herausgebers unzulässig und strafbar.
Das gilt insbesondere für Vervielfältigungen, Übersetzungen, Mikroverfilmungen und die Einspeicherung und Verarbeitung in elektronischen Systemen.
Gedruckt auf säurefreiem und alterungsbeständigem Werkdruckpapier.

ISBN 3 - 9808242 - 6 - 8

Vorwort

In der Reihe REPRINT, Nachdrucke wichtiger Veröffentlichungen, legt der BDÜ hier den Tagungsband des Kongresses „Das berufliche Umfeld des Dolmetschers und Übersetzers - aus der Praxis für die Praxis", Bonn 1993, vor.

Bei diesem größten BDÜ-Kongress wurden alle wichtigen beruflichen Themen der Dolmetscher und Übersetzer von sachkundigen Referenten behandelt. Viele der Beiträge sind noch immer wegweisend und verdienen gelesen zu werden. Einige sind historisch interessant und zeigen, wie weit wir über die Jahre gekommen sind. Oder auch nicht.

In gedrängter Form wird hier ein Querschnitt durch die Fragen der Berufsausübung geboten, wie er sich sonst kaum findet.

Norbert Zänker, September 2004

Inhalt

VORWORT 9

INHALT 10

ERÖFFNUNG UND BEGRÜßUNG: FRIEDRICH KROLLMANN 13

DR. SUSANNE TIEMANN: DAS BERUFLICHE UMFELD DES ÜBERSETZERS IM
KONTEXT DER TÄTIGKEIT DER EG - AUS DER PRAXIS FÜR DIE PRAXIS 15

DR. EDUARD BRACKENIERS: DIE ROLLE DER DEUTSCHEN SPRACHE IM
MEHRSPRACHIGEN UMFELD DER EUROPÄISCHEN GEMEINSCHAFTEN 24

LISTE DER DEPOSITARBIBLIOTHEKEN 37

LISTE DER EUROPÄISCHEN DOKUMENTATIONSZENTREN 38

DER ÜBERSETZER UND SEIN PRODUKT 44

PETRA FRÖSCHEN 44

MARIANNE GOLDSCHMIDT: KALKULATION UND PREISFINDUNG BEI
ÜBERSETZUNGSAUFTRÄGEN 45

NORBERT ZÄNKER: FREIE PREISE ODER STAATLICHE GEBÜHREN? VOR-
UND NACHTEILE DER FREIEN BERUFSAUSÜBUNG 59

GERHARD FREIBOTT: LANGUAGE CONSULTANCY - NUR EINE NEUE
BEZEICHNUNG ODER DOCH MEHR? 67

DR. PETER A. SCHMITT: TECHNICAL WRITING: MODE, BEDROHUNG ODER
CHANCE? 76

DOLMETSCHEN BEI KONFERENZEN UND GERICHTEN 97

ULLA VON KUNHARDT 97

HELMUT BRÄHLER: HEUTIGE UND ZUKÜNFTIGE WEGE DER
KOMMUNIKATION FÜR REDNER, ZUHÖRER UND
KONFERENZDOLMETSCHER - HEUTIGE SITUATION. ALLGEMEINE
TRENDS. TECHNISCHE ENTWICKLUNG DER KOMMENDEN JAHRE. 98

BERNARD HEIDELBERGER: KONFERENZDOLMETSCHEN BEIM GERICHTSHOF
DER EUROPÄISCHEN GEMEINSCHAFTEN 103

GISELA SIEBOURG: HAT DER BERUF DES KONFERENZDOLMETSCHERS EINE ZUKUNFT? ... 117

DR. LETIZIA FUCHS-VIDOTTO: DER FREIBERUFLICHE KONFERENZ- UND GERICHTSDOLMETSCHER ... 126

STEPHANIE ABEL: STATEMENT ZUR LAGE DER GEBÄRDENSPRACHDOLMETSCHER IN DEUTSCHLAND ... 133

DER LITERARISCHE ÜBERSETZER ... 138

DR. FALK-PETER WEBER ... 138

PROF. DR. PAVEL TOPER: DIE KREATIVE PERSÖNLICHKEIT DES ÜBERSETZERS ... 138

PROF. DR. ROLF-DIETRICH KEIL: ERFAHRUNGEN EINES ÜBERSETZERS RUSSISCHER LITERATUR ... 151

JÜRGEN BAUER/ EDITH NERKE: PROBLEME BEIM ABSCHLUSS VON ÜBERSETZUNGSVERTRÄGEN MIT VERLAGEN ... 162

DR. EWALD OSERS: IST DER LITERARISCHE ÜBERSETZER EINE VOM AUSSTERBEN BEDROHTE ART? ... 170

WÖRTERBÜCHER - VON DER IDEE ZUR PRODUKTION ... 187

DR. WOLFGANG WIETER ... 187

OTTO VOLLNHALS: FACHWÖRTERBÜCHER - VON DER IDEE ZUM PRODUKT ... 188

MICHAEL REITER: ELEKTRONISCHE WÖRTERBÜCHER - STRUKTUREN UND UMSETZUNG ... 196

DER DOLMETSCHER UND ÜBERSETZER IN DER EG ... 208

JACQUES GOETSCHALCKX ... 208

CHRISTIAN HEYNOLD: EIN EUROPA DER DOLMETSCHER? ... 208

WALTER VOLZ: EINSTELLUNGSVERFAHREN FÜR ÜBERSETZER UND VERGABEPRAXIS AN FREIBERUFLER BEI DER EG-KOMMISSION ... 216

JURISTISCHE ASPEKTE DER BERUFSAUSÜBUNG ... 228

DR. PETER KLIMA ... 228

DR. FRIEDRICH GRAF VON WESTPHALEN: HAFTUNGSFRAGEN FÜR DOLMETSCHER UND ÜBERSETZER ... 229

DR. PETER KLIMA: PARTNERSCHAFTSGESETZ UND ANDERE FORMEN DER
ZUSAMMENARBEIT 239

JOCHEN BEER: STEUERLICHE VORTEILE VON SOZIETÄTEN 245

DR. PETER BLEUTGE: DER REFERENTENENTWURF ZUM ZSEG 254

SPRACHDATENVERARBEITUNG 266

KARL-HEINZ FREIGANG 266

KLAUS-DIRK SCHMITZ: RECHNERGESTÜTZTE
TERMINOLOGIEVERWALTUNG IN DER PRAXIS 267

INGO HOHNHOLD: TERMINOLOGIEBEDARF UND KOMPONENTEN VON
TEMINOLOGIEARBEIT AN ÜBERSETZUNGSARBEITSPLÄTZEN 273

FELIX MAYER: NEUE WERKZEUGE AM ÜBERSETZERARBEITSPLATZ:
INTEGRIERTE SYSTEME 285

RENATO REINAU: ÜBERSETZERWERKZEUGE IM BETRIEBLICHEN UMFELD 292

DER ÜBERSETZER UND SEIN AUFTRAGGEBER - QUALITÄTSSICHERUNG 304

INGRID SCHREIBER 304

JÜRGEN KERN: QUALITÄTSSICHERUNG UND ANGESTELLTER ÜBERSETZER 309

JOHN D. GRAHAM: QUALITÄTSSICHERUNG AUS DER SICHT DES
AUFTRAGGEBERS 313

FERDI SCHNEIDER: QUALITÄTSSICHERUNG AUS DER SICHT DES
ÖFFENTLICHEN DIENSTES 317

DR. HANS-JOACHIM KRÜGER: SICHERUNG DER QUALITÄT VON
DOLMETSCHERN UND ÜBERSETZERN AUS DER SICHT DER JUSTIZ 322

PAUL DANAHER: QUALITÄTSSICHERUNG AUS DER SICHT EINES
FREIBERUFLERS 327

PROFESSOR DR. REINER ARNTZ: QUALITÄTSSICHERUNG AUS DER SICHT
EINES AUSBILDERS 330

SCHLUSSWORT: FRIEDRICH KROLLMANN 345

REFERENTEN - KURZBIOGRAPHIEN 347

Eröffnung und Begrüßung:
Friedrich Krollmann

Sehr geehrte Damen und Herren, liebe Kolleginnen und Kollegen, hiermit eröffne ich den Kongress, zu dem der BDÜ Sie in die Bad Godesberger Stadthalle eingeladen hat.

Die Begrüßung bei einer derartigen Veranstaltung kann für den Eröffnenden stets ein protokollarischer Stolperstein sein, wenn man unter den Gästen jemand zu nennen vergisst oder in der falschen hierarchischen Reihenfolge vorgeht. Ich will das Problem dadurch lösen, dass ich außer zwei Persönlichkeiten, die ich Ihnen gleich vorstellen werden, Sie alle zusammen begrüße, gleichviel ob aus dem Ausland oder Inland, ob Gast oder Mitglied unseres Verbandes. Denn eins muss ich an den Anfang meiner Begrüßung stellen: Noch vor nicht allzu langer Zeit habe ich schlaflose Nächte verbracht, ob eine Veranstaltung dieser Größenordnung, die der BDÜ zum ersten Mal veranstaltet, auch die nötige Resonanz finden würde. Nun, ich kann jetzt wieder ruhig schlafen: Diese Sorge ist mir genommen.

Also: Ich heiße Sie, die Teilnehmer, die so zahlreich gekommen sind, alle sehr herzlich willkommen, denn Sie sind es, die den Erfolg ausmachen werden.

Was wollen wir mit diesem Kongress erreichen? Zunächst einmal wollen wir damit die Basis unseres Verbandes erreichen. Ein Vorstand kann den Verband nicht abgehoben von der Mitgliedschaft führen. Sie sollen hier zu Wort kommen.

Eine derartige Veranstaltung soll aber auch Ihrer Information und Fortbildung dienen. Diesem Zweck dienen verschiedene Arbeitskreise. Sie sollen hier ein Forum für Gespräche untereinander finden, zum gegenseitigen Kennen lernen.

Und schließlich soll die Veranstaltung auch nach außen wirken, damit wir uns der Öffentlichkeit darstellen in allen unseren beruflichen Tätigkeiten, vom Übersetzer, der oft im Verborgenen arbeitet, bis zu dem im Rampenlicht stehenden Dolmetscher.

Nun darf ich Ihnen aber unsere Ehrengäste vorstellen: Bei Frau Dr. Tiemann ist das fast nicht nötig. Frau Dr. Tiemann ist Präsidentin des Bundes der Steuerzahler, damit also für uns alle außerordentlich wichtig. Sie ist darüber hinaus die Vorsitzende des Wirtschafts- und Sozialausschusses bei den Europäischen Gemeinschaften und damit die ranghöchste Frau, die die Europäische Gemeinschaft auf politischer Ebene aufzuweisen hat, und sie ist schließlich, und das ist für uns ganz besonders wichtig, die Präsidentin des SEPLIS, des Europäischen Verbandes der Freien Berufe. Damit gehört sie natürlich auch automatisch zum Bundesverband der Freien Berufe, sie ist Mitglied des Präsidiums des BFB. Das heißt also, passen Sie besonders auf in Bezug auf das auf, was Frau Dr. Tiemann möglicherweise zu diesem Thema zu sagen hat.

Als zweiten Ehrengast begrüße ich Herrn Generaldirektor Dr. Brackeniers. Er ist der Chef des Übersetzungsdienstes bei der Kommission der Europäischen Gemeinschaften. Er ist zusammen mit Herrn Volz zu uns gekommen, der morgen zu Ihnen sprechen wird. Herr Dr. Brackeniers hat sich bereit erklärt, zu einem brisanten Thema zu sprechen, nämlich der Bedeutung der deutschen Sprache im mehrsprachigen Europa. Aus diesem Grund haben wir nach Herrn Dr. Brackeniers Eröffnungsvortrag eine Diskussion angesetzt. Diesem Vorhaben hat er dankenswerterweise zugestimmt.

Leider wird das bei Frau Dr. Tiemann, bei ihren vielen Verpflichtungen nicht möglich sein. Frau Dr. Tiemann wird uns im Anschluss an Ihren Vortrag schon wieder verlassen müssen, da sie um 15.00 Uhr schon wieder einen anderen Vortrag halten muss.

Unser Schwesterverband ITI hat mich gebeten, ihm Gelegenheit zu einer Grußadresse zu geben. Mrs. Fogarty, wären Sie so freundlich, aufs Podium zu kommen.

Eyvor Fogarty:

Herr Präsident, meine Damen und Herren, gestatten Sie, dass ich Ihnen die herzlichsten Grüße des British Institute of Translation and Interpreting überbringe. Gerald Dennett, Vizepräsident des Instituts und ich freuen uns, dem BDÜ unsere wärmsten Glückwünsche zu seinem 40. Jubiläum auszusprechen. Wie Ihnen bekannt ist, besteht zwischen dem BDÜ und dem ITI ein Zusammenarbeitsvertrag, und dieser Kongress ist eine besonders angenehme Weise, es zu verwirklichen. Wir sind auch beide Mitglieder von FIT, der internationalen Übersetzerföderation, und sind gemeinsam bestrebt, für die Internationalisierung unseres Berufsstandes zu arbeiten. Genauso wie Sie hoffen auch wir auf eine Welt, in der der Übersetzer mehr und mehr geehrt und vor allem auch gefragt ist. Nochmals unsere wärmsten Glückwünsche. Danke.

Dr. h.c. Ewald Osers:
Herr Präsident, meine Damen und Herren, ich stehe hier in Vertretung des anderen britischen Übersetzerverbandes, der Translator's Association, unseres Verbandes literarischer Übersetzer, und im Auftrag des Vorsitzenden und des Vorstands der Translator's Association wünsche ich dem BDÜ und Ihnen auch alles Gute und jeden möglichen Erfolg zu Ihrem 40. Jubiläum. Vivat, crescat, floreat!

Friedrich Krollmann:
Ich bin gebeten worden, Ihnen eine Grußadresse des Ehrenpräsidenten unseres Verbandes, Herrn Dr. Alexander Lane, zu übermitteln. Herr Dr. Lane kann leider nicht an unserem Kongress teilnehmen, da er zurzeit auf einer Kur in Spanien weilt. Er bittet mich jedoch, Sie sehr herzlich zu grüßen und wünscht der Veranstaltung einen guten Verlauf.

Dann darf ich mich nunmehr Frau Dr. Tiemann zuwenden, jedoch nicht ohne gesagt zu haben, dass vor wenigen Tagen die Bundesfrauenministerin, Frau Dr. Merkel, Frau Dr. Tiemann den Preis, den die Bundesrepublik gelegentlich aussetzt, "Frauen für Europa", verliehen hat. Herzlichen Glückwunsch!

Dr. Susanne Tiemann:
Das berufliche Umfeld des Übersetzers im Kontext der Tätigkeit der EG - aus der Praxis für die Praxis

Herr Vorsitzender, meine sehr geehrten Damen und Herren, zunächst einmal danke ich Ihnen sehr herzlich für die Einladung, heute bei Ihnen zu sprechen. Es hat mir große Freude gemacht, dass Sie mich eingeladen haben, und ich bin sehr gerne gekommen. Ich beglückwünsche Sie zu diesem Kongress. Ich finde es eine ausgezeichnete Idee, und ich freue mich natürlich, dass dieser Saal so gefüllt ist, Herr Vorsitzender, wie dies bei kaum einer Veranstaltung gelingt. Dazu beglückwünsche ich Sie. Ich überbringe Ihnen die herzlichen Grüße und Wünsche des Wirtschafts- und Sozialausschusses der Europäischen Gemeinschaften und ich überbringe Ihnen in gleicher Weise die herzlichen Grüße und Wünsche des SEPLIS, der Europäischen Vereinigung der Freien Berufe.

Meine Damen und Herren, wenn wir uns das berufliche Umfeld des Übersetzers im Kontext der Tätigkeiten der Europäischen Gemeinschaften ansehen, so ist dies zu dieser Zeit der geeignetste Zeitpunkt, dies zu tun. Wir sind gewissermaßen an einer Zäsur in der europäischen Entwicklung angelangt. Seit dem 1.1.1993 gibt es offiziell den Europäischen Binnenmarkt, das magische Datum, zu dem dieser Binnenmarkt eröffnet und vollendet werden sollte. In der Tat haben wir, obgleich noch nicht alles vollendet ist, schon sehr viel auf dem Weg hin zum Binnenmarkt erreicht. Dieser Markt ist ein Markt von 340 Mio. Menschen, und wenn wir die Länder der EFTA einbeziehen, von 380 Mio. Menschen. Das ist der größte Markt der Welt, das ist eine beeindruckende Angelegenheit. Diesen Markt erreicht zu haben, ist eine bedeutende historische Etappe. Da mag man jammern und klagen: "So ganz vollendet ist er noch nicht, die Freizügigkeit ist vielleicht noch nicht ganz vollendet, alle Grenzen sind noch nicht so offen, wie man dies sich vorstellt." Da bleibt noch viel zu regeln und viel zu tun, aber die Schritte, die wir geschaffen haben, sind doch so entscheidend, dass die Entwicklung gar nicht mehr zurückgedreht werden kann. Europa ist eine Realität. Europa ist ein Faktor, der nicht mehr beseitigt werden kann. Ich denke, wir alle müssen wissen, als historische Notwendigkeit und als eine Sache der politischen Vernunft ist Europa eben auch unsere Zukunft. Es gibt keine andere Zukunft für diesen Kontinent.

Eine große Schwierigkeit haben wir allerdings. Und diese Schwierigkeit können wir auch nicht abbauen, und ich weiß auch nicht, ob wir sie abbauen wollen. Wir haben verschiedene Sprachen in Europa. Wir hatten schon glücklichere Zeiten, nämlich vor einigen Jahrhunderten, als man in Europa gemeinhin eine Sprache sprach, nämlich Latein. Das war eigentlich einfach. Da konnte man sich gut verständigen. Gerade in gebildeten Kreisen war dies alles kein Problem. Insofern könnte man sich diese Zustände wieder zurückwünschen, aber ich meine, und der Herr Generaldirektor wird nachher in besonderer Weise darauf eingehen, dass gerade die Vielfalt der Sprachen Ausdruck der europäischen Kultur ist, in der sich alle die ethnischen und kulturellen Besonderheiten widerspiegeln, die Europa kennzeichnen. Und deshalb, glaube ich, sollen wir diese Sprachenvielfalt als einen Schatz Europas ansehen. Allerdings entstehen daraus natürlich praktische Schwierigkeiten. Wir stehen heute vor der Realität, dass in Europa einfach zu wenig Sprachen gekonnt werden, zu wenig Sprachen beherrscht werden von den Bürgern Europas. Wir müssen mangelnde Sprachkenntnisse beklagen. Und wir sind erst am Anfang, dies zu verbessern. Initiativen bestehen ja hierzu.

Aber auch wenn wir diese Initiativen ergreifen, auch wenn jeder europäische Bürger mindestens zwei, wenn nicht drei Sprachen spricht, so ist die Arbeit in Europa, so ist Freizügigkeit in Europa, so ist wirtschaftliche Mobilität in Europa nur möglich, wenn jeder die gleichen Chancen der Verständigung hat. Alle, die in der Europäischen Gemeinschaft arbeiten, einschließlich der Verbände, die sich in Europa betätigen, brauchen die Sprachen. Jedes Dokument, mit dem man arbeitet, oder das man erarbeitet, muss übersetzt werden in all die Sprachen, die korrespondieren zu den Menschen, die an dieser Arbeit beteiligt sind. Wenn Europa erweitert wird, und wir erwarten in der allernächsten Zeit, dass weitere Länder hinzukommen, dann werden das nicht nur die derzeitigen Sprachen sein, dann werden weitere Sprachen hinzukommen.

Europa wird sich weiter öffnen, und das muss es, denn die Europäische Gemeinschaft kann kein closed shop sein, sie muss sich orientieren nach allen Richtungen, in die angrenzenden Länder, aber auch hin in die ganze Welt. Man wird weiteren Übersetzungsbedarf haben. Und je enger diese Kontakte werden, je mehr Kontakte die Europäische Gemeinschaft auch in andere Länder spinnt, umso größerer Bedarf an Übersetzung wird sich in der Europäischen Gemeinschaft ergeben, auch wenn jeder europäische Bürger selbst Sprachen lernt. Da sehen Sie, meine Damen und Herren, welch große Rolle Sie, die Übersetzer, in der Europäischen Gemeinschaft spielen. Und diese bedeutende Rolle kann man auch durch nichts mindern. Sie kann auch durch nichts beseitigt werden. Man braucht Übersetzungen, und man braucht hochqualifizierte Übersetzer in der Europäischen Gemeinschaft.

Es gibt so manche Überlegungen, die Arbeitssprachen in der Europäischen Gemeinschaft einzuschränken auf einige wenige, etwa auf Englisch und Französisch, vielleicht Deutsch dazu. Ich weiß nicht, ob sich dies überhaupt verwirklichen lässt. Wer die Diskussion verfolgt, der weiß, welch heftiger Streit darüber entspinnt, welche Sprachen es denn sein sollen, Englisch und Französisch sowieso, aber dann erhebt sich die große Frage, soll es denn auch Deutsch sein. Wenn es aber Deutsch ist, muss bestimmt noch eine andere Sprache dazukommen, und wenn dann skandinavische Länder aufgenommen sind, muss sicher noch eine skandinavische Sprache berücksichtigt werden. Man wird also eigentlich nie zu einem Ergebnis kommen. Und ich weiß auch nicht, ob es gut ist, denn all die, die dann nicht in ihrer eigenen Sprache arbeiten können, sind zwangsläufig benachteiligt, auch wenn sie die Sprache einigermaßen beherrschen. Aber keiner arbeitet so konzentriert wie in seiner eigenen Sprache. Und deswegen brauchen wir, meine ich, nach wie vor die Fülle dieser Sprachen, und wir müssen mit ihnen arbeiten. Meine Damen und Herren, wie sieht es nun ganz konkret mit dem beruflichen Umfeld des Übersetzers in der Europäischen Gemeinschaft aus? Niederlassungsfreiheit für Übersetzer in der Europäischen Gemeinschaft haben wir seit langem. Und wir haben auch freien Dienstleistungsverkehr in der Europäischen Gemeinschaft. Schon vor dem Binnenmarkt bestanden diese Werte und dies gilt auch gerade für freiberufliche Übersetzer, für angestellte Übersetzer ist das ohnehin kein Problem. Ein weiterer und entscheidender Schritt war hier die Richtlinie zur Anerkennung der Diplome bei mindestens dreijährigem Hochschulstudium. Dies war ein neuer Ansatz der Europäischen Gemeinschaft, also keine Freizügigkeitsrichtlinie für einen bestimmten Beruf, wie das die Europäische Gemeinschaft vorher praktiziert hat, etwa für Ärzte, für Zahnärzte, für Architekten, sondern hier nimmt die Europäische Gemeinschaft den horizontalen Ansatz und umfasst alle Berufe, die ein mindestens dreijähriges Hochschulstudium haben. Für diese soll dann Freizügigkeit in der Europäischen Gemeinschaft gelten.

Die Frage ist natürlich: „Wie weit ist diese Richtlinie in der Europäischen Gemeinschaft bisher überhaupt umgesetzt worden?" Und da sieht es etwas traurig aus. Aber die Umsetzung in den einzelnen Mitgliedstaaten in das nationale Recht steht oftmals noch aus, da liegt noch manches im Argen. Und so auch bei der allgemeinen Hochschuldiplomrichtlinie. Sehr viele Mitgliedstaaten haben sie noch nicht in nationales Recht umgesetzt. Und nun stehen wir natürlich gerade bei den Übersetzern vor einer Schwierigkeit. Wenn wir uns in der Bundesrepublik Deutschland umschauen, so wird gerade von den Übersetzern seit vielen Jahren die Forderung nach der gesetzlichen Regelung ihres Berufsbildes und den Voraussetzungen für die Tätigkeit des Übersetzers erhoben. Das ist bisher nicht erfolgt, sondern abgelehnt worden. Dafür hat man keinen Bedarf gesehen.

Wir haben also die Situation, dass eigentlich jeder als Übersetzer arbeiten kann. Es ist nur die Frage, ob das sinnvoll ist. Wenn wir uns ansehen, wie die Aufgaben der Übersetzer ausgeweitet worden sind, welche Bedeutung sie angenommen haben gerade in den letzten Jahrzehnten, dann muss man sich fragen, ob es wirklich zu verantworten ist, dass jeder als Übersetzer arbeiten kann. Ich erinnere nur daran, dass Übersetzer mit wichtigen Rechtsgütern, mit wichtigen Persönlichkeitsgütern des Einzelnen zu tun haben. Im Gesundheitswesen, im Bereich der öffentlichen Sicherheit, der Rechtspflege, des Verbraucherschutzes spielen Übersetzer eine große Rolle und sie tragen mit ihren Übersetzungen dazu bei, diese Prozesse überhaupt zum Laufen zu bringen. Sie haben zum Teil gewissermaßen Beurkundungsfunktion mit ihren speziellen Kenntnissen, wenn sie mit ihren Sprachkenntnissen möglichst genau das wiedergeben, was in einer anderen Sprache ausgedrückt worden ist, damit ein Dokument möglichst genau hergestellt werden kann. Im Rechtsleben haben Übersetzer eine ganz überragend wichtige Bedeutung. Insofern verwundert es schon, wenn man, wie das bei vielen anderen Berufen der Fall ist, ihr Berufsbild nicht in eine gesetzliche Bestimmung gefasst hat, um ihnen den Schutz zu geben, den sie brauchen.

Dies ist nicht erfolgt, und auf der anderen Seite fragt sich natürlich auch, wie die Allgemeine Hochschuldiplomrichtlinie für das Berufsbild des Übersetzers wirken kann, weil sie ja von einem geregelten Beruf ausgeht. Den haben wir in der Bundesrepublik Deutschland aber nicht. Wenn Sie mich fragen, ob uns die Europäische Gemeinschaft neue Chancen gibt, das Berufsbild zu regeln, kann ich Ihnen nur sehr skeptisch antworten. Denn die Europäische Gemeinschaft und die europäische Politik neigen nicht dazu, Berufsbilder zu schützen oder Berufsausübungen zu schützen. Im Gegenteil, sie neigen eher dazu, im freien Wettbewerb Tätigkeiten zuzulassen. Ich kann Ihnen also aus EG-Aspekten heraus nicht sehr viele Hoffnungen machen, dass sich dies ändern wird, dass hier andere Einflüsse in die nationale Entwicklung eingebracht werden.

Meine Damen und Herren, Ihr Beruf ist natürlich nicht nur im Rechtsleben von ganz erheblicher Bedeutung, sondern er ist in der Europäischen Gemeinschaft vor allem dafür von Bedeutung, dass die Bürger im Binnenmarkt ihre Chancen überhaupt wahrnehmen können. Man geht davon aus, dass die Freizügigkeit der europäischen Bürger geschaffen wird, die Freizügigkeit der Personen, der Dienstleistungen, der Waren, des Kapitals, damit wirtschaftliche Chancen wahrgenommen werden können. Das kann aber nur der Fall sein, wenn sich die europäischen Bürger wirklich verständigen können. Wie kann ich in Europa wirtschaftlich mobil sein, wenn ich nicht die Hilfe der Übersetzung habe? Will ich mit meinem Geschäftspartner in einem anderen Mitgliedstaat einen Vertrag abschließen, so brauche ich eine zuverlässige Übersetzung dieses Vertrages. Will ich meine wirtschaftlichen Chancen in ganz Europa wahrnehmen, so brauche ich zuverlässige Übersetzungen der Grundlagen für diese wirtschaftliche Tätigkeit, sei es nun der Gesetze, der Verordnungen, der Richtlinien, aber auch von Veröffentlichungen, von Meldungen über die jeweilige wirtschaftliche Situation. Ich bin also rundherum auf gute Übersetzungen angewiesen. Wenn ich die nicht habe, werden meine Chancen im Binnenmarkt gemindert. Also sind Übersetzer auch ganz maßgeblich ein Garant dafür, dass der Binnenmarkt wirklich läuft, dass die europäischen Bürger ihre Chancen wahrnehmen können. Das ist eine ganz realistische Bedeutung, die der Übersetzerberuf in Europa hat.

Hinzu kommt seine wichtige Bedeutung als Kulturträger. Er vermittelt zwischen den Völkern, er vermittelt zwischen den Menschen verschiedener Sprachen. Der Übersetzer vermittelt die kulturellen Aspekte der Sprache hin zum anderen, der die andere Sprache spricht. Für den Erhalt der Kultur Europas in all ihrer Vielfalt, aber auch in ihrer Einheit, spielen die Übersetzer eine ganz hervorragende Rolle. Und ich glaube, das muss man noch sehr viel mehr publik machen. Diese überragende Bedeutung muss der Öffentlichkeit noch sehr viel mehr ins Bewusstsein treten.

Die Berufstätigkeit der Übersetzer hat sich natürlich auch gewandelt in ihren Mitteln, in ihren Instrumentarien, in ihren Methoden, und ich komme gerade in Europa zu dem Thema der Terminologien. Terminologiebestände nehmen zu, gerade für Übersetzungen in der Europäischen Gemeinschaft und gerade in Datenbanken. Meine Damen und Herren, nun haben wir hier ein Spezialproblem, das sich vor allem in der Europäischen Gemeinschaft in seiner ganzen Problematik zeigt, nämlich der rechtliche Schutz dieser Terminologien in Datenbanken. Genießen solche Terminologien urheberrechtlichen Schutz, genießen sie wettbewerbsrechtlichen Schutz? Unser Bundesgerichtshof neigt dazu, dies sehr restriktiv auszulegen und neigt dazu, solchen Terminologien keinen urheberrechtlichen Schutz beizumessen. Hier wird gesagt, dass urheberrechtlichen Schutz nur etwas genießen kann, das wirklich eine persönliche geistige Schöpfung ist, eine ganz individuelle Schöpfung. Diesen Begriff erfüllt diese Terminologie nicht, jeder kann sie also imitieren, jeder sie benutzen, jeder sie für sich beanspruchen. Die Europäische Gemeinschaft setzt hier einen etwas anderen Akzent. Maßgeblich hierfür ist der Richtlinienvorschlag über den rechtlichen Schutz von Datenbanken. Hier sieht es so aus, als könnte man, weil dieser Richtlinienvorschlag eben weiter gefasst ist, auch einen urheberrechtlichen Schutz von Terminologien in Datenbanken erreichen.

Meine Damen und Herren, wenn wir uns einmal die Übersetzer in der Europäischen Gemeinschaft ansehen, so glaube ich, dass sie einfach zu wenig voneinander wissen und noch zu wenig miteinander arbeiten. Gerade die Freiberufler, die Übersetzer ja sind, wissen recht wenig von den europäischen Institutionen und den Möglichkeiten, mit ihnen und über sie zu arbeiten. Da geht es um den Kontakt zwischen Übersetzern, da geht es um die Nutzung von bereits vorhandenen Übersetzungen, von Dokumentationen und von EG-Terminologien, die ja in EG-Institutionen vorhanden sind. Man hat mir gesagt, dass das eine wahre Fundgrube ist, was hier vorhanden ist. Das wird umso deutlicher, wenn man weiß, dass alle diese wichtigen Unterlagen parallel in neun Sprachen bei den EG-Institutionen bestehen. Und insofern begrüße ich es persönlich außerordentlich, dass Ihr Verband Kontakt zur EG-Kommission aufgenommen hat, dass dieser Kontakt besteht, und die Anwesenheit des Herrn Generaldirektors manifestiert ja diesen Kontakt heute auch in ganz besonderer Weise. Ich denke, dass es sehr nötig ist, dass Ihr Verband diesen Kontakt auch weiter führt und noch vertieft, um die Möglichkeiten, die hier besonders in der EG-Kommission bestehen, auch den Übersetzern wirklich zugute kommen zu lassen.

Meine Damen und Herren, die Datenbanken der Kommission sind längst nicht allen geläufig. Ich möchte hier nur einige Fakten nennen, wie EURODICAUTOM, eine neunsprachige Terminologie, die gratis benutzt werden kann, oder CELEX, das ist eine juristische Dokumentation der Europäischen Gemeinschaft mit ihren vielfältigen und vor allem auch neuen Rechtsbegriffen. Denn es bildet sich ja in zunehmender Weise eine ganz neue europäische Rechtsordnung heraus. Gerade in der Europäischen Gemeinschaft ist dies ganz entscheidend. Dann gibt es natürlich auch die Amtsblätter, die benutzt werden können, aber hier kommen wir schon wieder in die kostenpflichtige Seite.

Ich erinnere Sie dann an die sog. Euro-Info-Zentren, deren Existenz eigentlich allgemein bekannt ist. Es existiert ja bereits eine ganze Reihe davon. Auch diese können den Übersetzern helfen. Auch sie sind noch nicht bekannt genug. Ich denke, dass Ihr Verband auch die Initiative ergreifen kann, diese Euro-Info-Zentren vorzustellen, Ihnen die Adressen bekannt zu geben, die möglichen Hilfsangebote, die man dort nutzen kann, Ihnen darzustellen. Auch das ist eine wahre Fundgrube, (s. Liste am Schluss dieser Sitzung) Dann möchte ich nicht versäumen, Sie darauf hinzuweisen, dass es hier in Bonn in der Zitelmannstraße eine Vertretung der EG-Kommission gibt. Deren Publikationen und deren Wissenspool können Ihnen von großem Nutzen sein. Ich habe hier nur ein Stichwort: der EG-Almanach 1992, Ansprechpartner, Informationsquellen, Datenbanken zu europäischen Themen in der Bundesrepublik Deutschland. Dies ist für Übersetzer eine ganz entscheidende Hilfe. Diese EG-Vertretung hier in der Zitelmannstraße ist auch sonst zu jeder Hilfestellung bereit, gerade auch was Möglichkeiten für Übersetzer anbelangt, wenn man sie nur kontaktiert.

Natürlich gibt es auch entsprechende Möglichkeiten bei den anderen EG-Institutionen, nicht in dieser umfassenden Weise, aber gerade wenn Sie in der juristischen Terminologie Auskünfte, Informationen brauchen, so ist z.b. eine Kontaktaufnahme mit dem Europäischen Gerichtshof direkt durchaus möglich und auch aussichtsreich. Ich weiß, dass es natürlich schwierig ist, gerade für den einzelnen Bürger, dieses ganze Gestrüpp an möglichen Informationsstellen, an Institutionen mit welchen man Kontakt aufnehmen kann, zu durchschauen. Aber ich denke, es ist nützlich, wenn man Anlaufstellen hat wie die EG-Kommission in Brüssel, aber auch die Niederlassung hier. Dann kann das alles sehr viel leichter werden.

Ich denke aber auch, dass die Übersetzer sich noch sehr viel mehr gegenseitig helfen könnten, wenn noch mehr Kontakte miteinander bestünden, unmittelbare Kontakte auch zwischen den einzelnen Kollegen. Das gilt für jeden Beruf, wie z.B. Rechtsanwälte oder Steuerberater. Ich rate immer, möglichst viele Kontakte mit den Kollegen aufzunehmen, möglichst viele Kontakte gerade mit Kollegen in anderen Mitgliedstaaten aufzunehmen, um Erfahrungen auszutauschen und um einfach leichtere und bessere Arbeitsmöglichkeiten zu haben. Und in gleicher, aber besonderer Weise ermuntere ich auch Sie, diese Kontaktaufnahme zu pflegen.

Dann können Sie auch in den entsprechenden Ministerien, nicht nur in Deutschland, sondern auch in den korrespondierenden Ministerien in den anderen Mitgliedstaaten Hilfen und Auskünfte bekommen, auch in der Vielzahl der europäischen Verbände. Ich kann mir z.B. vorstellen, wenn es um Übersetzungen aus dem Thema der Freien Berufe geht, so ist das SEPLIS jederzeit gerne bereit, hier Hilfestellung zu geben bzw. zu vermitteln hin zu den Verbänden Freier Berufe in den anderen Mitgliedstaaten. Diese können dann detailliertere Auskunft geben. Und auch einzelne Firmen sind gerne bereit, diese Hilfestellungen zu geben.

Meine Damen und Herren, Sie sehen also, auf der einen Seite hat der Beruf des Übersetzers eine ganz überragende Bedeutung in der Europäischen Gemeinschaft, auf der anderen Seite ist er einfach noch nicht genug geregelt in der Europäischen Gemeinschaft. Es ist zurzeit auch wenig Hoffnung, dass eine solche Regelung erfolgen wird, so dass der Übersetzer momentan im freien

Wettbewerb, und zwar im total freien Wettbewerb, in der Europäischen Gemeinschaft arbeitet. Und umso mehr brauchen Sie natürlich alle diese Hilfen, und umso mehr ermuntere ich Sie, diese Hilfen möglichst umfangreich und intensiv in Anspruch zu nehmen.

Ich behaupte, Übersetzer ist ein Beruf, der von Natur aus freiberuflich ist. In § 1 der Bundesärzteordnung steht, der ärztliche Beruf ist seiner Natur nach ein freier Beruf. Ich behaupte, auch der Übersetzer ist seiner Natur nach ein freier Beruf. Warum? Weil er hochqualifizierte Tätigkeit erfüllt, hochqualifizierte Dienstleistung erbringt, Dienstleistungen, die für die Allgemeinheit von hoher Bedeutung sind, die von hohem öffentlichen Interesse sind, weil der Übersetzer in einer ganz sorgfältigen und in einer ganz individualbezogenen Weise arbeiten muss. Er kann in keiner Weise Standardarbeit liefern. Er kann keine Pauschalübersetzungen liefern. Sie können nicht vervielfältigte Übersetzungen liefern. Das ist eine in höchstem Grade individualisierte Arbeit. Und Kennzeichen, ein wichtiges Kennzeichen des freien Berufes ist dieser hohe Individualisierungsgrad. Er ist von öffentlichem Interesse, und besonders von hohem Interesse für das Rechtssystem in der Europäischen Gemeinschaft, für das Wirtschaftssystem, für die Chancen des einzelnen Bürgers und für unsere Kultur.

Ich denke, wir müssen alles daran setzen, dass die hohe Qualifikation der Übersetzer in der Europäischen Gemeinschaft aufrechterhalten bleibt, wenn nicht noch gesteigert wird, wir müssen sehen, dass wir dazu entsprechende Ausbildungsordnungen bekommen. Es wäre am besten, wenn wir möglichst EG-weit hochqualifizierte Ausbildungen bekämen, so dass die Bedeutung des Übersetzers in der Öffentlichkeit sehr viel klarer würde. Dafür müssen wir sorgen. Und wir müssen dafür sorgen, dass auch wirklich alle Arbeitsmöglichkeiten genutzt werden können.

Dies, meine Damen und Herren, ist mir persönlich durch die freien Berufe, die ich in Europa vertrete, ein ganz besonderes Anliegen. Ich könnte mir vorstellen, dass die Übersetzer dieses Anliegen nachvollziehen. Denn ich weiß, dass Sie sich im Klaren über die hohe Verantwortung und die hohe Bedeutung sind, die Sie in einem Europa haben, das nicht nur einfach einen Markt auf die Beine stellen, sondern das wirklich Chancen für die europäischen Bürger bringen und einen wirklich neuen Lebensraum für die europäischen Bürger bringen soll, das schließlich die europäische Kultur erhalten und noch akzentuieren soll. Ich bedanke mich.

Dr. Eduard Brackeniers:
Die Rolle der deutschen Sprache im mehrsprachigen Umfeld der Europäischen Gemeinschaften

Herr Präsident, sehr geehrte Frau Präsidentin des Wirtschafts- und Sozialausschusses der Europäischen Gemeinschaft, meine sehr verehrten Damen und Herren,

es ist für mich eine Ehre, heute hier zu Ihnen, in Ergänzung des Vertrags von Frau Präsidentin Tiemann, über die Bedeutung der Sprachen in der Europäischen Gemeinschaft sprechen zu können.

Ich möchte dabei meinerseits auch die besondere Bedeutung des Übersetzers für das Funktionieren und die Entwicklung der Europäischen Gemeinschaft unterstreichen. Der Übersetzer hat eine zentrale Aufgabe und Stellung innerhalb der Europäischen Gemeinschaft. Ja, er hat eine Schlüsselfunktion inne. Denn er ist wesentlicher Teil des innergemeinschaftlichen Kommunikationsflusses und des Entscheidungsprozesses der Europäischen Gemeinschaft. Die Kommission der Europäischen Gemeinschaft ist sich aber auch der Bedeutung der Interessenvertretung und der Berufsverbände der Übersetzer bewusst. Wir sind natürliche Partner auf dem Markt der Übersetzungen und haben ein gemeinsames Interesse und eine gemeinsame Verantwortung hinsichtlich der hohen Qualität der Dienstleistungen und des Produkts "Übersetzungen". Diese Partnerschaft ist sicher noch entwicklungsfähig und steht vor einer Bewährungsprobe angesichts der neuen Herausforderungen, denen sich aus politischen und technischen Gründen die Mehrsprachigkeit der Europäischen Gemeinschaft in den nächsten Jahren gegenübersehen wird. Denn die Mehrsprachigkeit gehört nicht nur zu den Wesensmerkmalen der Europäischen Gemeinschaft, sondern die Sprachen sind darüber hinaus in besonderem Maße prioritäre und hochsensible Aspekte, die über Zukunft und Qualität der europäischen Einigung mitentscheiden werden.

Wir müssen dabei von der Realität ausgehen, dass es in Europa eben keine einheitliche Sprache gibt; und es gibt auch keine "Lingua franca" in Europa. Es wird eine solche "Lingua franca" in Europa auch nicht geben: Sie würde die Europäische Gemeinschaft und künftige Europäische Union sprengen, denn sie wäre elitär und würde nur von einer kleinen „Kaste" beherrscht; sie würde die Dominanz einer Kultur über andere Kulturen bedeuten; und sie wäre ohne Seele und lebendige Kultur, wenn es sich um eine Kunstsprache handeln würde, wie etwa das Esperanto. Eine solche Kunstsprache, wie zweckmäßig sie vielleicht auch wäre, hat keine Chance. In Europa ist die linguistische Situation besonders dramatisch. Hier gibt es mehr als sechzig verschiedene Sprachen. Allein im Gebiet der Europäischen Gemeinschaft werden rund vierzig verschiedene Haupt- und Regionalsprachen gesprochen.

Die nach dem Zweiten Weltkrieg geschaffene Europäische Gemeinschaft beruht auf dem schlichten Grundsatz, dass die europäischen Nationen einander näher gebracht, ihre kulturellen und sprachlichen Unterschiede jedoch respektiert werden müssen. Nach diesem Grundsatz ist die gleichberechtigte Behandlung der Amts- und Arbeitssprachen aller Mitgliedstaaten festgelegt worden. Europa erreicht alle - Fachleute und einfache Bürger -in ihrer eigenen Sprache. Dieser europäische Weg gewährleistet die kulturelle Eigenständigkeit aller und die Achtung des Einzelnen.

Grundlage für die Regelung der Sprachenfrage in der Europäischen Gemeinschaft ist Art. 217 des EWG- Vertrages. Auf dieser Basis legte der Europäische Rat in seiner Verordnung Nummer 1 vom 15. April 1958 die Amtssprachen der sechs Gründerstaaten, nämlich Deutsch, Französisch, Italienisch und Niederländisch als Amts- und Arbeitssprachen der Gemeinschaft fest. Bei jeder Erweiterung der Gemeinschaft wurden die Amtssprachen der neuen Mitglieder, nämlich Dänisch, Englisch, Griechisch, Portugiesisch und Spanisch, neben denen der Gründerstaaten als Europäische Gemeinschaft Amts- und Arbeitssprachen anerkannt.

Nach dieser Grundverordnung kann jeder Bürger in der Gemeinschaft sich in seiner Muttersprache an die Institutionen der Gemeinschaft wenden und hat das Recht, eine Antwort sowie Informationen, Vorschläge und Entscheidungen der Organe der Gemeinschaft in seiner Muttersprache zu erhalten.

Im Gegensatz zur UNO oder zur NATO ist die Europäische Gemeinschaft keine internationale Organisation, sondern ein übernationales Staatswesen, das Recht setzen kann, das jeden Staat, jedes Unternehmen, ja jeden Bürger unmittelbar betrifft und bindet. Die Bürger und ihre Vertretungen müssen daher an der Vorbereitung der Entscheidungen von Organen der Gemeinschaft gleichberechtigt mitwirken können.

Das bedeutet, dass alle Vorschläge der Kommission an den Ministerrat, das Parlament und den Wirtschafts- und Sozialausschuss in alle Amts- und Arbeitssprachen der Gemeinschaft übersetzt werden müssen. Wie Sie sehen, hat der Übersetzer einen ganzen Kanon von fundamental wichtigen Aufgaben und Stellungen innerhalb des Entscheidungsbildungsprozesses der Europäischen Gemeinschaft. Ich spreche hier nicht von den Dolmetschern, sondern beschränke mich ganz bewusst auf die zentrale Funktion der Übersetzer.

Der Übersetzungsdienst der Kommission ist mit einer Personalstärke von derzeit rund 1200 Übersetzern und Terminologen sowie rund 500 Verwaltungsbeamten und Sekretärinnen der größte der Welt. Von ihm werden jährlich rund 1 Mio. Seiten übersetzt - mit steigender Tendenz -, davon zurzeit rund 10-12 % von freiberuflichen Mitarbeitern. Der Übersetzungsbedarf steigt ständig überproportional an.

Sehr oft werden die Kosten der Mehrsprachigkeit kritisch hinterfragt. Sie ist jedoch unverzichtbar, wenn man innerhalb der Gemeinschaft miteinander kommunizieren und kooperieren will. Nur sie gewährleistet das reibungslose Funktionieren der Gemeinschaft, ihre Leistungsfähigkeit und ihren dauerhaften Bestand. Mehrsprachigkeit ist daher weder ein Luxus noch eine unannehmbare oder übermäßige Belastung. Sie ist der Preis für die Gleichheit der Bürger in dieser Gemeinschaft. Sie ist der Preis für die Demokratie hier in Europa. Die Kosten der Sprachendienste der europäischen Institutionen machen lediglich etwa 2 % des Gesamthaushalts der Europäischen Gemeinschaft und annähernd ein Drittel des Verwaltungshaushalts der Gemeinschaft aus. Diese Kosten sind meines Erachtens durchaus angemessen, wenn man sich den Nutzen vor Augen führt, den die Gemeinschaft und die Bürger daraus ziehen.

Meine Damen und Herren, lassen Sie mich nun speziell etwas zur Rolle und Stellung der deutschen Sprache in der Europäischen Gemeinschaft sagen.

Seit 1952, als mit den Pariser Verträgen die Europäische Gemeinschaft für Kohle und Stahl (EGKS) als erste europäische Gemeinschaft gegründet wurde, ist Deutsch offizielle Amts- und Arbeitssprache. Daran hat sich auch mit den Römischen Verträgen zur Gründung der Europäischen Wirtschaftsgemeinschaft (EWG) nichts geändert. Alle Vorlagen, die die Kommission den anderen europäischen Institutionen zur Information, Beratung oder Beschlussfassung übermittelt, werden in alle Amts- und Arbeitssprachen übersetzt und gleichzeitig veröffentlicht. Das gilt nicht nur für Rechtsakte, sondern auch für alle Ausschreibungen. Wenn dies nicht geschieht, so sind dies ein Regelverstoß und eine Verletzung geltenden Rechts. Es besteht ein Rechtsanspruch auf Deutsch für derartige Dokumente der Kommission.

Darüber hinaus gehört Deutsch zu den Verkehrssprachen der EG-Kommission. Die Kommission berät und beschließt über keinen Vorgang, wenn die Unterlagen nicht in mindestens drei Sprachen, nämlich Französisch, Englisch und Deutsch, vorliegen. In der Regel folgen die anderen Sprachfassungen erst mit zeitlichem Abstand, soweit die Texte überhaupt in diese Sprachen übersetzt werden.

Deutsch ist aber nicht die erste und am meisten gebrauchte Verkehrssprache der Kommission. Das hat sicher mehrere Gründe. Zum einen sind die Sitze der europäischen Institutionen in vorwiegend frankophonen Ländern angesiedelt. Da in Brüssel, Luxemburg und Straßburg Französisch die dominierende Verkehrssprache ist, werden zwangsläufig die meisten Ausländer vor allem ihr Französisch verbessern. Zum anderen sind Deutschkenntnisse in den übrigen Mitgliedstaaten bei weitem nicht so verbreitet, wie Sie es sicherlich wünschen würden. Das gilt auch für die Beamten in den Europäischen Institutionen, obwohl von allen EG-Beamten neben der Muttersprache mindestens eine weitere Gemeinschaftssprache verlangt wird. Ferner ist nicht abzuleugnen, dass Englisch nun einmal die Welt-Kommunikationssprache ist.

Und schließlich war die Stellung der deutschen Sprache nach 1945 erheblich geschwächt. Und die Bundesrepublik Deutschland hat sich in der Anfangszeit der europäischen Einigungsbestrebungen einer besonderen Zurückhaltung befleißigt. Die Verkehrssprache ist einfach eine Folge der Zweckmäßigkeit aufgrund objektiver Fakten. Der kleinste gemeinsame Nenner ist eben bisher eben meistens Französisch oder Englisch und nur selten Deutsch. Mit der bevorstehenden Erweiterung der Gemeinschaft könnte sich das ändern, wenn Österreich und vielleicht auch später die Schweiz beitreten.

Obwohl die deutsche Sprache in der Gemeinschaft auch heute schon eine stärkere Position hat als andere Sprachen, werden dennoch nur wenige Originaltexte in Deutsch verfasst, und daher müssen praktisch fast alle Dokumente ins Deutsche übersetzt werden.

Gegenstand wiederholter Kritik von deutscher Seite ist die Behandlung der Sprachenfrage im Rahmen des Technischen Hilfe-Programms TACIS der Gemeinschaft für die Unabhängigen Staaten der ehemaligen Sowjetunion, und zwar wegen der ausschließlichen Verwendung von Englisch und Russisch. Dabei fühlen sich vor allem die Unternehmen und Personen der neuen Bundesländer benachteiligt, die seit langer Zeit mit den Ländern der ehemaligen Sowjetunion zusammen arbeiten, über hervorragende Russischkenntnisse verfügen, aber keine ausreichenden Englischkenntnisse besitzen. Es handelt sich hier um politisch und psychologisch hochsensible Fragen. Die zuständigen Dienststellen der Kommission sind dabei, hierfür eine befriedigende Lösung zu finden, wie deutschsprachige Formblätter, Antragsformulare, Richtlinien und Dokumente für Vertragspartner und deutschsprachige Projektangebote. Der Übersetzungsdienst hat hierfür seine uneingeschränkte Mitwirkung bereits zugesagt.

Ich kann Ihnen darüber hinaus versichern, dass meine Generaldirektion und die Kommission insgesamt ständig bemüht sind, auftretende Mängel abzustellen. Vieles ist in den letzten drei Jahren schon verbessert worden, und wir bemühen uns weiterhin.

Nach der weitgehenden Verwirklichung des EG-Binnenmarktes und der Vertiefung der Gemeinschaft steht diese nun vor einer Welle intensiver gesamteuropäischer Kooperation. Ich denke dabei insbesondere an den Europäischen Wirtschaftsraum und an die Assoziierungs- und Kooperationsverträge mit den Ländern in Mittel-, Ost- und Südosteuropa. Daraus ergeben sich weitreichende Konsequenzen für die Sprachen und die Übersetzungen.

Darüber hinaus klopfen zahlreiche weitere Länder an die Tür der Gemeinschaft und begehren Einlass. Die Gemeinschaft hat im Februar offizielle Beitrittsverhandlungen mit Finnland, Österreich und Schweden aufgenommen. Norwegen wird wahrscheinlich in Kürze dazu stoßen. Mit dem Beitritt neuer Mitglieder, die zusätzliche Sprachen mitbringen, stellt sich die Frage, ob die bisherige Sprachenregelung auch dann noch aufrechterhalten werden kann. Ist eine Europäische Gemeinschaft mit 15, 20 oder noch mehr Amts- und Arbeitssprachen noch funktions- und entscheidungsfähig? Dies ist eine politisch eminent wichtige Frage, die heute noch nicht endgültig beantwortet werden kann. Sicherlich scheint es zwingend, dass die Mehrsprachigkeit erhalten werden muss, denn eine Verringerung der Zahl der Amts- und Arbeitssprachen erscheint aus nahe liegenden Gründen politisch kaum durchsetzbar zu sein. Dies verbieten der ganze Aufbau und die Struktur der Gemeinschaft: Sie ist mehr als ein wirtschaftlicher und kommerzieller Zusammenschluss, sie erhebt mehr und mehr den Anspruch, ein "Europa der Bürger" zu sein oder zu werden.

Es gibt meines Erachtens drei Wege, um mit den zukünftigen Herausforderungen der Mehrsprachigkeit und dem überproportional zunehmenden Übersetzungsbedarf fertig zu werden.

Der erste Weg ist die sog. Subsidiarität, die im Vertrag von Maastricht klar angesprochen ist und in Edinburgh vom Europäischen Rat bestätigt wurde. Subsidiarität bedeutet, dass die Europäische Gemeinschaft mehr und mehr nur diejenigen Aufgaben übernimmt, die auf nationaler, regionaler oder lokaler Ebene nicht mehr oder nicht ausreichend übernommen werden können. Die Mitgliedstaaten regeln selbst die Probleme, die besser auf nationaler, regionaler oder lokaler Ebene entschieden werden können. Es fallen dann im Zuge der Subsidiarität auf europäischer Ebene weniger Übersetzungen an, denn die Europäische Gemeinschaft hat mit dem Prinzip der Subsidiarität weniger Interventions- und Regelungsnotwendigkeiten. Auf der nationalen Ebene, im Rahmen der direkten Zuständigkeiten der Mitgliedstaaten gibt es in der Regel keine Übersetzungsprobleme (mit Ausnahme insbesondere von Belgien).

Dieses neue politische Konzept, das durch die mehrmalige Erweiterung der Gemeinschaft in Form des Beitritts neuer Mitgliedstaaten gefördert wurde und auf eine größere Bürgernähe abzielt, wird so mithelfen, trotz zusätzlicher Sprachen in der Gemeinschaft, die Mehrsprachigkeit zu erhalten.

Der zweite Weg führt über die zu übersetzenden Texte. Dies können die Übersetzungsdienste nur indirekt beeinflussen. Es geht dabei unter anderem um die Standardisierung von Formulierungen und auch darum, dass die "Kunden" von Übersetzungsleistungen kürzere und einfachere Texte vorlegen. Auch hier geht es darum, die bereits in den letzten Jahren begonnenen Aktionen verstärkt fortzuführen, damit wir uns schließlich alle, sowohl in den Europäischen Institutionen als auch in den Mitgliedsstaaten, an die Mehrsprachigkeit gewöhnen und mit ihr leben und arbeiten, z.B. kürzere und klarere Texte schreiben. Das ist jedoch ein langatmiges Unterfangen.

Ein gutes Beispiel für erfolgreiche Bemühungen zur Rationalisierung und Standardisierung von Texten in der Kommission ist das System AVIMA (für Avis de marché, auf Deutsch: Bekanntmachungen von Ausschreibungen für öffentliche Aufträge), das eine standardisierte Übersetzung dieser Texte - rund 240 000 Seiten im Jahr - mit Hilfe mehrsprachiger Formulare in einem Arbeitsgang in alle Amtssprachen ermöglicht, eine Arbeit, die früher etwa 150 Übersetzer beschäftigte. Weitere Projekte dieser Art sind im Gange und wir versprechen uns davon einen größeren Produktivitätsgewinn.

Der dritte Weg führt über die Übersetzungen selbst und kann von den Übersetzungsdiensten unmittelbar beeinflusst werden. Es geht dabei um eine Art "Industrialisierung" der Übersetzung mit einer Steigerung der Produktivität, aber sicherlich in einzelnen Fällen auch mit geringerer Qualität (z.b. durch maschinelles Übersetzen). Das wird insbesondere den älteren Übersetzern nicht gefallen, ist aber unvermeidlich.

Hierzu gehören u.a. die Verbesserung und Fortführung der bereits eingeleiteten Programme, wie: die Schaffung leistungsfähiger, voll integrierter Arbeitsplätze für Übersetzer; die Verbesserung und verstärkte Verwendung maschineller Übersetzungen; der zunehmende Einsatz freiberuflicher Übersetzer oder von unabhängigen Übersetzer-Büros. Der Übersetzungsdienst der Kommission bereitet sich schon jetzt intensiv auf die neue Herausforderungen vor. Ein besonderes Referat in meiner Generaldirektion ist einerseits für die kontinuierliche Verbesserung der täglichen Arbeitsmethoden und andererseits für die Standardisierung und Vereinfachung der Texte zuständig.

Außerdem habe ich Anfang dieses Jahres innerhalb des Übersetzungsdienstes eine besondere Arbeitsgruppe eingesetzt, eine Art "think tank", "brain trust", für die Weiterentwicklung und Transformation der Arbeitsmethoden sowie die Modernisierung der Arbeitsmittel. Auch die Leistungen des Übersetzungsdienstes müssen sich den Entwicklungen und Veränderungen der mehrsprachigen Kommunikation anpassen und sowohl der modernen Bürotechnik als auch den neuen audiovisuellen Technologien Rechnung tragen.

So wird im Einvernehmen mit den Auftraggebern gegenwärtig untersucht, wie der Übersetzungsdienst seine "Produktionspalette" erweitern kann, um den steigenden Anforderungen Rechnung zu tragen. Wir denken dabei an Rohübersetzungen, Zusammenfassungen, auszugsweise Übersetzungen und ähnliches.

Man muss einräumen, dass der Übersetzungsdienst seit seinen Anfängen an einem Produkt, nämlich der integralen Übersetzung, festgehalten hat. Die neuen Herausforderungen verlangen ein Umdenken auf allen Seiten. Und mein Dienst ist dabei, sich diesen Herausforderungen zu stellen.

Die Maschinenübersetzung SYSTRAN liefert für einige Sprachenpaare erste brauchbare Ergebnisse. Deutsch ist eine komplexe Sprache und lässt sich maschinell nur schwer verarbeiten. Daher sind die bisherigen SYSTRAN-Ergebnisse für Deutsch nur mit großen Einschränkungen verwendbar. Wir haben aber soeben beschlossen, gerade Deutsch im Rahmen von SYSTRAN sowohl als Ausgangs- als auch als Zielsprache stärker zu fördern. Angesichts des wachsenden Übersetzungsbedarfs wird die Maschinenübersetzung sicher an Bedeutung gewinnen, zunächst besonders für reine Informationszwecke mit entsprechender Nachbereitung auch für zur Veröffentlichung bestimmtes Material.

Der verstärkte Einsatz der elektronischen Datenverarbeitung für die Textverarbeitung sowie der Zugriff zu Archiven und internen und externen Datenbanken ist ebenfalls einer unserer wichtigen Aktionsbereiche. Die für die kommenden Jahre geplante Ausrüstung der Kommissionsdienststellen mit Personalcomputern sollte es ermöglichen, das Ziel eines leistungsfähigen, voll integrierten "Arbeitsplatzes" mit allen terminologischen und dokumentarischen Hilfsmitteln für jeden Übersetzer zu erreichen. Auch die Vereinheitlichung der bei den Gemeinschaftsdienststellen verwendeten Textverarbeitungs-Software und der Verbund der elektronischen Post zwischen Rat, Parlament und Kommission, sollen den Kommunikationsfluss vereinfachen und beschleunigen.

Der Anteil der von freiberuflichen Mitarbeiten übernommenen Arbeiten ist in den letzten Jahren systematisch vergrößert worden. Derzeit läuft ein Auswahlverfahren, dessen Eignungsliste die Grundlage für eine weitere Steigerung des Freelance-Anteils auf 20 % oder sogar mehr bilden soll. Dadurch können Fluktuationen des Arbeitsanfalls und fachliche Texte besser bewältigt werden. Die Haushaltmittel des Übersetzungsdienstes der Kommission für die externe Übersetzung sind für 1993 beträchtlich aufgestockt worden, und zwar um rund 25 %. Sie werden wahrscheinlich auch in den kommenden Jahren überproportional wachsen. Denn der freiberuflichen Übersetzung für die Kommission wird eine immer größere, ja zentrale Bedeutung für den innergemeinschaftlichen Informationsfluss zukommen, während der Übersetzungsdienst der Kommission zunehmend neue Aufgaben organisatorischer und technischer Art übernehmen muss, wie Steuerung, Überwachung, Revision usw.

Dabei ist es in hohem Maße wahrscheinlich, dass auch von unseren freiberuflichen Mitarbeitern in Zukunft andere Dienstleistungen als bisher erwartet werden. Ich denke da z.B. an die Nachbearbeitung maschinell übersetzter Texte.

Herr Volz, Leiter des Referates "Sprachliche Koordinierung" in meinem Dienst, wird in seinem morgigen Vortrag auf diesen Punkt näher eingehen.

Zusammenfassend möchte ich noch einmal unterstreichen, dass sich im Rahmen der neuen Herausforderungen durch den wachsenden Übersetzungsbedarf infolge der Assoziierungs- und Kooperationsabkommen mit den neuen Demokratien in Mittel-, Ost- und Südosteuropa sowie durch neue zusätzliche Amts- und Arbeitssprachen im Gefolge der Erweiterung der Gemeinschaft heute insbesondere zwei neue Orientierungen anbieten.

Erstens: mehr und mehr Übersetzungen durch freiberufliche Übersetzer, wobei die Kriterien und die technisch-organisatorischen Anforderungen präzisiert und harmonisiert werden müssen, die freiberuflichen Übersetzer werden mehr und mehr die langen und die stark fachlichen Übersetzungen übernehmen.

Zweitens: ein wachsender Umfang an maschinellen Übersetzungen, insbesondere für Informationszwecke, um den ständig und rapide wachsenden Informationsfluss in der Kommission in den Griff zu bekommen. Und die fest angestellten Übersetzer der Kommission werden sich dann künftig mehr auf vertrauliche und schnelle Übersetzungen, auf politisch besonders schwierige und sensible Texte, auf Übersetzungen von sehr hoher Qualität konzentrieren sowie auf Koordinierung und Revision.

Die durch diese Neuorientierungen und technischen Entwicklungen frei werdenden Ressourcen können dann für neue zusätzliche und differenzierte Dienstleistungen eingesetzt werden wie die mehrsprachige Informations- und Kommunikationspolitik der Kommission und die Terminologie, die für Übersetzungen und in rapide steigenden Maße auch für die Politik- und Kooperationsbereiche der Gemeinschaft immer wichtiger wird.

Meine sehr verehrten Damen und Herren, lassen Sie mich zum Schluss unterstreichen, dass der Umgang mit der Mehrsprachigkeit sowie der Grundsatz der Anerkennung der kulturellen und sprachlichen Identität und der gleichberechtigten Behandlung der Amts- und Arbeitssprachen aller Mitgliedstaaten unter dem Gesichtspunkt der Effizienz und der Wirtschaftlichkeit vielleicht als sehr aufwendig erscheinen. Die eventuelle Einführung einer "Lingua franca" erscheint dagegen höchst unrealistisch und sogar gefährlich, insbesondere angesichts der zeitgeschichtlichen Entwicklung, bei der kulturelle und sprachliche Identitäten allerhöchste Priorität genießen.

Die Kommission hält daher die Mehrsprachigkeit der Europäischen Gemeinschaft für ein existentielles Wesensmerkmal dieser Gemeinschaft. In diesem Rahmen werden sich gerade für den Berufszweig der Übersetzer wachsende

Chancen eröffnen. Europa braucht ihre Mitarbeit auf höchstem Qualitätsniveau, um zu funktionieren und noch enger zusammenzuwachsen zu einem echten Europa der Bürger, und um eines Tages vielleicht zu den Vereinigten Staaten von Europa zu werden.

Diskussion

Dr. Letizia Fuchs-Vidotto: Ich wurde vor zwei Jahren per Einschreiben namentlich aufgefordert, mich für Deutsch und Italienisch an dem Auswahlverfahren zu beteiligen. Jetzt schreiben wir das Jahr 1993, es sind seitdem 17 Monate vergangen. Es ist noch kein Abschluss da. Ich weiß, dass sehr viele sich beworben haben. Wann glauben Sie, dass die Kommission dieses Verfahren zum Abschluss bringen kann?

In den Verträgen des Einzelübersetzers mit der Europäischen Gemeinschaft heißt es: "Durch Annahme dieses Auftrages verpflichten Sie sich ....", das steht in Französisch und Englisch, deutsche Verträge habe ich noch nie gesehen. "Par acceptance de ce contract vous engagez et executez personnellement la traduction." Also das heißt doch, dass die Kommission ursprünglich und traditionell Einzelübersetzer bevorzugte. Daher waren wir entsetzt, als wir erfuhren, dass Übersetzungsbüros bevorzugt Aufträge erhalten sollten.

Dr. Eduard Brackeniers: Wenn ich Sie richtig verstanden habe, haben Sie mir hauptsächlich zwei Fragen gestellt. Die erste ist, warum wir so viel Zeit für diese Ausschreibung gebraucht haben. Dafür gibt es zwei Gründe. Der erste ist, dass wir ganz bewusst nicht nur die Kommission, sondern alle Institutionen zusammenbringen, dass wir eine solche Ausschreibung nicht nur für eine Institution, sondern für alle machen wollten. Und wir sind dafür mit dem Parlament zusammengegangen. Eine solche Sache mit zwei völlig autonomen Organisationen durchzuführen, ist nicht einfach. Der Rat wollte bis jetzt nicht mit uns arbeiten, er wird dies wahrscheinlich später tun. Aber ich denke, neun Monate zu verlieren, weil wir mit zwei Institutionen und nicht separat auf den Markt gehen, ist zu verantworten. Die zweite Sache ist, dass es das erste Mal in der Welt ist, dass wir eine solche Ausschreibung organisieren. Jetzt muss man das zum ersten Mal bekannt machen, überall, in 12 Mitgliedstaaten, mit 72 Sprachkombinationen, und es ist das erste Mal in der Welt, dass man dies organisiert hat. Und man muss dann wirklich alles selbst erst einmal herausfinden. Das hat Zeit gebraucht, umso mehr Zeit gebraucht, da es nicht nur einen

Verantwortlichen gab, sondern mehrere Generaldirektoren damit betraut waren. Das ist, was ich sagen kann, vielleicht kann Herr Walter Volz etwas dazu ergänzen.

Walter Volz: Ich möchte mein Referat von morgen nicht vorwegnehmen, aber ich nehme an, dass nicht alle Teilnehmer in dem Arbeitskreis "Dolmetscher und Übersetzer in der Europäischen Gemeinschaft" anwesend sein werden, daher einige Daten, Fakten und Zahlen. Im letzten Jahr, im Jahr 1992, haben wir mit 55 - ich spreche jetzt nur von freiberuflich tätigen Übersetzern ins Deutsche - wir haben mit 55 Einzelübersetzern Verträge abgeschlossen und mit 14 Übersetzungsbüros. Warum greifen wir auch auf Übersetzungsbüros zurück? Weil eben manche Aufträge zu umfangreich sind, ohne dass der Termin entsprechend verlängert ist, und ein personell besser besetztes Büro kann eben so einen Auftrag auch annehmen. Sie wissen, es hat große Verwirrung gestiftet in Ihren Kreisen, als die GD III am Übersetzungsdienst vorbei damals eine Interessenbekundung gestartet hatte. Da wurde ausdrücklich verlangt, dass die Auftragnehmer eben sowohl kapazitätsmäßig und technisch als auch fachlich in der Lage sein sollten, eine große Anzahl von fachlich sehr schwierigen Übersetzungen, nämlich die technischen Richtlinien, ins Deutsche zu übersetzen. Aber insgesamt haben wir im letzten Jahr an die 100 000 Seiten an freiberufliche Mitarbeiter gegeben, davon ungefähr 20 000 - 25 000 an deutschsprachige Übersetzer.

Dr. Eduard Brackeniers: Darf ich vielleicht noch hinzufügen, dass wir in der Gemeinschaft verpflichtet sind, keinen Menschen zu diskriminieren. Daher dürfen wir weder die freiberuflichen Übersetzer noch die Büros privilegieren. Ich muss als Vertreter der Kommission ganz neutral stehen und immer die beste Auswahl treffen, sei es der freiberufliche Übersetzer oder das Übersetzungsbüro.

Norbert Zänker: Ich glaube, da fehlt ein Punkt. Sie hatten Gewerblichkeit gefordert, Sie hatten gefordert handelsregisterliche Eintragung, gesellschaftliche Struktur. Es war nicht nur die Forderung nach Volumen und nach Fachlichkeit, was mit der Unparteiischkeit m.E. etwas kollidiert. Kann ich dazu etwas hören?

Walter Volz: Sie können dazu gerne etwas hören. Diese Frage ist mit Ihrem Verband an höchster Stelle bereits geklärt worden. Der Übersetzungsdienst musste zugestehen, dass dieses unglückselige Wort "Gewerbe" sozusagen eine Fehlleistung unserer selbst ist, und "juristische Person", das ist noch ein anderer Gesichtspunkt. Sie dürfen nicht vergessen, diese Ausschreibung richtete sich nicht nur an deutsche Übersetzer und in anderen Ländern ist die Rechtslage etwas anders als in der Bundesrepublik. Die GD III hat da bestimmte Forderungen aufgestellt, sie wollte damit erreichen, dass im Falle von Rechtsstreitigkeiten sie es mit einer verantwortlichen Person zu tun hat und nicht mit einer Mehrzahl von Gleichberechtigten, in ihrer Organisation gleichberechtigten Vertretern. Daher diese Sache mit der juristischen Person. Der Ausdruck, dass sie ein Gewerbe ausüben müssen, und dass das Gewerbe angemeldet ist, ist, wie ich sagte, eine Übersetzungspanne, die in einem mehrsprachigen Umfeld immer wieder passieren kann. Wir müssen das eingestehen. Ich nehme an, Sie sind verständig genug, um das zu verstehen. Wir haben oft das Problem, dass man mit einer Sprachfassung arbeitet, also nicht alle neun Sprachfassungen nebeneinander legt, wie überhaupt das Problem der Kongruenz von wichtigen Texten in allen neun Sprachen ein wichtiges Problem ist, das wir jetzt ganz besonders angehen. Wir hoffen, dass ein solcher Lapsus in Zukunft nicht mehr vorkommt. Es tut uns leid, dass so viele von Ihnen an dieser Sache haben Anstoß nehmen müssen, und wir müssen sagen, zu Recht, aber ich glaube, die Sache ist inzwischen bereinigt.

Dr. Peter A. Schmitt: Ich möchte eine Frage zum Stellenwert der maschinellen Übersetzung in der Europäischen Gemeinschaft stellen. Sie erwähnten, dass Sie die maschinelle Übersetzung intensivieren wollen bei der Europäischen Gemeinschaft. Die letzten Zahlen, die mir vorliegen, deuten an, dass der Anteil der maschinellen Übersetzungen am Gesamtvolumen der Übersetzungen in der Europäischen Gemeinschaft in der Größenordnung von 1 - 2 % liege und dass man dazu Systran einsetze, aber mit dem Ergebnis nicht zufrieden sei. Meine Frage ist nun, stimmt das noch, und inwieweit möchten Sie diesen Prozentanteil erhöhen?

Dr. Eduard Brackeniers: Erstens ein Wort über Systran. Das ist das jetzige System, das wir gebrauchen. Es ist für die deutsche Sprache wahrscheinlich nicht das beste System. Es ist in Amerika erstellt worden und hatte die Aufgabe, vom Russischen ins Englische zu übersetzen. Aber es gibt ganz brauchbare Resultate für andere Sprachpaare. In den letzten drei Monaten haben wir in jedem Monat mehr als 15 000 Seiten mit Systran übersetzt. Wir haben in den vergangenen neun Monaten diese Art der Übersetzung intensiviert. Aber hier herrscht kein Wettbewerb zur klassischen, normalen und integralen Übersetzung. Wir haben Systran gebraucht, wo man früher sagen musste, wir haben weder Zeit noch Geld, das zu übersetzen. Weil das nur Informationszwecken diente. Wir erhalten regelmäßig z.B. von Portugal oder Spanien für regionale Programme, für Entwicklungsprogramme 200 - 300 Seiten, und wir haben in den Referaten keinen Mitarbeiter, der Spanisch oder Portugiesisch lesen kann. Das kostet viel zu viel, um die 200 - 300 Seiten zu übersetzen. Dort brauchen wir mehr und mehr die maschinellen Übersetzungssysteme. Das ist kein Wettbewerb zwischen der klassischen Übersetzung und der maschinellen Übersetzung. Mit der maschinellen Übersetzung können wir jetzt Sachen aufnehmen, die wir früher absagen mussten. Und wenn man die Mehrsprachigkeit in der Kommission weiter ausdehnen sollte, und wir haben jetzt neun Sprachen, ist es nicht möglich, in jedem Referat Leute zu beschäftigen, die neun Sprachen beherrschen. In zwei Jahren haben wir zwölf Sprachen, mit Norwegisch, Schwedisch und Finnisch. Es wird unmöglich sein, in jedem Referat Leute zu haben, die zwölf Sprachen beherrschen. Daher brauchen wir mehr und mehr die maschinelle Übersetzung. Sie wird sich wahrscheinlich eines Tages bis auf 10 - 15 % belaufen.

Walter Volz: Ich darf ergänzend noch sagen, dass die Nachfrage nach Systran-Übersetzungen gerade für die deutsche Sprache bei unseren Dienststellen bei der Generaldirektion in Brüssel recht ausgeprägt ist. Leider können wir noch nicht das uns befriedigende Produkt anbieten. Wir sind deshalb dabei, andere Systeme, denen nachgesagt wird, dass sie sehr viel leistungsfähiger seien als Systran, auszuprobieren. Ich weiß nicht, ob ich sie von hier aus nennen soll oder darf. Es geht um das System Logos, das wir zurzeit. ausprobieren, und das System Metal von Siemens, aber nach den bisherigen Erfahrungen fahren wir damit auch nicht sehr viel besser. Die Versuche sind noch nicht abgeschlossen. Es wurde aber der Beschluss gefasst, sollten sich diese Systeme als sehr viel leistungsfähiger erweisen für das Sprachpaar Deutsch in andere Sprachen und aus anderen Sprachen mit Deutsch als Zielsprache, diese Systeme zu übernehmen.

Ulla von Kunhardt: Es ist ja so, dass eine Reihe von skandinavischen Staaten die Mitgliedschaft in der Europäischen Gemeinschaft beantragt haben. Inwieweit und in welcher Form werden diese Sprachen dann auch als Amtssprachen berücksichtigt, bzw. gibt es überhaupt Überlegungen dazu?

Dr. Eduard Brackeniers: Wir bereiten die Erweiterung der Gemeinschaft vor, und wir sind verpflichtet, am Tage der Erweiterung Übersetzer für Schwedisch, Finnisch und Norwegisch zu haben. Wie bereiten das vor, aber das ist noch nicht offiziell. Das ist ein erster Punkt. Der zweite Punkt ist, dass wir bereits Dokumente übersetzen müssen von den skandinavischen in die neun Amtssprachen. In diesen Bereichen haben wir bereits Übersetzer für die skandinavischen

Sprachen. Und unsere Übersetzer werden darauf hingewiesen, dass sie die skandinavischen Sprachen erlernen sollen.

Walter Volz: Solange die Gemeinschaft die bisherige Verfassung beibehält, muss man bei jeder Erweiterung der Gemeinschaft so verfahren, wie bisher verfahren worden ist, d.h., es werden neue Amts- und Arbeitssprachen hinzugefügt. Für die Übersetzer ist das auch nicht allzu schwierig. Die Schwierigkeit ist zurzeit nur, dass keine Haushaltsmittel vorhanden sind. Man müsste neue Gebäude finden, man müsste Sprachkurse organisieren, man müsste Auswahlverfahren durchführen usw. Eine andere Frage ist, ob sich die Europäische Gemeinschaft bei einer Erweiterung noch den Luxus leisten kann, so viele Verkehrssprachen wie bisher zu pflegen. Eine Vermehrung der Amts- und Arbeitssprachen könnte zu einer Verringerung der Zahl der Verkehrssprachen führen. Davon könnte auch Deutsch betroffen sein. Eine solche Entscheidung ist bislang noch nicht getroffen worden. Sie wird aber eines Tages zwangsläufig getroffen werden müssen.

Dr. Eduard Brackeniers: Bis jetzt hat die Kommission entschieden, dass die drei neuen Sprachen, wenn sie denn kommen, genau denselben Status erhalten wie die anderen.

Friedrich Krollmann: Liebe Kolleginnen und Kollegen, ich muss an dieser Stelle die Diskussion leider abbrechen. Ich stelle mit Bedauern fest, dass wir Herrn Dr. Brackeniers viel zu wenig an Diskussionszeit abgefordert haben. Ich selbst hätte noch eine Frage gehabt, nämlich die etwas massive Benachteiligung der deutschen Wirtschaft. Dokumente in französischer und englischer Sprache liegen beispielsweise zumeist viel früher vor als für das Deutsche, was natürlich mit der Sprachverteilung und der Prädominanz dieser beiden Sprachen in der Europäischen Gemeinschaft zu tun hat.

Ich darf noch einmal Herrn Dr. Brackeniers und Herrn Volz, den wir ja morgen noch einmal hören, sehr herzlich für ihre Ausführungen danken.

Liste der Depositarbibliotheken

Depositarbibliotheken sammeln alle EG-Publikationen und sind in der Regel bei der jeweiligen Nationalbibliothek angesiedelt:

10772 Berlin, Potsdamer Str. 33.
Telefon: 030/26 62 471, Fax: 030/26 62 341
Staatsbibliothek, Stiftung Preußischer Kulturbesitz, Abteilung
Amtsdruckschriften und internationaler amtlicher Schriftenaustausch

53113 Bonn, Bundeshaus. Görresstraße 15,
Telefon: 0228/16 29 43, Fax: 0228/16 86 937
Deutscher Bundestag, Bibliothek

60352 Frankfurt/Main, Zeppelinallee 4-8,
Telefon: 069/75 66 201
Deutsche Bibliothek

04103 Leipzig, Deutscher Platz 1,
Telefon: 0341/22 71-0, Fax: 0341/22 71-444
Deutsche Bibliothek, Erwerbung

80328 München, Ludwigstraße 16,
Telefon: 089/28 63 83 11, Fax: 089/28 63 82 93
Bayerische Staatsbibliothek, Erwerbungsabteilung

Liste der Europäischen Dokumentationszentren

Europäische Dokumentationszentren sind Spezialbibliotheken an Hochschulen. Sie erhalten sämtliche Veröffentlichungen der EG und haben freien Zugang zu den wichtigsten EG-Datenbanken wie CELEX (Juristische Datenbank), SCAD (Datenbank für Zeitschriftenartikel und Dokumente), INFO 92 (Daten über Vollendung des Binnenmarktes) und RAPID (aktuelle Pressemitteilungen, Informationen der Sprechergruppe der EG-Kommission).

52062 Aachen, Theaterstraße 67,
Telefon: 0241/34 564, Fax: 0241/40 29 17
ACES - RWTH/Aachen

86135 Augsburg, Eichleitnerstraße 30,
Telefon: 0821/59 83 42
Teilbibliothek Recht der Universitätsbibliothek

96045 Bamberg, Feldkirchenstraße 21,
Telefon 0951/86 38 439, Fax: 0951/86 31 565
Universitätsbibliothek

95440 Bayreuth, Universitätsstraße 30,
Telefon: 0921/55 34 20, Fax: 0921/55 22 08
Universitätsbibliothek

14195 Berlin, Garystraße 39,
Telefon: 030/83 82 399, Fax: 030/83 83 738
FU Berlin, Universitätsbibliothek

14193 Berlin, Bismarckallee 46 - 48,
Telefon: 030/82 62 095, Fax: 030/82 66 410
Europäische Akademie, Bibliothek

10117 Berlin, Clara-Zetkin-Straße 112,
Telefon: 030/ 2206-210 (Sitz).
Clara-Zetkin- Straße 27,
Telefon: 030/2206-279 (Post)
Humboldt-Universität, Universitätsbibliothek, Zweigbibliothek Sozialwissenschaften - EDZ

33615 Bielefeld, Universitätsstraße 25,
Telefon: 0521/10 63 806, Fax: 0521/10 64 106
Universitätsbibliothek, Fachbibliothek Rechtswissenschaften

44801 Bochum, Universitätsstraße 150,
Telefon: 0234/700 69 45, Fax: 0234/700 62 29
Universitätsbibliothek

53113 Bonn. Adenauerallee 131,
Telefon: 0228/26 75 126, Fax: 0228/26 75 173
Deutsche Gesellschaft für Auswärtige Politik

53113 Bonn, Adenauerallee 33,
Telefon: 0228/73 79 91, Fax: 0228/73 75 46
Universität, EDZ

28359 Bremen, Universitätsallee GW 1,
Telefon 0421/21 82 247, Fax: 0421/34 03
Zentrum für europäische Rechtspolitik

64283 Darmstadt, Residenzschloss, Marktplatz 15,
Telefon: 06151/16 21 42
TH, Institut für Politikwissenschaft

01099 Dresden, Marienallee 12,
Telefon und Fax: 0351/52 677
Akademische Zentralbibliothek für die Geistes- und Sozialwissenschaften,
Sächsische Landesbibliothek

47057 Duisburg, Gebäude LK, Lotharstraße 65,
Telefon: 0203/37 92 083, Fax: 37 93 333
Bibliothek der Universität, Gesamthochschule, Sammelstelle Integration

82067 Ebenhausen, Haus Eggenberg,
Telefon: 08178/70 300, Fax: 08178/70 312
Stiftung Wissenschaft und Politik, Bibliothek

91054 Erlangen, Schillerstraße 1,
Telefon: 09131/85 28 17, Fax: 09131/85 24 81
Universität, Institut für Europäisches Wirtschaftsrecht

60325 Frankfurt/Main. Senckenberganlage 31,
Telefon 069/79 83 193
Universität, Institut für Ausländisches und internationales Wirtschaftsrecht,
Bibliothek

79085 Freiburg, Europaplatz, Kollegiengebäude II,
Telefon: 0761/20 33 513, Fax: 0761/20 33 189
Universität, Institut für Öffentliches Recht

35394 Gießen, Licher Straße 76, Haus 2,
Telefon: 0641/70 25 030, Fax: 0641/70 25 097
Universität, Fachbereich Rechtswissenschaften, Abteilung Öffentliches Recht IV

37073 Göttingen, Platz der Göttinger Sieben 3,
Telefon: 0551/39 72 51, Fax: 0551/39 96 47
Universität, Bibliothek der Wirtschafts- und Sozialwissenschaft

58097 Hagen, Feithstraße 152,
Telefon: 02331/98 72 892, Fax: 02331/98 73 13
Universitätsbibliothek der Fernuniversität Hagen

06110 Halle, Franckeplatz 1, Haus 42,
Telefon: 0345/29 852, Fax: 0345/29 853
Max-Planck-Gesellschaft, Arbeitsgruppe internationales Umweltrecht an der Universität

20146 Hamburg, Schlüterstraße 28/III,
Telefon: 040/41 23 30 29, Fax: 040/41 23 62 52
Universität Hamburg, Abteilung Europarecht, Seminar für öffentliches Recht

20347 Hamburg, Neuer Jungfernstieg 21,
Telefon: 040/35 62 219, Fax: 040/35 19 00
HWWA-Institut für Wirtschaftsforschung Hamburg

30453 Hannover. Wunstorfer Straße 14,
Telefon: 0511/76 25 598
Niedersächsische Landesbibliothek, Fachbereichsbibliothek Wirtschaftswissenschaften

69120 Heidelberg, Berliner Straße 48,
Telefon: 06221/48 22 24, Fax: 06221/ 48 22 88
Max-Planck-Institut für ausländisches öffentliches Recht und Völkerrecht, Bibliothek

07743 Jena, Leutragraben 1,
Telefon: 03641/82 24 119, Fax: 03641/82 24 167
Universität, Rechtswissenschaftliche Fakultät

77675 Kehl, Kinzigallee 1,
Telefon: 07851/89 475, Fax: 07851/89 474
Fachhochschule für öffentliche Verwaltung Kehl, Euro-Institut

24100 Kiel. Düsternbrooker Weg 120. PF 4309,
Telefon: 0431/88 141, Fax: 0431/88 14 500
Zentralbibliothek der Wirtschaftswissenschaften in der Bundesrepublik Deutschland

50931 Köln, Gottfried-Keller-Straße 2 (Sitz), Albertus-Magnus-Platz (Post),
Telefon: 0221/47 03 823, Fax: 0221/47 03 841
Universität Köln, Institut für das Recht der EG

50931 Köln, Universitätsstraße 33,
Telefon: 0221/47 02 435, Fax: 0221/ 47 05 166
Universitäts- und Stadtbibliothek

78461 Konstanz, Universitätsstraße 10, PF 5560,
Telefon: 07531/88 28 45, Fax: 07531/88 30 82
Universität Konstanz, Bibliothek

04109 Leipzig, Augustusplatz 10,
Telefon: 0341/71 92 268, Fax: 71 92 286
Universität Leipzig, Zentrum für Internationale Wirtschaftsbeziehungen,
Hauptgebäude, Raum 2/33-36

55099 Mainz, Saarstraße 21, Haus Bamberger,
Telefon: 06131/39 46 33
Universität Mainz, Institut für Politikwissenschaften

68131 Mannheim, L 15. 16,
Telefon: 0621/29 25 371
Universität Mannheim

35032 Marburg, Wilhelm-Röpke-Straße 5, Block B,
Telefon: 06421/28 .43 79
Universität Marburg, Fachbereich Gesellschaftswissenschaften und Philosophie,
Bibliothek Soziologie

80539 München. Ludwigstraße 29/III,
Telefon: 089/21 80 32 68, Fax: 089/21 80 29 04
Universität München, Institut für Internationales Recht, Europa- und Internationales Wirtschaftsrecht

48151 Münster, Scharnhorststraße 100,
Telefon: 0251/83 43 77, Fax: 0251/83 43 72
Universität, Institut für Politikwissenschaft, Abteilung I, Bibliothek

49034 Osnabrück, Martinistraße 8,
Telefon: 0541/96 96 106, Fax: 0541/96 94 482
Universität, Institut für Europarecht

94032 Passau, Innstraße 25,
Telefon: 0851/50 93 13, Fax: 0851/50 95 09
Universitätsbibliothek, Lehrstuhl Öffentliches Recht

93053 Regensburg, Universitätsstraße 31 - 33,
Telefon: 0941/94 32 651
Universitätsbibliothek

18109 Rostock, Möllner Straße 9,
Telefon: 0381/71 41 12, Fax: 0381/71 41 29
Universität Rostock

6041 Saarbrücken, Im Stadtwald,
Telefon: 0681/30 22 543, Fax: 0681/30 24 369
Universität, Europa-Institut, Bibliothek

66041 Saarbrücken, Im Stadtwald,
Telefon: 0681/30 22 073, Fax: 0681/30 22 796
Universitätsbibliothek

57075 Siegen, Adolf-Reichwein-Straße 2,
Telefon: 0271/74 04 292, Fax: 0271/74 02 330
Bibliothek der Universität

67324 Speyer, Freiherr-vom-Stein-Straße 2,
Telefon: 06232/6540, Fax: 06232/65 42 08
Hochschule für Verwaltungswissenschaften

54296 Trier, Universitätsring 15,
Universitätsbibliothek

72016 Tübingen, Wilhelmstraße 32,
Telefon: 07071/29 25 77, Fax: 07071/29 31 23
Universitätsbibliothek

97070 Würzburg, Domerschulstraße 16,
Telefon: 0931/31 324, Fax: 0931/57 047
Universität, Institut für Völkerrecht, Europarecht und Internationales Wirtschaftsrecht

Der Übersetzer und sein Produkt

Petra Fröschen

Wir treten nunmehr in unsere Plenarsitzung ein. Frau Dr. Tiemann hat schon das Stichwort gegeben: Die Berufsausübung des Übersetzers hat sich gewandelt und ich möchte hinzufügen, die Anforderungen, die an den Übersetzer und die Übersetzung gestellt werden, werden sich noch weiter wandeln. Es ist zwingend erforderlich, dass der Übersetzer mit dem technologischen Fortschritt Schritt hält, er sich aber auch über seine sich ändernde Rolle im Klaren ist und darauf einstellt. Das trifft gleichermaßen auf den freiberuflich tätigen als auch den angestellten Übersetzer zu.

Der Übersetzer muss in Zukunft verstärkt betriebswirtschaftlich denken. Die erste Referentin, Frau Marianne Goldschmidt, hat sich sehr eingehend mit dem Problem der Rentabilität von Übersetzungsaufträgen befasst und wird ein eigens für diese Veranstaltung entwickeltes PC-Programm für die Vor- und Nachkalkulation von Übersetzungsleistungen vorstellen, mit dem unter anderem sehr einfach festgestellt werden kann, wo der Zeilenpreis angesetzt werden muss, um nicht nur kostendeckend zu arbeiten, sondern auch einen Gewinn zu erwirtschaften.

Auf die immer wieder gestellte Frage der Verkammerung bzw. der freien Berufsausübung wird der zweite Referent, Herr Norbert Zänker, eingehen. Auch hierfür hat uns Frau Dr. Tiemann bereits das Stichwort gegeben, indem sie darauf hinwies, dass der Beruf des Übersetzers ein freier Beruf sei. Wir werden von Herrn Zänker in seinem Referat sicherlich sehr interessante Argumente pro und contra hören.

Richten sich die beiden ersten Referate vornehmlich an den freiberuflich tätigen Übersetzer, so wird in den beiden folgenden auch der angestellte Übersetzer angesprochen. Herr Freibott wird in seinem Referat auf den Umbruch im Übersetzermarkt und die in vielen Übersetzungsabteilungen von Unternehmen festzustellende Tendenz der personellen Reduzierung, der Zuordnung zu anderen organisatorischen Einheiten ohne eigenen Status oder der völligen Auflösung eingehen. Er wird aufzeigen, wie dieser Tendenz durch rechtzeitiges Erkennen des Problems und Betonung der Schwerpunkte des Serviceangebotes der Übersetzungsabteilung möglicherweise entgegengewirkt werden kann. Er wird auch darstellen, wie der freiberuflich tätige Übersetzer als Language Consultant auftreten kann.

Einen anderen Ansatz dafür, wie sich der Übersetzer in Zukunft den sich wandelnden Anforderungen stellen kann, wird Herr Dr. Schmitt in seinem Referat vorstellen. Wo sind die Berührungspunkte zwischen Technical Writing und Übersetzen, kann ich mich als Übersetzer "Technical Writer" nennen, was beinhaltet diese Art der Berufsausübung? Ich glaube, all dies, sind Fragen, die uns brennend interessieren. Sie haben nach den beiden ersten wie nach dem vierten Referat Gelegenheit, Ihre Fragen an die Referenten zu richten.

Marianne Goldschmidt: Kalkulation und Preisfindung bei Übersetzungsaufträgen

Ich möchte meinen Vortrag dazu nutzen, Sie von den zwar sehr interessanten, aber auch erholsamen Festreden wieder auf den Boden der Realität zurückzuholen. Bei mir geht es um Geld. Ich bin also hier, um Ihnen äußerst praktische Dinge zu präsentieren.

Ich möchte meine Redezeit in zwei Teile einteilen. Der erste Teil soll die Definition dessen sein, was ich Ihnen später erläutern möchte: eine Art Kurzdefinition von Begriffen wie Kalkulation und Kosten.

Anschließend werde ich anhand eines kleinen Computerprogramms, das wir speziell dafür entwickelt haben, zeigen, zu welchen zum Teil erstaunlichen Ergebnisse man kommt, wenn man zum einen seine Kosten seriös betrachtet und zum anderen diese Kosten ins Verhältnis zum Umsatz setzt. Also versucht, einen Zeilen- oder Auftragspreis zu ermitteln, der nicht nur diese Kosten deckt, sondern Ihnen sogar die Möglichkeit eröffnet, ein Einkommen zu erzielen. Das ist nämlich nicht immer selbstverständlich.

Doch nun zu meinem Thema. Die Kalkulation wird auch Kostenträgerstückrechnung genannt. In der Kalkulation werden die Kosten möglichst verursachungsgerecht auf die Leistungseinheiten, das können Produkte oder Dienstleistungen sein, aufgeteilt und die Kosten je Stück errechnet. Man unterscheidet auch nach dem Zeitaspekt. Das ist insofern wichtig, als ich Ihnen in dem Programm eine Vor- und Nachkalkulation zeigen möchte. Die Vorkalkulation betrifft ein noch nicht erstelltes Objekt, die Mitkalkulation wird während der Abwicklung eines Auftrages auf der Basis der Ist-Kosten erstellt, und die Nachkalkulation für Analyse- und Kontrollzwecke rechnet ebenfalls mit Ist-Kosten.

- Die Kalkulation ist also ein Mittel der Preisfindung. Das ist das zentrale Thema meines Vertrages. Der Preis eines Übersetzungsauftrages setzt sich aus

- den leistungsunabhängigen fixen Kosten (z.B. Büromiete, Strom, Heizung, Grundkosten für Telefon und Telefax, Kosten für die soziale Absicherung etc.) und

- den leistungsabhängigen variablen Kosten (z.B. Verbrauch von Büromaterial, variable Kommunikationskosten - hier sind Telefon, Telefax als variable Kosten zu sehen -, Porto) zusammen.

Bei Vermittlungsaufträgen gibt es immer zwei Varianten. Einerseits die Einzelübersetzerin[1], die selbst die Leistung erbringt und direkt mit dem Kunden abrechnet, und andererseits die Einzelübersetzerin, die mit Kolleginnen/Kollegen zusammenarbeitet, d.h. die Aufträge an Kollegen weitergibt, aber diese Aufträge der Kundin/dem Kunden gegenüber selbst vertritt. Bei Vermittlungsaufträgen an Dritte werden die Fremdkosten, d.h. der der Kollegin oder dem Kollegen zu zahlende Preis für eine von ihr oder ihm erbrachte Leistung, immer hinzugerechnet.

Ein nicht unbedeutender Faktor bei der Preisfindung eines Übersetzungsauftrages ist auch die Marktsituation. In Deutschland werden regional relativ unterschiedliche Preise gezahlt. Ich nehme hier die eigentlichen Übersetzungsbüros aus, wo grundsätzlich sehr niedrige Preise gezahlt werden. Wenn Sie den

---

[1] Da die weibliche Form bekanntlich die männliche Form einschließt, sind die männlichen Kollegen selbstverständlich auch immer gemeint.

Preis einer Übersetzung, und das betrifft den Zeilenpreis genauso wie den Endpreis eines ganzen Auftrages, festlegen wollen, sollten Sie nicht nur Ihre Kosten, sondern auch die branchenüblichen Preise berücksichtigen. Um das noch einmal kurz betriebswirtschaftlich zusammenzufassen: Ist die Summe der Einnahmen größer als die Kosten, ergibt sich ein Gewinn. Ist diese Summe geringer, ergibt sich ein Verlust.

Ich gehe jetzt davon aus, dass wir alle bestrebt sind, einen Gewinn zu erzielen. Nicht, weil wir Gewinnmaximierung als höchstes Ziel sehen, sondern weil wir von irgendetwas leben müssen. Beim Gewinn unterscheidet man zwischen Brutto- und Nettogewinn.

Nach Abzug aller Kosten erhält man einen Bruttogewinn 1. Den Bruttogewinn 1 benötigt man z.b. für Abschreibungen, also den Ersatz von alten und abgenutzten Betriebsmitteln, wie z.b. Computer, Telefax, Kopiergerät, Büroeinrichtung, sowie für Rückstellungen, z.b. für spätere Neuinvestitionen. Übrig bleibt dann der Bruttogewinn 2, von dem die Steuern zu zahlen sind, ein nicht zu vernachlässigender Faktor. Viele Freiberuflerinnen und Kleinunternehmerinnen überleben das zweite Geschäftsjahr nicht. Warum? Im ersten Jahr brauchen sie die Steuern noch nicht zu zahlen, Einkommensteuern werden im Normalfall zwei bis zweieinhalb Jahre nach Arbeitsbeginn fällig. Viele von denen, die dann aufgeben, haben einfach die Einkommensteuer nicht überlebt. D.h. im Klartext, sie haben keine Rückstellungen für die Steuer vorgenommen.

Erst, wenn Sie Ihre Steuern beglichen haben, ergibt sich der frei verfügbare Nettogewinn. Erst, wenn man alle Teilbeträge seriös aufgelistet und gegenübergestellt hat, alle Kosten, alle Sozialabgaben, die man leisten sollte, um sich selbst abzusichern, und das, was ich hier mit Eigenlohn bezeichnen möchte, nämlich auch ein Ertrag für das, was man leistet, bekommt man eine Vorstellung von dem, was über den Übersetzungspreis oder den Zeilenpreis erwirtschaftet werden muss, um überhaupt zu einem Gewinn zu gelangen.

„Nur, wer seine Kosten kennt, kann seine Preise auch überzeugend vertreten." Dieser Satz stammt aus einem kleinen Buch einer Marketingberaterin aus der Schweiz mit dem Titel "Lust am Unternehmen". Es ist für Frauen geschrieben, die sich selbständig machen möchten.

Ich möchte aber jetzt zur Preisfindung selbst kommen. Zuerst benötigen wir, zumindest grob berechnet, die bei der Ausübung einer Tätigkeit verursachten

Kosten. Natürlich gibt es Hilfsmittel, diese Kosten zu errechnen. Aber am Anfang stehen immer der Bleistift und der Taschenrechner und etwas Geduld.

1. Sammeln Sie die Ihnen bekannten fixen und variablen Kosten. Am besten können Sie diese Ihrer Buchhaltung entnehmen.
2. Stellen Sie diese Kosten Ihrem Umsatz gegenüber. Ihren Umsatz ermitteln Sie ja bereits, wenn Sie eine Einnahme- und Ausgabenüberschussrechnung für das Finanzamt erstellen.

Aus diesen Faktoren können Sie möglichst realistische Prozentsätze bilden, mit denen Sie weiterarbeiten können. Diese Prozentsätze werden nicht ständig in großem Umfang variieren, es ist dennoch wichtig, sie alle sechs Monate, spätestens aber einmal im Jahr zu überprüfen, um eventuelle bedeutende Abweichungen zu erkennen.

Ich möchte Ihnen nun anhand eines kleinen, sehr einfachen Kalkulationsprogramms zeigen, zu welchen, manchmal erstaunlichen Ergebnissen man kommt, wenn man die wichtigsten Kostenfaktoren in einer Vor- und Nachkalkulation berücksichtigt.

Viele von Ihnen ahnen sicher oft, wann ein Auftrag wirklich rentabel war und wann wahrscheinlich nicht. Mit diesem Programm werden Ihnen die Zahlen klar vor Augen geführt. Das kostet manchmal ein ganzes Stück Selbstüberwindung. Es gibt vieles, was man in diesem Bereich auch gar nicht so unbedingt wissen möchte. Irgendwann kommt jedoch die Stunde der Wahrheit, und dann wäre es sicher besser gewesen, man hätte sich die Zahlen vorher mal angesehen.

Wie bereits gesagt, nur wer seine Kosten kennt, kann seine Preise überzeugend auch dem Auftraggeber gegenüber vertreten. Wenn Sie nicht so genau wissen, wenn Sie keine sichere Antwort haben auf die Fragen: "Arbeite ich rentabel? Bin ich zu billig? Bin ich zu teuer? Welche Kosten erzeuge ich?", dann lassen Sie sich von einem Auftraggeber viel zu schnell von Ihrer Preisvorstellung herunterholen. Wenn Sie dagegen ganz genau wissen, dass Sie soundsoviel Prozent Kosten haben, dann können Sie ganz hart verhandeln und auch mal sagen "Nein, es tut mir leid, ich muss soviel haben". Viele Auftraggeber verstehen das dann auch.

Nun aber zum praktischen Beispiel: Wir haben das Programm "Vor- und Nachkalkulation" genannt. Ich steige im Programm einfach mal in die Vorkalkulation ein und gebe einen Einstands- oder Grundpreis ein. Vor der Berechnung habe ich hier einige Kosten in Form einer Liste eingegeben. Ich habe diese Kosten im ersten Anlauf bewusst sehr detailliert aufgelistet, denn nicht jede/jeder hat die gleichen Kosten. Diese Kosten muss man für sich selbst vorher ermitteln.

Dies hier sind Prozentsätze, die auf Erfahrungswerten beruhen. Ich gehe z.B. von folgenden Werten aus:

- Büromiete, hier machen sie 3.3 % meiner Kosten aus,
- Büromaterial 5.2 %,
- Werbung (z.B. Eintragung ins Branchenverzeichnis) 1.2 %,
- Kommunikation (z.B. Telefon, Telefax, Modem) 5.8 %,
- Reisekosten 6.8 %,
- Diverse 1.2 %, "
- Mitarbeiterinnen (z.B. Hilfe bei der Buchhaltung) 2.0 %,
- Bankgebühren 2.2 %, d.h. die Kosten, die die Bank für die Kontoführung verlangt.

Hinzu kommt, dass ich mindestens einen Bruttogewinn von 25 % erzielen möchte, wenn ich schon acht oder mehr Stunden am Tag über meinen Übersetzungen sitze. Man kann dabei von Zeilenpreisen oder vom Endpreis der Übersetzung ausgehen.

Ich gehe von einer von mir getroffenen Entscheidung aus, die da lautet: "Unter DM 1,50 / Zeile gehe ich nicht an meinen Schreibtisch." Dies ist dann mein Grundpreis, der übrigens sehr bescheiden ist. Beim ersten Beispiel sieht die Rechnung dann so aus:

- Grundpreis DM 1,50.

Gehe ich nun von allen in diesem Beispiel aufgelisteten und für mich relevanten Kosten aus, stelle ich fest, dass ich von meinem Auftraggeber mindestens

- DM 1,96 erhalten müsste, um DM 1,50 zu verdienen.

Will ich aber nun auch noch einen Gewinn erzielen, einen

- Bruttogewinn l in Höhe von 25 %,

müsste ich einen

- Verkaufspreis (Zeilenpreis) von DM 2,47 verlangen. (Siehe Anlage 1, Beispiel 1)

Im ersten Beispiel ging ich von einer Übersetzerin aus, die schon einige Zeit im Beruf ist und einen gewissen Kundenstamm hat.

Ich mache jetzt die gleiche Rechnung für jemanden auf, der vielleicht frisch von der Universität kommt, und der davon ausgeht, dass sie/er einen Grundzeilenpreis von DM 1,50 für sich noch nicht verlangen kann.

Im zweiten Beispiel gehe ich von einem prozentualen einheitlichen Kostensatz von pauschal total 22 % aus - das ist etwa die Summe der oben genannten Teilbeträge - und setze einen geringeren

- Grundpreis von DM 1,20 ein.

Wenn ich diese Werte vom Programm berechnen lasse, komme ich zu einem

- Verkaufspreis von DM 1,98. (Siehe Anlage 1 Beispiel 2)

Bei einer erfahrenen Kollegin/Kollege unter Annahme von

- Gesamtkosten 22 %, die m.E. ein Minimum darstellen, und einem
- Zeilenpreis von DM 1,80
- die Mehrwertsteuer beachte ich nicht, die brauche ich nachher nur für die Nachkalkulation, und bei einem
- Eigenlohn von 20 % sowie einem
- Bruttogewinn von 10 %,

denn sie muss einen neuen Computer kaufen und auch noch die alte elektronische Schreibmaschine abschreiben, außerdem möchte sie endlich mal einen vernünftigen Schreibtisch haben, muss diese Kollegin einen

- Verkaufspreis von DM 2,90 erzielen.

Dann hätte sie über diesen Auftrag einen Anteil an ihrem neuen Schreibtisch und ihrem neuen Computer verdient und außerdem sogar noch einen Gewinn gemacht. (Siehe Anlage 1, Beispiel 3)

Im vierten Beispiel gehe ich vom Rechnungsbetrag einer Auftragsrechnung und nicht vom Zeilenpreis aus. Die Berechnung anhand des Endpreises einer Übersetzung in absoluten Zahlen gibt mir die Möglichkeit, von einem Stundenlohn auszugehen, aus dem sich dann der zu erzielende Zeilenpreis errechnen lässt. Sie sollten in der Vorkalkulation nicht immer von einem Zeilenpreis ausgehen, denn Sie müssen sich im Klaren darüber sein, was Sie in der Stunde verdienen. Es ist klar, dass eine Anfängerin für eine Übersetzung erheblich länger braucht als eine routinierte Übersetzerin. Aber auch eine erfahrene Übersetzerin kann mit Texten konfrontiert werden, die sie viel Zeit kosten.

Wenn Sie sich also einen Stundenlohn ausgerechnet haben, dies mit Hinblick z.B. auf den Betrag, der für das Dolmetschen bei Gericht gezahlt wird, nämlich DM 48,- bis DM 50,- + 35 % Berufszuschlag, also etwa DM 65,- bis DM 70,- (der Staat zahlt bekanntlich nicht besonders gut), dann müssten Sie wenigstens DM 70,- bis DM 120,- in der Stunde für sich ansetzen. Sonst arbeiten Sie nicht realistisch, denn Sie müssen unter anderem auch Ihre Ausbildung dabei ansetzen.

Im fünften Beispiel gehe ich von einem

- Grundpreis des Auftrages von DM 1.200,-

aus. Der errechnet sich wie folgt. Ich habe z.B. für den Auftrag 10 Stunden gebraucht, bei einem Stundenlohn von DM 120,- (also Grundpreis DM 1200,-) und bei einem

- Kostensatz von 22 %

müsste der Auftrag jetzt - ohne Bruttogewinn DM 1.464,- bringen. Die Kosten bei DM 1.200,- liegen allein schon bei DM 264,-, und dann will ich ja auch noch daran verdienen. Setze ich bei dem Stundenlohn von DM 120,- nur als Minimum die reinen Kosten an, komme ich auf den Rechnungsbetrag von DM 1.464,- für diesen Auftrag. Bei einem Zuschlag von

- 20 % als Bruttogewinn 1,

zusätzlich zu dem Stundenlohn, beträgt der Rechnungsbetrag bereits DM 1.756,80. (Siehe Anlage 1, Beispiel 4)

Im sechsten Beispiel vermitteln Sie einen Auftrag an Ihre Kollegin/Ihren Kollegen, die in eine Sprache übersetzt, die Sie nicht beherrschen. Sie möchten aber nicht, dass der Kollege/die Kollegin mit dem Kunden direkt verhandelt, da es Ihr Kunde ist und auch bleiben soll. Wir gehen jetzt von einem fiktiven Zeilenpreis aus, den Ihre Kollegin/Ihr Kollege Ihnen berechnet, z.B. DM 1,60.

Welcher Zeilenpreis muss jetzt beim Kunden erreicht werden, damit Sie die Kollegin/den Kollegen zahlen können, und damit sich die Zeit, die Sie z.B. zum Telefonieren, fürs Fax und für Briefe, zum Kopieren des Auftrages etc., gebraucht haben, für Sie noch auszahlt? In diesem Fall ist diese Zeit, weil Sie den Auftrag nicht selbst übersetzen, in der Position Eigenlohn enthalten.

Wir haben also weiterhin

- Gesamtkosten von 22 %, z.B. einen Eigenlohn von 20 %, und die Kollegin erhält von Ihnen einen Zeilenpreis von

- DM 1,60.

Jetzt können Sie berechnen, welchen Zeilenpreis Sie ihrem Kunden berechnen müssen, um auf Ihre Kosten zu kommen, nämlich mindestens DM 2,34. Ein Eigenlohn von 20 % ist sicher nicht überzogen, denn darin ist der Stundenlohn enthalten. Ich habe hier nicht von Gewinn gesprochen. Da in der Bundesrepublik zurzeit Preise über DM 3,- äußerst selten sind, glaube ich, hat es keinen Sinn, jetzt noch einen Bruttogewinn 1 hinein zu nehmen. (Siehe Anlage 1 Beispiel 5)

Jetzt gehe ich in die Nachkalkulation. Da sieht es etwas anders aus. Diese Programmhälfte erstellt Listen und errechnet nachträglich die verschiedenen Kosten- und Gewinnanteile aufgrund von bereits gestellten Rechnungen. Damit die verschiedenen im Programm möglichen Auswertungen angezeigt werden können, braucht das Programm für jede Berechnung eine fiktive oder reale Rechnungsnummer.

Ziel dieser Nachkalkulation ist es, nachträglich festzustellen, welche Aufträge mit welchen Kunden und zu welchen Zeilenpreisen effektiv rentabel waren und welche nicht. Anhand dieser Berechnungen können dann die betriebswirtschaftlichen Entscheidungen für die Zukunft getroffen werden. D.h. Sie helfen Ihnen, Antworten zu finden auf die Fragen: Muss ich die Preise erhöhen? Kann ich so weiterarbeiten? Welche Kolleginnen und Kollegen sind für mich zu teuer in

Anbetracht der von mir bei meinen Kunden erzielbaren Preise? Welche Kunden sollte ich an Kolleginnen oder Kollegen direkt verweisen, da ich sie nicht kostendeckend bedienen kann?

Im siebten Beispiel hat die Kundin/der Kunde 1 am 14. April 1993 eine Rechnung über DM 555,- erhalten. Jetzt möchte ich die Gesamtkosten von 20 % und einen Bruttogewinn von 10 % bei der Berechnung des Bruttogewinns 2 berücksichtigen. Dabei zieht das Programm automatisch die Mehrwertsteuer von 15 % ab (Abzug), die ja bekanntlich nichts mit meinen Einnahmen zu tun hat. Nach Berücksichtigung meiner Kostenpauschale und des Bruttogewinns bleibt beim Auftrag von Kunde 1 eine Differenz von DM 317,61.

Das ist jetzt mein eigentlicher Stundenlohn für diese Arbeit. Wenn wir jetzt wieder von einem Stundenlohn von DM 120,- ausgehen, darf ich für eine solche Übersetzung maximal 2,6 Stunden brauchen, um meinen normalen Stundensatz zu erreichen. Wenn ich mehr als zwei bis drei Stunden gebraucht habe, bin ich entweder zu langsam, dann sollte ich diese Art von Texten meiden, oder ich habe meiner Kundin/meinem Kunden gegenüber einen zu niedrigen Zeilenpreis verlangt. Dann sollte ich ihm/ihr spätestens im Januar des nächsten Jahres klarmachen, dass die Preise mindestens z.B. um 8 %, und im Juli nochmals z.B. um weitere 6 % steigen werden. Vielleicht komme ich dann irgendwann in die Gewinnzone.

Eine andere Möglichkeit: Man sucht sich eine neue Kundin/einen neuen Kunden und nimmt von vornherein einen adäquaten Preis. Eine Nachkalkulation mit anderen Vorgaben enthalten die Beispiele für die Kunden 2 und 3. (Siehe Anlage 2)

Die können natürlich auch hingehen und diese Kalkulation sein lassen und Ihre Rentabilität, vor allem bei Vermittlungsaufträgen an Ihre Kolleginnen/Kollegen, mit einer ganz einfachen Faustregel ausrechnen. Wenn Sie grundsätzlich eine Gewinnspanne von 100 % auf das von Ihrer Kollegin/Ihrem Kollegen verlangte Honorar oder auf Ihren gewollten Stundenlohn erzielen können, haben Sie sicher nicht draufgelegt. Aber wer erzielt schon grundsätzlich solche Gewinne?

Meistens sind es DM 30 - 40 %. Bei kleinen Übersetzungen wird es noch kritischer. Wenn man sich noch nicht durchgerungen hat, einen Mindestpreis zu verlangen - auch bei drei Zeilen -kommt man überhaupt nicht auf seine Kosten. Also Urkunden, die Sie nicht selbst machen können, sollten Sie Ihrer Kollegin/

Ihrem Kollegen direkt überlassen, denn Sie werden Schwierigkeiten haben, überhaupt etwas daran zu verdienen.

Deshalb sollten Sie sich doch ab und zu überlegen, ob es sinnvoll ist oder nicht, diesen oder jenen Text zu übernehmen. Manchmal werden Sie dann sogar vielleicht zur Überzeugung kommen, dass ein Spaziergang in der Sonne auch nicht schlecht ist, anstatt eine Übersetzung zu erledigen, mit der Sie nicht einmal Ihre Kosten decken.

Anlage 1 Beispiel 1:

		Grundpreis		Einstandspreis 1.50
Y	Büromiete	3.30	0.05	1.55
Y	Büromaterial	5.20	0.08	1.63
Y	Kommunikation	5.80	0.09	1.72
Y	Werbung	1.20	0.02	1.75
Y	Reisekosten	6.80	0.12	1.86
Y	Diverse	1.80	0.03	1.90
Y	Bankgebühren	2.20	0.04	1.94
Y	Mitarbeiter	2.00	0.04	1.98
N	Eigenlohn	10.00		
Y	Bruttogewinn I	25.00	0.49	2.47
N				
N	Kosten	22.00		
N	Eigenlohn	25.00		
N	Bruttogewinn I	10.00		
N	MWSt	15.00		

Beispiel 2:

		Grundpreis	Einstandspreis 1.20	
Y	Büromiete	3.30	0.04	1.24
Y	Büromaterial	5.20	0.06	1.30
Y	Kommunikation	5.80	0.08	1.38
Y	Werbung	1.20	0.02	1.40
Y	Reisekosten	6.80	0.09	1.49
Y	Diverse	1.80	0.03	1.52
Y	Bankgebühren	2.20	0.03	1.55
Y	Mitarbeiter	2.00	0.03	1.58
N	Eigenlohn	10.00		
Y	Bruttogewinn I	25.00	0.40	1.98
N				
N	Kosten	22.00		
N	Eigenlohn	20.00		
N	Bruttogewinn I	20.00		
N	MWSt	15.00		

Beispiel 3:

		Grundpreis		Einstandspreis 1.80
Y	Büromiete	3.30		
Y	Büromaterial	5.20		
Y	Kommunikation	5.80		
Y	Werbung	1.20		
Y	Reisekosten	6.80		
Y	Diverse	1.80		
Y	Bankgebühren	2.20		
Y	Mitarbeiter	2.00		
N	Eigenlohn	10.00		
Y	Bruttogewinn I	25.00		
N				
N	Kosten	22.00	0.40	2.20
N	Eigenlohn	20.00	0.44	2.64
N	Bruttogewinn I	10.00	0.26	2.90
N	MWSt	15.00		

Beispiel 4:

			Grundpreis	Einstandspreis 1.200,-	
Y	Büromiete	3.30			
Y	Büromaterial	5.20			
Y	Kommunikation	5.80			
Y	Werbung	1.20			
Y	Reisekosten	6.80			
Y	Diverse	1.80			
Y	Bankgebühren	2.20			
Y	Mitarbeiter	2.00			
N	Eigenlohn	10.00			
Y	Bruttogewinn I	25.00			
N					
N	Kosten	22.00	264.00	1464.00	
N	Eigenlohn	10.00			
N	Bruttogewinn I	20.00	292.80	1756.80	
N	MWSt	15.00			

Beispiel 5:

			Grundpreis	Einstandspreis 1.60
Y	Büromiete	3.30		
Y	Büromaterial	5.20		
Y	Kommunikation	5.80		
Y	Werbung	1.20		
Y	Reisekosten	6.80		
Y	Diverse	1.80		
Y	Bankgebühren	2.20		
Y	Mitarbeiter	2.00		
N	Eigenlohn	10.00		
Y	Bruttogewinn I	25.00		
N				
N	Kosten	22.00	0.35	1.95
N	Eigenlohn	20.00	0.39	2.34
N	Bruttogewinn I	20.00	0.47	2.81
N	MWSt	15.00		

Quelle: ACOM Information Services AG
Droeser-Software, CH 4112 Flh
Lizenz-Nr.: 130, (DISO (c) 22.02.1993 V 1.2)

Anlage 2

Rechn.Nr	Text	Brutto	Abzug	Netto	Diff.
14 4 93	Kunde 1	555.00	72.39	482.61	0.00
14 4 93	Kosten 20 %	110.00			372.61
14 4 93	BG 1	55.00			317.61
0 0 0		0.0	0.0	0.0	0.0
0 0 0		0.0	0.0	0.0	0.0
0 0 0		0.0	0.0	0.0	0.0

Anm.: BG = Bruttogewinn

Nr.	Monat	Jahr	Text	Brutto
14	4	93	Kunde 1	555.00
15	4	93	Kunde 2	3000.00
15	4	93	Kunde 3	450.00

Nr.	Mt.	Jr.	Text	Brutto	Abzug	Netto	Diff.
15	4	93	Kunde2	3000.00	391.30	2608.70	0.00
15	4	93	EigLohn10	1200.00	0.00	0.00	1408.70
0	0	0	----------	----------			
16	4	93	Kunde3	450.00	58.70	391.30	0.00
16	4	93	Kollg. X	233.85	0.00	0.00	157.45
16	4	93	EigLohn	45.00	0.00	0.00	112.45
0	0	0	----------	----------			

Petra Fröschen:
Ich denke, ich hatte Ihnen nicht zuviel versprochen, als ich anfangs sagte, dass es interessante Ausführungen werden. Sie haben nachher, im Anschluss an das Referat von Herrn Zänker, Gelegenheit zu diskutieren. Ich bitte nun Herrn Zänker, das Wort zu ergreifen.

Norbert Zänker:
Freie Preise oder staatliche Gebühren? Vor- und Nachteile der freien Berufsausübung

Liebe Kolleginnen, liebe Kollegen, ich werde nicht über Verkammerung sprechen. Ich werde Ihnen auch nicht sagen, dass Sie DM 4,50 pro Zeile bekommen. Ich sage Ihnen ganz kurz, was ich sagen werde. Ich mache zunächst einmal die wichtige Vorbemerkung, dass ich hier nicht etwa als Funktionär spreche oder irgendeine Gremiumsmeinung des Verbandes wiedergebe. Ich bin nicht einmal sicher, ob es meine eigene Meinung ist. Aber: Ich sage Ihnen etwas zur regulierten und zur deregulierten Berufsausübung, zu staatlich festgesetzten Gebühren und freien Preisen.

Schließlich noch eine Vorbemerkung: Wenn ich sage, der Übersetzer, dann ist natürlich die Übersetzerin mit eingeschlossen. So wie der Mensch in mehrere Geschlechter zerfällt, zerfällt der Übersetzer auch ...

Erstens. Staatliche Gebühren haben sich bewährt. Das ist meine These. Steuerberater, Architekten, selbst die Psychologen, die ja z.T. über ihre Kassenzulassung an ihr Geld kommen müssen, haben staatliche Gebühren in der einen oder anderen Form. Und selbst wenn die Deregulierung fortschreitet, wird es bestimmte gleiche Gebühren geben, also die Postkarte kostet von A nach B genauso viel wie von B nach A. Das klingt ja auch plausibel.

Wir haben auch bei Dolmetschern und Übersetzern regulierte Preise. Sie wissen, wir haben im ZSEG, also im Gesetz über die Entschädigung von Zeugen und Sachverständigen, ja nicht nur die unmittelbare Geltung für Gerichte und Staatsanwaltschaften, sondern auch die unmittelbare Geltung für Notare, wo sie gar nicht so unbedingt einzusehen ist, nicht jedoch für Rechtsanwälte. Das müssen Sie unterscheiden. Es gibt neben diesen Gebührenfestlegungen noch die Richtlinien des Auswärtigen Amtes, die bei einer Vielzahl von Behörden Anwendung finden. Sie basieren z.T. auch auf den ZSEG-Regelungen und werden auch außerhalb der Behörden gerne verwandt. Sie strahlen auf z.B. die Zuwendungsempfänger aus, weil sich der Beamte ihrer gerne bedient, nicht weil sie tatsächlich gelten, sondern weil er sich absichern will. Ist das etwas, was der Rechnungshof abhakt? Ja, also wenden wir es an. Also auch da haben wir regulierte Gebühren, die keine echte Rechtsgrundlage haben. Sie haben überhaupt keine echte Rechtsgrundlage, denn die Richtlinien des Auswärtigen Amtes gelten zunächst einmal nur für das Auswärtige Amt. Aber der praktische Vorteil ist: Der Mittel-Verwalter in der Konrad-Adenauer-Stiftung z.B. weiß, wenn er eine Tagung vorbereiten muss, in welche Kosten er bei der sprachmittelnden Seite rein läuft. Er muss nicht jedes Mal neu ausschreiben oder Preise testen oder Preise verhandeln. Es gibt also hier einen Bereich mit staatlich einigermaßen abgesicherten Gebühren.

Es gibt noch den dritten Bereich, die AIIC-Preise, diesem Quasi-Preiskartell, der sich wiederum auswirkt auch in Bereiche, die dereguliert oder überhaupt nicht reguliert sind, so z.b. das Dolmetschen bei Fernsehanstalten, das Dolmetschen bei technisch-wissenschaftlichen Symposien, was zunächst einmal staatsfern ist.

Zweitens. Staatlich festgelegte Gebühren bringen aber auch etwas Positives, das ist vorhin schon angeklungen. Sie bringen indirekt einen Schutz der Berufsausübung. Etwas, was wir wahrscheinlich sonst kaum noch erringen werden. Und zwar deswegen, weil der Staat die Tendenz hat, wenn er uns streichelt, uns auch an die Kandare zu nehmen, wenn er uns also etwas Gutes tut, uns auch etwas abzuverlangen. Das heißt, wenn Freiberufler begünstigt sind, und zwar auch unterhalb der Verkammerung, dann wird der Staat von ihnen auch etwas wollen.

Ich gebe Ihnen ein Beispiel dafür. Wir haben die Deregulierung bei den selbständigen Prüfingenieuren und den Kfz-Sachverständigen. Da wird Weiterbildung verlangt, da wird Fortbildung von denen verlangt, damit sie diese Konkurrenz zu den althergebrachten TÜVs überhaupt bieten dürfen. Auch bei den Psychologen, die uns auch nicht so ganz fremd sind, ist es so, dass die Fortbildung gefordert wird, um die Kassenzulassung und damit die Staatsknete zu bekommen.

Es gibt auch, und da sei Hamburg vor allem gedankt, ja schon erste Ansätze bei uns, dass für die Beeidigung nicht nur die Prüfung der IHK Hintervorderwestermurrhärle ausreicht, sondern dass man auch schon forensische Kenntnisse nachweisen muss.

Drittens. Das alles hat Vorteile. Das hat Vorteile für Dolmetscher und Übersetzer. Zunächst ist das Risiko eines Inlandsdumpings sehr gering. Denn wenn Sie wissen, der unterste Satz ist DM 1,50, dann gewinnt keiner etwas, wenn er diesem staatlich festgesetzten Gebührenrahmen diesen unterschreitet. Also, Inlandsdumping ist nicht sehr wahrscheinlich.

Das Risiko des Auslandsdumpings ist im Allgemeinen, außer vielleicht bei Konferenzdolmetschern, auch gering, weil der Staat an diese uns begünstigende Regelung, an die Gebühren, bestimmte Voraussetzungen knüpfen wird. Er wird also beispielsweise in Bayern sagen: Beeidigt wird nur, wer blond und blauäugig ist. Die Regelung heißt nur etwas anderes. Oder er wird sagen, in Stuttgart kann man nur Aufträge bekommen, wenn man im Ländle gebürtig ist, also ein sog. Landeskind. Es wird Regelungen geben, das hat die Behörde so an sich, die uns irgendwo an die Kandare nimmt, wie ich das vorhin sagte, die uns aber in einem ausgewogenen Verhältnis begünstigt und belastet.

Das Ganze sichert uns ein erträgliches Auskommen, weil der Staat daran interessiert ist, dass wir funktionieren, dass wir Leistungen erbringen, und dass diese Leistungen, die er sehen will, auch tatsächlich erbracht werden. Also anders gesagt, wenn mein Masseur sagt: Ich bekomme nur DM 7,50, wenn ich Dir das Kreuz massiere, deswegen mache ich es nicht. Dann hat die Krankenkasse keinen Masseur. Oder wenn, wie der Berliner Innensenator dies versuchte, ganz im Ernst, das ist kein Witz, er sagte, DM 19,50 ist der Stundensatz für Dolmetscher, wenn sie für die Polizei arbeiten. Er hat das versucht, er hat das nur versucht. Da stößt er natürlich an Grenzen, d.h. es ist automatisch ein Regulativ darin, bei diesen Gebühren, weil der Staat eben die Leistung nicht zu einem derartig geringen Preis erhält. Er wird also versuchen sicherzustellen, dass der Preis einigermaßen adäquat ist.

Solche Regulative versagen auch mal, das wissen Sie alle aus der leidigen Geschichte mit Intertext, wo es darum ging, dass das Asyldolmetschen beim Landeseinwohneramt zu 50 % der Westpreise abgewickelt wurde. Aber dass diese Regulative versagen, ist nicht die Regel, denn kann kommt es immer an einem Punkt zu einem Streit.

Was optimal wäre, wäre natürlich eine Verkammerung mit klaren Berufsvoraussetzungen, aber nicht einmal unsere Ehrengäste mochten sich bereit finden, uns das vorzuhalten. Vergessen Sie es, in Brüssel will uns niemand verkammern, und in Bonn wahrscheinlich auch nur die beiden Abgeordneten, die Ihnen gehören. Ich kann mir nicht vorstellen, dass da wirklich etwas zu erreichen ist. Vielleicht wäre es ein Schutz für die Verbraucher, ja es wäre sicherlich auch in unserem Interesse, aber die Verkammerung wird nicht kommen.

Und jetzt schauen wir uns das von der anderen Seite an und sagen, das ist Quatsch, das ist alles Quatsch, was wir bisher gehört haben, das ist grober Unfug, denn es geht nur über die freien Preise. Das heißt, wir sagen, das mit dem erklecklichen Auskommen stimmt ja auch nicht. Denn wenn Sie einen 50 Mio. Deal bei einer notariellen Verhandlung dolmetschen und Ihr maximaler Stundensatz ist DM 105,-, dann sind Sie auch da unterbezahlt. Oder wenn Sie ein größeres BTM-Verfahren im Schwurgericht dolmetschen mit drei Angeklagten, und Sie bekommen DM 60,00 in der Stunde, sind Sie da auch unterbezahlt. Das erträgliche Auskommen stimmt ja zum Teil gar nicht, obwohl es ein Argument ist.

Denken Sie auch an die mit den staatlichen Gebühren verknüpfte Opfertheorie. Also diese Theorie, dass der Gerichtsdolmetscher zumindest Opfer zu bringen habe, nämlich in Form der Entschädigung. Der Gerichtsdolmetscher ist ja da neben anderen Sachverständigen einer der wenigen in der Rechtspflege, denen das zugemutet wird, also Richtern, Rechtspflegern, Staatsanwälten, Rechtsanwälten wird eine derartige Opferleistung nicht zugemutet.

Aber andere Thesen von vorhin stimmen auch nicht. Und zwar weil die Zunahme der Telekommunikation den Preiswettbewerb sowieso bringt. Schauen Sie, sie wird einen Wettbewerb auslösen, dem wir uns jetzt stellen müssen. Die Oberpfälzer oder die sächsische Textilindustrie, die es nicht mehr gibt, hat ja nur noch ein paar Spitzen an Denkern und Designern, und die Fertigung findet meinetwegen in Indonesien statt. Die Oberpfälzer Textilfertigung können Sie auch auf eine Übersetzerei übertragen, und die Übersetzerei findet nicht in Sindelfingen statt, sondern in Indonesien oder in St. Petersburg. Vielleicht noch nicht heute.

Nächste These. Freie Preise bringen aber auch über den Wettbewerb mehr Qualität. Sie bringen bessere Leistungen, zumindest ermöglichen sie diese. In der DDR hatten wir eine feste preisliche Vorgabe, die sog. Verordnung des Ministerrats. Da stand z.B. drin, dass eine mittelschwere Übersetzung aus dem Polnischen ins Deutsche 10,50 Mark kostete. Es gab aber praktisch keine legale Möglichkeit zu sagen, meine Übersetzung ist besser, und deshalb kriege ich mehr Geld. Aber auch umgekehrt nicht, es konnte nicht ein Betrieb hergehen und sagen, also wir wollen uns eine bessere Übersetzung kaufen und geben mehr Geld. Das ging auch nicht. Also, das Wettbewerbsregulativ könnte zu besserer Qualität der Übersetzung führen.

Nächste These. Freie Preise bedeuten aber auch, dass der Übersetzer seine Produktivität steigern muss. Produktivität, das hat mich sehr gewundert, war ja vorhin schon bei der EG ein Terminus. Ich dachte, der sei so Pfui, Pfui, Igitt, Igitt, das den überhaupt niemand in den Mund nimmt. Jetzt ist der heute schon zum dritten Mal gefallen. Ich spreche dabei nicht vom Dolmetscher und vom literarischen Übersetzer. Das bitte ich mal kurz auszuklammern. 1973, wenn Sie sich erinnern, war die Norm für den angestellten Übersetzer im öffentlichen Dienst eine Größenordnung von 6 bis 8 Seiten pro Tag. Heute müsste er das Doppelte an Leistung erbringen. Das müsste also schon aufgrund der Produktivitätssteigerungen der jüngsten Vergangenheit möglich sein. Ich erinnere einfach mal daran, dass die Produktivitätssteigerungen, die wir bislang hatten, überwiegend im technischen Bereich waren. Also die Geschichte vom Radieren auf Durchschlägen zum Streifentippex zum Flüssigtippex, von der elektrischen Schreibmaschine zur elektronischen Schreibmaschine zum PC, zwischendurch noch Textverarbeitungsanlagen anderen Typs, oder von dem alten Wordstar zum WordPerfect mit Spell-Checker und automatischer Grammatikprüfung. Die Selbstabschaffung steht kurz bevor.

Die Steigerung der Produktivität muss aber noch weiter gehen durch, und das haben wir auch schon angeschnitten, die Einbindung von Terminologiedatenbanken, durch Einbindung der maschinellen Rohübersetzung und zwar auch bei uns zuhause. Nicht nur in der EG. Wir müssen weiter die Produktivität steigern, indem wir in unserem Kopf, in unseren Köpfen Platz schaffen für diese Überlegungen: Nieder mit dem Feld-Wald-Wiesen-Übersetzer! Pharmatexte an den Pharmaübersetzer! Psychotexte an den Psychoübersetzer!

Schauen Sie: Selbst Rechtsanwälte, die letzte Bastion der Alleskönner, hat inzwischen die These aufgegeben. Wenn Sie das verfolgen, werden Sie sehen, von dieser Fiktion rücken sie auch ab. Es geht um andere Werbeformen, es geht um überregionale Zusammenschlüsse, es geht um den Fachanwalt, es geht darum: Wie zeige ich, dass ich das kann und das dann möglicherweise auch intensiviere. Damit will ich nicht eine Diskussion über Spezialistentum oder Idiotie einbringen.

Fazit. Wenn der hiesige Übersetzer gut ist, dann gehen die Aufträge künftig nicht nach St. Petersburg, oder was war das, Wellington oder Indonesien, sondern umgekehrt, dann kommen die Übersetzungsaufträge künftig aus St. Petersburg und Wellington künftig hierher. Wenn Produktivität und Qualität stimmen. Und das geht nur über freie Preise. Ich baue Ihnen noch eine goldene Brücke: Oder über gespaltene Preise.

Petra Fröschen:

Vielen Dank, Herr Zänker. Bewundernswert, wie er unseren Zeitverlust wieder aufgeholt hat. Ein ganz herzliches Dankeschön dafür. Und jetzt eröffne ich die Diskussion.

Diskussion

Klaus Leith: Ich möchte erst einmal Frau Goldschmidt ein großes Lob aussprechen, dass sie betont hat, dass man als Übersetzer seine Kosten kennen sollte. Das gilt für den Freiberufler insbesondere für den Bereich der Vorsorgeleistungen und in geringerem Maße auch für die Steuerlast. Ich glaube aber, die Kostenberechnungsmethode, die sie vorgestellt hat, ist zumindest für meine Zwecke und meine Ansprüche zu kompliziert. Sie hat eine Art Vollkostenrechnung gemacht, bei der alle Kosten zusammengefasst und mit denen des Vorjahres verglichen werden. Daraus wird dann ein Prozentsatz abgeleitet, der auf alle anfallenden zukünftigen Aufträge angewendet wird, um den Kostenzuschlag zu ermitteln. Dabei gehen Sie davon aus, dass Sie eine große Datenbank haben, eine hohe Anzahl von Aufträgen umsetzen, sodass sich Schwankungen bei Honorarsätzen oder die Intensität der Bearbeitung in etwa nivellieren und man wirklich von Durchschnitten ausgehen kann. Geht man aber von einem Freiberufler aus, der vielleicht einen Jahresumsatz von DM 100 000 hat, dann glaube ich, sind die Unterschiede, die da auftreten, doch so erheblich, dass man nicht einfach einen Zuschlagskostensatz von z.B. 25 - 30 % anwenden kann, um zu ermitteln, welche Kosten bei einem bestimmten Auftrag hätten hereingeholt werden sollen. Der konstruktive Vorschlag: Ich praktiziere eine Art Deckungsbeitragsrechnung. Ich ermittle bei allen Aufträgen die tatsächlich anfallenden Kosten und subtrahiere diese vom Ertrag. Dann komme ich zu einem Deckungsbeitrag pro Stunde. Dann kann ich sagen: Dieser Auftrag hat für mich einen hohen Deckungsbeitrag pro Stunde gebracht, der andere einen eher geringeren. Dann kann ich über einen längeren Zeitraum ersehen, welche Kunden lukrativer sind und welche nicht.

Marianne Goldschmidt: Wir sind alle Übersetzer. Wenn wir die Zeit hätten, bei jedem Auftrag eine saubere Kostenrechnung zu machen, kämen wir nicht mehr zum Übersetzen. Da wir auch viel Zeit für Buchhaltung aufwenden, fehlt uns auch diese Zeit zum Übersetzen. Ich habe versucht, ein System zu präsentieren, das so einfach wie möglich ist. Ich habe am Anfang aber auch betont, man sollte regelmäßig Fluktuationen auf diesem Gebiet berücksichtigen und vergleichen. Insbesondere dann, wenn Ihre Arbeitsweise sich plötzlich ändert. Oder, wenn sie einmal andere Fachgebiete betreuen. Man sollte in jedem Fall regelmäßig seine Zahlen ansehen. Die Art, wie ich hier kalkuliert habe, ist sicher betriebswirtschaftlich nicht hundertprozentig sauber, das war mir von vornherein klar. Sie ist aber ein Mittel, um durch einen kurzen Tastendruck innerhalb weniger Minuten festzustellen, wie sich die Zahlen der letzten Monate ansehen.

Ich habe die Vorkalkulation gemeint, weil es mir um Preisfindung ging. Wenn Sie einen Kunden am Telefon haben, der nach den Kosten fragt, dann können Sie ihn mit einer Ausrede vertrösten, gehen an Ihren Computer und sehen nach, ob sich der Auftrag für sie rentieren könnte. Das ist die eine Seite. Ich habe versucht, etwas zu bringen, was möglichst einfach ist, was man daher auch benutzt und nicht einfach nur "hat".

Dr. Letizia Fuchs-Vidotto: Ich möchte meinen Dank an die Kollegin wiederholen. Es ist das erste Mal in vielen Jahren, dass wir hier etwas so Klares über die Kosten vorgetragen bekommen haben. Sie haben davon gesprochen, dass es sehr viele gibt, die im zweiten und dritten Jahr aufgeben, weil sie nicht an die Steuer und an ihre Sozialvorsorge gedacht haben. Ich sehe, dass sehr viele junge Menschen hier sind. Ich appelliere an die jungen Menschen, die in die Zukunft arbeiten wollen, die heiraten wollen, die eine Familie ernähren wollen, daran zu denken, dass sie sich selber schaden, wenn sie einem Kunden sagen, dass sie auch für 60, 70 oder 80 Pfennig arbeiten. Leider gibt es diese Konkurrenz aber. Vergessen Sie nicht, dass Sie einen gewissen Stundensatz brauchen, um für die Zukunft vorzusorgen. Und man kann nicht ein ganzes Leben 10 - 12 Stunden täglich arbeiten.

Gudrun Riesenberg: Ich möchte ganz kurz auf die Frage der Regulierung oder Nichtregulierung der Preise sowie auf die Qualität eingehen. Herr Zänker hat gesagt, dass die Qualität der Übersetzung die freien Preise reguliert. Die Frage ist nur, wer beim Auftraggeber die Qualität der Übersetzung kontrolliert. Der Einkauf in der Industrie entscheidet im Normalfall über die Preise. Die Qualität kann vor Ort beim Auftraggeber nur von wenigen beurteilt werden. Gegen dieses Vakuum kämpft ein qualifizierter Übersetzer ständig. Daher möchte ich es etwas in Frage stellen, ob eine gute Qualität auf den Preis regulierend wirkt. Auf lange Sicht, bei guten Geschäftskontakten mit Sicherheit ja, aber zu Beginn ist es sehr schwierig.

Norbert Zänker: Das ist zweifellos völlig richtig, und zwar ganz speziell für den Erstkontakt, für den Einstieg. Im Laufe der Jahre oder auch von Monaten kommen Rückmeldungen aus dem Ausland, Rückmeldungen von Filialen, von Kunden; natürlich kommen auch falsche Rückmeldungen. Aber es entwickelt sich eine gefestigte Terminologie für diesen Kunden. Es entwickelt sich eine Durchgängigkeit der Arbeit und des Qualitätsniveaus, das der eigentlich hinter dem Auftrag Stehende im Auslandsgeschäft, in der Forschung und Entwicklung oder im Marketing, zu schätzen weiß. Der muss seinem Einkauf sagen: So muss es sein. Aber Sie haben Recht, es gibt auch Fälle, bei denen es überhaupt keine Qualitätskontrolle gibt.

Gudrun Riesenberg: Diese Rückmeldung aus dem Ausland, wenn also Texte, die im Inland übersetzt wurden, an eine ausländische Vertretung geschickt werden, sieht in der Praxis oft so aus, dass vor Ort kein qualifizierter Fachmann diese Übersetzungen kontrolliert. Dann kommt eine Rückmeldung, eine korrigierte Übersetzung an den Auftraggeber. Dieser informiert den Übersetzer über die Resonanz aus dem Ausland. Wenn dann die Korrekturen durchgesprochen werden, sieht man, dass derjenige, der im Ausland korrigiert hat, z.B. von der Technik relativ wenig Ahnung hat. Dadurch können auch langjährige Kontakte gestört werden. Man kann sich als qualifizierter Übersetzer im Inland schlecht wehren gegen jemanden im Ausland, der als sog. Muttersprachler korrigiert, aber die Technik nicht beherrscht.

Martin Bindhart: Wir haben eine Basis von kleineren Industriekunden. Aufgrund unserer Erfahrung wäre es wichtig, dass wir aus dem Kürzel "BDÜ" auch so etwas wie ein Qualitätskennzeichen machen. Alle Leute werben heute mit Qualität. Und wir sagen, dass ist "BDÜ". Ein Mitglied dieses Verbandes muss doch mindestens vorweisen können, dass er eine Dolmetscher- oder Übersetzerprüfung bestanden hat. Und eben haben wir gehört, dass der Beruf nicht geschützt ist. Also müssen wir uns selbst der Angelegenheit annehmen.

Gerhard Freibott:
Language Consultancy - Nur eine neue Bezeichnung oder doch mehr?

Liebe Kolleginnen und Kollegen, sehr verehrte Damen und Herren!

Lassen Sie mich zur Einführung in das Thema kurz etwas zum Titel sagen, denn bereits aus der Fragestellung heraus lässt sich erkennen, dass auch bei mir noch leichte Zweifel an der neuen Bezeichnungen mitschwingen. In letzter Zeit sind einige neue Modebezeichnungen aufgetaucht, die über das hinausgehen, was das Tätigkeitsfeld des Übersetzers ausmacht. So haben wir den Betriebslinguisten, der sich allerdings mehr auf die Ausbildung bezieht, den Sprachen-Ingenieur, den Language Engineer, der sich aus dem inzwischen recht häufig zu findenden "linguistic engineering" ableitet. Im beruflichen Alltag allerdings hat sich keine dieser Bezeichnungen wirklich durchsetzen können.

Anders verhält es sich mit dem Language Consultant, zumindest in den angelsächsischen Ländern. Dort ist diese Berufsbezeichnung schon auf so mancher Visitenkarte zu finden, nicht immer als "language consultant", sondern auch als Sprachen-Consultant oder als Sprachenberater. Also kein alter Hut mit neuem Band ist, sondern eine Berufsbezeichnung, die sich m.E. vor allem in ihren Tätigkeiten durchsetzen wird. Denn unabhängig von der Berufsbezeichnung ist zu erkennen, dass die mit dem Terminus Language Consultant verbundenen Funktionen und Tätigkeiten in den sprachverarbeitenden Berufen große Wichtigkeit erlang haben und durch die Entwicklung im Übersetzungsmarkt für die Zukunft noch größere Bedeutung erlangen werden.

Ob "Language Consultant" oder eine andere Bezeichnung: Diese Entwicklung ist es wert, auf die beruflichen Voraussetzungen hin untersucht und hier im Rahmen der Veranstaltung näher beleuchtet zu werden. Berufliche Voraussetzungen für eine Tätigkeit, die von der Industrie mit Interesse verfolgt und auch gerne in Anspruch genommen wird. Es tut sich hier ein erweitertes Betätigungsfeld auf auch für Übersetzer oder, weiter gefasst, für "Mitglieder der sog. sprachaffinen Berufe", wie kürzlich - etwas überraschend - in einem Diskussionsbeitrag zu lesen war, und wird für den Status des Übersetzers eine positive Wirkung zeigen.

Dafür soll zunächst das berufliche Umfeld aufgezeigt und von eigenen Erfahrungen bzw. von Gesprächen mit Personen, die sich als Language Consultant bezeichnen, berichtet werden.

Ich habe bewusst eine Untergliederung in eine freiberufliche und eine fest angestellte Tätigkeit vorgenommen, da es den Language Consultant in beiden Ausprägungen gibt. Der fest angestellte Language Consultant ist mir persönlich nur aus der Industrie bekannt, ob er auch in staatlichen Organisationen eingesetzt wird, entzieht sich meiner Kenntnis.

Zumeist ist der Language Consultant in einer freiberuflichen Tätigkeit zu finden. Wozu braucht man Language Consultancy? Was macht die Aktualität der Language Consultancy aus?

Es gibt mehrere Gründe. Zunächst die Aktualität der Dokumentation als Teil der Lieferung non Hardware. Hier ist ein wesentlich verändertes Umfeld durch die neue Produkthaftungsgesetzgebung zu beobachten, in der festgelegt wird, dass die Dokumentation, soweit sie in EG-Länder geliefert wird, in der jeweiligen Landessprache zu liefern ist. Dasselbe ergibt sich aus der EG-Richtlinie "Maschinen".

Weitere Gründe ergeben sich aus dem Einsatz von Dokumenten als

- Teil der Akquisitionsaktivitäten eines Unternehmens,
- zur Schaffung von "product und corporate identity" sowie einer "corporate language" als anwenderfreundliche, nämlich lesbare und verständliche Dokumentation und als
- Teil des Informationsmanagements eines Unternehmens.

Es gibt ebenfalls mehrere Gründe, die heute einen Auftraggeber veranlassen, sich eines Language Consultant zu bedienen. Liest man einschlägige Veröffentlichungen vor allem von Unternehmensberaterfirmen aufmerksam, dann sind es in der Regel drei oder vier Punkte, die als wesentlich angesehen werden.

1. Verkürzung der Markteintrittszeit
Hier sind unsere internationalen Wettbewerber offensichtlich besser als wir. Die Zeit für den Markteintritt wird heute ganz wesentlich auch davon bestimmt, wie schnell die Dokumentation übersetzt, und in welcher Form und Qualität sie zur Verfügung gestellt wird. Dies ist ein großes Problem vor allem in der Informationstechnologie, in der informationsverarbeitenden Industrie aber auch in weiten Bereichen der Investitionsgüterindustrie.

2. Die Produkt-Innovationszyklen werden immer kürzer
Dies gilt auch für die traditionellen Industrien, z.B. den Maschinen- oder Anlagenbau. Ich glaube, dass es gerade gegenwärtig mit den bisher in vielen Branchen in dieser Schärfe nicht gekannten Schwierigkeiten im Export sehr wichtig ist, durch eine gute Dokumentation, die sich nun mal vor allem in der Sprache manifestiert, Produktdifferenzierung und Unternehmensdifferenzierung zu schaffen.

3. Qualitätsanforderungen und Kostendruck
Dieser dritte und letzte Punkt wird in der Regel einzeln behandelt. Ich habe ihn hier ganz bewusst zusammengelegt, obgleich sich die beiden Punkte in der

praktischen Realisierung zumeist widersprechen, denn natürlich ist der Zusatzaufwand, der zu einer verbesserten Qualität, zu einer besseren Verständlichkeit, zu besseren Inhalten, zu besseren Strukturen usw. führt, mit höheren Kosten verbunden.

Qualitäts- und Kostengesichtspunkte als sich widersprechende Elemente bei der Produktion von Dokumentation und Übersetzungen werden in der Regel so gehandhabt, dass die Kosten an erster Stelle stehen und Qualitätsstandards, falls nicht zwingende Gründe vorliegen, erst an zweiter Stelle. Müssen Kosten und Qualität miteinander konkurrieren, dann werden die Abstriche zuerst bei der Qualität gemacht.

Dies muss nicht immer so sein. Zum Teil ist eine auf rein ökonomischen Gesichtspunkten basierende Vorgehensweise selbst unter der Prämisse, Kosten zu vermeiden oder zu reduzieren, sogar der falsche Weg, da neben den Erstellungskosten auch häufig anfallende Sekundärkosten berücksichtigt werden müssen. So müssen z.B.

- Inkonsistenzen,
- entgangener Gewinn durch Nichtzustandekommen eines Geschäftes,
- außerordentlicher Überarbeitungsaufwand,
- Lieferverzögerungen,
- Folgekosten bei Lieferung eines fehlerhaften Produktes usw. bei der Kostenbetrachtung Berücksichtigung finden.

Darauf hinzuweisen sowie entsprechende Vorgehensweise und Abläufe zu planen ist eine der vordringlichsten Aufgaben des Language Consultant.

Wie sieht nun konkret die Tätigkeit des Language Consultant aus und in welchen Bereichen ist er tätig? Grundsätzlich ist hier zwischen zwei Einsatzarten zu unterscheiden: die beratende und die operative Tätigkeit. Zunächst einmal die sich aus der Bezeichnung selbst ergebende Tätigkeit der Beratung. Dem Auftraggeber, der Probleme im Sprachenumfeld hat, - z.B. bei der Übersetzung, im Sprachentraining, der sprachlichen Weiterbildung, bei der Schaffung einer Corporate Language usw. - wird eine Problemlösung geboten.

Wir haben in den letzten Jahren im Vorfeld der Realisierung des europäischen Binnenmarktes eine ganze Reihe von Unternehmens Zusammenschlüssen auf europäischer und internationaler Ebene gesehen. Es wurden in diesem Zusammenhang große Anstrengungen unternommen, in den neu geschaffenen Unternehmen eine Corporate Language zu schaffen. Dabei war auch häufig festzustellen, dass eben nicht nur die Personalabteilung, nicht nur die einzelnen Produktbereiche, sich um dieses Problem gekümmert haben, sondern immer stärker sprachlich entsprechend gebildete, z.T. auch aus dem Übersetzerberuf kommende Language Consultants, die sich dann auch ganz bewusst als solche bezeichnet haben.

Ein weiters Einsatzgebiet ist die Sprachdatenverarbeitung, die in der Informationsverarbeitung immer mehr an Bedeutung gewinnt, z.B. in der Indexierung, in der Bearbeitung von Textkorpora, und zwar nicht nur in der Extraktion von für die Übersetzer interessanten Terminologien. Zuletzt natürlich in der maschinellen Übersetzung, denn für den Einsatz maschineller Übersetzungshilfen, seien es MAT- oder MT-Anwendungen, ist eine Beratung durch entsprechend qualifizierte Mitarbeiter erforderlich.

Der zweite Bereich, auf den es mir im Grund sogar stärker ankommt als auf den ersten, ist die operative Tätigkeit. Wie so oft im Beratungsgeschäft, insbesondere dann, wenn die Beratung erfolgreich war, so ist auch hier ein Übergang in der Form zu beobachten, dass ein erfolgreicher Sprachberater gebeten wird, seine Tätigkeit auch auf den operativen Bereich auszudehnen. Dies geschieht z.B. durch Mitarbeit im Projektmanagement, bei der Abwicklung größerer Aufträge, in der Qualitätssicherung usw.

Im Projektmanagement

Bei der Abwicklung größerer Aufträge im Projektmanagement ist in der Regel die Technik oder der Vertrieb für die Vergabe von Übersetzungsaufträgen zuständig. Der Übersetzer muss sich dann außerhalb des Projektmanagements mit diesen Personen auseinandersetzen. Inzwischen ist auch häufig die Situation zu beobachten, dass der für die Dokumentation zuständige Projektmanager für die Übersetzung verantwortlich ist. Die Erfahrung zeigt jedoch, dass auch der Projektmanager Dokumentation, obwohl er sprachlichen Problemen gegenüber aufgeschlossener sein müsste, für den Übersetzer nicht grundsätzlich ein besserer Ansprechpartner ist. Deshalb gehört nach meiner Meinung der Übersetzer - mit welcher Bezeichnung auch immer - bei internationalen Projekten ins Projektmanagement.

Manch einer von Ihnen wird an dieser Stelle sagen: Die hier beschriebenen Tätigkeiten übe ich in meinem Unternehmen schon seit Jahren aus, ohne mich als Language Consultant zu bezeichnen. Sehr gut! Nur, wie viele Übersetzer werden in dieser Form in betriebliche Abläufe eingebunden? Eine Einbindung, die m.E. aus Qualitäts- und auch aus Kostengründen unbedingt erforderlich ist. Allzu oft ist doch nach wie vor die Vorgehensweise zu beobachten, dass diejenigen, die Übersetzungsaufträge vergeben, kaum in der Lage sind zu beurteilen, welche Kriterien insgesamt zu berücksichtigen sind.

Die Anforderungen an einen Language Consultant im Projektmanagement sind m.E. folgende:

- Er muss die Anforderungen seitens des Kunden, des zu beschreibenden Produktes, der Anwendung und der Zielgruppe definieren.
- Er muss den Projektumfang und die zu erbringenden Leistungen bestimmen.
- Er muss die Formate, in denen das Original und die Übersetzung zu liefern sind, festlegen. (Der Stil des Originals kann und muss unter Umständen ein anderer sein als der der übersetzten Version, vor allem, wenn die Zielgruppe eine andere ist.)
- Er ist zuständig für die Festlegung genauer Zeitpläne.
- Er muss informiert sein über spezielle Anforderungen an Layout, Formatierung und Seitengestaltung.
- Er muss auftragsbezogen Vorgänge und Abläufe auswählen, d.h. er muss sich zunächst eine Struktur bilden, aus der heraus bestimmte Standards über ein Projekt hinweg in den Auftrag eingehen und konsistent dort auch realisiert werden.

Ich glaube, dass sich aus dieser umfassenden Aufgabenstellung heraus das große Interesse der Auftraggeber an einem Language Consultant erklärt. Ein derartig strukturierter Ablauf spart Kosten, gewährleistet Konsistenz und sichert Qualität.

Ein Wort in diesem Zusammenhang zu Richtlinien und Standards. Ebenfalls ein Punkt, der vielen Auftraggebern Probleme bereitet. Es existieren eine ganze Reihe von nationalen und supranationalen Richtlinien, die berücksichtigt werden müssen. Der einzelne Übersetzer ist hier ohne entsprechend qualifizierte Hilfe überfordert. Ich habe mich kürzlich beim Besuch einer Veranstaltung über Standards in der Informationsverarbeitung davon überzeugen lassen müssen, dass man in bestimmten Industriezweigen auch in Europa SGML (= Standard Generalized Markup Language) bereits als Standard einsetzt. Auch wir werden uns verstärkt damit auseinandersetzen müssen. Eine neue Anforderung, aber auch eine neue Chance für den, der damit umgehen kann.

Aufgaben des Language Consultant im Einzelnen:

Der Language Consultant ist bestimmend

- bei der Auswahl der Übersetzer,
- bei der Auswahl der Prüfer,
- bei der Auswahl der einzusetzenden sprachtechnologischen Werkzeuge,
- bei der Überprüfung und Einschätzung des eingehenden, des zu bearbeitenden und des ausgehenden Materials,
- bei der Beurteilung von Glossaren,
- bei der Einschätzung der Zielgruppe.

Sprachtechnologische Werkzeuge werden m.E. heute nicht nur bei den Übersetzern, sondern auch in vielen anderen Bereichen des Unternehmens nicht ihrem Potential entsprechend eingesetzt. Es handelt sich dabei um

- Rechtschreibprüfprogramme,
- Grammatikprüfprogramme,
- Stilprüfprogramme,
- terminologische Unterstützungsprogramme,
- Anwendungen maschineller Übersetzungshilfen (MAT),
- maschinelle Übersetzungsprogramme (MT)
- natürlichsprachliche Datenbankabfragen,
- Hilfen für strukturiertes Speichern und Retrieval,
- Indexierungshilfen, usw.

Was die sprachtechnologischen Werkzeuge anbelangt, werden Sie sich vielleicht fragen, wo denn die guten Programme sind, die die Produktivität entsprechend erhöhen? Ich mache immer wieder die Erfahrung, dass es sich auch um Informationsdefizite auf unserer Seite handelt, wenn wir argumentieren, dass derartige Programme nur mit großem Aufwand und wenig Effizienz eingesetzt werden können! Es gibt Programme. Gute, effiziente Programme. Sicherlich noch nicht ausreichend, aber doch operabel. Dafür benötigt man aber Insider-Wissen. Insider-Wissen, das man sich eventuell von einem Language Consultant besorgen könnte?

Ein weiteres Einsatzgebiet ist das Sprachentraining. Auch hier werden Language Consultants eingesetzt für die Beratung, das konzeptionelle Erarbeiten von Trainingsplänen, das Erarbeiten und die Verwendung von Terminologien, bei der Schaffung einer Corporate Language sowie bei der Planung und Durchführung von Sprachkursen. Sprachkurse müssen nicht in jedem Fall nur von der Abteilung Personalentwicklung geplant und organisiert werden. Die Fachspezialisten sind dazu mindestens ebenso qualifiziert.

Ferner kommen dem Language Consultant Aufgaben in der maschinellen Sprachdatenverarbeitung, z.B. beim Einsatz von Prüfprogrammen, von NLP-Anwendungen (= Natural Language Processing) in den verschiedensten Bereichen der Wissensaufbereitung und -Verarbeitung zu.

Auch in der Terminologiearbeit, einem aus der Sicht von Produkthaftung und Corporate Language wieder hochaktuellen Bereich, ist es wichtig, konzeptionell zu arbeiten, Datenbanken zu erstellen oder erstellen zu lassen, vorhandene terminologische Substanzen in neue Datenbanken zu überführen und in Anwendungen und Arbeitsabläufe der Dokumentenproduktion zu integrieren. Der Language Consultant mit guten Kenntnissen auf diesem schwierigen Gebiet, das Know-how in vielen sich überlappenden Bereichen verlangt, hat gute Chancen, ein weites Betätigungsfeld zu finden.

Ein weiterer Punkt, der gegenwärtig stark an Bedeutung gewinnt, ist die Integration in Abläufe der Qualitätssicherung. Es gibt eine Reihe größerer Übersetzungsbüros, die sich in ihren Qualitätssicherungsstandards an den Anforderungen der ISO-Norm 9000 ausrichten. Wenn wir in der Qualitätssicherung ein verstärktes Mitspracherecht haben wollen, dann müssen wir uns an diesen Vorgaben messen lassen.

Bei der Auswahl der Übersetzer ist zu beachten, dass über das Curriculum Vitae hinaus geprüft werden muss, ob der Kandidat in der Lage ist, die erwartete Leistung zu erbringen, ob er das nötige Rüstzeug hat. Neben seinen fachlichen und sprachlichen Fähigkeiten muss auch geprüft werden, wie er sich unter Stressbedingungen verhält, inwieweit er fähig und bereit ist, unter Stressbedingungen volle Leistung zu erbringen.

Ein wesentliches Merkmal der Tätigkeit des Language Consultant ist seine Mittlerstellung zwischen Auftraggeber und Anwender. Hier hat er als Spezialist für Übersetzungsfragen die Kompetenz und das Wissen, wie der Auftrag gemäß den Vorgaben des Auftraggebers abzuwickeln ist. Er gibt die Vorgaben des

Auftraggebers an den Übersetzer weiter, der für den Anwender den Auftrag so ausführt, dass die Anforderungen der Qualitätssicherung gewährleistet sind.

Dafür müssen Standards für das Verfassen von Originaltexten (Ausgangstexten) erarbeitet werden. MAT- und MT-Anwendungen funktionieren nur dann effektiv, wenn bereits auf das Original Einfluss ausgeübt wird und die Verfasser bereit sind, nach vorgegebenen Autorenkonventionen zu arbeiten. Wer aber legt derartige Autorenkonventionen fest? Die technischen Autoren? Die, die das Original schreiben? Die Festlegung von Autorenkonventionen muss ein Gemeinschaftswerk aller am Erstellungsprozess Beteiligten sein. Der übersetzungstechnische Teil muss in jedem Fall dann Berücksichtigung finden, wenn später der Text in eine andere Sprache gebracht werden soll!

Wie könnte nun ein Anforderungsprofil eines Language Consultant aussehen? Die Basis muss ohne Zweifel eine fundierte sprachliche und übersetzerische Ausbildung sein mit Kenntnissen in der Computerlinguistik, in der Verarbeitung natürlicher Sprache, in der maschinellen Übersetzung und im Sprachentraining. Die Betonung der einzelnen Bereiche kann durchaus unterschiedlich sein und wird sich zwangsläufig aus einer späteren Spezialisierung ergeben.

Ein weiterer Aspekt ist eine stark praxisorientierte betriebswirtschaftliche Basisausbildung. Diese von vielen "Sprachlern" ungeliebte Seite des Berufes - "ich kann mich nicht damit beschäftigen", "ich bin kein Buchhalter", "ich muss übersetzen", - ist unverzichtbar, will man wichtige Entscheidungen nicht anderen überlassen.

Der Language Consultant muss in der Lage sein, betriebswirtschaftlich zu argumentieren und zu agieren. Er muss Kalkulationen und Abrechnungen erstellen oder nachvollziehen können. Er muss sich auch mit betrieblichen und volkswirtschaftlichen Entwicklungen und Perspektiven beschäftigen. Wie entwickelt sich der Markt? Welche Chancen bieten sich im Markt für mich und für die, die ich vertrete?

Wir stehen vor Veränderungen im Übersetzungsmarkt. Es entstehen neue Strukturen, neue Chancen, aber auch neue Gefahren und Risiken. Viele große Unternehmen haben entweder ihre Übersetzungsabteilungen stark ausgedünnt oder völlig geschlossen. Die Übersetzung wird immer mehr - und dies nicht nur in der freien Wirtschaft - als eine Dienstleistung betrachtet, die durch "outsourcing" auch extern beschafft werden kann.

An dieser Entwicklung kann man und darf man bei marktorientierter Betrachtung nicht vorbeigehen. Dennoch ist dazu zu sagen: Will man wirklich Geld sparen, und das ist letztendlich die Hauptargumentation beim "outsourcing", dann muss man selbst in Extremfällen im Unternehmen qualifizierte Mitarbeiter zur Verfügung haben, die die externen Leistungen abwickeln und beurteilen können. Dabei kann man sich allerdings erneut eines qualifizierten externen Mitarbeiters bedienen, der die Abwicklung und Kontrolle - wie am Beginn meiner Ausführungen dargestellt - intern durchführt: eines Language Consultant!

Er kann dabei - auch als Externer - eine für den gesamten Berufsstand sehr wertvolle Tätigkeit ausüben: Einmal beim Auftraggeber Verständnis und Sensibilität schaffen für die Probleme von Übersetzern, zum anderen Voraussetzungen schaffen für eine, den Qualitätsstandards entsprechende und gleichzeitig kostengünstige Dienstleistung. Ein Wirken, das letztendlich beiden Seiten zugute kommt.

Meine Damen und Herren, liebe Kolleginnen und Kollegen. Ich glaube, aus dem, was ich vorgetragen habe, wurde eines deutlich: Ich sehe den Language Consultant als eine positive Entwicklung, die auch dem Beruf des Übersetzers neue Impulse geben kann. Selbst wenn sich die Bezeichnung nicht endgültig durchsetzen wird, so ist doch zu erkennen, dass die damit verbundenen Tätigkeiten nachgefragt werden und eine Zukunft haben. Vielleicht dann in der Tat Tätigkeiten, die nicht ein Language Consultant, sondern eventuell ein Sprachen-Consultant oder ein Sprachenberater ausführt?

Dr. Peter A. Schmitt:
Technical Writing: Mode, Bedrohung oder Chance?

Zunächst eine Vorbemerkung zum Begriff "Technical Writing". Dass es hier begriffliche Unklarheiten auch unter jenen gibt, die die Tätigkeit des Technical Writing ausüben (auch wenn sie es selbst anders nennen), wird vor allem an den Versuchen deutlich, die englische Bezeichnung "Technical Writer" einzudeutschen: In der 1978 gegründeten Gesellschaft für Technische Dokumentation (tekom) wurde noch zehn Jahre nach Gründung die Frage diskutiert, ob man den neu zu etablierenden Beruf technischer Redakteur, technischer Verfasser oder technischer Autor nennen solle, da es zwischen diesen Bezeichnungen bekanntlich semantisch durchaus relevante Unterschiede gibt.

Bemerkenswerterweise wurde m.W. nicht diskutiert, dass das englische Wort "technical" durchaus nicht zwangsläufig technisch bedeutet. Von den sechs Bedeutungen, die etwa in Webster für technical genannt werden, sind für unsere Belange zwei relevant:

- 1. "of or relating to a particular subject, d.h. deutsch Fach-
- 2. "technological", d.h. deutsch technisch.

Aufgrund der phonetischen und graphischen Ähnlichkeit von englisch "technical" und deutsch "technisch" wird bei der Übersetzung von Technical Writing meist unreflektiert zur zweiten Bedeutung gegriffen und der Begriff damit eingeschränkt auf die Erstellung von Texten eines bestimmten Fachs, nämlich dem der Technik. Technical Writing bezieht sich indessen ursprünglich auf die Erstellung jeder Art von primär informativen fachgebundenen Texten im Gegensatz zur Erstellung von primär expressiven Texten. Folglich ist der Technical Writer eigentlich kein technischer Autor, sondern ein Fachtextautor, im Gegensatz etwa zum Schriftsteller.

Nun ist freilich das Fachgebiet, in dem Technical Writer am häufigsten schreiben, in der Tat die Technik; insofern passen die Lehnprägungen technischer Redakteur und technischer Autor trotz der Bedeutungsverengung durchaus zur Realität, zumal diese Bedeutungsverengung auch im Berufsbild festgehalten ist: Durch diesen Beruf und die damit zusammenhängenden Aktivitäten wird angestrebt, alle Dokumentationen auf den Gebieten der Naturwissenschaft und Technik leser-/ benutzergerechter zu machen, damit die Leser/Benutzer in die Lage versetzt werden, wissenschaftliche Forschungsberichte, Beschreibung technischer Geräte, Systeme und Anlagen usw. klar zu verstehen, Anweisungen besser zu befolgen und Geräte besser zu benutzen.[2]

Es wird nun gelegentlich die Auffassung vertreten, dass der technische Redakteur genau das sei, was die Wirtschaft schon immer benötigt habe: Jemand, der

---

[2] Siehe Satzung der tekom.

in der Lage ist, auch komplexe Sachverhalte in einer klaren, adressatenorientierten Sprache darzustellen.

Es ist zweifellos richtig, dass jedes Unternehmen, das daran interessiert ist, seine Produkte optimal zu vermarkten, also alle Unternehmen, an der Dokumentationsqualität nicht sparen sollte. In den meisten Märkten werden Marktanteile nur noch durch Verdrängungswettbewerb erobert, so dass die Marktdurchdringung oft weniger von der Produktqualität abhängt als von der Präsentation des Produkts- und diese wird bekanntlich geprägt von der Qualität der produktbegleitenden Dokumentation.

Glücklicherweise ist immer häufiger zu beobachten, etwa im Computerbereich, dass auch funktional gute Produkte in Tests abgewertet werden, wenn sie unzureichend dokumentiert sind. Aber noch heute ist es gang und gäbe, einerseits erhebliche Finanzmittel in Forschung, Entwicklung, Produktion und Qualitätssicherung zu investieren, dann aber ausgerechnet dort zu sparen, wo es darum geht, die Produkte jener Bemühungen ihrer Bestimmung zuzuführen: an der Schnittstelle zwischen Hersteller und Anwender. Beispiele für geradezu peinlich defekte Verpackungsbeschriftungen und Bedienungsanleitungen, chaotisch strukturierte Handbücher lassen sich auch heute noch bei Produkten namhafter deutscher Hersteller finden.

Erfreulicherweise findet seit einiger Zeit ein Umdenken statt, nämlich eine Sensibilisierung für die Bedeutung der Dokumentationsqualität. Diese Sensibilisierung ist das Ergebnis mehrerer Faktoren, darunter gewiss die Aktivitäten des BDÜ, der tekom oder der IVSW (Internationale Vereinigung Sprache und Wirtschaft). Eine Rolle spielt sicher auch die derzeitige Rezession in vielen Bereichen der Wirtschaft, die es für viele Unternehmen überlebensnotwendig macht, alle Maßnahmen auszuschöpfen, mit denen das eigene Produkt positiv vom Wettbewerb abgehoben werden kann. Auch in Bereichen, in denen Produkte verschiedener Hersteller einander immer ähnlicher werden, oder in denen Produkte in engen Marktnischen zu platzieren sind, ist eine präzise, auf die Adressaten abgestimmte Produktdokumentation oft der Schlüssel zum Markterfolg. Ausschlaggebend für die Einsicht in die Notwendigkeit einer professionellen Dokumentationserstellung mag für viele allerdings der EG-Binnenmarkt und das Produkthaftungsgesetz gewesen sein: Die Haftung für Schäden, die ein Produktanwender durch das Produkt erleidet, weil die Produktdokumentation mangelhaft ist, kann einen Produkthersteller durchaus in existentielle Schwierigkeiten bringen.[3]

Das ist auch gut so. Es ist nicht nur gut für die Berufsgruppen, deren Gegenstand es ist, Dokumentationen zu erstellen: es ist gut für die Anwender von Produkten (weil sie die Produkte besser nutzen und dann meist auch länger und störungsfreier nutzen können), es ist gut für die Produkte selbst (es wäre doch bedauerlich, wenn ein an sich gutes Produkt wegen schlechter Dokumentation misshandelt würde) und nicht zuletzt ist es natürlich gut für die Produkthersteller - erfolgreiche Produkte sichern Gewinne. Gewinne sichern Arbeitsplätze, und das ist gut für uns alle.

Eine Mode, also eine vorübergehende und nicht sonderlich ernstzunehmende Erscheinung ist das Technical Writing also nicht. Es ist ein Trend in die richtige Richtung. Die Frage, ob Technical Writing eine Bedrohung sei, impliziert, dass da etwas oder jemand bedroht sein könne. Dafür kommen nur diejenigen in Betracht, die bisher für Produktdokumentation zuständig waren.

Die verbreitete Praxis, Produktdokumentation quasi nebenbei von Technikern und Ingenieuren erstellen zu lassen, führt in der Regel zu schlechten Ergebnissen - das wurde in den USA schon überzeugend nachgewiesen, bevor hierzulande das Technical Writing "entdeckt" wurde. Das ist kein Vorwurf. Der Berufsgegenstand ist nun einmal nicht das Erstellen von Texten.

Sofern die Dokumentation auf einer Vorlage in einer anderen Sprache beruht, waren bisher die Fachübersetzer für die Dokumentation zuständig. Mit Übersetzern macht man aber anscheinend ebenfalls nur schlechte Erfahrungen - fast niemals wird etwas Lobendes über Übersetzer und deren Produkte gesagt oder gar publiziert. Das ist aber nahezu unausweichlich so, denn das Merkmal einer guten Übersetzung, zumindest bei Gebrauchstexten, ist, dass sie sich so nahtlos in die Zielkultur einfügt, dass man sie nicht als Übersetzung erkennt. Übersetzungen werden daher zumeist nur als solche wahrgenommen, wenn sie in irgendeiner Hinsicht defekt sind. Defekte äußern sich im Inhaltlichen ebenso

---

[3] Siehe hierzu das ProdHaftGes sowie z.B. die VDI-Nachrichten 33 (1990), S. 8. Die auch auf BDÜ-Fortbildungsseminaren vertretene Auffassung, der Übersetzer liefere ebenso wenig ein Produkt wie der Dolmetscher (sondern eine Dienstleistung) und könne somit nicht haftbar gemacht werden (vom Auftraggeber der Übersetzung), ist nach Ansicht anderer Juristen eine sog. Mindermeinung, auf die man sich als Übersetzer nicht verlassen sollte.

wie z.b. in Verstößen gegen Textsortenkonventionen oder Adressatenorientiertheit. Daher kursieren allenthalben die sattsam bekannten Beispiele absurder Bedienungsanleitungen, die dann mit Worten verbreitet werden wie: "Schau mal, was ich da für eine Übersetzung gefunden habe." Wenn man mit dem Begriff Übersetzung von vornherein Merkmale wie "defekt" und "ärgerlich" assoziiert, braucht man sich nicht zu wundern, dass dies - zumindest außerhalb unseres Fachs - auf den Begriff "Übersetzer" abfärbt.

Man soll sich keinen Illusionen hingeben. Die Berufsbezeichnung Übersetzer ist durch negative Assoziationen belastet. Sie ist belastet durch auffallend schlechte Übersetzungen, d.h. durch schlechte Übersetzungen, die auffallen. Es gibt auch schlechte Übersetzungen, die nicht auffallen. Damit werfen wir aber zwei Fragen auf: Zum einen, was ist eigentlich eine "schlechte Übersetzung", zum ändern, wer macht denn die schlechten Übersetzungen? Man selbst fühlt sich ja nicht angesprochen.

Die erste Frage ist so komplex, dass man darüber stundenlang kontrovers diskutieren könnte. Konsensfähig und für die Zwecke dieses Vertrages ausreichend dürfte es sein, wenn wir behaupten, eine schlechte Übersetzung ist eine Übersetzung, die ihrem Zweck nicht gerecht wird. Schlechte Übersetzungen können von translatorischen Nichtexperten, also Nichtübersetzern stammen, aber auch von Übersetzern mit unzureichender Qualifikation. Die Tatsache, dass die Bezeichnung Übersetzer trotz aller Anstrengungen des BDÜ immer noch keine geschützte Berufsbezeichnung ist, und sich auch Personen mit völlig unzureichender Qualifikation als Übersetzer auf dem Markt tummeln dürfen, ist ein Problem. Das Problem ist weniger, dass unqualifizierte Übersetzer anderen Übersetzern Aufträge wegnehmen, dazu ist der Markt groß genug.[4] Das Problem ist, dass der Markt auch für qualifizierte Übersetzer ruiniert werden könnte.

---

[4] Das Gesamt-Übersetzungsvolumen der produzierenden Industrie (also ohne Handel, Banken, Versicherungen, Behörden) in den alten Bundesländern der Bundesrepublik Deutschland lag 1991 in der Größenordnung von 30 Millionen Seiten (Schmitt, 1993b). In ganz Westeuropa lag das Übersetzungsvolumen laut Siemens-Nixdorf bei rund 270 Millionen Seiten, bis zum Jahr 2000 erwartet Siemens-Nixdorf einen Anstieg auf 1,8 Milliarden Seiten pro Jahr. LOGOS nannte für die Bundesrepublik im Jahre 1985 ein Übersetzungsmarktvolumen in Höhe von 1,05 Milliarden US-Dollar und eine Wachstumsrate von 11,1 % p.a., für den weltweiten Markt nannte LOGOS ein Volumen von rund 200 Millionen Seiten und eine Wachstumsrate von 15 % (Capital 10/1987, S. 232 ff.).

Diese Bedrohung wird gefördert, wenn in Publikationen von oder über technische Autoren explizit oder implizit zum Ausdruck gebracht wird, dass Übersetzer generell unqualifiziert seien. Ich zitiere aus dem Handelsblatt, aus dem Jahre 1989 "Unbestreitbar besteht ein aktueller Bedarf an Experten, die das Fachchinesisch der Techniker in verständliches Deutsch übertragen. Ein neuer Beruf, der des technischen Redakteurs, zeichnet sich ab. (..) Die Karriereplanung erfordert Phantasie, sonst besteht die Gefahr, auf ewig ein Dasein als Übersetzer zu fristen."[5]

In dem zitierten Artikel versteht sich der technische Redakteur, so die Artikelüberschrift, als "Dolmetscher zwischen Laien und Profis". Die Bedarfsträger von Übersetzungen unterscheiden bekanntlich oft weder zwischen Dolmetschern und Übersetzern noch zwischen dem Erwerb sprachlicher und translatorischer Qualifikation. Auch die Differenzierung zwischen Linguistik und Angewandter Linguistik und deren Vertretern ist mitunter schwierig. Vor diesem Hintergrund ist es auch für Übersetzer eher schädlich, wenn in einem Beitrag von Herzke/ Juhl/ de la Roza die Erfahrungen eines "führenden westdeutschen EDV-Unternehmens" mit "Linguisten" als Fehlschlag bezeichnet werden. Ich zitiere; Gewohnt, Sprache zu analysieren, waren sie nicht imstande, Texte so zu formulieren, dass sie die intendierten pragmatischen Funktionen erfüllten.[6]

Wir stimmen freilich zu, dass es nicht zur Standardqualifikation eines Systemlinguisten gehört, solche Aufgaben zu übernehmen. Diese Aufgaben erfordern eine spezifische Ausbildung.

Auch an anderen Stellen wird eine klare Grenze zwischen technischen Redakteuren einerseits und Übersetzern andererseits gezogen und betont, dass ein Technischer Autor "keinesfalls übersetzt". Soweit das eine Definitionssache zur Klärung von Kompetenzbereichen ist, ist diese Auffassung vertretbar. Nicht akzeptabel ist es hingegen, wenn - wie es leider oft der Fall ist - in dieser Abgrenzung ein Werturteil mitschwingt. Eine Abwertung der Übersetzer von Seiten der selbst ernannten technischen Autoren ist in der Tat eine Bedrohung, jedenfalls dann, wenn diese Abwertung publiziert wird: Damit wird pauschal ein Berufsstand diskreditiert.

---

[5] Handelsblatt, Beilage Junge Karriere 32, Sommersemester 1989.
[6] Herzke/Juhl/de la Roza (1989), S. 506.

Der ideale technische Redakteur, so etwa die Botschaft bei Herzke/Juhl/de la Roza sei nicht der Übersetzer, sondern der Pädagoge, der in der Lage ist, zweckgerichtete Informationen selektiv zusammenzustellen, aufzubereiten und unter Berücksichtigung des kognitiven, sprachlichen und motivationalen Niveaus einer definierten Zielgruppe zu präsentieren.[7]

Es herrscht offenbar die Vorstellung, ein Übersetzer sei ein etwas tumbes Wesen, das derartige Subtilitäten nicht zu berücksichtigen wisse. Kein Wunder, dass in Stellenausschreibungen immer häufiger kein Übersetzer gesucht wird, sondern ein Technischer Redakteur oder ähnliches. Schon 1989 formulierte es ein an guter Dokumentation interessiertes Unternehmen in einem Brief so:

Wir suchen keinen "Wort-für-Wort-Übersetzer". Der neue Mitarbeiter muss in der Lage sein, komplexe technische Sachverhalte in einer kundengerechten Sprache inhaltlich richtig zu formulieren, d.h. er soll Inhalte über die Rampe bringen. Dies erfordert zum einen einen technischen Hintergrund, zumindest ein hohes technisches Verständnis, und pädagogisches Geschick.[8]

Bei allem Verständnis für die Absolventen der Lehramtsstudiengänge, die keine Planstelle finden, und nun nolens volens andere Einsatzgebiete suchen[9]: Weder die Ausbildung an den Pädagogischen Hochschulen noch ein Philologiestudium mit dem Ausbildungsziel Lehramt am Gymnasium liefert die hier umrissenen Kenntnisse und Fertigkeiten. Das gilt im Übrigen auch für die Ingenieurstudiengänge.[10] Weder hier noch dort wird das funktions- und adressatenorientierte Vertexten fachlicher Inhalte gelehrt. Prototypische Merkmale von Fachtextsorten werden weder intrakulturell noch interkulturell kontrastiv vermittelt. Das ist kein Vorwurf oder Mangel. Es kann in einer arbeitsteiligen Gesellschaft und in einer Zeit immer nötiger werdenden Spezialisierung auch nicht Gegenstand jener Ausbildungsgänge sein. Weder verhinderte Lehrer noch Ingenieure

---

[7] a.a.O.; vgl. auch die Aussagen von Frankenberg über die Rolle der Philologen in der Kommunikationsgesellschaft.

[8] Schreiben der Fa. Haake Mess-Technik Karlsruhe an den Vf. vom 18.05.1989.

[9] Vgl. z.B. Frankenberg (1989), S. 539: "Wer seinen Traum vom Dasein als Lehrer oder Professor ausgeträumt hat, findet genügend sinnvolle und auch beglückende Angebote, sich in der freien Wirtschaft zu betätigen".

[10] Siehe z.B. den Beitrag "Zuwenig Ingenieure haben journalistisches Talent" von Richard Sieman in VDI-Nachrichten 32 (1988), S. 19.

bringen aufgrund ihrer Ausbildung die Fähigkeit mit, beispielsweise Werkstatthandbücher zu schreiben, die allen Regeln der Kunst entsprechen.

Insofern ist es durchaus legitim, nach einer auf die Bedürfnisse des Technical Writing speziell ausgerichteten Ausbildung zu rufen. Nur sollte man nicht ignorieren, dass es die Notwendigkeit, technische Dokumentation sowohl im Original zu verfassen als auch zu übersetzen, schon einige Zeit vor der Diskussion um technische Redakteure gegeben hat.

Der technische Redakteur habe im Gegensatz zum Übersetzer, so hört man, die Freiheit, den Originaltext nur als Quellinformation zu betrachten und auf dieser Grundlage einen auf die Zielkultur und die dort anvisierte Zielgruppe abgestimmten Text zu verfassen. Nachdem ich nun seit zwei Jahrzehnten als technischer Übersetzer und seit 15 Jahren auch als Ausbilder von technischen Übersetzern tätig bin, vermag ich hier keinen Unterschied zum Übersetzer zu sehen, jedenfalls nicht zum Fachübersetzer, von dem hier ausschließlich die Rede ist. Die Anpassung des Zieltextes an dessen Zweck (Skopos) und an die Zielgruppe (Adressaten) in der Zielkultur ist spätestens seit 1984 mit der sog. Skopos-Theorie von Hans J. Vermeer auch in der Übersetzungswissenschaft etabliert.[11] Einwände gegen diese Theorie kommen allenfalls aus den Reihen der Literaturübersetzer. Das heißt nicht, dass die von Vermeer theoretisch untermauerte Art des Übersetzens nicht bereits vorher gelehrt und praktiziert worden wäre. So heißt es bereits 1976 in einem Gutachten über einen mit Übersetzungen befassten Mitarbeiter einer deutsch-amerikanischen Ingenieurfirma für Kerntechnik: (He) is a real asset to the project. He has acquired an excellent feeling for the way the engineers think and helps them tremendously in conveying their ideas. He is well beyond the point of translating just words; he is translating ideas.

Der betreffende Mitarbeiter hatte das Übersetzen an einer der universitären Ausbildungsstätten für Fachübersetzer gelernt. In diesem Fall war es der Fachbereich Angewandte Sprachwissenschaft in Germersheim, und zwar im Zeitraum 1970 bis 1974, also in einer Zeit, in der in Deutschland noch niemand vom Technical Writing redete. Für solche Übersetzer hatte die Diskussion über Technical Writing nichts Bedrohliches. Im Gegenteil: Es ist die Bestärkung und Legitimation einer bereits praktizierten erfolgreichen Arbeitsmethode.

---

[11] Reiß/Vermeer (1984), insbes. ab S. 95; s. auch Snell-Hornby (1986).

Nun gibt es, wie jeder weiß, unter Übersetzern und Übersetzungswissenschaftlern, wie unter anderen Fachleuten auch, unterschiedliche Meinungen, etwa über Arbeitsmethoden. Auch ist weder jeder Übersetzer noch jeder technische Redakteur gleichermaßen für jedes Thema und jede Textsorte qualifiziert. Bekanntlich spezialisieren sich auch andere Berufe, auch die Rechtsanwälte. So sind unter den rund 300 Absolventen, die beispielsweise in Germersheim jedes Jahr den akademischen Grad Diplomübersetzer erwerben, gewiss viele, die genau das leisten, was der Markt braucht, aber natürlich auch einige, die dafür weniger geeignet sind. Insofern mag ein Übersetzer, der eine Übersetzungsmethode praktiziert, die sich von den Maximen des guten technischen Redakteurs unterscheidet, durchaus das Thema Technical Writing als Bedrohung empfinden.

Damit kommen wir zum dritten und letzten Aspekt. Technical Writing als Chance. Chance für wen oder was?

Wir haben die Chance, aus einer recht festgefahrenen, misslichen Lage herauszukommen. Die Qualität von Dokumentation wurde über Jahrzehnte hinweg stiefmütterlich behandelt. Als Konsequenz hatten auch Übersetzer einen relativ geringen Stellenwert. Das drückte sich vielfach in der sozialen Wertschätzung als auch in der Bezahlung aus. Die Berufsbezeichnung Übersetzer ist durch schlechte Übersetzungen so beschädigt, dass man schon seit Jahren darüber nachdenkt, wie man diese Bezeichnungsaltlast durch einen glanzvolleren Namen ersetzen könnte. Aber auch Neologismen wie Textdesigner, Documental Writer, Technical Writer, Kulturmittler, Sprachberater, Language Consultant, Kommunikationsingenieur und dergleichen sind nicht jedermanns Sache und klingen in manchen Ohren prätentiös. Man mag es als Chance begreifen, unter neuer Flagge neue Ufer zu erreichen. Manchem ist es bereits gelungen, unter einer jener neuen und unvorbelasteten Berufsbezeichnungen eine gute Reputation aufzubauen. Noch wichtiger als Etiketten sind aber die Inhalte.

Zurzeit erleben wir endlich die lange angestrebte Sensibilisierung der Bedarfsträger von Übersetzungen für den wirtschaftlichen Stellenwert einer guten Dokumentationsqualität, für Aspekte wie Terminologiekonsistenz, Kulturspezifik, Funktionsadäquatheit und Adressatenspezifik eines Textes. Unsere Einstellung zur Qualität ist auch anhand unserer Handbücher klar erkennbar, die alle deutlich und leicht verständlich geschrieben werden.[12]

Solche Formulierungen in Werbeanzeigen (hier die Werbung für Tulip-Computer) sind kennzeichnend für den neuen Trend zu besserer Dokumentationsqualität. Auch wenn von diesem Trend vielerorts noch nichts zu spüren ist: Die Chancen waren selten so gut wie heute, den Bedarfsträgern verständlich zu machen, dass das Erstellen technischer Texte nicht die Sache von Experten ist, die Experten z.B. im Maschinenbau sind, sondern Experten im "Textbau" (Justa Holz-Mänttäri bezeichnet den Übersetzer seit Jahren als Textbauexperten").[13] Der Einsatz von Experten ist generell ökonomischer, da Experten gezielt und systematisch arbeiten und Expertenwerkzeuge einsetzen. Das spart Zeit und Kosten und führt in der Regel zudem zu besserer Qualität.

Angesichts dieser Chance wäre es kontraproduktiv, wollte man eine künstliche Kluft zwischen technischen Redakteuren und Übersetzern aufreißen. Zwar gibt es Unterschiede, doch gibt es sehr viel mehr Gemeinsamkeiten. Beide produzieren Texte im Auftrag, mit Inhalten, die durch externe Quellen vorgegeben sind. Beide versuchen, Kommunikation zu erleichtern. Beide ermöglichen Kommunikation über Barrieren hinweg. Je nach Kulturbegriff sind es in beiden Fällen Kulturbarrieren, nicht Kulturen in Ländergrenzen, sondern Soziokulturen. Sowohl Übersetzer als auch technische Redakteure bringen Information aus einer Kultur, z.B. aus der Welt der Techniker, in eine andere Kultur, z.B. in die Welt der Verbraucher. Insofern handelt es sich beim Technical Writing stets um einen interkulturellen Informationstransfer.

Der Unterschied zum Übersetzer besteht darin, dass der Übersetzer im Regelfall zusätzlich noch eine Sprachbarriere überwinden muss. Mit anderen Worten: Während der technische Redakteur laut Berufsbild grundsätzlich innerhalb der eigenen Sprache, also intralingual, arbeitet, arbeitet der Übersetzer zusätzlich interlingual. Aber auch dieser Unterschied verblasst, wenn sich technische Redakteure ebenso wie Übersetzer bei der Textproduktion auf Informationen stützen, die in einer anderen Sprache vorliegen.

---

[12] Anzeige in der Hannover Messe Zeitung, Ausgabe CeBIT 22. März 1990, S. 8.
[13] Näheres zur Expertenrolle des Translators liefern diverse Schriften von Justa Holz-Mänttäri, etwa 1986 und, ausführlicher, 1984.

Es scheint mir fragwürdig, als Unterscheidungskriterium die Form zu nehmen, in der die Quellinformation vorliegt. Auch technische Redakteure stützen sich gegebenenfalls wie Übersetzer auf bereits vorliegende Texte. Auch Übersetzer nehmen diese Quelltexte wie technische Redakteure nur als Informationsangebot wahr und klammern sich, je nach Skopos, nicht an Oberflächenstruktur und Wortlaut. Hier, in diesem skoposorientierten Übersetzen liegt übrigens auch die Chance des Humanübersetzers, sein Produkt positiv vom Ergebnis maschineller Übersetzungssysteme abzuheben.[14]

Die fließende Grenze zwischen Technical Writing und Übersetzen zeigt sich in der Praxis auch dadurch, dass zahlreiche tekom-Mitglieder selbst oft Fachübersetzer und auch gleichzeitig BDÜ-Mitglieder sind.

Das bringt uns noch zu einem praktischen, nämlich pekuniärem Problem. Wenn die besonderen Merkmale des Technical Writing grundsätzlich zum übersetzen gehören, dann wären diese Leistungen auch im "normalen" Übersetzungshonorar abgedeckt. Da z.B. die Anpassung an Zielkultur und intendierte Adressaten zumindest mental einen zusätzlichen Aufwand bedeutet, würde man geneigt sein, diesen mentalen Kraftaufwand auch durch ein höheres Honorar berücksichtigt zu wissen.

Das führt aber dazu, wie bei einigen Büros zu beobachten, dass man unterscheidet zwischen normaler (= "billiger") Übersetzung und einer "Luxus-Variante" - und zementiert damit die Auffassung, dass Übersetzungen normalerweise inadäquat seien. Hält man aber andererseits die Anpassung des Zieltextes an seinen Zweck in der Zielkultur, also das skoposorientierte Übersetzen, für selbstverständlich, weil ja sonst der Text seinen Zweck nicht erfüllt und seine Erstellung Zeitverschwendung wäre, dann hätte man ein Wettbewerbsproblem insofern, als man Übersetzungen zu Preisen anbietet, die über den Preisen

---

[14] Es wird gemeinhin unterstellt (wiederholt auch auf dieser BDÜ-Tagung), dass das Übersetzen technischer Texte relativ problemlos sei, da es hier, im Gegensatz etwa zu Rechtstexten, keinerlei Äquivalenzprobleme oder Kulturspezifik gebe. Folglich seien Technik-Texte für die maschinelle Übersetzung durchaus geeignet. Praktizierende Fachübersetzer im Bereich Technik können dieser Auffassung nicht zustimmen. Vgl. Schmitt (1986a), (1986b), (1987), (1992a). Kulturspezifik und Pragmatik sind auch bei technischer Terminologie zu berücksichtigen und in Terminologiedatenbanken dann relevant, wenn die Datenbank ein translationsorientiertes Informationsangebot bieten soll; s. z.B. Schmitt (1992b) und (1993a).

anderer Anbieter liegen, nur, weil man ein anderes Verständnis davon hat, was eine brauchbare Übersetzung ist. Natürlich lässt sich dieses Problem durch entsprechende Argumentation dem potentiellen Kunden gegenüber darstellen und vielleicht ausräumen. Glücklicherweise ist das Klima für solche Diskussionen zurzeit günstiger als früher. Dies erfordert freilich zweierlei: Zum einen die Fähigkeit, die versprochene Leistung, also einen funktionierenden Text, auch tatsächlich zu erbringen, zum anderen Argumentationsfähigkeit. Ich meine damit die Fähigkeit, in einer für den Kunden verständlichen Sprache über das eigene Fach, also über Sprache und Translatorik zu reden. Zur translatorischen Kompetenz gehört also auch eine metasprachliche Kompetenz. Erst die Fähigkeit zu beiden ergibt verantwortliches, professionelles translatorisches Handeln. Das aber ist erst zu lernen.

Manche halten daher nicht den ramponierten, aber doch immerhin fest etablierten Namen Übersetzer für renovierungsbedürftig, sondern die Ausbildung. Es gibt viele und verschiedenartige Ausbildungsstätten für Übersetzer, deren Lehrinhalte selbst innerhalb der Universitäten nicht gleich sind. So weisen sogar die Curricula der berühmten C.I.U.T.I.-Institute, zu denen in der Bundesrepublik Deutschland nur Germersheim, Heidelberg und Saarbrücken gehören, erhebliche Unterschiede auf. Jede pauschale Aussage über "die Lehre" und deren Qualität suggeriert die völlig unzutreffende Vorstellung, als sei die Lehre ein monolithischer Block. Selbst innerhalb einer Universität sind Lehrinhalte entscheidend von den jeweiligen Lehrern geprägt. Zur Freiheit der Forschung und Lehre gehört eben auch die Freiheit des Andersdenkenden. Und das bedeutet eben, dass man akzeptieren muss, das Kollegen z.B. eine Übersetzungsmethode lehren, die man selbst für wenig tauglich hält. Man kann freilich missionarisch wirken und für die eigene Auffassung werben, etwa durch Publikationen.

Ob man ein Gruppenetikett, wie "die Germersheimer Funktionalisten" mit Stolz trägt oder als Schimpfwort verwendet, das mag jeder mit seinem Gewissen ausmachen. Wer heute junge Menschen für die Zukunft ausbildet, hat eine große Verantwortung. Wer anderen Ratschläge für das Leben erteilt, und dazu gehören auch translatorische Handlungsmaximen, der soll sich darüber im Klaren sein, dass es über beruflichen Erfolg und auch privates Glück entscheiden kann, welche Ratschläge man gibt. Man mag einwenden, dass man es an den Universitäten mit mündigen Bürgern zu tun habe und nicht mit Kindern. Dennoch: Man hat es mit Menschen zu tun, die wichtige Weichen für ihren Lebensweg stellen und nach Orientierung suchen. Solche Weichenstellungen sind nicht nur die Berufswahl als solche, sondern auch Details wie etwa die Wahl der Arbeitssprachen und der Fachgebiete.

Der Dozent hat zu entscheiden, welche Themen und welche Text— Sorten in welcher Übersetzungsrichtung im Unterricht behandelt werden, und welche Übersetzungsmittel und welche -Strategien angewandt werden. Solche Entscheidungen kann man guten Gewissens nur dann treffen, wenn man eine solide Grundlage dafür hat. Solche Grundlagen schafft z.B. der Koodinierungsausschuss "Praxis und Lehre" des BDÜ, in dem seit nunmehr über zehn Jahren repräsentative Vertreter der Übersetzungspraxis und der Übersetzungslehre Erfahrungen austauschen. In diesem KA wurden bekanntlich sowohl das Berufsbild der Übersetzer als auch das oft zitierte Memorandum erarbeitet, das z.B. durch seine Beschreibung des Soll- und Istzustandes den Lehrenden einen Bezugspunkt für die eigene Standortbestimmung bietet. Für viele Personen und Institute war dieses Memorandum eine Anregung zur Optimierung des eigenen Lehrangebots.[15] In diesem KA wurde auch die Idee geboren, durch bundesweite Umfragen unter den Bedarfsträgern und Bedarfsdeckern von Übersetzungen eine solide empirische Basis für curriculare Entscheidungen zu liefern.[16]

Denn vor dem Hintergrund manifester Zahlen und Praxistrends ist es leichter, in der Lehre Änderungen zu bewirken, weil man durch Soll-/Istvergleich die Bereiche lokalisieren kann, in denen Änderungen überhaupt nötig sind. Ob Änderungen fundamentale Strukturänderungen erfordern[17] und ob diese realisierbar sind, sind Fragen, die von Fall zu Fall zu entscheiden sind. Jedenfalls stehen die Chancen für eine Aktualisierung der Lehre, global betrachtet, derzeit gut. Das gilt auch auf personeller Ebene. Einige Ausbildungsstätten befinden sich in einer Phase des Personenwechsels. Die Lehrer der ersten Stunde haben ihr Werk vollbracht und geben den Stab an die nächste Generation weiter. Durch entsprechende Auswahl der Nachfolger können heute die Weichen gestellt werden, welche translatorischen Arbeitsmethoden in den nächsten Jahren und Jahrzehnten an den Hochschulen gelehrt werden. Auch hier liegt eine Chance - für den ganzen Berufsstand.

---

[15] In Germersheim zum Beispiel wurden seither neben einer weiteren Intensivierung der fachsprachlichen und EDV-Komponenten u.a. ein Hauptseminar über Theorie und Praxis computergestützter Terminologiearbeit eingeführt und ein spezieller mehrsemestriger Kurs über interkulturelles Technical Writing.

[16] Schmitt (1990a, 1990b, 1990c).

[17] Siehe hierzu die Beiträge in Dollerup/ Loddegaard, insbesondere Snell-Hornby, S. 9-22.

Literaturangaben

Antos, Gerd/Krings, Hans P. (Hrsg.). Textproduktion. Ein interdisziplinärer Forschungsüberblick. Tübingen: Niemeyer, 1989.

Dollerup, Cay/Loddegaard, Anne (Hrsg.). Teaching Translating and Interpreting. Training, Talent and Experience. Amsterdam/Philadelphia: 1992.

Frankenberg, Hartwig. "Der Text lebt nicht vom Wort allein - oder: Welche Aufgaben der Philologe als PR-Fachmann in der freien Wirtschaft finden kann". In: Antos/Krings (Hrsg.) (1989), S. 539-547.

Herzke, Herbert/Juhl, Dietrich/de la Roza, Rafael. "Das Berufsbild des Technischen Autors/Redakteurs. Gegenwärtige Situation und neuer Entwicklungen im Arbeitsfeld "Technische Dokumentation 1 (TD)". In: Antos/Krings (1989), S. 502-522.

Holz-Mänttäri, Justa. Translatorisches Handeln. Theorie und Methode. Helsinki, Suomalainen Tiedeakatemia, 1984.

"Translatorisches Handeln - theoretisch fundierte Berufsprofile». In: Snell-Hornby (1986), S. 348-374.

Reiß, Katharina/Vermeer, Hans J. Grundlegung einer allgemeinen Translationstheorie. Tübingen: Niemeyer, 1984.

Schmitt, Peter A. "Die "Eindeutigkeit" von Fachtexten: Bemerkungen zu einer Fiktion.". In: Snell-Hornby (1986), S. 252-282.

"Technische Übersetzungen: Eine Arbeit für Spezialisten.". In: TEXTconTEXT 2/1986, 96-106.

"Fachtextübersetzung und Texttreue: Bemerkungen zur Qualität von Ausgangstexten.". In: Lebende Sprachen 1/1987, 1-7

Die Berufspraxis der Übersetzer. Eine Umfrageanalyse. Berichtssonderheft des Bundesverbandes der Dolmetscher und Übersetzer. Bonn: BDÜ, 1990a.

"Übersetzer/Übersetzerin, Dolmetscher/Dolmetscherin. Eine Umfrageanalyse über die Berufspraxis". In: Informationen für die Beratungs- und Vermittlungsdienste der Bundesanstalt für Arbeit 12/1990b, 517-533.

"Was übersetzen Übersetzer? - Eine Umfrage". In: Lebende Sprachen 3/1990c, 97-106.

"Culturally Specific Elements in Technical Translations". In: Language in Context. Festschrift für Prof. Dr. H.W. Drescher zum 60. Geburtstag. Frankfurt: Lang, 1992a, S. 495-515.

CATS/FASTERM: Ein Beitrag zur rechnerunterstützten Übersetzung und Terminologiearbeit". In: Forschungsmagazin der Johannes-Gutenberg-Universität Mainz. Sonderausgabe CeBIT/-Hannover Messe '92. Mainz 1992b, S. 4-20.

"Translationsorientierte Terminographie auf dem PC - Ein neuer Weg von der Terminologiedatenbank zum Fachwörterbuch". In: Freigang/Mayer (Hrsg.) Beiträge zum Symposium Sprachdatenverarbeitung für Übersetzer und Dolmetscher am 28./29. September 1992. Hildesheim, Olms: 1993a.

"Der Translationsbedarf in Deutschland. Ergebnisse einer Befragung von 4240 Wirtschaftsunternehmen in den alten Bundesländern". In: MDÜ 4 (1993b), S. 3-10.

Snell-Hornby, Mary (Hrsg.). Übersetzungswissenschaft - Eine Neuorientierung. Zur Integrierung von Theorie und Praxis. Tübingen: Francke, 1986.

Snell-Hornby, Mary. "The Professional translator of tomorrow: Language specialist or all-round expert?". In: Dollerup/Loddegaard (1992), S. 9-22.

Diskussion

Dietrich Hucke: In Jena haben eine ganze Reihe von Berufskollegen ihre Arbeit verloren. Mir sind drei bekannt, die einen Umschulungskurs für den technischen Redakteur besucht und mit Erfolg abgeschlossen haben. Es scheint aber sehr verschiedene Anschauungen über die Anforderungen dieses Berufes zu geben, denn es läuft demnächst an der Technischen Universität Ilmenau ebenfalls ein derartiger Umschulungskurs an. Kollegen aus Übersetzerkreisen hat man jedoch abgeraten, an diesem Kurs teilzunehmen, da sie über keine technische Hochschulausbildung verfügten. Man lege dort auch auf technisches Wissen wert. Ich kann mir nun nicht vorstellen, dass diese Kenntnisse zum Wesen eines technischen Redakteurs gehören.

Dr. Peter A. Schnitt: Der technische Redakteur sollte in der Lage sein, die Systeme und Geräte zu verstehen, die er zu beschreiben hat, aber er muss z.b. nicht einen Motor konstruieren können. Solide technische Grundkenntnisse sollten aber vorhanden sein. Das ist unbestritten.

Frage: Ich habe mein Diplom in Germersheim gemacht und bin seit etwa einem Jahr in dem Bereich Language Consultancy tätig. Innerhalb dieses Zeitraums ist mir klar geworden, dass meine technischen Kenntnisse Mängel aufweisen. Ich hatte das Fach Wirtschaft gewählt. Ich kann mich nicht erinnern, dass an meiner Universität in technischer Hinsicht viel angeboten worden ist. Ich spreche hier nicht von Terminologie oder technischer Übersetzung, sondern vom Umgang mit Computern, mit Betriebssystemen, mit Terminologiedatenbanken. Daher wünschte ich mir, dass in dieser Hinsicht die Ausbildung ergänzt wird. Für die Praxis wird m.E. die Ausbildung viel zu geisteswissenschaftlich gehalten.

Dr. Peter A. Schmitt: Wir haben in Germersheim computerunterstütztes Übersetzen oder den Computereinsatz beim Übersetzen im Unterricht angeboten, fakultativ, nicht obligatorisch. Da wir zu Beginn der achtziger Jahre noch nicht über viele Computer verfügten, mussten wir eine Hürde, Kriterien aufbauen, um die Teilnehmerzahl zu beschränken. Aber das ist schon lange nicht mehr aktuell. Es gibt heute keinerlei Restriktionen mehr. Da Sie, wie Sie sagen, das Ergänzungsfach "Wirtschaft" gewählt hatten, konnten Sie natürlich keine Informationen aus dem Fach "Technik" erhalten. Ein Drittel unserer Studenten wählt Wirtschaft, ein Drittel Recht, ein Drittel Technik, wohl wissend, dass in der Praxis nahezu 80 % aller Übersetzer mit Technik zu tun haben. D.h. es ist vorprogrammiert, dass alle Studenten, die Recht und Wirtschaft als Ergänzungsfächer gewählt haben, später trotzdem mit Technik konfrontiert werden. Hier geht es nun keinesfalls um technische Terminologie, sondern um technisches Fachwissen, das auch geprüft wird.

Gerhard Freibott: Ich möchte nochmals auf die Unterschiede im Arbeitsbereich des Technical Writers und des Language Consultant hinweisen. Ich glaube, dass im Gegensatz zu dem, was Herr Dr. Schmitt gesagt hat, der Technical Writer über sehr viel pädagogisches und didaktisches Geschick verfügen muss.

Ich weiß aus eigener Erfahrung, dass wir die technischen Autoren oder technischen Redakteure aus dem technischen Bereich geholt und versucht haben, sie durch entsprechende Weiterbildung dafür einzusetzen. Es hat sich immer wieder herausgestellt, dass Mitarbeiter, die aus dem sprachlichen oder dem pädagogischen Umfeld kamen, letztendlich genauso gute, wenn nicht die besseren technischen Autoren waren. Ich glaube nicht, dass zwischen der traditionellen Ausbildung eines Übersetzers und der späteren beruflichen Tätigkeit als technischer Autor ein Spannungsfeld entstehen muss. Ich glaube, dass der Übersetzer eine gute Voraussetzung mitbringt, dass er sich aber in seiner weiteren Ausbildung zum technischen Autor mit der Technik beschäftigen muss.

Dr. Radegundis Stolze: Muss es auf Dauer so sein, dass in der Lehre die strenge Trennung zwischen technischem Sachfach, Wirtschaft und Recht besteht? Ich mache in meiner Übersetzerpraxis die Erfahrung, dass auch technische Texte oft juristische Aspekte beinhalten und umgekehrt. Vertragstexte enthalten oft sehr viel Technisches. Wäre es denn nicht möglich, den zukünftigen Übersetzer auch auf solche Dinge vorzubereiten? Wenn jemand als Language Consultant tätig werden soll, dann muss er sich doch auch in mehreren Bereichen zumindest etwas auskennen.

Gerhard Freibott: Es ist wichtig, während der Ausbildung zumindest die Fähigkeit zu erwerben, sich in neue Fachgebiete einzuarbeiten. Das können wir, glaube ich, der heutigen Ausbildung nicht absprechen. Als eines, der ganz wesentlichen Fachgebiete sehe ich z.B. das Feld der Informationsverarbeitung an, einschließlich der Sprachdatenverarbeitung, der Fähigkeit, mit dem Computer umzugehen, nicht nur auf der Ebene der Textverarbeitung, sondern auf der Layout-Ebene. Man muss nicht alles, was ich Ihnen im Rahmen des Language Consultant dargestellt habe, an der Universität lernen. Aber die Grundlage dafür sollte geschaffen werden.

Dr. Peter A. Schmitt: Vor der jetzigen Regelung hatte man zwei Ergänzungsfächer obligatorisch studieren müssen. Das hatte aber den Nachteil, dass beide Fächer etwas oberflächlicher abgehandelt wurden. Man hat später festgestellt, dass man eben nicht alles zugleich machen kann. Man kann sich als Option natürlich vorstellen, dass man z.B. das Ergänzungsfach Technik wählt, dann aber im Fach Recht die Übungen besucht, in denen die Übersetzungsspezifik von Verträgen und Ausschreibungen angeboten wird.

Felix Mayer: Ich habe die Beschreibung der Einsatzgebiete und der Aufgaben des Language Consultant mit großem Interesse gehört. Das Anforderungsprofil ist ja sehr umfangreich. Wo können Sie sich vorstellen, dass ein solcher Language Consultant, wenn er nicht als externer Berater hereinkommt, organisatorisch im Unternehmen aufgehängt sein könnte? Glauben Sie, dass der Language Consultant auch in einem kleineren Unternehmen ausreichend zu beschäftigen wäre? Wie wäre er zu finanzieren? Wie schätzen Sie den Bedarf an Language Consultants im europäischen Raum in den nächsten Jahren ein?

Gerhard Freibott: Organisatorische Eingliederung. Es gibt mehrere Möglichkeiten. Ich habe häufig die organisatorische Eingliederung in der Form vorgefunden, dass der Language Consultant, vor allem bei Freiberuflern, am Projektmanagement angehängt war. Das ergibt sich natürlich daraus, dass ein Projekt über einen gewissen Zeitraum abgewickelt werden muss. Eine organisatorische Einbindung des Language Consultant in das Unternehmen kann in Form eines Werkvertrages erfolgen, der den freiberuflichen Language Consultant an das Unternehmen für eine bestimmte Zeit bindet. Weitere Möglichkeiten der organisatorischen Eingliederung liegen im Bereich der Technik, beim Verkauf oder bei der Informationsverarbeitung. Wie können kleinere Sprachendienste einen derart weit gefächerten und in sehr vielen Bereichen tätigen Mitarbeiter einsetzen, wie können sie ihn finanzieren? Der Language Consultant kann keine "Eier legende Wollmilchsau" sein, er kann auch kein schottischer Bayer sein. Aber er kann sich in bestimmten Bereichen spezialisieren, z.B. in der Sprachdatenverarbeitung, einem Bereich, der in vielen Unternehmen von Mitarbeitern wahrgenommen wird, die von der Sprachdatenverarbeitung eigentlich nur wenig verstehen. Sie haben oft sehr viel Ahnung von Informationsverarbeitung, aber nicht von der Sprachdatenverarbeitung. Es gibt andere Tätigkeitsbereiche, auf die man sich spezialisieren könnte, das ist z.B. die Technik. Zur Finanzierung. Eine Firma, die ich kürzlich besucht habe, ist weltweit tätig. In einem Gespräch, das um Informationstechnik, um Informationsverarbeitung ging, kam man plötzlich auf die Sprachen. Man hat mir gesagt: Für uns Amerikaner ist die Sprache ohnehin schwierig. Aber es ist kein Problem. In dem Augenblick, in dem wir ein Projekt haben, suchen wir uns einen externen Partner, der uns für einen bestimmten Zeitraum einen Mitarbeiter überlässt, den wir auf seine Qualifikation hin prüfen, und den wir dann in unsere Organisation integrieren. Die Finanzierung ist dann natürlich kein Problem. Die Finanzierung wäre sicherlich ein Problem, wenn ein externes Büro, ein externer Anbieter von Übersetzungsleistungen, von Leistungen aus dem Consultancy-Bereich, seine Leistungen ausschließlich auf der Basis freiberuflicher Tätigkeit, auf Honorarbasis anbieten würde. Ich glaube, auch das ließe sich realisieren, denn ich habe in diesem konkreten Fall gemerkt, dass die Entlohnung, die Honorarbasis für unsere Fälle geradezu phantastisch war. Aber warum auch nicht? Sie kaufen einen Spezialisten ein, und dieser Spezialist kostet Geld, wenn auch nur für eine bestimmte Zeit. Wenn wir ein Problem im Umfeld des Gesellschaftsrechts haben, dann suchen wir eben einen Spezialisten aus dem Gebiet des Gesellschaftsrechts. Hier haben wir ein Problem bei der Realisierung eines Projektes, ein Sprachenproblem, und dafür brauchen wir einen Spezialisten. Diesen Spezialisten suchen wir und finanzieren ihn für die benötigte Zeit.

Zum Bedarf. Ich glaube, dass im Augenblick der Bedarf sehr stark wächst. Ich glaube, das lässt sich auch sehr leicht aus der vorhin geschilderten Entwicklung des Übersetzermarktes erkennen. Wir alle wissen, welchen Weg die großen Übersetzungsdienste in den vergangenen Jahren genommen haben. Welche organisatorischen Umstrukturierungen notwendig waren und sind. Wir alle haben in den letzten Jahren viele Federn lassen müssen. Die Arbeit ist aber nicht weniger geworden. Der Bedarf an Dienstleistungen, an Übersetzungen, ist da; er ist nicht weniger geworden. Auch in ökonomisch schwierigen Zeiten ist der Bedarf nicht weniger geworden. Im Gegenteil: Die Marketing-Aktivitäten werden verstärkt eingesetzt. Die organisatorische Struktur hat sich verändert, d.h. vor allem mittelständische, aber auch große Unternehmen, werden in verstärktem Maße auf Spezialisten zurückgreifen müssen, die ihnen die Probleme, die sie im Umfeld Sprachen, Fremdsprachen haben, abnehmen. Diese Probleme werden in der Regel intern zu übernehmen sein, können aber von Externen abgenommen werden. Das reine Outsourcing, das von so vielen Unternehmensberatern empfohlen wird, ist wirtschaftlich im Grunde gar nicht sinnvoll. Man braucht nach wie vor den Spezialisten, der das Outsourcing auch von der internen Seite her steuern kann. Daher glaube ich, dass der Bedarf auch weiterhin vorhanden ist, dass der Bedarf wachsen wird.

Frage: Ich bin selbst auch im Bereich Fachübersetzung tätig und versuche, die von Ihnen skizzierten Grundsätze umzusetzen. Ich kann aber nicht von einer höheren Bereitschaft auf selten der Auftraggeber sprechen, die von Ihnen angesprochene Form der Übersetzung zu unterstützen. Auf der einen Seite braucht man für die gute Übersetzung eines Ausgangstextes Informationen, die im Original nicht vorhanden sind. Hier stellt sich bereits das Problem, dass man beim Auftraggeber einen möglichst qualifizierten Ansprechpartner finden muss. Als Resultat erscheint man sehr oft lästig. Außerdem habe ich manchmal das Gefühl, dass Übersetzungen mit dem Rechenschieber überprüft werden, nicht nach Qualitätsgesichtspunkten. Da möchte man manchmal Argumentationshilfen haben.

Dr. Peter A. Schmitt: Die Erfahrungen, die Sie gemacht haben, werden - wie ich auch - die meisten der hier Anwesenden gemacht haben. Daher habe ich vorhin auf die Argumentationskette hingewiesen, die man im Umgang mit dem Auftraggeber gegebenenfalls anwenden muss. Ich wurde auch schon einmal, trotz aller Argumentation, gezwungen, Passagen in einem Handbuch zu übersetzen mit der Überschrift "Gilt nur für Käufer in Kanada". Dabei handelte es sich um die Übersetzung für Deutschland.

Klaus Rülker: Viele von uns üben seit Jahren den Beruf des Technical Writers aus, auch wenn dieser Terminus während unserer Ausbildung noch nicht existierte. Das Bild jedoch, das in der Öffentlichkeit über den Beruf des Übersetzers besteht, hat nicht mit der Entwicklung des Berufes oder der Berufe Schritt gehalten. Wir haben daher die Aufgabe, die alte und gewohnte Berufsbezeichnung "Übersetzer" wieder mit neuem Glanz zu erfüllen.

Deborah Fry: Meine Firma praktiziert bereits seit einiger Zeit eine Art Language Consulting. Wir sind dem Bereich Marketing unterstellt, da wir ursprünglich aus der Idee der Corporate Languages hervorgingen. Marketing ist der Bereich, der traditionell die meisten Kontakte zu den übrigen Bereichen der Firma hat. Unabhängig, wo der Language Consultant aufgehängt ist, wichtig ist die Freiheit, die Anerkennung als Kompetenzstelle.

Ute Schlosser: Ich bin seit 25 Jahren wissenschaftlicher Übersetzer und ich hoffe, inzwischen auch ein Technical Writer. Als Übersetzerin bin ich spezialisiert auf das Gebiet Landwirtschaft, aber ich habe mir nie angemaßt, inzwischen auch ein Landwirt geworden zu sein. Ein Language Consultant sollte, wenn ich Sie richtig verstanden habe, auch Fachtexte korrigieren oder glätten können, um sie dem Nutzer schmackhaft zu machen. Ich würde mir nie anmaßen, Fachtexte in meiner Zielsprache oder in meiner Muttersprache glätten zu können, ohne mit dem Autor zu sprechen. Ich merke, dass ich immer wieder fragen muss: Haben Sie das auch so gemeint? Dass ein reiner, sprachlich gut ausgebildeter Übersetzer in der Lage sein sollte, auch selbständig Fachtexte manipulieren zu können, streite ich ab. Gerhard Freibott: Hier muss ein Missverständnis vorliegen. Wenn ich sage, dass der Language Consultant oder auch der Technical Writer letztendlich den Text manipulieren muss, die Manipulation nicht glättend sein muss auch den Inhalt nicht verändert, dann ist dies etwas, das er der Zielgruppe gemäß umsetzen muss. Das ist etwas, was der Übersetzer immer gemacht hat. Die Frage ist nur, inwieweit wird es in der gegenwärtigen Situation nach wie vor so gemacht. Es ist eine Frage der Qualitätssicherung. Es ist nicht eine Frage des Glättens. Das wäre zu oberflächlich. Das würde den Kern nicht treffen. Aber ich glaube, dass dieses Thema zu vielschichtig ist, als dass wir es jetzt grundlegend abhandeln könnten.

Dolmetschen bei Konferenzen und Gerichten

Ulla von Kunhardt

Wir, das heißt, Frau Dr. Driesen und ich als Moderatoren möchten Sie alle - Teilnehmer und Referenten - sehr herzlich zu unserem Themenkreis "Dolmetschen bei Konferenzen und Gerichten" willkommen heißen. Ich bin sicher, dass wir manche neue Erkenntnisse aus den reichen Erfahrungsschätzen der Referenten gewinnen werden und hoffe auf eine lebhafte Diskussion. Unseren Referenten, Herrn Helmut Brähler, Inhaber der Firma Brähler ICS Konferenztechnik, M. Bernard Heidelberger, Leiter des Sprachendienstes beim Europäischen Gerichtshof, Frau Gisela Siebourg, Leiterin des Sprachendienstes des Auswärtigen Amtes, Frau Dr. Letizia Fuchs-Vidotto, freiberufliche Konferenz- und Gerichtsdolmetscherin, und Frau Stephanie Abel, Bundesreferentin für Gebärdensprachdolmetschen ein besonders herzliches Willkommen und wärmsten Dank für Ihre Bereitschaft, zu und mit uns zu sprechen sowie dafür, dass Sie sich diese Zeit und Mühe genommen haben.

Herr Brähler, Ihre Firma Brähler Konferenztechnik hat einen weltbekannten Namen. Sie haben inzwischen Filialen in der ganzen Welt. Wir Konferenzdolmetscher arbeiten sehr gerne mit Ihnen zusammen, nicht zuletzt weil die Technik, die Sie zur Verfügung stellen, immer erstklassig ist. Dies ist nicht verwunderlich, da Sie sich auch mit Forschung und Entwicklung beschäftigen. Dies wird das Thema Ihres Vertrages sein. Sie haben jetzt das Wort.

Helmut Brähler:
Heutige und zukünftige Wege der Kommunikation für Redner, Zuhörer und Konferenzdolmetscher - Heutige Situation. Allgemeine Trends. Technische Entwicklung der kommenden Jahre.

Meine Damen und Herren, zum Thema Kommunikation. Kommunikation kommt im Konferenzraum zwischen dem Redner, dem Zuhörer und, falls erforderlich, dem Sprachenmittler, dem Konferenzdolmetscher zustande, ein Dreieck, das sehr aufeinander angewiesen ist. Jeder Teil muss bestimmte Spielregeln einhalten, sonst funktioniert es nicht. Wenn wir von Kommunikation im Konferenzraum sprechen, bedeutet dies, dass wir über die Technik selbst sprechen müssen, die Benutzung der Technik durch die Aktiven im Konferenzraum und die Betreuung durch hoffentlich qualifizierte Techniker. Kommunikation heute heißt für mich, dass wir sowohl über die Bild- als auch die Tonkommunikation sprechen müssen. Beides gehört heute eng zusammen. Und etwas provokant: Es wäre nett, wenn ich berichten könnte, dass heute überall die Technik von gestern installiert ist. Nicht einmal das ist der Fall. Und wir sind so kühn und sprechen immer über das, was morgen geschieht.

Auf keinen Fall hat es Sinn, in einen Technikrausch zu verfallen und all das zu glauben, was einem gesagt wird. Wenn wir über Technik sprechen, müssen wir bescheiden sein, denn zu viel Technik macht aggressiv und zu viel Information erdrückt uns. Sie vermindern bei Ihnen die erforderliche Akzeptanz, es ist ärgerlich, wenn die Tonwiedergabe zu laut ist, wenn zu schnell gesprochen wird.

Der Referent, der sich vorbereitet, hat die Qual der Wahl. Er muss sehen, dass er die richtigen Medien findet, dass er sie zur richtigen Zeit einsetzt, und dass er es zweckmäßig macht. Wir versuchen, Ihnen einige Aspekte der Präsentationstechnik zu zeigen. Das Angebot ist groß. Es verführt dazu, dass man zu viel einsetzt. Mein Rat an alle Referenten: Verwenden Sie stets nur ein Medium, für Text, für Graphik, für stehendes und bewegtes Bild und den Ton. Damit meine ich, dass der Computer die Möglichkeit eröffnet, sowohl Text als auch Grafik zu speichern und wiederzugeben, man kann heute schon Videobilder speichern und natürlich auch den Ton einer Wiedergabe, die Sie nicht von einem anderen Tonträger unterscheiden können. Das macht es mir sehr einfach, denn ich kann alles von einem Platz aus speichern, ich brauche kein Manuskript mehr, ich kann den Zeitrahmen einhalten. Es gilt die Forderung also, Bild und Sprache über das gleiche Medium und so integriert zu präsentieren, dass sie eine Einheit bilden. Inhalt und Verpackung müssen übereinstimmen.

Die menschlichen Sensoren, Ohren, Augen, Nase, bestimmen, ob Sie sich wohl fühlen. Klappern und Essensdüfte können Ihre Arbeit ebenso beeinträchtigen wie ein zu dunkler Raum.

Die Frage ist, warum lassen sich Veranstalter immer noch technisch schlechte Tonübertragung vorsetzen. Das gleiche gilt für die Projektion. Nach einer bekannten Regel sollte man nicht mehr als sechs Worte pro Zeile und nicht mehr als sechs Zeilen pro Seite auf ein Bild bringen, damit es auch der Zuschauer in der letzten Reihe noch lesen kann.

Jetzt zum technischen Teil. Der Redner spricht in ein Mikrophon, das im Zweimeterband arbeitet. Es ist daran zu erkennen, dass es eine kurze oder gar keine Antenne hat. Ein solches Mikrophon funktioniert. Es ist nur viermal so teuer wie die anderen Mikrophone, und es ist zum Teil sehr schwierig, dafür die Postgenehmigung zu bekommen. Und jedes Land in Europa hat seine, eigenen Spielregeln, seine eigenen Frequenzen. Das zeigt aber auch, wie schwach die Lobby der Tagungswirtschaft ist, dass sie es nicht einmal geschafft hat, in Europa einheitliche Frequenzen zu erhalten. Der Batterieverbrauch wird optisch angezeigt, es gibt keine Störgeräusche, keine Aussetzer, keine Rückkopplung, selbst wenn man nahe am Lautsprecher ist. Und man kann viele Mikrophone parallel betreiben.

Denke ich wie weiland Heinrich Heine an Deutschland in der Nacht, so fällt mir das teuerste Glashaus von Bonn ein, dann fallen mir einige Stichworte wie Arroganz, Ignoranz, der Architekt ein, der nicht gewillt ist, die Naturgesetze zu beachten, und ein Konzern aus Österreich und Wien, der nicht auf die Warnung gehört hat, der glaubte, besser als die Naturgesetze zu sein und der eine Anlage installiert hat, die von Anfang nicht funktionieren konnte. Das Problem des Rauschens bei der Wiedergabe hat seine Ursache in der Installierung eines digitalen Systems, das Studionorm hat. Damit sollten alle anderen Mitbewerber ausgegrenzt werden. Die Studionorm konnte nichts bringen, da das Glashaus selbst akustisch keine Studiobedingungen bietet. Die Akustik kann wegen der harten Fläche nicht funktionieren. Man müsste jetzt das gesamte Glas z.B. mit Steinwolle abkleben.

Wenn wir über moderne Beschallungsanlagen sprechen, kann ich Ihnen eine weitere Technik präsentieren. Sie ist so klein, dass Sie sie wahrscheinlich gar nicht sehen. Es handelt sich um sehr kleine Lautsprecher, mit denen man Räume versehen kann, die etwa anderthalb mal so groß sind wie dieser Raum.

Die Delegierten können sich schon während einer Rede zur Wehr setzen. Sie können, falls die Anlage installiert ist, über eine "digivote" den Redner bzw. dessen Behauptungen bewerten. Dies geschieht mit kleinen Kästchen, mit fünf Stufen von ganz schlecht bis ausgezeichnet. In Sekundenschnelle lassen sich dann die Ergebnisse auf der Leinwand darstellen, und sie sind im Ernstfall wirklich eine große Hilfe für den Referenten. Eine andere Möglichkeit wäre, eine Pro- und Contra-Frage zu stellen, d.h. je eine Abstimmung vor und nach der Rede. Dies ist eine sehr wirkungsvolle Methode, Referate noch während der Veranstaltung in ihrer Qualität zu beeinflussen.

Die Dolmetscheranlage soll genormt sein. Die Lautstärke des Kopfhörers wird mit "protect your hearing" elektronisch überwacht. Es gibt derzeit schon eine ganze Reihe Ihrer Berufskollegen, die über Jahre hinweg zu laut gehört haben und jetzt über Hörschädigungen klagen. Es gibt Normen, an denen wir mitgearbeitet haben, die genommen werden können. Die Lautstärke in Ihrem Kopfhörer wird elektronisch abgegriffen und über eine definierte Zeit gemittelt. Wenn Sie über fünf Minuten mit einer zu hohen Lautstärke gehört haben, dann leuchtete ein Lämpchen auf, das Ihnen ansagt: Du musst jetzt die Lautstärke herunterdrehen. Sonst wirst Du auf Dauer Dein Gehör schädigen. Mit dieser Elektronik können Sie, zumindest was Ihr Gehör angeht, zuversichtlich in die Zukunft sehen.

Die Dolmetscher verwenden genormte Kabinenausstattungen, die besonders einfach in der Handhabung sind. Die Delegierten hören über den gesamten Sprachbereich mit 8 Kilohertz, d.h. der normale Sprachbereich ist abgedeckt. Diese Infrarottechnik ist inzwischen genormt worden. Genormt heißt, die Empfänger, die Strahler können heute von etwa fünf oder sechs Herstellern gemischt werden. Und nach dem heutigen Stand der Technik können bereits 18 Sprachenkanäle simultan im gleichen Raum übertragen werden. Sie sehen, der

Sprachenflut ist, zumindest was die Technik angeht, heute kaum eine Grenze gesetzt.

Der Redner spricht nicht nur, er projiziert auch gleichzeitig. Er bringt seine Texte, Grafiken, Dias, Videos und den Ton mit seinem eigenen Computer mit. Dieser wird an einem TFT-Aufsatz angeschlossen. Dieser Aufsatz ist lediglich auf einem leistungsfähigen Overheadprojektor aufgesetzt, d.h. es ist eine sehr einfache Technik, die von jedem Haustechniker beherrscht werden kann. Auch der Ton ist im Computer gespeichert. Das ist das Neue. Das heißt aber auch, dass sich Einiges in Zukunft ändern wird. Es wird dazu kommen, dass die normale Sprachspeicherung nicht mehr auf Tonbandgeräten oder Kassettenrekordern erfolgt, die ja mechanisch sind und verschleißen, sondern im PC erfolgt oder auf der Bildplatte. Sie selbst werden in Zukunft die Bildplatten selbst beschriften können.

Nun zeige ich Ihnen mit der drahtlosen Maus, einer auch für mich noch völlig neuen Technik, einen Bildschirm, den ich in neun Segmente eingeteilt habe. Die Delegierten stellen sich vor, im kleinen Kreis mit dem Namen, im großen Kreis mit der Chip-Karte. Die Chip-Karte ist abgeleitet von dem, was Sie als Telefonkarte kennen. Sie ist weltweit standardisiert, sie wird zurzeit nur von uns benutzt. Sie hat die Aufgabe, die Delegierten zu identifizieren, man kann sie als Anwesenheitskontrolle nehmen, aber auch als Berechtigung für eine Abstimmung. Die Delegierten diskutieren miteinander mit Hilfe der drahtlosen Mikrophone. Der Dolmetscher hat in unserem Fall ein Problem: Er versteht den Satz eines Redners nicht. Entweder verschluckt er nun den Satz, oder er fragt über einen Call-Kanal nach, der normalerweise am Rednerpult installiert ist. Nun kommt wieder eine Weltneuheit zum Zuge: Der Dolmetscher kann in seiner Kabine auf die Repeat-Taste drücken und damit eine Art black box aktivieren, die der im Flugzeug ähnlich ist. Es handelt sich um eine elektronische Endlosschleife, die bei uns derzeit bei fünf Sekunden liegt, und der Satz des Redners wird, um fünf Sekunden zurückversetzt, nochmals dargestellt. Jetzt ist der Dolmetscher aber nicht mehr in der Echtzeit. Er arbeitet fünf oder zehn Sekunden hinter der Echtzeit. Er muss darauf achten, dass er in der nächsten Pause des Redners wieder in die Echtzeit zurückgeht. Diese Neuheit bedeutet eine große Hilfe für Konferenzen, bei denen es hektisch zugeht. Diese Erfindung ist inzwischen zum Weltpatent angemeldet worden.

Jetzt komme ich zur Einsparung von Kosten. Die Zahl der Konferenzsprachen wächst, aber aus Gründen der Kostenersparnis sind die meisten Konferenzen immer noch zweisprachig. Ich gehe von 70 % aus, erwarte aber für das Jahr 2000 einen leichten Rückgang zugunsten der vielsprachigen Konferenzen. Auch hier haben wir etwas Neues anzubieten, eine Konferenzanlage, mit der man nur zweisprachige Konferenzen durchführen kann. An jedem Mikrophonpult ist ein zweisprachiger Sprachenwähler eingebaut. Wenn Sie noch zusätzliche Kopfhörer brauchen, dann verwenden Sie einfach die Infrarotanlage. Diese Anlage eignet sich auch für Gerichtsverhandlungen und sie ist leicht aufzubauen.

Der Trend zur Kostenersparnis führt zu intensiveren Tagungen. Die Technik muss dann schneller aufzubauen sein. Die Technik darf nicht viel Wartungszeit in Anspruch nehmen. Eine dritte Erfindung, die ich Ihnen vorstellen möchte: Infakongat. Damit ist es nicht mehr möglich, Empfänger aus einem Raum herauszubringen, ohne dass er ein akustisches Signal aussendet. Sie sehen, ohne qualifizierte Techniker geht es nicht. Aber immer noch fehlt ein anerkanntes Berufsbild. Dabei müssen wir mindestens 3 % unserer Arbeitszeit in Weiterbildung investieren.

Kommunikation bedeutet zu mehr als 70 % Dienstleistung. M.E. wird der Faktor Mensch dabei viel zu wenig berücksichtigt. Die Zeit reicht jetzt allerdings nicht mehr aus, Ihnen Näheres dazu zu sagen.

Diskussion

Sabine Scheidemann: Ich habe eine Frage zu den Gehörschädigungen der Dolmetscher. Sie könnten zu einem guten Teil auch daher rühren, dass Redner unvermittelt auf ihr Mikrophon trommeln oder schlagen. Bietet das System "Protect your Hearing" da vielleicht eine Möglichkeit, eine Art Obergrenze von Schall einzubauen?

Helmut Brähler: Wir haben schon seit vielen Jahren in den Dolmetscherpulten eine Begrenzung eingebaut. Diese Begrenzung arbeitet automatisch und verhindert, dass z.B. durch einen plötzlichen Knall Gehörschäden verursacht werden. Eine derartige Begrenzung sollte in jedem Dolmetscherpult eingebaut sein. Leider ist sie jedoch noch nicht im Standard vorgesehen. In der nächsten Woche findet in Berlin eine Konferenz über die Ausrüstung von Kabinen statt. Bei dieser Gelegenheit werde ich den von Ihnen angesprochenen Punkt nochmals vorbringen.

Dr. Letizia Fuchs-Vidotto: Diese Repeat-Taste ist, wie Sie sagen, etwas ganz Neues. Sie ist aber noch nicht eingebaut? Helmut Brähler: In einigen Pulten ist sie eingebaut. Bei den nächsten Konferenzen wollen wir entsprechende Erfahrungen mit den Dolmetschern sammeln. Das Problem, das wir sehen, ist, wie lange bemisst man diese Endlosschleife. Wir müssen die Zeit berücksichtigen, die Sie brauchen, um festzustellen, dass Sie ein Wort oder einen Satz verpasst haben. Wir müssen Ihre Reaktionszeit erkennen. Bis zum Knopfdruck gehen mindestens 1 1/2 Sekunden verloren. Die Schleife muss also abgestimmt werden, dass sie mit der menschlichen Reaktionszeit übereinstimmt. Es wird also ein überaus kritischer Punkt sein, ob man die Schleife 4, 5 oder 6 Sekunden lang macht. Dieser Punkt muss erst einmal erarbeitet werden.

Dr. Christiane-J. Driesen:

Ich werde Ihnen jetzt Herrn Heidelberger vorstellen, Leiter des Sprachendienstes beim Gerichtshof der Europäischen Gemeinschaften. Wir haben ihn aus zwei Gründen eingeladen: Einmal, um zu signalisieren, dass Dolmetschen Dolmetschen ist. Bei Gericht oder in einem Konferenzsaal sollte es ein Niveau, eine Technik geben. Zweitens sind dank Herrn Heidelberger die Situation der Dolmetscher beim Europäischen Gerichtshof und ihre Betreuung einfach vorbildlich. Wenn dieses Vorbild auf andere Behörden und Institutionen ausstrahlen würde, wäre für uns vieles leichter.

Bernard Heidelberger: Konferenzdolmetschen beim Gerichtshof der Europäischen Gemeinschaften

(Dieser Vortrag wurde simultan gedolmetscht von Elke Nowak-Lehmann und Rudolf Behrens)

(Auf Wunsch von Herrn Heidelberger wird nachfolgender Brief seinem Vortrag vorangestellt.)

Bernard Heidelberger
Chef de la division de l'interprétation
Cour de justice
Luxembourg (Kirchberg)

Luxembourg, le 5 juillet 1993

Madame,

Je vous remercie de m'avoir communiqué la transcription de mon exposé oral du 24 avril 1993. Je trouve qu'il serait intéressant de la reprendre tel quel dans les actes, bien que cette parution me fasse commettre le péché que je dénonce, à savoir le mélange des genres (écrit-oral). J'y vois une illustration a contrario de ma thèse.

Je souhaiterais toutefois que le texte soit précédé de la présente lettre.

Bernard Heidelberger

Bernard Heidelberger :

Je vous remercie de m'avoir accordé la parole. Je suis particulièrement heureux de pouvoir parler devant vous. Nous allons bien entendu continuer dans le sens qui a été indiqué par l'orateur précédent, Monsieur Brähler, qui a abordé les problèmes de communication. Il les a abordés sous un angle plutôt matériel. Pour ma part, je tenterai de les aborder sous un angle plutôt linguistique. Mais bien évidemment l'une et l'autre chose se mêlent intimement.

Je voudrais également exprimer mes remerciements à tous ceux à qui je les dois pour pouvoir m'exprimer ici en français. J'avoue que cela rend ma tâche beaucoup plus aisée. Et je voudrais tout particulièrement à cet égard remercier publiquement Madame Nowak-Lehmann et son collègue Monsieur Rudolf Behrens pour avoir bien voulu prendre sur eux la tâche d'interpréter vers l'allemand.

Comme l'a dit Madame Driesen je suis le responsable de l'interprétation dans une cour de justice. Et au fond, une première question qu'on peut se poser, c'est celle de savoir si dans une cour de justice une interprétation de conférence a sa place. La réponse est évidemment positive, mais cherchons à en voir quelques raisons. La première de ces raisons c'est que la Cour de justice des Communautés européennes est une cour de justice dans un cadre multilingue. Le cadre multilingue a été fixé par la Communauté elle-même puisque cette Communauté dans un règlement - un règlement, c'est-à-dire une loi communautaire - a fixé qu'il existerait neuf langues officielles. Pour dire la vérité, elle n'a pas fixé qu'il y en aurait neuf, elle a décidé que toutes les langues officielles de chacun de nos Etats seraient reprises au sein de la Communauté. On comprend l'importance culturelle de ce genre de décision. Je vous rappelle très rapidement les neuf langues de nos douze Etats, puisque nous avons la chance d'avoir plus d'états que de langues. Je les prends par ordre alphabétique : le danois, l'allemand que j'aurais peut-être ici dû citer en premier, l'anglais, l'espagnol, le français, le grec, l'italien, le néerlandais, le portugais. J'espère que je n'en ai pas oublié. Ce nombre de langues n'a d'ailleurs pas toujours été fixe puisque le nombre des Etats membres de la Communauté a évolué également. En 1952, la Communauté ne comptait que six pays et quatre langues. En 1973, le nombre de pays s'est accru de trois et le nombre de langues de deux. En 1981, la Grèce est venue joindre la Communauté. En 1986, le Portugal et l'Espagne ont également ajouté leurs couleurs linguistiques. Nous ne sommes d'ailleurs peut-être pas au bout de ce décompte. Vous savez pertinemment que l'Autriche - du point de vue linguistique cela nous apportera quelque chose de très coloré, mais pas nécessairement de nouveau - que l'Autriche, que la Norvège, la Finlande et la Suède nous rejoindront peut-être et dans ce cas-là nous allons nous trouver une Communauté de seize pays avec douze langues. Cela est la première réponse à apporter à la question que je venais de poser.

Il y en a une deuxième ! Vous savez que toute cour de justice a son règlement de procédure. Le règlement de procédure de la Cour de justice des Communautés européennes a fixé que l'on pourrait écrire et s'exprimer oralement devant cette Cour dans les langues officielles que je viens de citer. Ceci se retrouve même au journal officiel des Communautés. Je ne vous donnerai pas le numéro, je crois que c'est sans intérêt particulier. Il aurait pu se faire que néanmoins dans la pratique la procédure devant la Cour de justice se déroule de façon monolingue. Cela arrive effectivement, mais dans des cas tout à fait réduits, dans 90 % des cas nous avons au contraire une procédure multilingue.

Alors je vous en donne rapidement les raisons. La première raison en est que la langue de procédure dans certaines procédures - je ne vais pas entrer dans trop de détails - est fixée par la requérante, c'est-à-dire la partie qui introduit une requête, qui ouvre la procédure. Vous comprenez que la requérante va généralement préférer s'exprimer dans la langue maternelle, celle qui lui est la plus familière. Ces langues ne sont pas nécessairement comprises ni par les autres parties, ni par les autres participants, ni par les membres de la Cour. D'où la nécessité de procéder à une interprétation linguistique des plaidoiries ou des pièces écrites - dans ce cas-là il s'agit bien évidemment d'une traduction et c'est d'ailleurs très bien. Vous voyez qu'ici nous avons à nouveau les deux aspects du BDÜ - Bundesverband der Dolmetscher und Übersetzer - : nous avons l'aspect Dolmetscher, nous avons l'aspect Übersetzer. Mais quelle est la raison fondamentale pour laquelle on est arrivé à un système qui, il faut bien le dire, est relative compliqué ? C'est que derrière cette interprétation, cette nécessité de surmonter l'obstacle linguistique, se cache une idée juridique essentielle qui s'appelle tout simplement les droits de la défense. Il est évident que si vous êtes devant votre juge, le juge doit pouvoir vous comprendre et vous devez aussi pouvoir comprendre le juge. Et s'il y a d'autres parties dans les affaires qui sont débattues, il est indispensable que les différentes parties puissent communiquer entre elles. Si ce droit à la levée de l'obstacle linguistique était bafoué, on bafouerait simultanément les droits mêmes de la défense. Alors quelle est la question qui se pose ? Comment faire pour lever cet obstacle linguistique ? C'est l'interprétation. Et jusqu'à présent on n'a pas trouvé d'autres ou de meilleures solutions que l'interprétation que l'on appelle de conférence, c'est-à-dire la plupart du temps l'interprétation simultanée qui peut se faire grâce aux installations techniques que Monsieur Brähler vous a décrites avec luxe de détails. Bien qu'il ne soit pas seul sur le marché ! La solution qui a été trouvée à la Cour de justice est une solution qui a été élaborée petit à petit. Il a d'abord fallu prendre conscience des difficultés auxquelles on s'est heurté. Et vous allez voir que ces difficultés sont d'un ordre parfois presque naïf. Et ce sont parfois les choses qui vont sans dire qui sont les plus difficiles à résoudre. Donc on a pris petit à petit conscience de ces difficultés et je voudrais vous les exposer en quatre thèmes, en quatre groupes différents avant de vous indiquer rapidement quelles sont les solutions que nous avons essayé d'apporter à ces difficultés.

La première de ces difficultés, qui est peut-être la difficulté la plus difficile à surmonter, c'est celle de la méconnaissance de l'obstacle linguistique. Nous sommes dans un monde qui est de plus en plus petit, nous voyageons beaucoup, nous voyageons rapidement. Un touriste, lorsqu'il va en Chine, ne s'embarrasse pas d'apprendre le chinois pour essayer de comprendre ce qui va se passer là-bas. Il sait que d'une façon ou d'une autre il se débrouillera. Et cet état d'esprit nous amène peut-être à méconnaître l'obstacle linguistique qui est au fond, nous en sommes bien conscients, l'essentiel de notre travail. Nous sommes là pour lever ces obstacles. Mais beaucoup de gens qui ne sont pas des linguistes ne comprennent pas la portée de ces obstacles. En effet, le touriste, lorsqu'il aura l'une ou l'autre difficulté, va essayer de gesticuler ou de baragouiner quelques mots pour obtenir le renseignement généralement d'ordre primaire dont il a besoin. Qu'en est-il dans les cours de justice ? Et bien, je suis convaincu, malheureusement, que dans nombre de pays de la Communauté il existe encore des juridictions où l'on essaye de résoudre le problème linguistique à peu près de cette façon-là. Je vous rassure, cela n'est pas le cas de la Cour de justice des Communautés européennes.

Il y a un deuxième obstacle qui est moins grave, mais qui a son quoi également. C'est un obstacle qui touche à l'organisation et qui touche aux finances. Faire une interprétation de conférence suppose qu'on s'y prenne à temps. Les interprètes ne sont pas nécessairement tous disponibles au moment où vous en avez besoin sur le marché. Vous ne trouverez pas nécessairement toutes les combinaisons dont vous avez besoin au bon moment. Et ensuite il faut bien payer ces prestations qui sont en principe d'un niveau très élevé. Par conséquent dans les juridictions il faut être conscient de ces problèmes dès lors qu'on doit lever un obstacle linguistique. Malheureusement, nous constatons que la plupart des juridictions ou de très nombreuses juridictions nationales se rendent compte trop tardivement qu'ils vont avoir un problème linguistique et n'ont ni l'argent ni le temps d'organiser une interprétation. Et alors qu'est-ce qu'on fait ? On a recours à une personne qui a plus ou moins quelques connaissances dans l'une ou l'autre langue et l'on estime en définitive qu'on a été respectueux des droits de la défense. Je n'en suis pas convaincu pour ma part et je suis heureux de dire qu'en ce qui concerne la Cour de justice des Communautés européennes là aussi on n'en est pas convaincu et on a eu recours à d'autres solutions. En effet la Cour de justice des Communautés européennes a été fondée en 1952 lors du traité CECA dans le cadre d'une négociation internationale. Cette négociation internationale a bien évidemment eu recours à des interprètes et il est assez normal que les juges qui ont été nommés à la suite de cette négociation internationale se soient dit : "Mais mon Dieu, puisque nous avons des obstacles linguistiques, nous allons avoir recours à des interprètes, à des interprètes de conférence". Donc tout naturellement la Cour est allée vers les interprètes de conférence. Cela a été une chance fantastique. Le problème n'est pas résolu pour autant. En effet quels sont les interprètes de conférence auxquels la Cour de justice a eu recours ? Elle s'est adressée aux interprètes qui avaient travaillé dans les négociations et travaillaient surtout pour les institutions de l'époque, c'est-à-dire d'une part le Parlement européen, d'autre part ce que l'on appelait à l'époque la Haute Autorité, die Hohe Behörde. Ces interprètes avaient l'habitude de bien travailler et, je le dis avec une certaine nostalgie, j'en étais, je ne sais pas si je suis trop peu modeste, mais j'avais l'impression que dans l'ensemble ils ont donné satisfaction et par conséquent les juges sachant qu'ils donnaient satisfaction, se sont dit : "Bon, on peut faire appel à ces personnes". Les voilà donc, ces interprètes habitués à parler politique, à parler économie, à parler parfois technique aussi, même de nomenclature sidérurgique, que sais-je encore, de recherche médicale, je ne sais quoi, les voilà ces interprètes dans une cour de justice. Je vous avoue que le choc a été rude. Il a été rude pour tout le monde. Il a été rude pour les interprètes, il a été rude pour les juges. D'ailleurs les juges ont commencé par réagir d'une façon très juridique. Ils ont convoqué les interprètes et leur ont dit : "Jurez que vous ne direz que la vérité". Sur quoi les interprètes ont juré qu'ils ne diraient que la vérité, mais ils ont eu beaucoup de peine à la dire cette vérité. En effet, ce qui avait échappé peut-être aux uns et aux autres, d'où la nécessité d'une prise de conscience progressive des problèmes, c'est que l'argumentation est une argumentation spécialisée. L'argumentation juridique est l'essence même de l'argumentation. L'argumentation juridique est portée par un vocabulaire qui permet d'arriver à affiner cette argumentation même. Si l'interprète arrive dans une cour sans avoir au préalable des connaissances juridiques minimales, il va se trouver placé devant des problèmes d'incompréhension totale et l'obstacle linguistique qu'il est censé lever, cet obstacle, il va le rencontrer de plein fouet et il sera incapable de faire ce que l'on attend de lui.

Petit à petit on a donc pris conscience du fait qu'il fallait faire quelque chose d'autre que de faire appel à des interprètes. Une première étape, je le dis rapidement en passant, j'y reviendrai, a été de dire aux interprètes : "Ecoutez, puisque vous n'êtes pas des juristes, on va vous donner une journée de préparation". C'était une très bonne idée. Les interprètes sont venus à la Cour un jour avant, un jour avant l'audience, et on leur a donné un volume de documents et ainsi, ils se sont assis à une table et ils commencé à étudier les affaires. Complètement perdus. Et comme ce n'étaient pas toujours les mêmes interprètes qui revenaient à la Cour les problèmes n'ont pas été résolus très rapidement. Alors un jour, mais un jour très lointain après le début des activités de la Cour en 1952, un jour, la Cour de justice des Communautés européennes s'est laissé convaincre. Elle s'est dit qu'après tout il faut spécialiser les interprètes. Et s'est ainsi que nous avons une cour avec un service d'interprétation spécialisé. Et moi qui ne suis pas juriste, je me suis ainsi spécialisé dans le domaine du droit que j'ai d'ailleurs largement oublié parce que depuis je ne suis plus interprète, je suis organisateur et si je peux vous parler d'organisation, je pourrais beaucoup moins bien vous parler d'interprétation.

Je voudrais vous parler maintenant d'un deuxième groupe de difficultés. Il s'agit de la nature même de l'interprétation juridique. L'interprétation juridique me semble quelque chose de très différent de tout autre interprétation. Nous venons de le voir, le droit est un domaine spécialisé. Nous venons de le voir, dès lors que vous entrez dans un domaine spécialisé, il est indispensable que l'interprète ait quelques connaissances minimales de cette spécialité. Mais attention, il y a une différence entre la spécialisation scientifique et la spécialisation juridique. Les notions scientifiques - prenez la loi de Newton - sont les mêmes que vous exprimez en Grande-Bretagne, en Allemagne ou en France, les notions juridiques par contre ont une nature absolument différente. Pensez par exemple au Bürgerrecht et au Common-Law. Tous ces droits sont intimement liés à la société dont ils sont issus. Ils sont intimement liés à l'histoire des états dont ils représentent la structure juridique. Et il est par conséquent tout à fait normal que dans chaque Etat membre on ait vu fleurir un droit de type particulier. Même si parfois et je pense notamment au Code Napoléon qui a envahi un peu l'Europe, même si parfois il y a également des points communs. Par conséquent, l'interprète face à un problème juridique doit faire particulièrement attention et il n'est pas dans la même situation que l'interprète qui est face à un problème scientifique. La Communauté est composée de douze Etats membres. Il y a donc nécessairement douze ordres juridiques différents dont, je viens de le dire, certains se ressemblent bien sûr, mais pas tout à fait. Et en fait, dans la Communauté il y a même un treizième ordre juridique et cet ordre juridique est celui qui a été constitué petit à petit par la Cour de justice des Communautés européennes. Il y a un droit et pas seulement excusez-moi, pas seulement, je veux dire du point de vue de la jurisprudence cela a été constitué par la Cour de justice des Communautés européennes, mais en ce qui concerne le droit, cela a été constitué évidemment essentiellement par les propositions de la Commission adoptées, revues, corrigées, examinées par le Parlement sous un angle consultatif et finalement adoptées surtout par le Conseil des Ministres. Donc nous avons un droit sui generis qui est l'ordre communautaire. A côté de ces difficultés dont je viens de parler pour l'interprète bien entendu, nous en avons encore quelques-unes. Ce sont tout d'abord, et c'est bien normal, les plaidoiries des parties. Une partie parle, dit un certain nombre de choses et un orateur qui n'est pas très attentif et écoutera ensuite la deuxième partie va se dire : "Mais ils disent la même chose, ils parlent des mêmes faits, de la même jurisprudence, ils parlent des mêmes lois, des mêmes règlements communautaires, pourquoi parlent-ils deux fois ?" C'est l'évidence, ils parlent deux fois parce que tous ces éléments sont présentés par chacun des avocats dans un sens absolument différent. Donc, l'interprète ici doit être au fait de toute l'argumentation. Nous avons en quelque sorte affaire à un modèle et à son moule. Nous avons affaire à la présentation d'un problème tout d'abord dans l'ombre et ensuite dans la lumière. Je ne veux pas dire que l'ombre ou la lumière est raison ici, mais ce sont deux fois les mêmes problèmes qui vont être exposés dans une argumentation à chaque fois opposée. Finalement, il faut évidemment que l'interprète soit beaucoup plus attentif à l'argumentation qui soutient la présentation de tous ces éléments puisque c'est l'essence même de l'argumentation qu'il va faire passer, le message qu'il va faire passer auprès des juges.

A propos de juges, cela m'amène à vous parler très rapidement des publics. L'interprète a plusieurs publics. Il a heureusement un public qui parle. Ce sont bien sûr les avocats. Ils sont importants pour lui, ils sont même essentiels. Il y a un deuxième public, ce sont les membres de la Cour. Les membres interviennent, mais les membres écoutent surtout et cette écoute est pour l'interprète absolument essentielle parce que cette écoute engage la responsabilité de l'interprète. Ce qui signifie que l'interprète va être entendu par les membres et les membres vont se forger une idée de l'affaire en partie, heureusement pas seulement, mais en partie sur la base de ce qu'ils auront entendu de la bouche de l'interprète. Et puis, il y a une troisième série de public, ce sont les visiteurs. Vous savez que les salles d'audience sont ouvertes au public. Il y a des visiteurs qui sont souvent à la Cour de justice, des visiteurs spécialisés, et de ce point de vue-là cela ne pose pas trop de problèmes aux interprètes, parce que tout le monde parle "la même langue", la même langue juridique spécialisée, ce sont les professeurs, des avocats, ce sont des associations juridiques, que sais-je encore, mais il y a aussi des écoliers, des étudiants, des associations nationales concernant le coin de terre, la culture du jardin, que sais-je encore, tout le monde peut venir écouter rendre la justice à Luxembourg. Et dans ce cas-là l'interprète a une tâche supplémentaire. Il doit dans la mesure du possible rendre aussi accessible que possible le langage juridique à ces groupes de visiteurs.

Troisième groupe de difficultés, et là je serai assez rapide, d'autant plus que je rejoins ici un point qui a été abordé par Monsieur Brähler, c'est celui de l'organisation. Il est évident que pour faire de l'interprétation de conférence on a besoin de cabines, il faut que ces cabines soient suffisamment commodes, vastes, surtout lorsqu'elles sont fixes, pour permettre un bon travail de l'interprète. Il faut qu'il y ait suffisamment de place pour faire face à une interprétation en neuf langues. Il faut que la visibilité soit assurée sur la salle d'audience, ce qui est un gros problème dans une cour de justice parce que généralement l'espace entre l'estrade des juges et celui des avocats est réduit. Il n'est pas plus grand que l'endroit où je me trouve et l'endroit où se trouve la première table. Donc la plupart des cabines sont ailleurs. D'ailleurs quand vous avez neuf cabines cela va encore tout juste, mais quand nous en auront quinze, seize ou je ne sais combien, il va falloir construire les salles - je ne sais ce qu'en pense Monsieur Brähler, ce sera une discussion amusante - non plus en fonction du public qu'elles vont contenir, mais en fonction des cabines qu'il va falloir mettre dans la salle. Enfin, je plaisante un petit peu, mais il y a un vrai problème ici. D'autre part, il faut faire en sorte que les équipes soient convenablement organisées, le nombre d'interprètes dans ces équipes est relativement élevé puisque nous avons un nombre variable de langues bien entendu en fonction des besoins, mais un nombre qui est relativement important. Il faut donc prévoir les engagements nécessaires, se préparer à certaines annulations parce qu'une fois que vous avez tout bien préparé, la Cour décide que l'affaire sera reportée à une date ultérieure etc. Vous devez aussi tenir compte du fait que nous sommes à l'heure actuelle dans un régime linguistique qui comprend par paires - c'est-à-dire français - allemand, français - anglais, allemand - espagnol que sais-je - qui comprend 72 combinaisons linguistiques. Il est évident que ces 72 combinaisons linguistiques ne peuvent pas être représentées directement dans chacune des cabines. Il faut donc procéder par un autre moyen. Il faut que dans quelques cabines vous puissiez assurer l'interprétation à partir de langues que l'on appelle des langues rares parce qu'elles sont moins bien connues par les interprètes qui circulent dans nos milieux. Prenons comme exemple le grec. Et à partir de l'interprétation qui sera faite du grec dans une cabine disons allemande ou française des interprètes qui se trouvent en cabine espagnole vont se brancher sur la cabine allemande ou française et traduire du grec vers l'espagnol par cet intermédiaire. Il y a donc tout le problème de la mise au point des pivots - on appelle cela des pivots - et des relais qui est une question extrêmement importante, extrêmement délicate. Il y a enfin les considérations de politique financière. Mais je crois qu'elles sont subordonnées à des considérations beaucoup plus importantes qui sont des considérations politiques, de politique linguistique notamment, qui font que dans la mesure du possible on essaie de réduire évidemment le coût des opérations linguistiques mais en donnant la priorité à l'impératif linguistique. C'est là que l'on voit se rejoindre d'une certaine façon le bon sens et les droits de la défense.

Je voudrais maintenant parler d'un dernier groupe de problèmes, c'est ce que j'appellerais l'invasion. J'espère que ce problème vous intéressera tout particulièrement, parce que je parle ici à la fois de l'écrit et de l'oral. Et c'est ce que j'appelle l'invasion de l'oral par l'écrit. Monsieur Brähler tout à l'heure vous a parlé de certains tableaux où il ne faut pas mettre plus d'un certain nombre d'informations. Et bien nous avons le même problème dans l'interprétation linguistique de conférence d'une façon générale et particulièrement dans les cours de justice. Il y a deux modes d'expression. Il y a le mode d'expression oral dont je suis en train de vous parler et il y a le mode d'expression écrit. Il est extrêmement dangereux à mon avis de confondre les deux. D'abord parce que les règles qui régissent ces modes d'expression sont différentes. Vous avez une structure de la pensée et de la présentation du discours qui est différente. L'orateur, vous vous en serez rendu compte, est redondant. Je vais vous donner l'exemple. Il n'arrête pas de se répéter. Au contraire, si vous avez cela dans un texte écrit vous allez le trouver mal écrit. Il faut par conséquent que le texte écrit soit dense. La présentation est différente. L'orateur se fie à son invention du moment avec bonheur ou avec malheur, peu importe, mais il essaie de faire ce qu'il peut sur le moment. Ce que l'on demande à un texte écrit, c'est d'être rigoureux et non pas de se fier à l'inspiration du moment. Il y a également l'aspect personnalisation. L'orateur rend son texte directement personnel. C'est-à-dire que par la gestuelle et par la voix il va essayer de donner une certaine couleur au texte. Inversement, la page écrite n'a aucun de ces pouvoirs. Je ne veux pas dire qu'il n'y ait pas une certaine personnalisation derrière la page écrite, entendons-nous bien, mais par des moyens différents. Ce n'est pas par la voix et la gestuelle. La finalité des deux modes d'expression est différente. L'orateur essaie d'impressionner son public sur le moment, de l'intéresser si c'est possible. L'auteur qui écrit cherche au contraire à convaincre de façon durable son public. Ce sont peut-être des façons un peu rudimentaires de présenter la différence entre ces deux modes, mais nous ne sommes pas là pour aller au fond de ces questions. Je voulais simplement attirer votre attention sur la distinction entre ces deux modes d'expression et le fait que lorsqu'il y a mélange des genres, il y a un grand risque de danger. Si l'on avait maintenant enregistré ce que je viens de dire, si on le tapait sur un texte, si l'on prenait ce texte et si l'un d'entre vous se mettait dans le silence de son bureau pour le lire, il dirait : "Mais ce texte est idiot, il ne présente aucun intérêt, il est mal écrit". Et c'est vrai. Inversement, si vous prenez un texte bien écrit, fignolé, surtout un beau texte allemand avec de longues phrases qui n'en finissent plus, avec toute une série d'incidentes, avec bon ... enfin j'arrête, si vous le lisez devant une cour de justice ou devant n'importe quel autre public, vous allez provoquer deux choses: Premièrement une très grosse difficulté de compréhension de la part des auditeurs et deuxièmement vous allez petit à petit à cause de l'effort que vous provoquez ennuyer les gens. Il m'est déjà arrivé de voir des membres de la Cour dormir. Mais il faut bien reconnaître que la tendance que je critique ici, c'est-à-dire le fait que l'écrit pollue l'oral est une tendance qui va en s'accroissant. Et la raison en est très simple. C'est que pour parler librement, il est nécessaire d'avoir un minimum de courage et un minimum d'envie d'inventer. Il y a des gens qui ont peur de ce genre de situations et je les comprends. La deuxième chose, c'est que cela exige aussi un certain travail. Cela exige peut-être plus de travail que de lire un texte. En effet, pour bien préparer un texte, ou plutôt une intervention, il est nécessaire d'avoir la cohérence de l'idée, il est nécessaire d'avoir la suite, les transitions qui sont utiles à ce discours. C'est très utile d'écrire, mais ensuite, il faut faire l'inverse. Il faut désécrire, il faut dérédiger, il faut essayer de regarder la salle et le public. L'une de mes collègues disait à certains orateurs qui lisaient : "Je suis capable de penser aussi vite que vous pensez, mais je ne suis pas capable d'interpréter aussi vite que vous lisez". Et elle voulait dire par là : "Je ne suis pas capable de penser aussi vite que vous ne pensez pas". Donc nous avons cette pollution de l'écrit qui oblige l'interprète à sortir de la sphère orale qui est la sienne et comme je le disais, elle met en péril la compréhension de l'auditeur. Et finalement, en ce qui nous concerne, nous interprètes, cette façon de procéder corrode la qualité de l'interprétation. L'interprétation devient une chose qui au lieu d'être joyeuse et agréable devient une chose extrêmement difficile et pas toujours heureuse. Et souvent pleine d'erreurs.

Alors maintenant rapidement : Quelles sont les réponses qui ont été apportées par la Cour de justice aux difficultés que je viens de vous citer? La première, vous l'avez vu, cela a été de convaincre la Cour de justice elle-même de la nécessité d'une bonne préparation, de recourir à des interprètes qui ont une idée de ce qu'est le droit. Cela a été une oeuvre de longue haleine puisque cela a duré de 1952 à 1978. Mais enfin, on y est parvenu, et je dois à cet égard citer ici un nom publiquement, c'est celui d'Annette Munch qui tout au long de ces années et ultérieurement encore, a fait une grande partie de ce qu'est aujourd'hui l'interprétation à la Cour de justice des Communautés. Et je me demande si cela n'est pas un exemple que vous pouvez méditer également au niveau national dans les cours de justice qui sont les vôtres. Et je pense que certains d'entre vous, il en est qui sont assis à cette table, j'en connais plus particulièrement une à savoir Christiane Driesen qui s'est attelée à cette tâche d'essayer de convaincre les cours de justice de faire en sorte qu'une bonne interprétation soit assurée pour des choses qui sont peut-être encore plus graves que celles qui se déroulent à la Cour de justice des Communautés elle-même, parce que la Cour de justice ne condamne pas à la prison. Mais dans bien des affaires qui intéressent nos différents états le pénal est en jeu. Il y a des privations de liberté, il y a des expulsions d'étrangers etc. C'est un problème qui est le vôtre.

La deuxième chose qu'a faite la Cour de justice, c'est la spécialisation. Alors la première chose, c'est de faire en sorte qu'il y ait un temps de préparation suffisant. J'ai parlé tout à l'heure du jour qu'on donnait aux interprètes. Evidemment, aussi longtemps que l'on n'a pas une équipe d'interprètes spécialisés, on ne peut pas aller plus loin. Les interprètes ou sont spécialisés à la Cour ou bien on leur donne un jour et ils font ce qu'ils peuvent. Il y a lorsqu'on a le temps de préparation également les instruments nécessaires à la préparation. Et de ce point de vue-là je dois vous dire que nous avons développé un système qui fait que chaque cabine d'interprètes - alors on appelle une cabine d'interprètes une équipe qui travaille vers une langue donnée à partir d'autres langues - que chaque équipe dispose d'un jeu complet de toute la procédure écrite de la Cour. Et chaque fois qu'une affaire vient, ils sortent l'affaire en question et préparent l'affaire qui doit être interprétée. Les interprètes doivent également avoir un lieu où ils peuvent se préparer. Par conséquent, ils disposent d'un bureau. Ils ont une petite bibliothèque dans le service et ils ont une très importante bibliothèque au niveau de l'institution. Nous avons également commencé à faire un petit effort de terminologie. Mais un jour j'ai dit à quelqu'un qui s'intéressait beaucoup à la terminologie : "Pourquoi est-ce que cela ne va pas plus vite chez nous ?" Et quelqu'un m'a répondu : "Mais pourquoi voulez-vous qu'on fasse de la terminologie chez vous, alors que vous avez tous les documents sous les yeux ?" Et c'est peut-être une des raisons pour lesquelles nous ne progressons pas assez en matière de terminologie, là je sens qu'il y a une petite faiblesse parce que contrairement à ce qu'on dit, je trouve qu'il y a grâce à l'ordinateur des possibilités de passer d'une langue à l'autre qui permettraient à beaucoup d'interprètes notamment nouveaux qui viennent chez nous de trouver un instrument utile. Mais je passe sur ce problème particulier.

Et il y a enfin et surtout la collégialité. Nous sommes une équipe, nous devons travailler en équipe et nous devons nous aider constamment. Et j'espère que d'une certaine façon cela se retrouve à la Cour de justice et que cela se retrouve particulièrement vis-à-vis de nos collègues freelance qui viennent de temps à autre chez nous. Alors là aussi nous essayons de faire en sorte qu'ils soient spécialisés. Certaines personnes se plaignent de ne pas venir chez nous, en nous disant qu'elles ont depuis longtemps manifesté leur intérêt. C'est tout simplement parce que nous avons l'habitude de recourir toujours aux mêmes personnes pour profiter de l'expérience très spécialisée de la Cour de justice que ces personnes ont acquise. Je vous l'ai dit, la spécialisation s'est finalement terminée par la création d'une équipe, d'une équipe de 34 interprètes qui sont divisés en neuf cabines.

Et puis, un dernier point qu'il faut citer quand-même, mais que j'ai cité tout à l'heure, c'est la création de conditions matérielles convenables. Et sur ce point de vue particulier, si vous avez des questions, on pourra en parler tout à l'heure.

Il y a peut-être un tout petit point sur lequel je voudrais insister qui n'est pas directement en rapport avec l'interprétation juridique, c'est le fait que nous encourageons les interprètes qui viennent nécessairement chez nous et disposant de trois langues passives vers une quatrième active à apprendre quelques langues supplémentaires. Eventuellement une quatrième, éventuellement même une cinquième, rares sont ceux qui en ont six, mais cela existe.

Quelle est la réponse qui a été apportée à la pollution de l'oral ? Alors il y a une double - je vois que ce terme fait sourire, j'espère qu'il ne scandalise pas quand-même - il y a une double réponse. Il y a d'abord une réponse qui a été apportée au niveau des écoles d'interprètes. On a essayé dans la mesure du possible de former les jeunes interprètes à ce qu'on appelle l'interprétation à vue. Et je trouve que c'est effectivement un effort appréciable. Mais en même temps cela pose le problème de fond, est-ce que véritablement nous devons aller dans ce sens-là ? Est-ce que ce n'est pas un petit peu un effort contre nature, est-ce que nous ne faisons pas quelque chose que nous ne devrions pas véritablement faire, est-ce que nous n'encourageons pas ici une tendance dont je ne suis pas convaincu qu'elle doive l'être ? En effet, cet apprentissage ne résout pas définitivement ni les problèmes d'incompréhension directs, mais cela n'est pas notre affaire, ni les problèmes d'erreurs au niveau de l'interprétation, ni les problèmes d'ennuis. Je pense que cette question mérite une réflexion de la profession et peut-être, je m'adresse à vous, peut-être qu'un jour l'un ou l'autre ou une autre association pourra se pencher sur cette question particulière. La réponse de la Cour à ce problème particulier a été le suivant: la Cour a rédigé un guide au Conseil. Et ce guide au Conseil encourage par tous les moyens possibles les avocats à parler librement et les décourage autant que possible à lire. Je ne suis pas absolument convaincu qu'on soit arrivé à une solution jusqu'à présent et je me demande si la seule véritable solution ne serait pas qu'un jour le président dise : "Ecoutez, vous nous embêtez, nous ne comprenons rien à ce que vous lisez, arrêtez de lire et parler librement". Nous n'en sommes pas là, il faut créer, pour en arriver là, une espèce d'atmosphère générale c'est-à-dire une prise de conscience.

Alors très rapidement le bilan provisoire de cette interprétation de conférence. Est-ce que oui ou non cette interprétation de conférence permet de résoudre les problèmes qui sont posés par le droit de la défense ? Je dois dire que les difficultés que j'ai mentionnées sont permanentes, les solutions que j'ai proposées, que nous appliquons sont évidemment permanentes aussi, mais il faut être extrêmement vigilant en permanence. On ne peut les avoir résolues une fois pour toutes, il faut constamment veiller à ce qu'elles soient appliquées le mieux possible. Et surtout, je crois que ce sont les interprètes eux-mêmes, non plus au niveau de l'organisation, mais à leur niveau propre, qui vont faire qu'une bonne interprétation soit assurée à la Cour de justice et que les droits de la défense soient bien protégés. Ils le feront grâce aux efforts qu'ils feront, grâce à l'intérêt qu'ils porteront à ce métier. Et je puis vous assurer qu'ils y portent un intérêt majeur. Lorsqu'il manque un document par exemple dans une affaire, c'est un drame et il faut tout de suite le retrouver parce que les interprètes se sentent déjà non préparés parce que sur une pile de documents comme ça il en manque un. D'ailleurs ce plaisir de travailler se retrouve aussi à un autre niveau. Un certain nombre de ces interprètes vont porter la bonne parole dans les écoles, dans les écoles d'interprètes si bien que cela permet de prendre petit à petite conscience et des problèmes et des solutions qui sont à apporter à ces problèmes.

Je vous remercie de votre attention. Je crains d'avoir été un petit peu long, j'ai commis une erreur. Je suis passé de ma place là-bas a ici sans emmener ma montre.

Diskussion

Dr. Letizia Fuchs-Vidotto: Herr Heidelberger, Ihr Vortrag war hochinteressant. Wir Gerichtsdolmetscher haben im Gerichtshof ideale Arbeitsbedingungen. Hier wissen die Richter, wie wichtig das Dolmetschen ist und dass nur der allerbeste Dolmetscher für das Gericht gerade gut genug ist. Sie sprachen von der Vorbereitung. Das ist natürlich eine ideale Lage, dass man Akteneinsicht bekommt - wie es so schön im Deutschen heißt. Es gibt aber auch Richter z.B. bei Zivilkammern, die davon ausgehen, dass der Dolmetscher nicht vorbereitet kommen muss, denn sonst sei er voreingenommen. Und das ist eben unsere Schwierigkeit. Und dann haben Sie gesprochen von "Language Juridique et le sense même de l'argumentation", das ist natürlich eine sehr gute Definition von dem, was man von uns bei Gericht verlangt, und Sie haben mit Recht gesagt, dass nur gut vorbereitete und hochqualifizierte Dolmetscher das fertig bringen. Ich wollte ergänzen, als der Gerichtshof 1952 in der Villa Bourbon saß, waren natürlich die Richter mehrsprachig. Der erste Präsident war damals ein hoher Beamter des

Völkerbundes gewesen. Und das hat natürlich den Weg für sehr gutes Dolmetschen geebnet.

Ulla von Kunhardt: Ich möchte gerne Frau Siebourg einführen. Frau Sieburg ist seit einigen Jahren Leiterin des Sprachendienstes des Auswärtigen Amtes und damit auch Nachfolgerin von so bekannten Namen wie Herrmann Kusterer und Heinz Weber. Sie ist eine uns allen sehr gut bekannte und von uns allen sehr geschätzte und hochqualifizierte Kollegin. Frau Siebourg war viele Jahre lang Präsidentin der AIIC, des Internationalen Konferenzdolmetscherverbandes, und ist auch heute noch Koordinatorin eines Anschusses der AIIC für die Zusammenarbeit mit den Kollegen im Osten. Deswegen hoffen wir auch auf einige Ausblicke in diese Richtung. Frau Siebourg, bitte.

Gisela Siebourg:
Hat der Beruf des Konferenzdolmetschers eine Zukunft?

Ich freue mich, dass Sie mit mir der Frage nachgehen wollen, ob mein Beruf, unser Beruf, ob der Beruf des Konferenzdolmetschers eine Zukunft hat. Wenn wir nach der Zukunft fragen, so müssen wir selbstverständlich mit der Gegenwart beginnen, denn die Gegenwart prägt die Zukunft, ist ihre Quelle. Wir informieren uns, blicken in die Zeitung, hören die Fernsehnachrichten. Das Weltgeschehen ist gekennzeichnet von einer Vielzahl internationaler Begegnungen. Und manch einer hat Schwierigkeiten, die Zusammenhänge zu verstehen und zu strukturieren, klar darzustellen. So zumindest erlebe ich es allzu oft, wenn Absolventen der Dolmetscherinstitute der Universitäten als Bewerber ins Auswärtige Amt kommen. Eine Fülle von Nachrichten also erfahren wir: Es gibt die G7, die NATO und heute auch NACC oder CoCoNa, es gibt die WEU, die KSZE, die UNO - sie haben beständig Begegnungen allüberall in dieser Welt und sie beschäftigen Konferenzdolmetscher. Wir blicken in die etwas nähere Ferne, nach Brüssel, zum Europäischen Binnenmarkt: der EWR (die EFTA wird bald aufgesogen): Zukunft des Berufes also "ja"? Zum Binnenmarkt haben wir gestern insbesondere über die Niederlassungsfreiheit gehört. Müsste es in Anwaltspraxen, Notariatskanzleien, Wartezimmern von Ärzten vielleicht Dolmetscher geben, oder sprechen diese potentiellen Kunden die Sprachen alle selber? Zukunft "nein"?

Juristenkongresse, Ärztekongresse, Seminare politischer Stiftungen, Fachseminare auch in der Wirtschaft? Aber wir blicken in den Wirtschaftsteil der Zeitung und lesen von Rezession und Sparprogrammen. Es gibt mehr und mehr zweisprachige, nicht mehr vielsprachige Konferenzen. Die Konferenztage nehmen ab. Zukunft "eher nein"?

Der Ost-West-Konflikt ist verschwunden. Russland ist in dem, was die Amerikaner NACC nennen; Bulgarien ist Mitglied des Europarats; Tschechien und Polen möchten Mitglieder der EG werden. Zukunft also doch "eher ja"? Aber wer kann denn die neuen Sprachen? Wer kann Estnisch, Litauisch, Ukrainisch, Kroatisch? Was ist Weißrussisch? Dolmetscher drängen herbei, bieten sich an. Brauchen wir doch wieder den "Zufalls-Dolmetscher", denjenigen, der meint, er könne eben zwei Sprachen und deswegen dolmetschen? Wo bleibt die Zukunft des professionellen Konferenzdolmetschers? Berufanfänger, Absolventen von Dolmetscherinstituten kommen im Beruf nicht unter, wandern ab in die Wirtschaft, in andere Tätigkeiten. Der Markt ist voll. Ja, es heißt, aus dem Osten werden ganze Teams importiert, die hier den Markt besetzen. Zukunft "nein"?

Der Bundestag hat beschlossen, dass die Regierung nach Berlin umzieht. Bonn plant Ersatzmöglichkeiten, diese Stadt am Leben zu erhalten. Die Universität - so liest man - plant, eine Euro-Abteilung auszubauen - selbstverständlich auch mit einem Zweig für die Dolmetscherausbildung. Dort scheint man es also präzise zu wissen: Zukunft "ja". Zukunft des Konferenzdolmetschers? Wessen Zukunft eigentlich? Eine Zukunft wohl mehr der Dozenten. Denn unseren Markt, glaube ich, kennen sie nicht.

Das Bild ist also verwirrend und immer unklarer je näher wir hinsehen. Aber wir müssen wohl die Frage auch ein wenig anders strukturieren, sonst überlassen wir das Feld einmal mehr denjenigen, die in unseren Beruf in einem Maße hineinreden, wie es in kaum einem anderen der Fall ist. Wir selbst müssen die Frage, müssen auch unsere Zukunft anders strukturieren.

Besinnen wir uns also noch einmal neu auf die Frage und untergliedern wir sie. Seit der Turmbau zu Babel scheiterte, gibt es Bedarf an Dolmetschern. Seit Jakob seine zehn Söhne nach Ägypten schickte, weil es dort in den sieben mageren Jahren noch zu essen gab, und diese Söhne auf ihren Bruder Josef trafen, seit es von dieser Begegnung heißt, "Sie wussten aber nicht, dass Josef sie verstand, denn er redete zu ihnen durch einen Dolmetscher" - seit dieser Zeit gibt es auch den Beruf des Dolmetschers. Nun wird es sich in der damaligen Geschichte mehr um das gedreht haben, was wir heute einen "Community-Interpreter" nennen würden. Wir aber sprechen hier vom Konferenzdolmetscher. Immerhin, die Aufgabe ist da. Das haben wir bei der Zeitungslektüre erfahren. Die Berufspraxis aber muss von uns gestaltet werden.

Unsere erste Frage muss lauten: Welches ist denn überhaupt der Markt des Konferenzdolmetschers? Welches ist der Bedarf, und spezifischer: an welchen Sprachen ist Bedarf? Dann: Welche Anforderungen stellt dieser Markt an den Konferenzdolmetscher? Das führt zur Frage nach der Ausbildung, der Fortbildung, dem professionellen Verhalten und der Berufsethik des Konferenzdolmetschers.

Welches ist der Markt des Konferenzdolmetschers? Der Beruf wurde mit dem Völkerbund geboren. Nach dem 2. Weltkrieg wurden die Vereinten Nationen geschaffen, erwachte das internationale Leben, das internationale Geschäft wieder, gab es Konferenzen, Kongresse, Zusammenarbeit dann auch in anderen Bereichen, in der Wirtschaft etwa - der Beruf war geboren. Die Konferenzdolmetscher lebten selbstverständlich zumeist in den internationalen Zentren, also in Paris, in Genf, in London. Dolmetscherschulen schössen wie die Pilze aus der Erde. Sie hatten auch damals bereits ihre Chance erkannt. Die Praktiken aber des Konferenzdolmetschens, die Arbeitsbedingungen des Konferenzdolmetschers wurden diesem diktiert, ohne dass er sie so recht beeinflussen konnte. Dieses ging selbstverständlich zu Lasten der möglichen Präzision und der Qualität. Notwendige Vorbereitung auf einen Einsatz existierte nicht im Denken der Auftraggeber. Auch die Kabinen mussten erst einmal dem Ziel guter Dienstleistungen angepasst werden und der Gesundheit derjenigen, die darin arbeiten, Rechnung tragen. Schritt für Schritt formierte sich der Berufsstand, ein internationaler Berufsstand, dessen Angehörige sich alle kannten, arbeiteten sie doch stets zusammen. Es waren fest angestellte Dolmetscher in den großen Organisationen, die die Initiative zur Gründung der AIIC, des internationalen Konferenzdolmetscherverbandes, ergriffen. Der Verband wurde 1953 in Paris gegründet. Die Mitglieder schufen sich nach und nach ihre Arbeitsregeln, ihre Arbeitspraktiken, insbesondere auch ihr Berufsethos und dieses zum besseren Wohl der Leistung, also zum besseren Wohl sowohl des Kunden als auch des Dienstleistenden, des Dolmetschers. Übrigens, es waren in jenen ersten Jahren etwa 100 Dolmetscher, die sich zusammenschlössen, und noch im Jahre 1957 hatte die AIIC nur 202 Mitglieder. Der Markt also - das ist zunächst einmal die Welt der großen Organisationen, die UNO, die EG, der Europarat, die KSZE. Die Dolmetscher, die sich als einen per definitionem internationalen Berufsstand verstanden, schufen sich weltweit geltende Arbeitspraktiken und Berufsregeln. Anders konnte es auch gar nicht funktionieren.

Die nationalen Ministerien schufen sich nach und nach auch ihre aus professionellen Dolmetschern zusammengesetzten Sprachendienste, die nicht länger von Linguisten und "Dragomanen" besetzt bleiben konnten. Die Aufgabe dieser Kollegen war in etwa dieselbe wie die der Kollegen in den internationalen Organisationen. Ihr Feld waren zwar vor allem bilaterale Begegnungen, von beiden Seiten kam ein Dolmetscher dazu, aber ihre Arbeitsbedingungen mussten gleich sein und sie mussten sich in einem Augenblick, im doppeltem Sinn dieses Wortes, miteinander verständigen können. So gewannen auch hier weitgehend dieselben Berufsregeln an Raum.

Lassen Sie mich das eben Gesagte an einem aktuellen Beispiel verdeutlichen: G7, auch Weltwirtschaftsgipfel genannt. Wie soll der nationale Sprachendienst einer gastgebenden Regierung das Dolmetschen organisieren, wenn dieser Sprachendienst keine Kenntnis davon hat, wie in den vergangenen Jahren, von den früheren Gastgebern das Dolmetschen bei dieser Konferenz organisiert wurde? Wie sollte es funktionieren, wenn nicht "die Experten" unter den Dolmetschern wieder zusammengerufen werden würden? Oder die KSZE: Auch sie hat einen fast festen Sprachendienst. Sie hat zwar keine fest angestellten Dolmetscher, aber doch einen Kreis von Dolmetschern, die die entsprechenden Sprachen sowie das nach und nach gewachsene Fachwissen anbieten können. Und so arbeiten sie denn überall nach denselben Praktiken und Regeln. Und wenn ein Konferenzdolmetscher in das Büro der Kollegen bei einer internationalen Organisation irgendwo auf der Welt kommt, die Tafel dort hängen sieht, dann weiß er: Hier bin ich zuhause. Selbstverständlich gibt es auch jeweils die stärker bilateral geprägten Seminare, die Ärztekongresse, die Wirtschaftskongresse, die Seminare der politischen Stiftungen, aber die Arbeitsbedingungen und die Verhaltensweisen der Konferenzdolmetscher sind auch hier von den eben geschilderten Arbeitsregeln geprägt.

So viel zum Thema Markt. Welches ist jedoch der Bedarf? Markt und Regelung, Bedarf und Wahl der Sprachen hängen sehr eng zusammen. Daher möchte ich die Frage des Bedarfs ein wenig einengen auf die ganz individuelle Frage des Studierenden oder des interessierten Abiturienten nach der Sprachenwahl. Das ist die Frage nach der Zukunft des Einzelnen. Auf die Frage: Welche Sprachen soll ich lernen?, antworte ich: Wo und wie möchten Sie arbeiten? Möchte man bei der EG arbeiten oder möchte man unbedingt Japanisch lernen? Vor vielen Jahren hat mich eine Studentin auf ihre Absichten angesprochen, ihre Sprachen seien Portugiesisch und Türkisch. Es war zu einer Zeit, da noch keine Rede davon war, dass Portugal in die EG eintreten würde. Ich konnte ihr damals nur sagen, sie habe eine Monopolstellung auf einem inexistenten Markt. Bei Studienbeginn muss ich mir also sehr genau überlegen, ob ich, wenn ich Japanisch, Chinesisch oder Arabisch lernen will, mit der Welt, die ich mir mit dieser Sprache eröffne, ein Leben lang auskommen kann, und zwar so, dass ich den Marktbedingungen, die es mit dieser Sprache gibt, auch entsprechen kann. Oder ich möchte bei der EG arbeiten, wo ja Deutsch eine Arbeitssprache ist, ich also mit Deutsch als Muttersprache eine Chance habe, und dann verbringe ich mein Leben in der Welt der europäischen Gemeinschaften.

Ein weiterer Punkt sind natürlich die sog. Neuen Sprachen, nämlich Litauisch, Estnisch, Ukrainisch usw. Will man sich in diese Welt begeben, muss man sich fragen: Wie groß kann der Markt sein? Möchte ich eine dieser Sprache erlernen und damit arbeiten? Welche Sprache sollte ich sinnvollerweise als Ergänzung wählen? Allzu viele Dolmetscher wird der Markt des Litauischen, des Ukrainischen nicht ernähren können.

Der Markt stellt seine Anforderungen an den Konferenzdolmetscher. Wie begegnen wir ihnen? Da wären zunächst die Ausbildung und der Wissenshintergrund. Der Dolmetscher muss verstehen, was er dolmetscht, d.h. er muss das haben, was die Franzosen "culture générale" nennen, was wir auf Deutsch vielleicht etwas flacher "Allgemeinbildung" nennen. Er muss im Grunde mindestens so gebildet sein, wie seine Redner, wie die Teilnehmer der Konferenz. Humboldt hat gesagt, Sprache ist die Summe der geistigen Energie eines Volkes. Ein Summum also müssen wir erlernen, wollen wir unser Metier recht beherrschen. Zunächst müssen wir uns fragen, ob wir dieser Anforderung in unserer Muttersprache entsprechen. In der Muttersprache haben wir unsere Bildung zu beweisen. Mephisto sagt in Goethes Faust: "Gewöhnlich glaubt der Mensch, wenn er nur Worte hört, es müsste sich dabei doch etwas denken lassen." So eben sollte es nicht zugehen, wenn ein Zuhörer der Kabine lauscht, wenn ein Vortrag, eine Rede, eine Intervention in einen Wortschwall verwandelt werden. Wir sollten Inhalte wiedergeben. Und wir sollten verstehen, worum es geht. Wenn in einer Rede, die ein ausländischer Staatsmann hält, das Wort "machiavellian" vorkommt, und wenn diese Passage verpatzt wurde, und sollte jemand nachfragen: Wer war denn Machiavelli? Wenn dann nicht die Antwort kommt: Nicolo Machiavelli lebte von 1469 bis 1527 in Florenz, war Autor von "Il Principe", auf Deutsch "Der Fürst", und seine Theorie ist, das Ziel zählt, nicht die Moral. - Wenn diese Antwort nicht kommt, meine Damen und Herren, das ist nicht schlimm. Ich wusste es im Detail auch nicht, ich habe es mir hier aufgeschrieben. Wenn aber auf die Frage: Was bedeutet denn wohl "machiavellian" oder was bedeutet "machiavellistisch"? geantwortet wird: "Also für mich jedenfalls ganz unheimlich radikal", dann geht das nicht mehr an, und der Bewerber um die Stelle als Konferenzdolmetscher oder um eine Chance im Beruf des Konferenzdolmetschers sollte sich ernsthaft fragen, ob er dafür geeignet ist. Oder, wenn Tschou-En-Lai erwähnt wird in einer Rede, zitiert wird mit seinem berühmten Wort, es sei wohl zu früh zu sagen, was von der französischen Revolution zu halten ist; wiederum wenn Athen und Sparta und die Auseinandersetzungen zwischen ihnen erwähnt werden, so müsste man schon vage wissen, wovon die Rede ist. Man müsste obendrein Nuancen verstehen. Wenn ein französischer Staatsmann z.B. nach Deutschland kommt, nachdem viele Jahre lang kein Staatsbesuch stattgefunden hat, und wenn er sagt: "Presque vingt ans se sont écoulés depuis la dernière visite d'État d'un Président français; en dix-huit ans que de changements", und wenn man nicht verstanden hat, dass dieses "beinahe zwanzig Jahre sind vergangen" und "in achtzehn Jahren welcher Wandel" dieselbe Phase meint, wird man sich schwer tun, den rechten Ansatzpunkt zu haben für den Wandel, der dann im einzelnen aufgezählt wird. Ich spreche von erlebten Beispielen, meine Damen und Herren, ich habe sie mir nicht für diese Rede ausgedacht.

Freilich, nicht alles können wir immer wissen. Mindestens aber muss uns die Wissbegierde treiben, müssen wir nachbereiten, nicht nur vorbereiten, müssen wir immer wieder nachschlagen, um für ein nächstes Mal zu wissen, wer war eigentlich dieser Machiavelli. Latein müssen wir können, denn lateinische Sinnsprüche werden oft zitiert, manchmal nur zur Hälfte, "Ut desint vires" ist eben nicht zu übersetzen mit "wenn mir auch die Männer fehlen", denn dann hat man arge Schwierigkeiten, mit der zweiten Hälfte noch zurecht zu kommen, die da heißt "tarnen est laudanda voluntas". Sie werden vielleicht fragen, wer von den Politikern denn Latein gelernt habe? Vergessen wir nicht, dass die englischen und die französischen Politiker sehr häufig ein humanistisches Gymnasium besucht haben und daher entsprechende Zitate bringen. Wir müssen also mindestens in der Lage sein, diese Worte einzuordnen und korrekt zu übertragen. Die Hoffnung darauf, dass die deutschen Politiker ihr Latein in der Schule abgewählt haben, ist trügerisch.

Kommen wir zum Fachwissen. In den ausländischen Dolmetscherinstituten ist die Regel mittlerweile weitgehend, dass man ein Fachstudium als Voraussetzung mitbringen muss, bevor man überhaupt zur Dolmetscherausbildung zugelassen wird. Dieses Fachstudium sollte nicht ein Sprachstudium sein, sondern Jura oder Volkswirtschaft, Historie oder Politische Wissenschaft oder auch Medizin oder gar Archäologie. In Deutschland wird in den Dolmetscherausbildungsstätten leider noch etwas zu stark die Handschrift der Linguisten geschrieben. Gewiss, sie haben sehr viele Meriten, auch um unseren Beruf, dennoch kennen sie wohl nicht die Praktiken unseres Berufes und den Markt. Verstehen sollte der Dolmetscher, und er sollte den Nuancen des Inhalts folgen können. Er sollte sich kümmern um das, was einmal bezeichnet worden ist als "l'enjeu de la conférence". Nämlich: Worum geht es denn den Teilnehmern dieser Konferenz? Was möchte der Eine, was möchte der Andere erreichen bei dieser Konferenz? Erst dann wird man den Inhalt richtig und nuancenreich verstehen und wiedergeben können. Und erst dann im Grunde wird der Beruf ja auch intellektuell interessant, befriedigend und der Einsatz lohnenswert. Soviel zur Muttersprache.

Die andere Sprache, die anderen Sprachen, ob wir sie uns je so ganz angeeignet haben werden? Ich glaube, hier ist sowohl Zähigkeit als auch Bescheidenheit und Demut am Platze, wobei das Wort Demut sich bekanntlich herleitet von "Mut zum Dienen". Um noch einmal Mephisto zu zitieren, er sagt: "Denn eben wo Begriffe fehlen, da stellt ein Wort zur rechten Zeit sich ein." Ich glaube, jedem Dolmetscher ist es schon widerfahren, dass das Wort sich eben nicht zur rechten Zeit einstellte, und dass er somit feststellen musste, dass dieser Satz wirklich vom Teufel ist. Die Parole heißt vielmehr Fortbildung, unablässig. Vorbereitung. Man wird sich sogar in der Konferenz möglicherweise mit dem angekündigten Redner noch absprechen. Ich schlage vor, dass man das vor Beginn der Konferenz tut. Es ist nicht gut, wenn Unruhe und Bewegung durch die Dolmetscher in den Saal getragen wird. Ich stehe auf dem Standpunkt, - das gilt insbesondere beim Konsekutiv-, aber auch beim Simultandolmetschen, - der Dolmetscher hat dann seine Aufgabe richtig erfüllt, wenn man seine Präsenz nicht mehr bemerkt hat. Es geht also um Vorbereitung. Es geht darum, dass er sich Texte und Unterlagen vorher beschafft hat, dass er sie sich erarbeitet hat mit Neugierde und mit Wissbegierde und mit Zähigkeit.

An dieser Stelle möchte ich nicht versäumen, ein Wort über den Osten zu sagen. Damit meine ich den Osten Europas und Deutschlands. Es gibt unter uns Dolmetschern einen Spruch, der heißt: "You can always tell an interpreter at an airport." Das ist jetzt auch so einschließlich der Welt, die sich geöffnet hat.

Auch im Osten gibt es eben jenen Typus des Dolmetschers, den man recht bald erkennt als den Angehörigen desselben Berufsstandes, der mit demselben Engagement arbeitet, mit derselben Bildung, mit derselben Ausbildung, mit derselben Suche nach dem rechten Wort. Dies ist sehr wichtig. Denn das einzelne Mitglied z.b. eines Simultanteams kann dem Ruf des ganzen Teams schaden. Wir hängen voneinander ab, nicht nur wegen des Relais. Wenn jener erwähnte Wortschwall aus der Kabine kommt an einer bestimmten Stelle, die Teilnehmer im Saal werden dann nicht mehr identifizieren, wer das war, sondern es wird das Team gewesen sein, das "schlecht" war - wie auch zum Glück umgekehrt: Wenn das Team gut zusammenspielt und gut funktioniert, dann wird das Team insgesamt einen guten Ruf gewinnen. Für die nun wichtig werdenden osteuropäischen Sprachen müssen wir Kollegen einbeziehen, die denselben Bildungsstand haben, dieselben beruflichen Reaktionen, und die in derselben Weise dafür sorgen möchten, dass der einzelne Dolmetscher und das Dolmetscherteam sich einen professionell guten Namen macht. Als während des Putsches in Moskau Jelzin auf dem Panzer stand - Sie haben die Szene sicher alle noch vor Augen -, als der deutsche Reporter im Fernsehen uns erzählte, was passierte und auch ein wenig die Rede von Jelzin übertrug, da hörte man im Hintergrund die Stimme eines Mannes, der die Rede auf Englisch wiedergab. Das war ein Dolmetscher, dessen Stimme wir erkannten, wie wir die Stimmen der westlichen Kollegen heraushören, und man wusste, beruhigt: Wenn er das macht, dann ist die Dolmetscherleistung verlässlich. Ja, der Berufsstand ist wirklich international, und jetzt ist bereits Moskau, ist der Osten einbezogen.

Das Auftreten des Dolmetschers: Zu jedem Berufsstand gehört ein professionelles Auftreten, das natürlich von den Voraussetzungen diktiert ist, die zur Erfüllung der Aufgabe wesentlich sind. Der Dolmetscher, hier insbesondere der Beratende Dolmetscher, der das Team zusammenstellen wird, im Grunde aber jeder einzelne, der Einsätze übernehmen kann, muss mit dem Kunden verhandeln können. Er muss im Benehmen, in der Kleidung, im Auftreten dem Niveau des Kunden entsprechen. Er muss durch Wissen und Argumente überzeugen. Er muss wissen, wonach er zu fragen hat. Nämlich: nach dem Arbeitsanfall pro Sprache, woher sich die Zahl der Teammitglieder rekrutieren wird. Er muss Unterlagen erbitten, und dieses auch dann, wenn der Kunde glaubt: "Unterlagen wieso? Sie brauchen doch nur zu dolmetschen." Er muss diese Unterlagen gegebenenfalls für seine Teamkollegen aufbereiten, terminologisch auswerten. Man muss also Fürsorge für die Kollegen aufbringen, man muss voraus bedenken, was passieren kann, wie müssen wir das Team organisieren, den Ablauf der Arbeit? Professionell sein heißt nicht, überzogene Forderungen aufzutischen.

Aber nur billig sein zu wollen, um einen Auftrag zu ergattern, das bedeutet Ausverkaufware anbieten, und Ausverkaufwäre ist um eben ihren billigen Preis dann zu teuer, wenn diese Ware im Grunde gar nicht die erwartete Leistung bringt. Am Markt regelt sich, was teuer ist und was preiswert ist. Standing, Image, Qualität der Leistung haben ihren Preis.

An diese Stelle gehört auch ein Wort über Vertrauen. Zwischen "Kunden" und Dolmetscher muss Vertrauen bestehen. Unser Beruf lebt vom Vertrauen, das man uns, dem Dolmetscher, entgegenbringt. Aber Vertrauen kann man nicht einfordern. Vertrauen muss man sich erwerben. Bedenken wir: Braucht der Politiker beispielsweise einen Dolmetscher, ist er von diesem abhängig. Er möchte einen wichtigen Sachverhalt der anderen Seite nahe bringen, und nun hängt er mit seiner Stimme, mit seiner ganzen Ausdrucks- und Überzeugungskraft ab von einem anderen Menschen. Da ist das mit dem Vertrauen schon eine schwierige Sache, der sich der Dolmetscher gewachsen erweisen muss. Dolmetschen heißt, verantwortlich zeichnen können für seine Leistung. Man muss nicht in Ehrfurcht erzittern, wenn man für einen hochrangigen Politiker dolmetscht. Aber man muss sich bewusst sein, wem man die Stimme leiht und muss verantworten können, was man dolmetschend von sich gibt. Als der Dolmetscher de Gaulles einmal verhindert war und nun ein jüngerer Kollegen eingesetzt werden sollte, antwortete de Gaulle: "Est-ce qu'il sait en repondre?". Er frage nicht: "Kann er dolmetschen?" oder "Kann er denn englisch?", sondern "Kann er die Verantwortung für diese Aufgabe übernehmen?" Das eben gehört zu unserem Beruf. Und das ist zugleich das, was derjenige, der unserem Beruf nicht angehört, aber doch dolmetscht, nicht in derselben Weise bedenkt.

Unbemerkt sind wir beim Ethos angekommen, bei der Berufsethik. Dazu gehört natürlich in erster Linie das Berufsgeheimnis, die Schweigepflicht. Dazu gehört die Loyalität gegenüber dem Redner, dem jeweiligen Sprecher. Ich bin, sei es in einer diplomatischen Konferenz oder in einer Wirtschaftskonferenz, von einem bestimmten Auftraggeber verpflichtet worden. Ich werde von ihm bezahlt, aber ich bin zugleich doch innerhalb der Konferenz loyal gegenüber jedem einzelnen Redner und Sprecher und dolmetsche das, was er gesagt hat. Auch dies ist dem nicht professionellen Dolmetscher nicht immer klar. Ich dolmetsche jeden einzelnen Redner oder Teilnehmer, als hätte er selbst die andere Sprache sprechen können. Und seinen Redetext, den er mir zuvor gegeben hat, damit ich mich vorbereiten kann, den er mir aber mit Vorbehalt und als noch nicht letzte Fassung gegeben hat, behandle ich selbstverständlich so wie dieser Redner es erwarten kann. Auch dem Auftraggeber, der mich bezahlt, werde ich den Text selbstverständlich nicht weitergeben.

Trygve Lie, der erste Generalsekretär der Vereinten Nationen, hat einmal gesagt: "Die Welt hängt heute in erster Linie von den Politikern ab und in zweiter Linie von den Dolmetschern." Es ist dieser Ausspruch, dessen wir in der Erledigung unserer Arbeit bewusst sein müssen, und vor dem wir uns verantwortlich fühlen müssen. Vor diesem Hintergrund findet die Frage: "Hat der Beruf des Konferenzdolmetschers eine Zukunft?" eine positive Antwort. Der Konferenzdolmetscher ist aus der Welt von heute nicht mehr wegzudenken. Die ihm gestellte Aufgabe bedeutet aber eine sehr hohe Anforderung an sein Wissen, sein Können, seinen Einsatz, sein Feingefühl. Außenminister Genscher pflegte unter den Dolmetschern zu unterscheiden zwischen "Wortveredlern" und "Nacherzählern". Die letzteren waren für ihn unengagierte Dolmetscher, solche, die nicht verstanden hatten, was "l'enjeu de la conférence" war, und die sich nicht verantwortlich einzusetzen wussten.

Wenn ich die Professionalität vernachlässige und die eigene oder die Leistung des Teams, werden am Ende andere meinen Arbeitsplatz und meine Zukunftschancen bestimmen. Wenn ich mich aber einsetze und einbringe, hat unser Beruf und habe ich in ihm eine Zukunftschance.

Dr. Christiane-J. Driesen: Jetzt möchte ich eine uns allen bekannte Kollegin ankündigen. Sie ist langjährige Konferenzdolmetscherin. Sie war als meine Vorgängerin viele Jahre zuständig für das Referat Gerichtsdolmetschen beim BDÜ. Sie war mitentscheidend für meine jetzige Tätigkeit beim BDÜ.

Dr. Letizia Fuchs-Vidotto:
Der freiberufliche Konferenz- und Gerichtsdolmetscher

Der Europäische Binnenmarkt hat ab 1. Januar 1993 die vier bekannten Freiheiten verwirklicht. Für uns Freiberufler sind die Niederlassungsfreiheit und die Freiheit der Dienstleistungen besonders wichtig.

Für Konferenzdolmetscher ist die Freizügigkeit schon lange gegeben. Das Europäische Parlament und die EG-Kommission als größte Auftraggeber für freelance-Konferenzdolmetscher rekrutieren seit Jahrzehnten aus allen europäischen Ländern. Die im AIIC zusammengeschlossenen Konferenzdolmetscher - insgesamt z. Zt. ca. 2000, davon 307 Beamte, mit beruflichem Wohnsitz in 70 Ländern, - arbeiten seit Jahrzehnten weltweit, für staatliche oder private internationale Organisationen, für die zahllosen europäischen Verbände in Brüssel, Luxemburg oder Straßburg, für wissenschaftliche Kongresse, Konferenzen, Symposien, Podiumsdiskussionen usw. quer durch den Erdball.

Auch in Deutschland nehmen die internationalen Sitzungen mit Simultandolmetschern ständig zu. Englisch ist die meistgefragte Sprache, Französisch, Spanisch, Italienisch, Russisch, Portugiesisch folgen mit großem Abstand.

Da man heute in der Wirtschaft so viel von Qualitätssicherung und Qualitätskontrolle spricht, sollten wir Konferenzdolmetscher uns mit solchen Fragen eingehender befassen. Wenn die Mitgliedschaft im AIIC und demnächst in der Fachgruppe Konferenzdolmetscher im BDÜ - beide mit strengen Aufnahmekriterien - eine "Qualitätssicherung" für den Auftraggeber darstellen, so ist in Bezug auf "Qualitätskontrolle" bisher wenig getan worden. Zwar haben große internationale Organisationen ihre Chefdolmetscher, welche die Arbeit der Simultankollegen durch "monitoring" ständig aufmerksam verfolgen.

Und auch einige private Organisatoren internationaler Sitzungen, die regelmäßig mit Simultandolmetschern arbeiten, kontrollieren "a posteriori" die Leistung in den Simultankabinen durch Verteilung von Fragebögen an die Teilnehmer. Diese werden - z.B. bei IBM - gebeten, ihre Meinung über die Tagung zu äußern und auch die Leistungen der Dolmetscher zu beurteilen. Soeben hat uns Herr Brähler sein System DIGIVOTE für die Beurteilung der Redner vorgeführt: Das gleiche System sollte auch für die Leistung der Simultandolmetscher während der Konferenz Anwendung finden.

Ein monitoring unserer Leistungen, also auch ein Feedback, findet aber viel zu selten statt. Die Anonymität "hinter der Kabinenscheibe" herrscht leider immer noch. Diese fördert sicher nicht die Leistung des Einzelnen, fordert ihn nicht heraus: Schon von vielen Seiten wurde bereits in der Vergangenheit der Wunsch geäußert, die Dolmetscher in der Kabine mögen sich am Anfang der Sitzung durch das Mikrophon vorstellen, ihren Namen deutlich sagen (wie das auch bei einigen Rundfunksendern, z.B. Südwestfunk, der Fall ist), und vor sich ein gut lesbares Namensschild aufstellen. Dies würde sicher der Qualität der Leistungen zugute kommen, dem Kunden anzeigen, wer gut und wer weniger gut arbeitet, wer sich bemüht, wer sich dagegen wenig engagiert. Als im Herbst 1989 in Bad Neuenahr der Deutsch-Italienische Wirtschaftsgipfel stattfand, hat die damalige Chefdolmetscherin wenigstens alle Namen der Dolmetscher im Programmheft aufführen lassen, eine Namensnennung aus der Kabine konnte sie nicht durchsetzen.

Wieder zur Freizügigkeit: In Bezug auf andere freie Berufe hatte bereits im Jahre 1976 eine Richtlinie die Niederlassungsfreiheit für Ärzte sanktioniert. Wenige glaubten damals an die Möglichkeit der Freizügigkeit bzw. der Niederlassungsfreiheit von Rechtsanwälten und zwar wegen der großen Unterschiede der Rechtssysteme der Mitgliedsländer. Aber sie ist jetzt da. Dazu gibt es z.B. das neue französische Anwaltsgesetz von 1990. Ein Anwalt darf also auch im Ausland plädieren.[18]

Auf diesem Gebiet öffnen sich uns Gerichtsdolmetschern demnach wichtige Betätigungsmöglichkeiten, denn die Anwälte, die in einem anderen EG-Land plädieren wollen, beherrschen selten die jeweilige Sprache. Dazu werden sie gute Simultandolmetscher benötigen.

Und hier sei daran erinnert, dass das Simultandolmetschen bei Gericht entstanden ist, bei den Nürnberger Prozessen gegen Nazi-Verbrecher.[19] Die Kölner Gerichte haben bereits 1981 das Simultandolmetschen mit technischer Anlage zugelassen, zunächst in einem Verfahren gegen italienische Dollar-Fälscher, die in München kofferweise grüne Blüten vertreiben wollen. Auch in Mannheim, im Mai 1982, wurde simultan gedolmetscht im Verfahren vor der 1. Großen Strafkammer gegen einen französischen Staatsbürger, der es fertig gebracht hatte, durch Zoll- und Wechselmanipulationen beim Handel mit "eau de vie de vin" sogar die Bank Rothschild um mehrere Millionen zu erleichtern.

---

[18] Anwaltblatt, Deutscher Anwaltverein, 2/93, Das neue Anwaltsgesetz in Frankreich, von Jean-Gabriel Reck, Avocat à la Cour, Paris sowie Konfrontation mit dem internationalen und europäischen Mandat, Grundlagen, Praktiker-Samstags-Seminar, 2. Dezember 1989, Düsseldorf, Deutsches Anwaltsinstitut e.V.
[19] Übersetzen und Dolmetschen im ersten Nürnberger Kriegsverbrecherprozess, von Andreas Koch, in: Lebende Sprachen, Heft 1/92, und dazu Leserzuschrift der Referentin in: Lebende Sprachen, Heft 3/92.

Und im Sommer/Herbst 1982 fand dann vor dem Schwurgericht in Köln ein sechsmonatiger Prozess gegen acht sizilianische Mafiamitglieder statt, die zu Banküberfällen in der Kölner Umgebung mit Tickets 1. Klasse eingeflogen wurden. Keiner der Angeklagten sprach oder verstand Deutsch. Zwei erfahrene Konferenzdolmetscherinnen nahmen monatelang auf der langen Richterbank Platz und dolmetschten wortwörtlich - eben simultan, mit einer transportablen Anlage - alles. Nur so konnte das Verfahren in einer vernünftigen Zeitspanne abgewickelt werden, denn das Konsekutivdolmetschen hätte den Zeitraum völlig gesprengt.

Die Notwendigkeit der Simultanübertragung zeichnet sich z.b. schon jetzt für das Hauptverfahren ab, das am 20. Oktober 1993 in Mailand gegen drei Direktoren einer großen deutschen Firma stattfinden wird. Sie wurden von einem italienischen Konkurrenten wegen angeblicher Erpressung bei einem großen Iran-Geschäft verklagt. Einer der deutschen Direktoren saß 57 Tage in San Vittore. Bei der Hauptverhandlung, die in Mailand selbstverständlich in italienischer Sprache stattfindet, wird die Dolmetscherin für die drei deutschen Angeklagten, für ihre drei Wahlverteidiger aus Köln, für den Justitiar der Firma nur simultan mit technischer Anlage übersetzen können, denn ein Flüsterdolmetschen wird bei sieben Zuhörern nicht möglich sein.

Wenn dann die deutschen Wahlverteidiger die italienischen Kollegen im Plädoyer ergänzen wollen, wird ebenfalls das Simultandolmetschen oder ein perfektes Konsekutivdolmetschen mit genauester "prise de notes" notwendig sein.

Auch für die Gerichte selbst werden wir Dolmetscher außerdem die Freizügigkeit praktizieren müssen. So z.B. hat die 9. Große Strafkammer des Kölner Landgerichts bereits im Januar 1983 und danach im Mai 1985 bei großen Strafverfahren gegen Subunternehmer in Favara auf Sizilien zahlreiche Zeugen vernommen, die - trotz Zusicherung des freien Geleits! - nicht nach Deutschland kommen wollten. Und im Sitzungssaal des dortigen sizilianischen Amtsgerichtes hat die Dolmetscherin mit ihrer transportablen Simultananlage für die zwei Richter der Kammer, für den Staatsanwalt und für die Anwälte die Vernehmung der zahlreichen italienischen Zeugen ins Deutsche übersetzt und somit eine schnelle und zügige Abwicklung möglich gemacht.

Die Beispiele zeigen, welche Anforderungen an einen Dolmetscher vor Gericht gestellt werden: Er muss nicht nur die Sprachen, für welche er beeidigt/vereidigt/ermächtigt wurde, sondern auch die Technik des Dolmetschens vollständig beherrschen und sie auch anwenden können. Er hat aber auch in zunehmendem Maße die jeweilige ZPO und StPO des Landes - zumindest in groben Zügen - zu beherrschen. Wie kann er sonst einem römischen Anwalt Stütze, ja Partner in der Verhandlung mit der Bonner Staatsanwaltschaft sein? Wie kann er sonst bei einem Treffen hochkompetenter Strafverteidiger aus Italien und Deutschland, die sich über subtile Details des neuen italienischen StGB und der Strategie der jeweiligen StPO unterhalten, dies übersetzen? Große Hilfen leisten dabei deutsch-italienische und französisch-deutsche Werke.[20]

Dies alles, also: profunde Kenntnisse der Sprachen, der juristischen Terminologie, der Dolmetschtechniken werden bei den Prüfungen des Landes Bayern und der Freien und Hansestadt Hamburg durch besondere Gesetze zur Beeidigung von Dolmetschern verlangt. Auf ein ähnliches Gesetz warten wir hier in Nordrhein-Westfalen, im größten Bundesland der Bundesrepublik Deutschland, im Bundesland mit einer besonders hohen Anzahl ausländischer Mitbürger, die bei Gerichtsverfahren gemäß Artikel 6 der Europäischen Menschenrechtskonvention ein verbrieftes Recht auf Übersetzung in ihrer Sprache haben, immer noch.

Welche Verantwortung ein Dolmetscher vor Gericht hat, zeigt sich immer wieder: Dort werden nicht Reden an das Volk gehalten, es wird nicht für "les actes du congrès" irgendetwas deklamiert oder proklamiert, das allzu oft von uns Simultandolmetschern in den Wind übersetzt wird. Auch das kürzlich erschie-

---

[20] Athesia Verlag, Bozen, Zweisprachige Bände: Italienisches Zivilgesetzbuch/Codice civile; Italienische Zivilprozessordnung /Codice di Procedura civile; Italienische Strafprozessordnung/ Codice de Procedura pénale; Italienisches Konkursrecht und andere Insolvenzverfahren/Fallimento ed altre procedure concorsuali. Außerdem: Codice pénale tedesco, Dott. Vincenzo Pagano, Guiffré Editore, Milano, 1967. Für die französische Sprache: Der Code pénal, Textausgabe mit Übersetzung, Albrecht Götz und Erich Göhler, Duncker & Humblot, Berlin 1962. La Société à responsabilité limitée de droit allemand/Deutsches GmbH-Recht in französischer Sprache, Dr. Kurt G. Weil, Fritz-Knapp-Verlag, Frankfurt am Main, 1975; Peat Marwick: Einführung in das Bilanzrichtliniengesetz/Présentation de la Nouvelle Loi Allemande sur l'Establissement des Comptes, (Adoption des 4ème, 7ème et 8ème Directive de la Communauté Européenne), sowie Einführung in das Bilanzrichtliniengesetz/Introduzione alla Legge di Attuazione Delle Direttive CEE in Materia di Bilancio, (Attuazione della IV, della VII e della VIII Direttiva CEE), beide im C.H.Beck Verlag, München 1986.

nene Buch von Marc Abélès "La vie quotidienne au Parlement européen"[21] widmet ein ganzes Kapitel der Arbeit der Simultandolmetscher, die er eigentlich bewundert, obwohl, nach seinen Worten, die Debatten durch das Simultandolmetschen "abgeflacht" werden. Und er zitiert eine europäische Parlamentarierin, die die Situation mit den Worten zusammenfasst: "On parle surtout pour le procès-verbal"! Bei Gericht muss dagegen, besonders im Strafverfahren, eine Entscheidung, das oft lebensbedeutende Urteil, durch das dort Vorgetragene und Gesprochene vorbereitet werden. Jeder muss alles genau verstehen und sofort aufnehmen, sofort darauf reagieren. Deshalb braucht der Dolmetscher für die Tätigkeit vor Gericht außer den bereits genannten Fähigkeiten auch gute Nerven. Dies zeigte sich bereits 1974 bei den zwei Kölner Verfahren gegen Beate Klarsfeld und danach 1975 beim Verfahren gegen Rabbiner Fahri.

Ganz besonders "challenging" für die Dolmetscherin war aber von November 1979 bis Februar 1980 das Lischka-Verfahren, über die das die Weltpresse täglich berichtete.[22] Es ging dabei um die Anklage gegen die SS-Verantwortlichen der Deportation tausender französischer Juden aus Frankreich während der deutschen Besatzung 1940 - 1944. Damals hat die Referentin ca. drei Monate lang ständig ins Französische für die zahlreichen Vertreter der französischen Nebenkläger - Nachfahren der meistens in Auschwitz umgekommenen Opfer - flüsternd gedolmetscht. Es kam auch ausführlich die Rafle des Vél d'Hiver zur Sprache, am 16. und 17. Juli 1942. Besonders diese schreckliche Aktion ist in die Geschichte des Holocaust eingegangen. So hat Präsident Mitterand den 16. Juli zum Gedenktag der Judenverfolgung in Frankreich bestimmt. Wir wissen, dass heute insbesondere die Jugend großes Interesse für diese Vergangenheit

Die Dolmetscherin hat damals im Lischka-Prozess für zwei französische Zeuginnen bei "aufwühlenden" Zeugenaussagen über die unvorstellbaren Zustände des Kinderlagers in Drancy konsekutiv ins Deutsche übersetzt. Diese Tätigkeit war sprachlich, insbesondere aber menschlich, eine große Herausforderung, denn die Übersetzung verlangte von der Dolmetscherin ständig hauptsächlich jene "ability to effectively deal in tense situation", die unter Punkt 7 der

---

[21] La vie quotidienne au Parlement Européen, Marc Abélès, Hachette, Paris, 1992.

[22] Observations on a Cause Célèbre: Court Interpreting at the Lischka trial, Prof. Brian Harris, Universität Ottawa, 1979.

"ADMINISTRATIVE HEARING INTERPRETER Knowledges, Skills and Abilities", State of California COOPERATIVE PERSONNEL SERVICES, 1987, erscheint.

Der o.a. Artikel von Brian Harris aus Ottawa ist m.W. die erste wissenschaftliche Analyse des Konsekutivdolmetschens unter realen Bedingungen. Und vor dem Kölner Schwurgericht waren diese besonders erschwert: Es handelte sich, wie gesagt, um ein Verfahren, das schreckliche Ereignisse detailliert aufzählen ließ, z.B. die Lektüre ganzer Passagen des Frankfurter Urteils gegen die Verantwortlichen von Auschwitz. Der Inhalt der zu dolmetschenden Worte war also sehr belastend. Außerdem waren im Kölner Gerichtssaal ständig ausländische Journalisten anwesend, welche die laut vorgetragene Konsekutivübersetzung der beiden Zeuginnenaussagen genau verfolgten, nur auf fehlerhafte Ausdrücke warteten, die Dolmetscherin spürte buchstäblich die Angst im Nacken ... Es war keine gemütliche Expertensitzung, bei welcher die Teilnehmer bei Bedarf der Dolmetscherin gerne und freundlich helfen und ein technisches Wort soufflieren.

Im Saal waren auch ständig wechselnde Jugendgruppen aus Frankreich anwesend, Schüler jüdischer Schulen, die lange und anstrengende Nachtfahrten auf sich nahmen, um in Köln den Prozess zu verfolgen. Sie verstanden sicher wenig von der deutschen Sprache, sie hörten aber andächtig zu, wie bei einem Gedenkgottesdient für ihre Vorfahren als Opfer des Holocaust.

Damals durften ausländische Anwälte noch nicht vor deutschen Gerichten plädieren: So hielt der aus Paris im Auftrage eines französischen Nebenklägers angereiste französische Anwalt Maître Borker, dem man das Plädieren in französischer Sprache mit Dolmetscher vor dem deutschem Gericht verweigert hatte, auf der Treppe des Kölner Strafgerichts, damals am Appellhofplatz, eine Pressekonferenz, um diesen Beschluss des Kölner Gerichts anzuprangern. Die Franzosen waren damals schon europäischer eingestellt als wir.[23]

Auch der Internationale Verband der Konferenzdolmetscher (AIIC) hat Ende 1992 in einer Resolution des Conseil, die wir der Initiative und den Bemühungen der Kollegin, Frau Dr. Driesen verdanken, die Mitglieder aufgerufen, bei Gericht zu arbeiten: Die Resolution betont die Bedeutung der Tätigkeit für die

---

[23] Artikel in Le Monde vom 19. Januar 1980.

Gerichte und die hohen Anforderungen an die dort tätigen Dolmetscher. So darf die Referentin mit Fug und Recht wiederholen, dass die Tätigkeit bei Gericht als die Krönung einer internationalen Karriere als Konferenzdolmetscher zu betrachten ist.

Dr. Christiane-J. Driesen: Jetzt kündige ich Stephanie Abel an, die Bundesreferentin des BDÜ für die Gebärdensprache. Es war mein Wunsch, in diesem Rahmen eine Vertreterin dieser Berufssparte zu hören. Der BDÜ ist der einzige Verband, der klar darauf hinweist, dass die Gebärdensprachen Sprachen wie jede andere sind. Wir möchten gerne, dass Ihnen diese Sparte bewusst gemacht wird.

Stephanie Abel: Statement zur Lage der Gebärdensprachdolmetscher in Deutschland

Mein Statement zur Lage der Gebärdensprachdolmetscher in Deutschland muss ich aufgrund der mir zur Verfügung stehenden Zeit sehr kurz fassen. Ich kann Ihnen daher bestenfalls einen Einblick in einen Bereich gewähren, in dem zurzeit etwa 600 Dolmetscher frei- bzw. nebenberuflich arbeiten. Acht von diesen Kollegen sind Mitglieder im BDÜ. Ich kann hier keineswegs auf fachlich relevante Aspekte des Konferenz- und Gerichtsdolmetschens eingehen.

Vor ca. 30 Jahren entdeckten Linguisten, dass Gebärdensprachen vollwertige nationale Sprachen sind. Dies wurde bis dahin angezweifelt, und es wird auch bisweilen heute noch von Berufskollegen angezweifelt. Gehörlose wurden und werden nicht als sprachliche Minderheit anerkannt, sondern aufgrund ihres gesundheitlichen Defizits (Mensch minus Gehör) immer wieder in die Behindertenecke gedrängt. Mit ihnen werden ihre vermeintlichen Helfer stigmatisiert. Dieses Helfen resultiert daraus, dass früher hörende Kinder, die mit gehörlosen Eltern in einer hörenden Umwelt aufgewachsen sind, also quasi eine bilinguale Sozialisation durchlaufen haben, als Dolmetschende ausgeholfen haben. Sie vollzogen ihre Tätigkeit ganz selbstverständlich und gänzlich unreflektiert. Sie erbrachten eine Leistung, die man als Opferleistung bezeichnen könnte. Die Situation ist vergleichbar der von zwei Dolmetschenden zwischen zwei Lautsprachen, bevor es die Möglichkeit gab, in diesem Bereich eine Ausbildung zu absolvieren.

Inzwischen hat sich das Bewusstsein bzw. das Weltbild dieser einstmals karitativen Helfer gewandelt. Die Gebärdensprachdolmetscher der nachfolgenden Generation bemühen sich, ein qualifiziertes Berufsbild für das Gebärdensprachdolmetschen zu schaffen. Dieses Berufsbild lässt sich u.E. nur durch eine qualifizierende Ausbildung erreichen. Am 17. Juni 1988 hat das Europäische Parlament eine Entschließung verabschiedet, in der jedem Mitgliedsstaat empfohlen wurde, die nationale Gebärdensprache anzuerkennen und sie zu fördern. Darüber hinaus sollen Möglichkeiten geschaffen werden, Gebärdensprachdolmetscher auszubilden. Für eine derartige Ausbildung braucht man finanzielle Mittel. An diesen scheitert es sehr oft.

Umso erfreulicher ist es, dass im September 1992 in Nordrhein-Westfalen ein innovatives Unternehmen gestartet wurde. Wir haben erstmals im Rahmen eines Modellversuchs damit begonnen, Gebärdensprachdolmetscher berufsbegleitend auszubilden. Die Inhalte dieser Ausbildung lassen sich grob in drei Bereiche untergliedern. Dies sind allgemeine Grundlagen. Hierzu zählen Modelle, Prinzipien und Strategien des Dolmetschprozesses, also alles, was man mit Berufskunde überschreiben könnte. In anderen Fachbereichen wäre es etwa Landeskunde. Einzelsprachliche Grundlagen werden unterrichtet, verschiedene Sprachübungen werden durchgeführt. Hinzu kommt der große Bereich der Dolmetschpraxis unter Anleitung. In Sachsen wird voraussichtlich noch in diesem Jahr ein ähnlicher Modellversuch starten. Für diese beiden Bundesländer ist der Modellversuch die einzige realistische Chance, diese Ausbildung zu etablieren. Die Ausbildung wird die Dolmetscher auf der Ebene eines Begleitdolmetschers entlassen bzw. als "community interpreters". Ähnliche Überlegungen gibt es auch in Bayern. In Hamburg wird es noch in diesem Jahr eine universitäre Ausbildung zum Gebärdensprachdolmetscher geben. Dies ist ein grundständiges Studium mit einem Diplomabschluss. Darauf aufbauend - und das ist neu, auch an bundesdeutschen Hochschulen - wird es eine Ausbildung zum Konferenz- und Gerichtsdolmetscher geben. Diese Ausbildung wird mindestens ein Jahr dauern. Grundlage ist das sog. Hamburger Modell.

In der Kürze der mir zur Verfügung stehenden Zeit hoffe ich, Ihnen einen Einblick in das Gebärdensprachdolmetschen in Deutschland gegeben zu haben. Wir stehen jetzt an einem Wendepunkt, den ich bezeichnen möchte als "Weg von laienhaften, verantwortungslosen, auch sprachmittlerischen Tätigkeiten und hin zu professionellem Dolmetschen mit fundiertem Expertenwissen, hin zu einem Berufsstand, der sich seiner Verantwortung insbesondere im Bereich des Konferenz- und des Gerichtsdolmetschens bewusst ist."

Wir sind sehr dankbar, dass wir aus unserem "Exoten"-Dasein gerissen werden, Unterstützung in diversen Arbeitskreisen finden und mit fachkundigen Kollegen kooperieren können.

Dr. Christiane-J. Driesen: Wenn man mit Gebärdensprachdolmetschern in einem Team oder bei Gerichten zusammengearbeitet hat, weiß man, dass man zusammengehört. Dieser Eindruck wurde uns von der Referentin eindrucksvoll vermittelt. Die Gebärdensprachdolmetscher selbst müssen jetzt die Initiative ergreifen und deutlich machen, dass sie Dolmetscher sind wie wir auch, dass wir an einem Strang ziehen.

Diskussion

Dragoslava Gradincevic: Bei den heutigen Vorträgen habe ich etwas vermisst. Stimmt es, dass eine der Hauptanforderungen an einen seriös arbeitenden Gerichtsdolmetscher der Mut, "nein" zu sagen, das Wichtigste ist? D.h., sich einem Vorsitzenden Richter zu widersetzen, wenn er einen zum wiederholten Male auffordert, nicht zu dolmetschen, da es nicht nötig sei. Dr. Letizia Fuchs-Vidotto: Ich habe es in meinem Vortrag anklingen lassen, für wie wichtig ich persönlichen Mut halte. Es gibt immer noch viele Richter, die glauben, sie verstünden alles, auch die Arbeit des Dolmetschers.

Gisela Siebourg: Ich halte es für etwas problematisch, wenn der Dolmetscher bei Gericht die Angehörigen des Gerichts, also Richter, Anwalt oder Staatsanwalt korrigierte. Dies müsste außerhalb des Gerichtssaales stattfinden. Bezogen auf meine Tätigkeit kann ich nur bestätigen, dass es den Mut, "nein" zu sagen geben muss. Man darf z.B. eine Konferenz dann nicht akzeptieren, wenn man sich fachlich nicht dazu in der Lage sieht. Innerhalb eines Gespräches, das ich nicht mehr dolmetschen konnte, weil der Gesprächspartner die Frage verstanden und bereits geantwortet hatte, versuche ich, dem Teilnehmer eine Nachricht zukommen zu lassen, dass ich noch nicht dazu gekommen sei zu dolmetschen. Es ist dann an dem Teilnehmer, nicht an mir, sich das Wort zu verschaffen.

Dr. Christiane-J. Driesen: Man sollte als Konferenzdolmetscher trainieren, die Stimme auf einem bestimmten Pegel zu halten, der nicht störend wirkt. Man kann auch mit sehr viel Diplomatie bei einer Konferenz eingreifen. Man darf das nicht penetrant und aggressiv tun, aber man kann dafür sorgen, dass die Kommunikation optimal ist.

Dragoslava Gradincevic: Zusatzfrage: Wie soll sich der Dolmetscher verhalten, wenn er feststellt, dass sämtliche erzieherischen Maßnahmen nichts fruchten? Wenn er sich gezwungen sieht, bei seinem "Broterwerb" letztlich "lieb Kind" sein zu müssen, nur damit er wieder eine Ladung erhält?

Dr. Letizia Fuchs-Vidotto: Wenn man dolmetscht, und man muss manchmal etwas wirklich Komisches übersetzen, dann weise ich den Richter darauf hin, dass ich wörtlich übersetzt habe. Dann weiß der Richter, dass der Zeuge oder der Angeklagte etwas Unglaubliches gesagt hat. Generell muss man sagen, dass es einer großen Anstrengung bedarf, den Richter davon zu überzeugen, dass der Dolmetscher nur dann korrekt dolmetschen kann, wenn er den Inhalt richtig verstehen konnte, wenn alles klar war.

Elke Nowak-Lehmann: Wir haben als Gerichtsdolmetscher das Recht zu fordern, dass wir bei einem komplizierten Sachverhalt, der vor einem der oberen Gerichte verhandelt werden soll, eine Akteneinsicht erhalten. Wir dürfen uns nicht mit dem Hinweis abspeisen lassen, dass die Vorsitzenden Richter und die Rechtsanwälte langsam sprechen würden. Wir wissen im Regelfall weniger als der Protokollführer. Wir sind i. Allg. so unbefangen, dass man unbefangener gar nicht mehr sein kann. Wir müssen deutlich machen, dass wir wichtig sind. Wir sind sogar sehr wichtig. Es geht um Freiheitsstrafen, es geht um sehr viel Geld, es geht um den Verlust des guten Rufes, es geht um elementare Dinge. Daher sollten wir um der Wahrheit und der Gerechtigkeit durchaus bewusst machen, dass gewisse Voraussetzungen gegeben sein müssen.

N.N.: Ich bin Gerichtsdolmetscherin für die türkische und kurdische Sprache, wobei das Kurdische in keiner staatlichen Prüfung berücksichtigt wird. Ich stelle fest, dass es gerade für die Kombination Türkisch/Kurdisch eine Reihe von unqualifizierten Leuten gibt, die gerade auf dem Sektor Asyl sehr viel Schindluder treiben. In den verschiedenen Stellen dolmetschen viele, die keinerlei Ausbildung haben, von Berufsethik kann in diesem Zusammenhang keine Rede sein. Meine Aufgabe ist es oft, die Fehler dieser "Kollegen" auszubügeln. Könnte der

BDÜ sich dafür einsetzen, dass z.b. die kurdische Sprache institutionalisierter wird als sie es bisher ist, damit es eine bessere Ausbildung gibt.

Ein zweites Problem ist das Problem der intersozialen Kommunikation vor Gericht. Als Gerichtsdolmetscher in Asylverfahren stehen wir immer wieder vor dem Problem, dass wir unvollkommene Sprache zu übersetzen haben. Es ist de facto oft gar nicht übersetzbar, was da gesagt wird. Es ist oft nicht nur zweideutig, sondern fünf-, sechsdeutig. Ich stehe dann vor dem Problem zu entscheiden, was denn nun gesagt worden ist. Ich kann dem Richter nicht die möglichen Alternativen aufzählen. Ich halte es in diesem Fall so, dass ich den Richter darauf hinweise, dass ich zurückfragen muss. Manchmal möchte auch der Richter alle Variationen hören und fragt dann seinerseits zurück. Zurück zur intersozialen Komponente: Ich habe einmal einen völlig ungebildeten Menschen vor mir, ich habe andererseits einen hochgebildeten Juristen als Partner. Wie kann ich die Kommunikation zwischen den beiden so gestalten, dass der eine den anderen versteht?

Dr. Christiane-J. Driesen: Zum Thema Ausbildung: Wir starten in Hamburg eine einsemestrige Ausbildung für Gerichtsdolmetscher. Dies gilt auch für seltene Sprachen, die noch nicht an einer Universität zu lernen sind. Zum Thema intersoziale Kommunikation: Das ist ein Kernpunkt. Wenn es linguistisch nicht mehr möglich ist, das Gesagte "rüberzubringen", dann muss man die Möglichkeit haben, auf die Schwierigkeit aufmerksam zu machen.

Hans-Jürgen Stellbrink: Gibt es z.B. beim AIIC eine Statistik über die Zahl der Dolmetschtage und die Trendentwicklung? Wenn nein, wäre es nicht gut, bei der AIIC so etwas einzuführen?

Gisela Siebourg: Sie haben recht. Das gibt es im Moment nicht. Es wäre aber sicherlich gut, wenn man das einrichten würde. Ich will die Anregung gerne aufnehmen.

Der literarische Übersetzer

Dr. Falk-Peter Weber

Meine Damen und Herren, seit es Literatur gibt, wird sie kontrovers gewichtet. Seit es Literatur gibt, existieren auch Übersetzungen in andere Sprachen. Sie waren, sind und werden ebenfalls Gegenstand differenzierter Auffassungen.

Lange Zeit hindurch war es so, dass die Übersetzung - wie die Literatur überhaupt - eine Domäne der Gebildeten blieb. Das änderte sich erst im 17. Jahrhundert, und zwar zuerst in Frankreich. Waren vorher die literarischen Denkmäler entweder vom Latein in eine dialektale Variante übertragen worden, so entstanden nun zusammen mit der Herausbildung der europäischen Nationalsprachen andere Leserbedürfnisse. In Frankreich trat der Berufsschriftsteller auf, und damit begann auch die kommerzielle Übersetzung. Aufs engste verbunden mit dieser Periode ist ein Name: d'Ablancourt. Damit war ein völlig neues Verhältnis von Autor, Werk und Leser entstanden.

Zurück in die Gegenwart. Aus Moskau zu uns gekommen und herzlich begrüßt ist Herr Professor Dr. Toper. Hören wir seine Ausführungen zum Spannungsfeld zwischen dem literarischen Anspruch einerseits und einer zur Prosa gewandelten Wirklichkeit andererseits.

Prof. Dr. Pavel Toper:
Die kreative Persönlichkeit des Übersetzers

Vor vielen Jahren kam aus Krähwinkel ein Brief nach Moskau. Ein junger Lyrikfreund wollte etwas Näheres über den Übersetzer Lewik erfahren, dessen Übersetzungen ihm sehr gut gefallen hatten. In welchem Jahrhundert lebte dieser? Wo wurde er geboren? Wie hat er das Übersetzen gelernt?

Wilhelm Lewik, dessen Name als eines Nathhorn-Preisträgers der FIT den Anwesenden womöglich nicht unbekannt ist, ein Nachdichter von Shakespeare, Byron, Ronsard, Baudelaire, Hugo, Goethe, Schiller, Heine, Lenau und anderen großen Dichtern, zeigte nicht ohne Stolz diesen Brief in den Moskauer Verlagen vor; wie die anderen Übersetzer auch, fühlte er sich in punkto Anerkennung benachteiligt. Ich meinerseits zitierte des öfteren diesen Brief, wo es darum ging, die kulturelle Bedeutung der Übersetzertätigkeit zu beweisen.

Aber: Was zog den jungen Mann bei Lewik an - die gediegene Versifikation seiner Übersetzungen oder irgendwelche nur ihm eigene Qualitäten, seine Einzigartigkeit, die das Herz des Lyrikfreundes gewonnen hatten?

Der Begriff der kreativen Persönlichkeit des Übersetzers, der jedem Praktiker nahe liegt, gehört zu den interessantesten, kompliziertesten und zugleich am wenigsten ausgearbeiteten Problemen. Genau genommen sind diese Probleme überhaupt nicht ausgearbeitet. In den neuesten maßgebenden theoretischen Schriften selbst wird der Begriff nicht einmal erwähnt[24]. Dagegen stoßen wir auf Erstaunen über das negative Verhältnis der Praktiker zur Theorie. Hans J. Vermeer schreibt über "einen seltsamen Widerstand gegen das Theoretisieren im Bereich des Übersetzens"[25], Wolfram Wilss über die "Abwehrhaltung gegenüber der modernen Linguistik"[26]. Die Übersetzer von schöngeistiger Literatur haben ziemlich früh die nivellierende Gefahr eingesehen, die von der Seite der modernen linguistischen (wie auch textuellen) Übersetzungswissenschaft drohte. Diese ist bestrebt, ein einheitliches Konzept für alle Übersetzungsarten zu schaffen und kann dementsprechend kein Interesse für die subjektive Natur des dichterischen Kunstwerkes haben. Daher gingen Praxis und Theorie weit auseinander. Anton Popovic, Autor des Buches "Theorie der künstlerischen Übersetzung",

---

[24] Siehe z.B. Koller W., Einführung in die Übersetzungswissenschaft. Heidelberg 1987 (3. Auflage); Vermeer H.J. (Hrsg.), Grundlegung einer allgemeinen Translationstheorie. Tübingen 1984; Snell-Hornby M. (Hrsg.), Übersetzungswissenschaft. Eine Neuorientierung. Tübingen 1986; Hermanns Th. (ed.), The Manipulation of Literature. Translation Studies and New Paradigma. London 1985; Wilss W., The Science of Translation. Tübingen 1982; Göttinger Beiträge zur Internationalen Übersetzungsforschung. Bd. 1 - 5, Berlin 1987-1992.
[25] Vermeer H. J., Übersetzen als kultureller Transfer, in: Snell-Hornby M. (Hrsg.), Übersetzungswissenschaft. Eine Neuorientierung. Tübingen 1986, S.30.
[26] Wilss W., Analytische und hermeneutische Tendenzen in der Übersetzungswissenschaft, in: Lebende Sprachen, 1977, H. 2, S. 57.

schreibt, dass "die Treffen von praktischen Übersetzern und Wissenschaftlern sehr oft zur beiderseitigen Enttäuschung führen"[27].

Freilich bezieht sich dieses Problem nur auf die literarische oder, wie man in Russland sagt, "künstlerische" Übersetzung (in weiteren Auslegungen betrachte ich beide Termini als Synonyme, was eigentlich nicht ganz korrekt ist).

Der Übersetzer jeder Art verfügt über seine eigenen, für ihn typischen Methoden, und es fällt nicht schwer, anhand von modernen Forschungsergebnissen herauszubekommen, was für Wörter, Redewendungen, syntaktische Konstruktionen, Termini er beispielsweise vorzieht (auch unbewusst). Das kann eine große Rolle bei der Einschätzung seiner Arbeit spielen und von prinzipieller Bedeutung sein, weil jeder Gedanke in jeder Sprache auf unterschiedliche Weise ausgedrückt werden kann. Für eine Übersetzung wissenschaftlich-technischer Art oder eines Sachtextes ist die Ausdrucksweise im Grunde gleich, nur dass die zu übersetzende Information richtig verstanden und an den neuen Empfänger weitergeleitet wird.

Natürlich wohnt der menschlichen Sprache Bildlichkeit inne. Es ist also nicht möglich, eine scharfe Grenze zwischen der literarischen Übersetzung und jeder anderen Übersetzungsart zu ziehen. In der täglichen Praxis gibt es ständig Grenz- und Übergangsfälle. Dies setzt jedoch keinesfalls die Tatsache außer Kraft, dass wir, indem wir über die literarische Übersetzung sprechen, ein spezifisches Gebiet der Übersetzungsprobleme betreten. Ihr qualitatives Merkmal besteht darin, dass in diesem Fall das Wort - eigentlich der Stoff, mit dem es der Übersetzer wie auch der Schriftsteller zu tun hat, - nicht nur allein in seiner kommunikativen Funktion auftritt, sondern auch als "Urelement" der Literatur, also in seiner ästhetischen Funktion. Die Gesetzmäßigkeiten der literarischen Übersetzung liegen letztlich in der Sphäre der Kunst. Die Bildlichkeit in einem dichterischen Kunstwerk entsteht aus feinsten Nuancen und Schattierungen des Wortgebrauchs, die wiederum durch unzählige assoziative Fäden mit dem ganzen Sprachsystem, mit Geschichte, Kultur, Lebensweise, mit dem ganzen Sein des Volkes verbunden sind. Bei der Übertragung der Worte (oder anderer Textelemente) aus einem Sprachsystem ins andere reißen diese assoziativen Fäden notwendigerweise ab. An deren Stelle entstehen neue, erzeugt von einem

---

[27] Popowitsch, A., Problemy chudoschestwennowo perewoda, Moskau, 1980, S. 19.

Sprachsystem und neuen Funktionsbedingungen des Werkes - wie sprachlichen, sozialen, kulturellen, zeitlichen, politischen.

Jede geglückte Übersetzung erweckt das Empfinden eines Zaubers vielleicht dadurch, dass nach Alexander Block "die letzten Geheimnisse unseres Bewusstseins ... gerade in der Sprache"[28] wurzeln. Puschkin verwendete in diesem Fall den französischen Ausdruck "tour de force"[29], also einen Trick, ein Wunder.

Dieses Wunder vollbringen, wie die Praxis und auch die wissenschaftlichen Untersuchungen beweisen, kann man nur, wenn der Übersetzer sich in die Position des Autors hineinbegibt und sich bemüht, den Prozess des originären Schaffens zu wiederholen. Wie Boris Pasternak sagte, "Jeder weitere Schritt in den Text versetzt den Übersetzer immer mehr in den ursprünglichen Zustand des Autors. Er vollzieht Tag für Tag die Bewegungen, die einst von seinem großen Vorgänger gemacht worden sind, nach."[30]

In der russischen Kritik, wie auch in den übersetzungstheoretischen Abhandlungen trifft man oft als Terminus das Wort "perewyrazenie" (buchstäblich: "Aufs-Neue-Ausdrücken"). Dies geht auf Puschkins Meinung über Shukowskys Nachdichtung von "The prisoner of Chillon"[31] zurück. Aber was wird da aufs Neue ausgedrückt? Nicht der "Text", wie es öfters aufgefasst wird im Sinne der heute gängigen Vorstellungen, sondern Gefühle und Gedanken, psychische Zustände, also das Leben selbst. Byron hat es ausgedrückt, Shukowsky hat das in Byrons Werk eingeschlossene Leben "noch einmal und aufs Neue ausgedrückt".

Lev Kopelew schreibt mit Recht, dass "die außerordentlich große Bedeutung, die das Dichterwort in Russland in etwa zwei Jahrhunderten seit der Aufklärung erreicht hat, ... in anderen Ländern kaum bekannt und noch weniger vorstellbar" ist.[32] Die Ursache ist mannigfaltig begründet worden - von der mystisch-nationalistischen Deutung der "russischen Seele" bis zu rein materialistischen Erklärun-

---

[28] Siehe Russkie pisateli o perewode, Leningrad, 1960, S. 582.
[29] Siehe Russkie pisateli o perewode, Leningrad, 1960, S. 158, 159.
[30] Pasternak, B., Isbrannoje w dwuch tomach, Moskau 1985, T.2, S. 315.
[31] Puschkin, A., Polnoje sobranije sotscheny w desjati tomach, Leningrad 1957, T. 10, S. 39.
[32] Kopelew L., Lyriker als Zeitzeugen, in: Hermann D., Peters J. (Hrsg.), Deutsche und Deutschland in der russischen Lyrik des frühen 20. Jahrhunderts. München 1988, S. 376.

gen durch Unterentwicklung von anderen Formen des gesellschaftlichen Bewusstseins. Für uns ist es wichtig zu unterstreichen, dass dies auch die Übersetzung betrifft und erklärt, warum ab Mitte des 18. Jahrhunderts, d.h. im Laufe von zwei Jahrhunderten, in Russland so viel über die literarische Übersetzung als Kunst und über die Individualität des Übersetzers geschrieben wurde. Nikolai Gogol sagte über Shukowsky: "Wie wurde es möglich, dass durch die Persönlichkeiten all dieser (d.h. übersetzten - P.T.) Dichter seine eigene hindurchschimmert? Das bleibt ein Geheimnis, aber alle wittern sie dahinter."[33]

Aber was bedeutet "die kreative Persönlichkeit des Übersetzers"? Wie kommt sie zum Ausdruck? Wie kann man sie begreifen und wie rechtfertigen?

Offenbar sollte man mit dem Hinweis auf den sekundären Charakter des Übersetzungsschaffens beginnen. Der Übersetzer schenkt einem dichterischen Kunstwerk ein neues Leben, das schon in einer anderen Sprache existiert. Der Begriff "sekundär" enthält in diesem Fall keine Einschätzung, sondern zeugt bloß von der Spezifik.

Die Verwandlungsgabe kann mit Recht viele Autoritäten hervorheben wie auch einen charakteristischen Zug des Übersetzungstalents. Von allen Vergleichen, und es gibt deren eine Menge, sind am aufschlussreichsten die Vergleiche mit einem Schauspieler oder Pianisten, da die Übersetzungskunst eine Ähnlichkeit mit jeder Art von Interpretationskunst aufweist. Auch sie ist eine Schöpfung, die ein anderes Material benutzt. Da aber hören die Ähnlichkeiten auf. Indem er seine eigene Version des dichterischen Kunstwerkes schafft, bringt der Übersetzer so etwas wie ein "zweites Original" zur Welt. Das interpretiert nicht nur den Urtext, sondern ersetzt ihn auch.

Selbstverständlich ist der Begriff "das zweite Original" ein Oxymoron. Ein Originaltext ist für immer einmalig, nur die Übersetzung macht ihn mehrmalig. Da wäre der Vergleich angebracht, der von Julian Tuwim stammt. Er sprach über die Übersetzung und das Original wie über "Zwillinge". Ähnliche Gedanken finden wir auch bei Oktavio Paz: "Das Übersetzen und das Schaffen sind Zwillingsprozesse."[34]

---

[33] Gogol, N. Polnoje sobranije sotschenij, Isdanije AN SSSR, T. 8, S. 376.
[34] Siehe Klyschko, A./sost./, Perewod-sredstwo wsaimnowo sblischenija narodow, Moskau 1987, S. 169.

Zwilling - das heißt völlig ähnlich und doch anders. Der Übersetzer steht nicht allein im Wettbewerb mit den anderen Interpreten, sondern auch mit dem Originalverfasser. Dieser Wettbewerb vollzieht sich auf verschiedenen Ebenen, die sich nirgends überlagern (d.h. in verschiedenen Sprachen). Hier nehmen solche Paradoxe der Übersetzungskunst ihren Ursprung, wie zum Beispiel die Möglichkeit für den Verfasser, in der Übersetzung neue Eigenschaften seines eigenen Werkes zu entdecken (darüber sprach, wie bekannt, noch Goethe) oder zu behaupten, die Übersetzung seines Werkes sei besser als das Werk selbst (so die Übersetzung der Bücher von Garcia Márquez ins Englische durch Gregory Rabassa).

Dem literarischen Schaffen ist immer eine gewisse "Fiktivität" eigen. Auf dem Papier betrachten wir Buchstaben und Zeilen und sehen dabei Menschen, hören deren Stimmen, lesen deren Gedanken. Von diesem Standpunkt aus ist die Übersetzung doppelt "fiktiv". So unterhalten sich die Helden eines, sagen wir, ins Deutsche übertragenen russischen Buches auf deutsch, obwohl sie im Original (wie auch im Leben) zweifellos russisch sprechen. Alle Anschriften sind mit lateinischen, im Original natürlich in kyrillischen Buchstaben geschrieben. Daher ist die Übersetzung ein Kunstwerk besonderer Art wie auch der Übersetzer ein Künstler besonderer Art ist, der mit seiner Kunst auf dem Grenzstreifen existiert, wo sich zwei Kulturen berühren, sich aber allein und ausschließlich an seine Leser wendet. Öfters vorkommende Formulierungen (unter anderem auch bei den großen Dichtern der Vergangenheit), denen zufolge die Übersetzung so geschrieben sein soll, wie sie der Autor selbst geschrieben hätte, wäre er der Sprache der Übersetzung mächtig gewesen, sind nicht ganz richtig, wie wir es heute begreifen. Tritt doch die Übersetzung immer als Übersetzung auf - mit anderen Worten, sie verbirgt nicht ihre "fremdsprachige" Herkunft. Ihre Herkunft könnte nur für einen imaginären, total "inkompetenten" Leser, den es heutzutage überhaupt nicht gibt, unverständlich bleiben. Zum Talent des Übersetzers gehört als dessen unveräußerlichem Merkmal seine Kunst, den vorgegebenen Stoff vorzuspielen, in seinen - d.h. anderen - Verhältnissen den gleichen Eindruck zu erreichen wie der Originaltext in den seinen.

Die Qualität einer Übersetzung einschätzen können freilich nur diejenigen, welche beide Sprachen beherrschen. (Wie André Le Fèvre sagte, die Übersetzung einschätzen können nur diejenigen, die sie nicht brauchen.) Andererseits soll sich diese Einschätzung aber auf die Rezeption derjenigen stützen, die sie benötigen, weil man nur aufgrund der Leserauffassung in der Sprache, in der die Übersetzung gemacht wurde, auch deren Wirkung ermessen kann. Da ähnelt die

Position des Übersetzers der des Originalautors und unterscheidet sich gar nicht mehr von ihr. Der "sekundäre" Charakter der Übersetzungskunst tritt weit in den Hintergrund.

Nehmen sich die Schriftsteller der Übersetzung der eigenen Werke an, (heutzutage ist es nicht selten, jedenfalls auf dem Areal der früheren Sowjetunion), so ist es bemerkenswert, dass sie es vom sprachlichen Standpunkt aus viel verwegener tun, als es bei den Berufsübersetzern die Regel ist. Als ein typisches Beispiel dafür kann der bekannte belorussische Schriftsteller Wassil Bykau dienen, der, mit den russischen Übersetzungen seiner Werke nicht zufrieden, sich selbst der Sache angenommen hat. Er beließ unter anderem viele färben- und ausdrucksreiche belorussische Wörter in dem russischen Text.

Dabei bemerkte Wassil Bykau, dass er sich eigentlich nicht übersetzte, sondern sozusagen seinen Roman aufs Neue schrieb, sich an die neuen Umstände und die Rezeption neuer Leser anpassend. Diese Meinung, die durch wissenschaftliche Untersuchungen bestätigt werden kann, wurde auch von anderen zweisprachigen Autoren geäußert. Nachdem sich ein Schriftsteller in die Lage eines Übersetzers versetzt hat, schafft er in der Tat - und das zu seinem eigenen Erstaunen - ein neues Original, zu welchem Zweck er, wie auch jeder Berufsübersetzer, aufs Neue den ganzen schon einmal gegangenen Weg zurücklegt, aber dies in einem veränderten Koordinatensystem.

Bei dem Moskauer Treffen "Literatur und Übersetzung: theoretische Probleme" im Frühjahr 1991, erzählte Werner Koller über Versuche, anhand einer linguistischen Analyse die Übersetzung von Metaphern zu erforschen. Dabei stellte es sich heraus, dass nur die Hälfte der Metaphern von Übersetzern nachgebildet wird, die restlichen werden mit neutralen lexikalischen Mitteln wiedergegeben. Werner Koller warf die Frage auf: "Warum sind Übersetzer öfters so schüchtern im Vergleich zum Originaltext, warum gehen sie so zaghaft mit der Sprache um?" und sagte dazu, dass es unmöglich sei, die Antwort im Rahmen der Linguistik zu finden.[35]

Die Antwort scheint eben in der schwer erfassbaren, nicht für exakte analytische Methoden zugänglichen Sphäre der Kunst zu liegen.

---

[35] Siehe Toper, P, Ganijew W., /sost./ Litertura i perewod. Problemy teorii, Moskau, 1992.

Die Metaphorik ist der wichtigste Gattungsbegriff in der Kunst (Boris Pasternak nannte sie im Zusammenhang mit seinen Shakespeare-Übersetzungen "eine natürliche Folge der zeitlichen Beschränktheit des menschlichen Lebens und auf lange Dauer beabsichtigte Größe seiner Mission"[36]. Ihre Wiedergabe gehört zu den Schlüsselproblemen der Übersetzungspraxis. Einige Beispiele, die vom Trend zur Verstärkung des expressiven Elements in Übersetzungen zeugen, sind die Übersetzungen von Buchtiteln, eine besonders schwierige und verantwortungsvolle Aufgabe.

Der Titel des bekannten Romans von Jack London "Burning daylight" ist gleichzeitig der Spitzname des Haupthelden. Er bedeutet: Wir haben keine Zeit, es hat Eile u.a. (Mir sind zwei Übersetzungen ins Deutsche bekannt: "Lockruf des Goldes" und "Lockendes Geld".) Die alte russische Übersetzung war ganz ungeeignet. Der Roman hieß russisch "Krasnoe solnysko" (so etwa wie "schöne Sonne"), eine altrussische Redewendung, deren Sinn nichts zu tun hat mit der Bedeutung des englischen Titels. Die zweite Übersetzung hieß "Den' plameneet" (so etwa wie "der Tag bricht an") und ist zwar wörtlich, aber falsch. Beide Übersetzer suchten nach russischen Zusammensetzungen, die dem Original lexikalisch nah kämen. In der neuen Übersetzung wird als Titel und Spitzname des Helden eine im Russischen weit verbreitete Redewendung aus der Umgangssprache benutzt "Vremja ne zdet" ("Die Zeit drängt"). Vom lexikalischen Standpunkt aus hat sie nichts mit dem englischen Titel gemein, dafür aber den gleichen Sinn. Die Neuerung wurde nicht sofort akzeptiert, gehört aber inzwischen zur einzig brauchbaren. Bei allen Nachausgaben erscheint der Roman nur noch unter diesem Titel.

Der Titel von Heinrich Manns "Professor Unrat" wurde buchstäblich ins Russische übersetzt. Das war falsch, weil das Wort "Professor" im Russischen völlig unangebracht ist, wenn es sich um einen Schulmeister handelt. Das Wort "Unrat" bedeutet im Russischen gar nichts. Diese Übersetzung erlebte mehrere Ausgaben bis eine neue Lösung vorgeschlagen worden war. Statt "Professor" schrieb der Übersetzer "ucitel" ("Schulmeister"). Dies kann man als Korrektur eines Fehlers betrachten. Den Spitznamen des Helden bildete er dem Sinn und der Situation nach, indem er ihn mit einem absolut russischen und bildhaft expressiv gefärbten Schimpfwort bezeichnete: "Gnuss" (in der nicht buchstäblichen Rückübersetzung kann man auch "Unrat" sagen). Daher war der Übersetzer

---

[36] Pasternak, B., Isbrannoje w dwuch tomach, Moskau 1985, T. 2, S. 305.

gezwungen, auch den Namen des Helden zu verändern: Aus "Rat" wurde "Nuss", ein vollkommen deutsches Wort. Es gab Proteste gegen diese Novation. Sie ist zweifellos nicht einwandfrei, aber dafür sehr charakteristisch für den Stil dieses Übersetzers. Der Streit hörte bald auf, und heute erscheint dieser Roman nur noch unter diesem Titel. Sogar in wissenschaftlichen Abhandlungen kommt er unter diesem Namen vor. Natürlich ging der Übersetzer ein Risiko ein, aber die Leseraufnahme hat ihn unterstützt.

Die Leserrezeption ist das höchste Kriterium in Fragen der Qualität jeder Übersetzerarbeit, weil die sprachlichen Realien in der letzten Konsequenz nicht anhand der Lexika, sondern am lebendigen Sprachgebrauch der Zeitgenossen überprüft werden.

Freilich ist die Leserschaft nicht homogen, weder nach ihren Bildungs-, Sozial-, Alters- und Berufscharakteristiken noch in Bezug auf ihren Geschmack. Dieser Umstand spielt praktisch keine Rolle bei der Übersetzung von Sachtexten. In der literarischen Übersetzung ist man gezwungen, von Meinungsverschiedenheiten, Diskussionen, mehreren Standpunkten auszugehen. Das wiederum gehört zum Merkmal eines entwickelten Literaturlebens.

In der russischen Literatur zum Beispiel gibt es eine Reihe von Übersetzungen des berühmten 66. Sonetts von Shakespeare ("Tyr'd with all these for restfull death I cry")/ welches offenbar den Übersetzern wie auch den Lesern durch seinen tragischen Klang nahe liegt. Besonders populär sind in unseren Tagen die Nachdichtungen von Boris Pasternak (1940) und Samuil Marschak (1948); sie wurden mehrmals miteinander verglichen. Die Einschätzung hing dabei nicht von kleinen Versäumnissen oder sogar Fehlern ab - wenn es sich um solche Meisterdichter und Kenner der europäischen Kultur handelt, hätte das keinen Sinn. Verglichen wurden die Interpretationen. Die eine mehr verallgemeinernd, zornig bloßlegend bei Marschak, die andere mehr persönlich, tragisch bei Pasternak. Dem Sonett wohnen alle diese Eigenschaften inne. Die Nachdichter entstellen es nicht, sie decken bloß, abhängig von der Individualität des Übersetzers, mehr oder weniger verschiedene Seiten auf. In den veröffentlichten Meinungen wird eher Pasternak die Palme zuerkannt. Es gibt aber Leute, die anders denken. Also gibt es keine eindeutige Antwort auf diese Frage. In den einschlägigen Anthologien werden in der Regel die Übersetzungen von Beiden aufgenommen.

Die Meinung über die Qualität einer Übersetzung wie auch über die kreative Persönlichkeit des Übersetzers, seine Stelle in der Geschichte der rezipierenden Literatur kann weder unbestreitbar feststehend noch unbestreitbar einzig sein. Sie hängt von vielen Ursachen ab, die sich von einem Mikro- bis zu einem Makroniveau erstrecken, die mit übersetzerischen wie auch literarischen Traditionen des Landes verbunden sind und solche "leichtsinnigen" Begriffe wie "Erfolg", "Misserfolg" und auch viele andere Kriterien in sich aufnehmen. Der literarischen Übersetzung ist das Phänomen der "Vielfältigkeit" eigen.

Diese Fragestellung hätte keinen Sinn, handelte es sich um die Übersetzung von Sachtexten, wo man die endgültige, "ideale" Variante anstreben muss. Die literarische Übersetzung kann dagegen nicht ohne "Wettbewerb" von Individualisten existieren. Jedenfalls theoretisch kann in jeder Sprache eine x-beliebige Zahl von Übersetzungen eines und desselben Wortes existieren, von welchen jede einzelne als originalgetreu gelten darf. Hier kann es keine "endgültige" Übersetzung geben. Donald Frame, der Rabelais und Molière in die englische Sprache übersetzt hat, schreibt darüber: "Ich glaube, dass die meisten von uns zur Übersetzung auf ungefähr gleichem Weg kommen. Wir sehen uns die schon vorhandenen Übersetzungen von unserem Lieblingswerk an und sagen vor allem zu uns selbst: "Mein Gott, ich könnte das besser machen"[37].

Natürlich dient jede neue Übersetzung der Anhäufung von Erfahrungen, schafft eine Tradition, und jeder andere Übersetzer kann sich auf diese stützen. Diese Tradition umfasst nicht allein das Gebiet der Übersetzung, sondern auch der Leserrezeption. Das zu übersetzende Buch ist kein Fremdling mehr, es ist schon mehr oder weniger zu Hause, es ist von gewohnten Assoziationen umgeben. So kamen der "russische Goethe", der "russische Schiller", der "russische Hamlet" usw. zustande - alles Terminologie, die für die russische Kritik geläufig wurde.

Andererseits ist dieser Prozess selbstverständlich nicht gradlinig, und niemand kann sagen, dass der nächste Übersetzer unbedingt begabter sein würde. Eines steht fest: Er wird anders sein, und seine Übersetzung wird anders sein, wobei in rein individuellen Unterschieden auch so allgemeine Faktoren wie die Zeit, die kulturelle Entwicklung, die Lesererwartungen zum Vorschein kommen.

---

[37] Frame D., Pleasure and Problems of Translation, in: Biguenet J., Schulte R. (Ed.) The Craft of Translation. Chicago 1989, p. 70.

Vielfältigkeit ist ein natürliches Attribut der künstlerischen Übersetzung. Es ist verbunden mit dem Begriff von kreativer Persönlichkeit. Seinerzeit schrieb Belinsky nach dem Erscheinen der „Hamlet"-Übersetzung von Nikolai Polewoi: „Die Schuldigkeit ist getan, der Weg zur Kampfarena ist freigelegt, neue Kämpfer werden kaum auf sich warten lassen"[38]. Wilhelm Humboldt sagte im Zusammenhang mit den Übersetzungen von antiken Autoren: „Auch lernt der Theil der Nation, der die Alten nicht selbst lesen kann, sie besser durch mehrere Übersetzungen, als durch eine kennen. Es sind eben so viele Bilder desselben Geistes; denn jeder gibt den wieder, den er auffasste und darzustellen vermochte; der wahre ruht allein in der Urschrift"[39]. Vom russischen Dichter Nikolai Gumilev ging ein paradoxer Gedanke aus: "Um einen Dichter zu verstehen, sollte man ihn in alle Sprachen der Welt übersetzt gelesen haben"[40]. Und das ist kein rein übersetzerisches Problem. Jurij Lotmann schlug vor, unter dem Inhalt eines Sprachkunstwerkes nicht nur die Summe aller für heute aus dem Text herausgelesenen Bedeutungen zu verstehen, sondern aller objektiv möglichen Bedeutungen.

Der Übersetzer kann nicht ein neutraler und unberührter Informationsmittler sein. Das übersetzerische Schaffen ist nun einmal von der Art, dass der Übersetzer als Vertreter seiner Zeit auftritt. Seine Lebensposition und seine kreative Individualität äußern sich unausweichlich in der Übersetzung, und zwar unabhängig von seinen Absichten. Wird etwas mit Absicht verändert, so handelt es sich nicht mehr um Übersetzung, sondern um freies Nachgestalten.

Wo aber liegen die Grenzen zwischen der Übersetzung im "strengen" Sinne des Wortes und allen anderen Methoden der Aneignung von fremdsprachigen Kulturen, wie etwa "Nachahmung", "Umarbeitung", "Entlehnung" usw.? In verschiedenen Sprachen und verschiedenen Epochen gibt es auch verschiedene Bezeichnungen für solche indirekten Rezeptionsmöglichkeiten.

Noch Ende der 40er Jahre, als Eugen Nida den Begriff des „dynamischen Äquivalents" vorgeschlagen hatte und zwar als Gegensatz zum formalen, meinten

---

[38] Belinskij, W., Polnoje sobranije sotschinenij, Moskau, 1953, T. 2, S. 436.
[39] Zitiert nach Störig H.J. (Hrsg.) Das Problem des Übersetzens. Stuttgart 1963, S. 85.
[40] Siehe Chudoschestwennyj perewod. Problemy teorii i praktiki, Jerewan, 1982b, S. 85.

seine Opponenten, dass dadurch die Grenzen des Begriffs "Übersetzung" an Deutlichkeit verlören.

Die Sache aber ist die, dass die Grenzen der literarischen Übersetzung in der Tat beweglich sind, weil die Übersetzung ein historisch bedingter Begriff ist, und verschiedene Zeiten auf verschiedene Weise ihre Wechselbeziehungen mit der heimischen Literatur eingehen. Diverse "Misch"- und "Übergangsformen" besitzen im Prinzip das gleiche Existenzrecht wie die eigentliche Übersetzung.

Von sämtlichen Autoritäten wurde bestätigt: Es sei viel komplizierter, ein "einfacher" Übersetzer zu sein als freie Nachdichtungen zu machen. Die Ausgangsbedingungen seien strenger, bestimmten deswegen aber noch nicht die Rangordnung des neuen Werkes in der rezipierenden Kultur. Fast zwei Jahrhunderte schon wird heftig um die von Lermonotw gefertigte Übersetzung "Ein Fichtenbaum steht einsam" gestritten. Ob Lermonotw nun Heinrich Heine verbessert oder verschlechtert hat, indem er die Namen der beiden Bäume von Heine beibehielt (die beiden sind im Russischen weiblich), und ob man es überhaupt eine Übersetzung nennen darf. Das geniale russische Gedicht lebt sein eigenes Leben, ohne zu verwelken.

Die Gegenwart zwingt uns, diese Prämisse zu ergänzen. Die intensive Entwicklung der Wechselbeziehungen zwischen den Ländern und der modernen Kommunikationsmittel führt heute dazu, dass die Entfernungen zwischen den Völkern, darunter auch auf dem Gebiet der Kultur und Kunst, kleiner werden. Diese gegenseitige Annäherung beruht auf der Verbreitung von Zwei- und Mehrsprachigkeit und verändert das Klima der Übersetzungstätigkeit. Die rein informative Funktion der literarischen Übersetzung nimmt heute ab. Dadurch steigt die kreative Funktion. Das Erscheinen von zwei- und mehrsprachigen Anthologien in vielen Ländern ist nur ein kleiner Beweis dafür. In einem gewissen Sinne könnte man sagen, dass es heutzutage schwieriger - oder verantwortungsvoller - wird zu übersetzen. Die Zahl der Leser, die auf beiden Seiten der sprachlichen Grenzen aufs Unmittelbarste die Arbeit des Übersetzers überprüfen können, steigt unaufhörlich.

Es ist vielleicht ein Grund, dass immer lautere Klagen über die unüberwindlichen Schwierigkeiten bei der Übersetzung oder gar über deren Unmöglichkeit ertönen. Bei dem erwähnten Moskauer Theoretikertreffen 1991 gab es einige Referate zum Thema der sog. Neonübersetzbarkeit. Es ist interessant, dass auch hier die Theorie und die Praxis auseinandergehen. Judith Woodsworth, eine Wissenschaftlerin aus Kanada, sagte dazu: "Die Übersetzer, deren Schaffen ich studiert habe, sprechen nicht darüber, sie übersetzen bloß. Das einzige, was sie dabei sagen, ist, dass das Übersetzen schwer sei"[41].

Die Übersetzertätigkeit ist ein Kind des Talents und der Zeit. Zurückkommend auf den Brief des eingangs erwähnten jungen Lyrikfreunds müsste man sagen, dass ihn Lewiks Schaffen am stärksten deswegen beeindruckt haben könnte, weil Lewik eine auffallend ausgeprägte dichterische Individualität besaß, eine meisterhafte Versifikationsbegabung und eine offensichtlich dem Herzen dieses Lesers nahe liegende klassische Klarheit. Letzte Eigenschaft rief, nebenbei bemerkt, noch zu Lewiks Lebzeiten Kritik hervor; gar mancher hielt seinen Vers für zu feierlich, für zu glänzend, nicht im vollen Maße die Kompliziertheit der Gemütsbewegungen und psychologischen Charakteristiken wiedergebend. Neue Zeiten - neue Lieder: Die jungen talentvollen Übersetzer haben das Recht, einen Wettbewerb mit dem Meister aufzunehmen und ihre eigene, d.h. eine andere Individualität zu formen.

Mein Anliegen war es, Ihre Aufmerksamkeit auf das Problem der kreativen Persönlichkeit des Übersetzers zu lenken. Dabei bemühte ich mich, vorwiegend Beispiele aus der russischen Übersetzungskultur anzuführen, da ich annahm, sie sei im Westen wenig bekannt. Vice versa: Und trotz der Nähe: Es gibt Gemeinsamkeit der Probleme. Enden aber möchte ich mit den Worten von Karl Dedecius, einem Praktiker, der aus seiner eigenen reichen Erfahrung genau weiß: "Dichtung ist übersetzbar - als Dichtung allerdings nur mit den Mitteln der Dichtung"[42].

---

[41] Toper, P., Ganijew, W.,/sost./, Literatura i perewod: Problemy teorii, Moskau 1992, S. 209.
[42] Dedecius K., Vom Übersetzen. Frankfurt a.M. 1986 Prof. Dr. Rolf-Dietrich Keil.

Prof. Dr. Rolf-Dietrich Keil: Erfahrungen eines Übersetzers russischer Literatur

Da ich von Erfahrungen berichten soll, sozusagen aus der Schule plaudern, erwarten Sie bitte keine systematische Darlegung der bekanntermaßen äußerst komplexen Problematik der literarischen oder gar der dichterischen Übersetzung von mir. Vielmehr will ich versuchen, einige der Kernpunkte dieser Problematik so einzubeziehen, wie sie mir in meiner Praxis begegnet sind.

Die Einschränkung auf die Ausgangssprache Russisch (und die Zielsprache Deutsch) dürfte dabei nur eine untergeordnete Rolle spielen. Bei Übersetzungen aus Sprachen anderer Kulturkreise und nichtindoeuropäischer Struktur mögen andere und größere Probleme auftauchen. Aber auch innerhalb des Sprachenpaares Russisch-Deutsch gibt es Schwierigkeiten, die in der Verschiedenheit dieser beiden Sprachen gründen. Dafür ein paar Beispiele: Das Russische hat keinen Artikel. Dies ist einer der vielen Züge, die es mit dem Lateinischen gemeinsam hat. Im fortlaufenden Text bietet dies kaum Probleme, wohl aber bei Überschriften und Titeln. Die berühmten Doppelformeln "Krieg und Frieden", "Väter und Söhne", "Schuld und Sühne" kommen sämtlich ohne Artikel aus. Im Falle von Gogols Hauptwerken wird wohl niemand auf den Gedanken kommen, "Ein Revisor" zu sagen, aber Sigismund von Radecki forderte mit Nachdruck, es müsse heißen "Tote Seelen" und nicht "Die toten Seelen", denn in diesem Poem, wie Gogol es nennt, seien alle Personen eben tote Seelen. Das mag so sein, aber wie, wenn der Titel in einen Satzzusammenhang gerät? Man kann ja kaum sagen "Ich habe Tote Seelen gelesen" (was eine Bedeutungsverschiebung des Verbums "lesen" bedeuten könnte), sondern nur "Ich habe die Toten Seelen gelesen". Der Effekt verpufft also. Ein anderes Beispiel aus meiner Praxis: Ein Essay der Dichterin Marina Zweta-jewa über ihren Dichterkollegen Andrej Belyi ist überschrieben "Plennyi duch". Heißt das der gefangene Geist oder ein gefangener Geist? Sie bemerken vielleicht, dass sich die Bedeutung des Wortes Geist verändert, je nachdem ob man es mit dem bestimmten oder dem unbestimmten Artikel versieht, ja selbst die Variante "Gefangener Geist" wäre denkbar. Zum Glück stand über dem Essay ein Motto aus Goethes "Faust" - auf deutsch: "Geister auf dem Gange: Drinnen gefangen ist einer". Es musste also heißen ein gefangener Geist, was nun, vom Verlag als Titel der Essaysammlung gewählt, über dem ganzen Band prangt (und seinen Bezug zu der Person Andrej Belyi, der gemeint war, verloren hat).[43]

Eine andere Kleinigkeit, die bei anderen Sprachenpaaren auch auftreten kann, ist der Unterschied des grammatischen Geschlechts im Russischen und Deutschen. Dies kann sich durchaus störend bemerkbar machen. Dafür zwei Beispiele. Sie alle kennen Gogols Erzählung "Der Mantel". Im Russischen ist dies Kleidungsstück weiblichen Geschlechts - umso deutlicher wird die fast erotische Beziehung des armen Akakij Akakijewitsch zu seinem Mantel, oder sollte man deshalb sagen: zu seiner Pellerine?

Auch hier ein zweites Beispiel aus meiner Praxis: Turgenew hat eine Geschichte geschrieben "Mumu", die von einem taubstummen Knecht und seinem Hund erzählt. Auch hier ist das russische Normalwort für "Hund" ein Femininum - sobacka. Und obwohl an einer Stelle gesagt wird, dass es sich tatsächlich um eine Hündin handelt, kann man doch im Deutschen nicht ständig von einer Hündin sprechen oder, wo sobacka steht, von einem Hündchen, auch wenn der Hund schon erwachsen ist. Und trotzdem verliert der Text an emotionaler Intensität, wenn das Femininum durch ein Maskulinum ersetzt wird. Sie sehen an diesen Bemerkungen, die nur einzelne Wörter betreffen, wie fragwürdig der Begriff der "Treue" ist, die man so oft von einer Übersetzung fordert.

Eine andere Komplikation, die wohl bei jedem Sprachenpaar auftreten kann, ist die Erfahrung, dass semantische Äquivalenz zwischen Einzelwörtern zweier Sprachen eher die Ausnahme als die Regel ist. Sehr oft decken sich die Bedeutungsfelder nur zum Teil. Zwei Beispiele, wieder aus den Essays von Marina Zwetajewa: Sie versucht, eine Hierarchie verschiedener Dichtertypen aufzustellen und unterscheidet dabei folgende drei: bol soj poet, velikij poet, vysokij poet. Jeder, der russisch versteht, sieht sofort das Problem. Das Bedeutungsfeld von deutsch groß ist aufgespalten in Jbol soj und velikij, so dass sich eine Steigerung ergibt. Frau Zwetajewa erklärt denn auch, dass für den bolsoj poet eine große Begabung ausreiche, beim velikij poet aber noch eine gewisse Seelengröße hinzukommen müsse. Was macht der Übersetzer in so einem Fall, zumal, wenn anschließend mit diesen nun als Termini eingeführten Epitheta weitergearbeitet wird? Er muss ausweichen auf zwei deutsche Adjektive, z.B. bedeutend für bolsoj, groß für velikij - sicher nur eine Notlösung. Übrigens war

---

[43] Marina Zwetajewa: Ein gefangener Geist. Essays. Suhrkamp, Frankfurt a.M. 1989.

die dritte Kategorie auch prekär. Vysokij heißt gewöhnlich hoch, manchmal auch erhaben. Beide Epitheta passen im Deutschen schlecht zum Wort Dichter. Ich habe mich für hoch entschieden, was beim Beispiel Hölderlin vielleicht vertretbar sein mag. Das Beispiel greift übrigens über das Einzelwort hinaus, da die Kollokabilität tangiert ist, und sei es nur in einer so einfachen Gruppe wie adjektivisches Attribut und Substantiv.

Es gibt z.B. feste Kollokationen. Viele von ihnen sind Lehnübersetzungen, wie z.b. aus dem lateinischen locus communis ein lieu commun, ein common place, ein russisches obscee mesto und ein deutscher Gemeinplatz geworden ist. In dieser Reihe hat das Deutsche seine Möglichkeit der Wortkomposition genutzt, mit dem Erfolg, dass die Verbindung der beiden Bestandteile unauflöslich geworden ist. Auch so etwas kann zu Übersetzungsproblemen führen. So beginnt Marina Zwetajewa einen ihrer Essays sehr effektvoll mit der Auflösung dieses zweigliedrigen Ausdrucks, indem sie (wörtlich) schreibt: "Die Kunst ist heilig - kein Platz ist gemeiner als dieser". Diese wörtliche Übersetzung hätten Sie nicht verstehen können ohne meine Bemerkungen zum locus communis. Hier, vor Ihnen, nach meiner Erklärung und zu Demonstrationszwecken durfte ich diese wörtliche Wiedergabe wagen - keineswegs aber dem Leser gegenüber, der gemein als niederträchtig verstehen würde und mit dem Platz überhaupt nichts anfangen könnte. So musste ich wohl oder übel den rhetorischen Paukenschlag dieses Eröffnungssatzes aufgeben zugunsten eines viel harm- und wirkungsloseren aber verständlichen: "Die Kunst ist heilig - ein Gemeinplatz wie nur einer ..." Dass dieser Fall gar nicht so selten ist und sehr geeignet, stilistische Glanzpunkte zu verdunkeln, sei an einem weiteren Beispiel gezeigt, bei dem ich nicht einmal den ganzen Satz zu zitieren brauche. Es stammt von Nabokov, einem der raffiniertesten Stilisten, den ich kenne. Um zu verstehen, was hier vorliegt, müssen Sie wissen, dass dem deutschen Begriff Naturwissenschaften eine russische Fügung aus Adjektiv (natürlich) und Substantiv entspricht. Nun stellt Nabokov bewusst nebeneinander (wörtlich): natürliche Wissenschaften und widernatürliche Leidenschaften, ein Effekt, der deutsch nicht möglich ist. Es zeigt sich, dass die Wiedergabe einzelner Wörter oder solcher Zweiwortgruppen wie in den letzten beiden Beispielen bereits wesentliche Eingriffe in die stilistische Faktur des zu übersetzenden Textes bedingen, und dass der Übersetzer ständig gezwungen ist, schon im Mikrobereich der Textstruktur Entscheidungen zu treffen und Veränderungen vorzunehmen, die bisweilen weitreichende Folgen haben. Es kommt mir darauf an, das Gezwungensein hervorzuheben, denn von übersetzerischer oder gar dichterischer Freiheit kann hier noch gar keine Rede sein.

Versuchen wir etwas über die Wort- oder Wortfügungsebene hinaufzusteigen. Da begegnet einem in der übersetzungstheoretischen Literatur bisweilen der Begriff der unit of fidelity. Und diese sehr relative Treue ist wohl auch gemeint in Eugene Nidas bekannter Definition von Übersetzung: "the closest natural equivalent to the message of the source language, first in meaning, and secondly in style".

Nun finde ich - ich soll ja von der Praxis sprechen - bei einem von mir sehr geschätzten Übersetzer (aus dem Russischen und Polnischen ins Englische und Deutsche), Walter Arndt, folgende Feststellung: "In prose, the problem of the unity of fidelity is not acute. The unit is normally the sentence, and only extremes of syntactic yapping or hacking, as in some German expressionism, or of syntactic convolution as in Thomas Mann or Tolstoy, raise the question of where the demands of naturalness must call a halt to close stylistic-syntactic imitation."[44] Das klingt zunächst ganz vernünftig. Aber was versteht Arndt unter prose, wenn er Thomas Mann und Tolstoi ausschließt (er hätte ebenso gut Kleist nennen können oder Proust oder Joyce oder Nabokov)? Spricht er dann überhaupt von literarischer Prosa? Da Arndt überwiegend Versübersetzungen gemacht hat, ist für ihn offenbar alles, was nicht in Versen geschrieben ist, Prosa. Das ist von seinem Standpunkt aus verzeihlich, aber es ist nicht richtig. Ganz sicher hat Lotman recht, wenn er gegen die Auffassung polemisiert, gewöhnliche menschliche Rede und literarische Prosa seien ein und dasselbe.[45] Wenn aber literarische Prosa nicht gleich gewöhnlicher Rede ist, wo bleibt dann das Kriterium der Natürlichkeit? Diese Frage haben sich weder Arndt noch Nida gestellt.

Nun soll aber nicht verschwiegen werden, dass es durchaus seriöse Anwälte der eben so fragwürdig gewordenen "Natürlichkeit" gegeben hat und gibt. Und hier kann ich wieder auf ein Beispiel aus der Praxis aus meiner persönlichen Erfahrung zurückgreifen. Ende der 50er Jahre war ich vom S. Fischer Verlag gebeten worden, die späte Lyrik von Boris Pasternak zu übersetzen. Daraus ergab sich ein Briefwechsel mit dem Dichter, in dessen Verlauf Pasternak, der selbst ein großer Übersetzer war[46], sich zu Grundfragen der literarischen Übersetzung

---

[44] Walter Arndt: Pushkin Threefold. Narrative, Lyric, Polemic, and Ribald Verse. The original with linear and metric translation. A Dutton Paperback, New York 1972

[45] Ju. M. Lotman: Die Struktur literarischer Texte. Fink, München 1972, S. 143

[46] Pasternak übersetzte u.a. den "Hamlet", beide Teile des "Faust", den "Zerbrochenen Krug", Gedichte von Petöfi und georgische Lyriker.

äußerte. Gestatten Sie mir, einiges daraus zu zitieren. Die Briefe Pasternaks sind übrigens deutsch geschrieben. Pasternak schreibt u.a.:

"Ein Rilkeverehrer, konnte ich nie seine Michelangeloübersetzungen ebenso wie St. Georges Sh.-Sonette leiden. Es ist zu verwundern und unerklärlich wie derselbe Mensch, dessen Sieg und Kraft in der Unmerklichkeit und Durchsichtigkeit der Mittel bestand, in der anspruchslosen Natürlichkeit der unstilisierten Sprache so viel schwerfällige Künstlichkeit bei seinen Wiedergaben anwendete, dass die Anhäufung des Formellen von dem erstickten Inhalte ablenkt und den Sinn, die Bedeutung des Gesagten aus dem Gedichte beinahe verdrängt. Hingegen erfordern Übersetzungen (ich spreche nicht von Freiheit oder Wortgetreuheit gewisser einzelner Übersetzungen, sondern von dieser Gattung im Ganzen, von der Idee der Übersetzung überhaupt); indessen erfordert die Übersetzung s e l b s t, als Kunstart, (unabhängig von Original) eine unbedingte Leichtigkeit und Klarheit (ich finde, dass man schwere wortschwällige Urschriften, dass man z.b. Cervantes oder Sterne in der Übersetzung vereinfachen muss und soll). Denn Übersetzungen sind Kraftleiter und nicht Energiequellen. Ihre, dem Redefluss geöffnete, übersehbare verständliche Durchdringbarkeit ist die Tugend der Gattung. Dagegen waren die Übersetzungen des symbolistischen Ästhetentums dielektrische Unleiter, ungangbare Sackgassen, wo man stecken blieb und von der Stelle nicht weiterkonnte. Und, wie so oft in der Geschichte der Gesellschaften, diese Mängel wurden als Vorzüge gepriesen, man jauchzte vor lauter Unverständlichkeit. Ich möchte also nochmals wiederholen: in einer Hinsicht muss eine Übersetzung vom Original unabhängig sein. Wie kompliziert auch die zu übersetzende Schrift sei, die Wiedergabe darf ihr in dieser Beziehung nicht ähneln. Die Übersetzung muss fließend zugänglich sein. Die Pflicht des Übersetzers ist (geschweige, dass es sein unbestreitbares Recht ist) das vom Verfasser unüberwältigt gelassene, (zu) vervollkommnen und zu Ende zu bringen. Oder sollte man selbst eines Genies gelegentliche Lahmheit pietätvoll nachbilden und nachäffen?"[47]

Pasternak meint: nein; ich meine: ja - falls es denn wirklich ein Genie und wirklich eine Lahmheit ist. Denn andernfalls nähert man sich dem, was Vladimir Nabokov zu der bei Rezensenten beliebten Floskel "es liest sich glatt" sagt: "It reads smoothly. In other words, the hack who has never read the original, and

---

[47] Pasternaks Briefe an mich sind publiziert in der Radius Bibliothek - Raissa Orlowa, Lew Kopelew: Boris Pasternak, Stuttgart 1986, S. 37 ff.

does not know its language, praises an imitation as readable because easy platitudes have replaced in it the intricacies of which he is unaware. (...) It is when the translator sets out to render the "spirit", and not the mere sense of the text, that he begins to traduce his author."

Diese Passage steht im Vorwort zu Nabokovs vierbändiger Ausgabe von Puschkins "Eugen Onegin".[48] Vladimir Nabokov ist heutzutage jedem bekannt, und sei es auch nur als Autor der öfter zitierten als gelesenen "Lolita". Aber gerade die "Lolita" ist in unserem Zusammenhang von besonderem Interesse. Zum einen ist sie das erste englisch geschriebene Buch Nabokovs (oder, wie er selbst sagt, "mein bestes englisches Buch", was er dann einschränkend steigert zu "eins meiner besten englischen Bücher"). Woher ich das habe? (In Dieter W. Zimmers deutscher Gesamtausgabe steht es noch nicht!) Nun - aus einem Postskrip-tum zur russischen Ausgabe der "Lolita". Ja, es gibt eine russische Ausgabe, und der russische Text stammt von Nabokov höchstpersönlich - er ist aus dem Englischen übersetzt. Und das macht die Sache für uns interessant. Denn Nabokov bekennt in diesem Postskriptum: "Die Geschichte dieser Übersetzung ist die Geschichte einer Enttäuschung. (...) Ich tröste mich damit, dass an der Unbeholfenheit der hier vorgelegten Übersetzung nicht nur der seiner Muttersprache entwöhnte Übersetzer schuld ist, sondern auch der Geist der Sprache, in die übersetzt wird. (...) Körperbewegungen, Grimassen, Landschaften, Schwermut von Bäumen, Gerüche, Regen, zergehende und schillernde Schattierungen der Natur, alles Zärtlich-Menschliche (wie seltsam!) und auch alles bäurisch Grobe, Unflätige kommt auf russisch nicht schlechter, eher besser heraus als auf englisch; aber die dem Englischen so eigentümlichen subtilen Unausgesprochenheiten, die Poesie des Gedankens, der momentane Kontakt zwischen abstraktesten Begriffen, all das, und alles, was sich auf Technik, Mode, Sport, Naturwissenschaften und widernatürliche Leidenschaften bezieht - wird auf russisch klobig, wortreich und oftmals abscheuerregend im Sinne von Stil und Rhythmus. Diese Diskrepanz spiegelt auf historischer Ebene den grundlegenden Unterschied zwischen der noch so grünen russischen Literatursprache und dem Englischen wider, das reif ist wie eine aus den Nähten platzende Feige: zwischen einem genialen, aber noch unzureichend gebildeten

---

[48] Eugene Onegine, a novel in verse by Alexandr Pushkin, translated from the Russian, with a commentary by Vladimir Nabokov in four volumes. The Bollingen foundation, New York 1964.

Jüngling und einem bejahrten Genie, das die Schätze bunter Kenntnisse in sich vereint mit einer völligen Freiheit des Geistes."[49]

Diese Sätze rücken einen Aspekt ans Licht, der bisher in der Diskussion über die Probleme der Übersetzung noch kaum beachtet wurde, nämlich den des historischen Alters und damit der Literatur- und Welterfahrung der beteiligten Sprachen. Es überrascht ein wenig, gerade bei Nabokov vom "Geist" einer Sprache zu hören, wo er sich doch sonst gern über derart "Verschwommenes" lustig macht. Wie dem auch sei, Nabokov hat russische und englische Prosa geschrieben, aber er hat auch, was weniger bekannt ist, Puschkins Versroman "Eugen Onegin" übersetzt, skrupulös kommentiert und mit dem Faksimile der Ausgabe letzter Hand in vier Bänden herausgegeben. Er hat dort auch seine Ansichten über die Übersetzung von Dichtung formuliert. Er unterscheidet drei Arten möglicher Übersetzung von Versen:

1. Paraphrastic: offering a free version of the original with omissions and additions prompted by the exigencies of form, the conventions attributed to the consumer and the translator's ignorance. Some paraphrases may possess the charm of stylishness and idiomatic conciseness, but no scholar should succumb to stylishness and no reader be fooled by it.

2. Lexical (or constructional): rendering the basic meaning of words (and their order). This a machine can do under the direction of an intelligent bilinguist.

3. Literal: rendering, as closely as the associative and syntactical capacities of another language allow, the exact contextual meaning of the original.

Genauso ist Nabokov verfahren: In fact, to my ideal of literalism I sacrificed everything (elegance, euphony, clarity, good taste, modern usage, and even grammar) ... Only this is true translation. Pushkin has likened translators to horses changed at the posthouses of civilisation. The greatest reward I can think of is that students may use my work as a pony."[50]

Nabokov hat also alles geopfert: Eleganz, Wohlklang, Klarheit, guten Geschmack - sämtliche Eigenschaften, die gerade Puschkins Dichtung besonders

---

[49] Vladimir Nabokov: Lolita, perevel s anglijskogo avtor. Ardis, Ann Arbor 1967, S. 296 f. (Übersetzung aus dem Russischen von mir. - R.-D.K.)

[50] Eugene Onegine (wie Anm. 6), Band l, S. VII ff.

auszeichnen. Leider denkt Nabokov bei seinem rigoristischen „Treue"-Begriff nur an scholars und students und nicht an den (normalen) Leser, dem es um einen Eindruck von dem fremden Kunstwerk geht: no reader should be fooled by stylishness. Er vermeidet jeden Anschein, dass es sich um ein Sprachkunstwerk von hohen Graden handelt, dessen Lektüre ästhetischen Genuss bereitet. Was er statt dessen bietet, bezeichnet der erwähnte Walter Arndt als "the sad ritual murder performed for the purpose of an even more insatiable lexical necrophilia". Er nennt Nabokovs Methode "intrinsically absurd and self-defeating" mit der überzeugenden Begründung: "Poetic utterance is not produced from some underlying, neutral, merely cognitive statement by linguistic manipulation. (...) Hence sequential literalness becomes worse than irrelevant", und er fügt hinzu: "all this would have been comically abundant to say again, had the notion of literalness as a technique not been resurrected by Nabokov in relation to a major work of world literature, and had it not respectfully (or at least gingerly) handled by at least some critics".

In der Tat haben sich auch manche Übersetzer die Nabokovschen Thesen zunutze gemacht, die ja das Geschäft der dichterischen Übersetzung durch Eliminieren des Dichterischen enorm erleichtern und (was für Verleger wichtig ist) beschleunigen. Nur an den Leser hat man dabei nicht gedacht, der durch eine solche Interlinearversion gewiss nicht vom künstlerischen Rang eines Dichtwerks überzeugt, sondern nur gelangweilt und abgeschreckt werden kann.

Aber es ist Zeit, auf meine Erfahrungen zurückzukommen. Je mehr ich darüber nachdachte, desto deutlicher wurde mir, dass der Kernpunkt der Diskussion die Frage nach der Seinsform der Dichtung ist. Und dies ist nach meiner tiefsten Überzeugung die Seinsform des Gehörtwerdens. Nur wenn sie gehört wird (und man, mit Nietzsche zu reden, "das Ohr dafür hat"[51], erweist sich eine sprachliche Äußerung als Kunst, als Dichtung. Und deshalb ist die "Treue" zu dieser Ebene diejenige, die vor allen anderen denkbaren den Vorrang haben muss. Dazu wieder ein Beispiel aus meiner Praxis: Der letzte Gedichtszyklus Pasternaks beginnt mit einem Gedicht, aus dem ich wenigstens einige Zeilen auf russisch zitieren möchte:

---

[51] Friedrich Nietzsche, Werke in drei Bänden, hg. von Karl Schlechta, Band 2, S. 713 (Jenseits von Gut und Böse, Abschnitt "Völker und Vaterländer", Nr. 246).

> О, если бы я только мог,
> Хотя отчасти,
> Я написал бы восемь строк
> О свойствах страсти.
>
> О беззаконьях, о грехах,
> Бегах, погонях,
> Нечаянностях впопыхах,
> Локтях, ладонях.

Auch, wenn Sie nicht Russisch verstehen, werden Sie zugeben, dass es absolut unmöglich ist, einen Eindruck von der Dynamik und Klangfülle dieser Verse zu geben, wenn man nur die Bedeutung der darin vorkommenden Vokabeln mitteilt. So ist denn meine Übersetzung auch bisweilen ziemlich "frei". Besonders in der vorletzten Strophe war ich recht "frei:

> Так некогда Шопен вложил
> Живое чудо
> Фольварков, парков, рощ, могил
> В свои этюды.

Wörtlich: So hatte einst Chopin hineingelegt
Das lebendige Wunder
Von Vorwerken, Parks, Hainen, Gräbern
In seine Etüden.

Meine Übersetzung: So senkte einst Chopin hinab
Das Wunderwesen
Von Vorwerk, Park und Hain und Grab
In Polonaisen.

Einige Wochen, nachdem ich diese Zeilen gefunden hatte, gelangte ein Text von Pasternak in meine Hand, den der Dichter zu einem Chopin- Jubiläum verfasst hatte. Dort las ich (mit Entsetzen): "Chopins Etüden, technische Anleitungen genannt, sind weit eher Untersuchungen als Lehrbücher. Es sind musikalisch dargebotene Forschungen zur Theorie der Kindheit und einzelne Kapitel einer Klavier-Einführung zum Tode (erstaunlich, dass die Hälfte davon von einem Zwanzigjährigen geschrieben wurde), und sie belehren eher über die Geschichte, die Struktur des Weltalls und alles mögliche Weitentfernte und Allgemeine als über das Klavierspielen"[52]. Das also dachte Pasternak, ein hervorragender Pianist, über Chopins Etüden. Und ich hatte sein Wort etjudy - um des Reimes willen! - ersetzt durch Polonaisen! Sie können sich vielleicht vorstellen, mit welchen gemischten Gefühlen ich das Urteil des Dichters über meine Eigenwilligkeit erwartete. Ich hatte das Glück, dass Pasternak mein Buch noch wenige Monate vor seinem Tode erhielt. Und was schrieb er? "Den Leuten, mit welchen ich über Sie ins Gespräch gerate, erläutere ich, was eine wahre Dichterübersetzung ist, an der Strophe: So senkte einst Chopin hinab ... Sie erraten natürlich, an den Polonaisen!

Das heißt den Sinn der Dichtung überhaupt, aller großen Dichtung zu verstehen und selbst Dichter zu sein, unterscheiden zu können, was belebend wichtig, was unbedeutend nebensächlich ist in den Werken der Poesie, die doch keine festen Notarialakten sind, sondern sozusagen zuerst noch entstehende, sich bewegende Schaffenserscheinungen. Wie hat man mich immer geärgert, wie viel böses Blut mir gemacht bei meinen Shakespeare- und Goethe-Arbeiten mit dieser Forderung der dummen, tötenden Buchstäblichkeit, mit dem Verlangen, die Etüden zu wahren, nicht bemerkend, dass mit dem Worte Wunderwesen und dem Reime Polonaisen der Nerv der lebendigen Genauigkeit viel eher getroffen wird als mittels eines vierzeiligen unbeholfenen Hinkens der, für einen fremden Versbau schwierigen, „Etüden" halber ..."

Sie werden verstehen, wie erleichtert und glücklich ich war. Immerhin - die Voraussetzung auch für solche „Freiheiten" - Nabokov würde sagen omissions and additions und von der translator's ignorance sprechen - die Voraussetzung war im gegebenen Fall z.B. zu wissen, dass Chopin außer Etüden eben auch Polonaisen komponiert hat. Aber damit kämen wir in ein noch viel weiteres Feld, zu der Frage nämlich, was ein Übersetzer außer den Sprachen, mit denen er umgeht, noch kennen und wissen sollte. Jedenfalls mehr, als hier heute auch nur angedeutet werden kann.

Ich bitte um Nachsicht, dass ich nur ein solches Beispiel aus meiner Praxis gebracht habe, das, zumindest von dem betroffenen Autor positiv beurteilt wurde. Sicher gibt es der negativen viel mehr, aber die wollte ich mir und Ihnen ersparen.

---

[52] Publiziert in R. Orlowa/L. Kopelew: Boris Pasternak (vgl. Anm. 6), S. 51 ff.

Diskussion

Dr. Falk-Peter Weber: Kreative Persönlichkeit des Übersetzers, Interpretation, Interpretationsfähigkeit, Vielfältigkeit, minimalistische, maximalistische Forderungen an den Übersetzer, Gefahren bei der Übersetzung, welchen „Freunden" darf sich ein Übersetzer anschließen, Leichtigkeit und Klarheit, Zwangsläufigkeit oder Zugänglichkeit, das alles sind Stichworte, die ich mir notiert habe. Wir schwanken zwischen den belle infedeli und brutte fedeli, also befinden wir uns mitten in der Sprachphilosophie von Benedetto Croce. Es ist nichts Neues in gewissem Sinne. Das alles ließe sich wiederum zurückführen auf das, was ich eingangs sagte, die belles infidèles, von denen schon Ménage im 17. Jahrhundert gesprochen hat. Aber zurück zur Natur, zurück in die Gegenwart.

Frage: Prof. Keil, Sie haben von der Problematik des Artikels gesprochen und hatten das Beispiel von den „Toten Seelen". Ich habe „Tote Seelen" gelesen, dann haben Sie gesagt, das sei nicht möglich, wenn überhaupt, ich habe „Die toten Seelen" gelesen. Gibt es denn nicht die Möglichkeit „Tote Seelen" zu lesen?

Prof. Dr. Rolf-Dietrich Keil: Natürlich kann man Anführungsstriche setzen, und für den Leser, der still liest, ist die Sache dann auch klar. Wenn man es hört, ist es schon schwieriger.

Thomas Klein: Sie sagten vorhin, man müsse viel mehr wissen als die Sprache. Ich beziehe mich jetzt auf das Leben, die Gerüche, den Regen fallen hören. Ich zweifle daran, dass man das heute überhaupt noch kann. Wann haben Sie mit dem Übersetzen literarischer Texte angefangen? Ich glaube, dass ein junger Mensch damit Schwierigkeiten haben kann. Ein junger Mensch kann noch nicht viel Erfahrungen gemacht haben.

Prof. Dr. Rolf-Dietrich Keil: Ich habe während einer griechischen Klassenarbeit in der Unterprima damit angefangen. Wir hatten ein Stück aus „Homer" zu übersetzen, natürlich in Prosa, und das hat mich nicht befriedigt. Dann habe ich Hexameter gemacht. Das konnte ich natürlich nur machen, weil ich vorher Voss gelesen hatte. Ich glaube, der Übersetzer, der den Drang dazu hat, wird relativ früh damit anfangen. Natürlich wird er dann viele Voraussetzungen noch nicht haben. Da stimme ich Ihnen zu. Aber ich dachte hier weniger an Lebenserfahrung als an die Kenntnis überlieferten Kulturgutes, also das Wissen, dass Chopin eben auch Polonaisen komponiert hat.

Dr. Falk-Peter Heber: Wir werden uns jetzt von den literarischen Höhenflügen mit philologischem Einschlag zur Prosa der Verhältnisse bewegen. Wie sich gezeigt hat, braucht man eine Plattform, man hat die Aufgabe, sein Leben als literarischer Übersetzer in einer Konstellation zwischen Pflicht und Neigung, zwischen Pflicht und Kür zu absolvieren. Wir kommen also jetzt zur Pflicht.

Jürgen Bauer/ Edith Nerke: Probleme beim Abschluss von Übersetzungsverträgen mit Verlagen

Wir möchten in unserem Vortrag auf problematische Aspekte von Verlagsverträgen hinweisen. Denn Übersetzungsverträge mit Verlagen sind etwas besonderes, es sind grundsätzlich Urheberverträge, keine Werksverträge. Zum Begriff 'Urheber' meint der Creifelds: Urheberrechtlich geschützte Werke sind solche der Literatur, Wissenschaft und Kunst, insbesondere Sprachwerke, d.h. Schriftwerke aus allen Gebieten der Dichtkunst, der Wissenschaft und des täglichen praktischen Lebens ... und etwas weiter: Ebenso geschützt werden Bearbeitungen, Übersetzungen.

Der wesentliche Vorteil, als Übersetzer Urheber zu sein, liegt darin, dass der Auftraggeber (zumindest theoretisch) nicht mit der Übersetzung machen kann, was er will (dazu später mehr), und damit verbunden sind auch weitere Annehmlichkeiten wie VG Wort oder Künstlersozialkasse, auf die wir hier aber nicht näher eingehen können.

Es gibt für unsereins sogar einen Standardvertrag, und zwar wurde die revidierte Fassung dieses sog. Normvertrages im Juli vom Verlegerausschuss im Börsenverein des Deutschen Buchhandels und der Übersetzersparte im Verband Deutscher Schriftsteller in der IG Medien ausgehandelt. Den finden Sie in den Tagungsunterlagen. Wir beschränken uns auf die wichtigsten Punkte. Allerwichtigstes: Wie steht's um die Vergütung?

Schon durchgefallen. Wenn man Geld für das Allerwichtigste hält, sollte man besser die Finger vom Literaturübersetzen lassen. Im vorletzten Vertrag, den ich unterschrieben habe, stand: Als Honorar erhält der Über-

setzer DM 32 exklusive Mehrwertsteuer pro deutsche Manuskriptseite, die 30 Zeilen à 60 Anschläge umfasst. Weiterhin ...

Moment, das ist auf Zeilenpreise zu 55 Anschlägen umgerechnet also nicht mal eine Mark die Zeile!

Ja, warum?

Dafür schalte ich den Computer doch nicht ein!

Dann lass es bleiben. Übrigens sind 32 Mark in dieser Sparte schon ziemlich Spitze. Ich kenne Kollegen, die arbeiten für 20 Mark. Es soll allerdings auch welche geben, die tatsächlich 35 Mark kriegen. Außerdem gibt's außer dir mindestens 20 andere, die die Übersetzung billiger machen, besonders wenn es sich um Autoren handelt, von deren Glanz auch ein bisschen auf unsereins abfällt.

Schwank aus der Praxis: Ein Verlag ließ uns brieflich wissen: „Ihr seid es, die sich freuen und geradezu ein bisschen geehrt fühlen solltet, dass Ihr den neuen XY übersetzen dürft, was meint Ihr, wie viele Anfragen ich diesbezüglich erhalten habe ..."

Kleiner Tipp am Rande: es ist übrigens ziemlich wichtig, wie die Seite definiert ist. Zwar sind die „30 Zeilen zu 60 Anschlägen des deutschen Manuskripts" mittlerweile gängige Praxis, aber hin und wieder versucht immer noch ein Verlag, Formulierungen wie z.B. „pro Original-Buchseite" festzuschreiben. Darauf sollte man sich auf keinen Fall einlassen, sondern auf der Normseite der Übersetzung bestehen.

Weiterhin erhält die Übersetzerin - ja, hier fangen dann die Variationen der einzelnen Verlage an. Viele Übersetzerinnen erhalten weiterhin gar nichts. Manchmal gibt es eine Erfolgsbeteiligung (am Umsatz) in Höhe von 1 %, selten mehr, vom Ladenpreis (exklusive Mehrwertsteuer) ab - sehr spät, z.B. dem zwanzigtausendsten Taschenbuchexemplar (so es je als Taschenbuch aufgelegt wird), manchmal gibt's bei Taschenbuchauflage auch eine Pauschale (z.B. 10 % des gezahlten Honorars), manchmal gibt's Prozente für Nebenrechte (z.B. für Vorabdruck, Buchclub, Anthologie etc).

Die Übersetzersparte im Schriftstellerverband versucht zurzeit, die Umsatzbeteiligung zur Regel zu machen. Dabei strebt man irgendwann in der

Zukunft eine Beteiligung nach 10.000 verkauften Exemplaren an. Das ist eine Auflage, mit der der Verlag auf jeden Fall seine Kosten wieder eingespielt hat. Aber wie viel Bares kommt für den Übersetzer eigentlich durch eine Beteiligung zusammen?

Schwer zu sagen. Bei Büchern, die keine „Seller" werden, kaum war, und bei Büchern, die seilerverdächtig sind, gibt's Beteiligungen erst ab ziemlich hohen Auflagen. Wer Eco, Updike, Pilcher, Irving, Stephen King etc. übersetzt und eine Umsatzbeteiligung ausgehandelt hat, kann schon auf ein kleines grünes Zweiglein kommen, aber das sind ja nicht sehr viele Kolleginnen.

Man kann natürlich immer versuchen, das Seitenhonorar um ein paar Mark zu erhöhen, indem man z.B. eine Diskettenversion anbietet (üblich ist bisher noch Papierausdruck), die der Verlag gleich weiter verarbeiten kann und so Satzkosten spart, aber Vorsicht: Manchmal meint der Verleger, man würde die Änderungen gerne selbst eingeben, natürlich gratis. Dann hat man gar nichts davon. Im übrigen sind die Verlage eh recht schwerhörig, wenn sie für Diskettenlieferung noch extra Geld rausrücken sollen. Aber ich finde, wenn die mit meiner Investition Kosten sparen wollen, dann sollen sie mir wenigstens einen Teil davon abgeben. Ach ja, und noch was, vor allem bei Sach- und Fachbüchern, aber auch schon mal bei Belletristik kann man versuchen, eine Recherchepauschale rauszuholen. Klappt allerdings auch nur selten.

Recherchen bei Belletristik?

Also ich kenne mich - nach ein paar übersetzten Romanen - jetzt relativ gut im Baseball, in amerikanischen Religionsgemeinschaften, in Neapel und Yucatan und auch bei nordamerikanischen Holzfällern aus und weiß, wie es in italienischen Gefängnissen zugeht und mit welchen Werkzeugen man einen Grabstein bearbeitet. Außerdem habe ich alle möglichen Zitate von der Bibel über Shakespeare und Dante bis hin zu den Doors aufgestöbert - die Liste kann noch weiter fortgesetzt werden.

Vielen Dank, das reicht auch so. Übrigens macht der Fachverband für literarische Übersetzer in der IG Medien jedes Jahr eine Honorarumfrage, da kann man dann sehen, wie der Durchschnitt so liegt und ob man beim nächsten Vertrag nicht etwas höher pokern könnte.

Nächster Punkt: **Wann kommt das Geld? Gängigster Satz bei Verlagsverträgen ist: Das Honorar wird bei Ablieferung des ganzen Manuskripts fällig.**

Kein Vorschuss? Und wenn ein Buch 500 Seiten hat und ich Monate dafür brauche?

Manche Verlage tun es, manche erklären einem lapidar: „Das ist bei uns nicht üblich." Da hilft nur Hartnäckigkeit. Auf jeden Fall aber Vorsicht, wenn es heißt: Das Honorar wird bei Erscheinen des Buches fällig. Es gibt Bücher, die erscheinen überhaupt nicht, werden entweder aus dem Programm genommen, oder der Verlag geht pleite oder sonstwelche Dinge passieren.

Genug zum Geld. Worauf muss ich sonst noch achten?

Bleiben wir erst mal bei den Rechten des Übersetzers, dauert nicht mehr sehr lange, die Pflichten kommen dann später. Also: Der Übersetzer erhält für den eigenen Bedarf x Freiexemplare (x liegt so zwischen 5 und 10). Er kann das Werk darüber hinaus zum Kollegenrabatt vom Verlag beziehen.

Das ist ganz interessant, wenn man seinen Erstling an alle Verwandten, Freunde und Bekannten verschenkt, weil man ja schon stolz ist, wenn so ein "Kind" geboren ist, noch dazu, wenn's ein ziemlich dickes ist. Und wenn der oder die Beschenkte dann noch eine Widmung möchte, das pinselt - zumindest am Anfang.

Weiter: Der Verlag sichert dem Übersetzer die Nennung seines Namens in der deutschen Ausgabe des Buches ausdrücklich zu. Oder: Der Verlag verpflichtet sich, den Übersetzer an gebührender Stelle zu nennen. Oder: Der Verlag verpflichtet sich, den Übersetzer in der Titelei zu nennen. Oder: Der Verlag verpflichtet sich, den Übersetzer auf der Titelseite zu nennen.

Das fällt auch unter die Rubrik „Elternstolz". Was man noch versuchen kann, ist die Nennung des Übersetzernamens bei Werbemaßnahmen allein für das betreffende Buch zu vereinbaren. Bei sonstigen Anzeigen und Verlagsprospekten fällt der Übersetzername in der Regel immer noch unter den Tisch.

Ja, wenn man schon kaum Geld kriegt, dann doch wenigstens Ruhm und Ehre. Jeder Leser achtet schließlich darauf, von wem ein Buch übersetzt ist.

Jeder Leser weiß schließlich ganz genau, dass er nicht den Originalautor liest, sondern nur das, was der Übersetzer daraus gemacht hat! Wir alle hier wissen, wie die Übersetzer heißen, deren Werke in der SPIEGEL-Bestsellerliste stehen. Na klar! Aber mal im Ernst: Der eigene Name auf der Titelseite macht sich schon ganz gut. Deshalb auch Vorsicht bei „an sichtbarer Stelle im Buch" oder ähnlichen Formulierungen. Das kann auch ganz hinten links unten sein.

Jetzt zu den Pflichten des Übersetzers. Erstmal wichtig: Der Abgabetermin.

Geschenkt, stand da nicht neulich in einem Vertrag, dass der Verlag erst bei einer Überziehung von mehr als drei Monaten Sanktionen ergreift?

Schon richtig, und das war gar kein kleiner Verlag. Aber trotzdem: Wenn die Übersetzerin überzieht, und dann Herstellungstermine für Satz und Druck usw. platzen oder gar das Programm gekippt wird, ist man im Verlag sicher nicht begeistert, und man muss schon damit rechnen, dass das der letzte Auftrag war. Deshalb sollte der Zeitbedarf schon realistisch kalkuliert werden. Und vor allem, wenn man noch nicht viel Erfahrung hat, ist es schwer abzuschätzen, wie viel Zeit ein 200 Seiten dünnes Buch beansprucht.

Grobe Faustregel: Bei einem durchschnittlich anspruchsvollen belletristischen Werk mit mäßigem Rechercheaufwand schafft ein sorgfältig, das Adverb ist wichtig, ein sorgfältig arbeitender Übersetzer im Schnitt ca. 100 Seiten pro Monat, allerdings mit deutlich mehr als 40 Stunden pro Woche. Wer also „nebenbei" übersetzen will, sollte da schon aufs Abgabedatum sehen.

Weiter im Text. Der Übersetzer versichert, keine Urheberrechte Dritter zu verletzen.

Das betrifft z.B. Zitate. Wenn ein Autor einen anderen zitiert, und es existiert eine urheberrechtlich geschützte Übersetzung (z.B. meine), dann darfst du nicht hingehen und es einfach neu übersetzen. Du musst dann meine Übersetzung suchen.

Und wenn ich sie nicht finde oder gar nicht weiß, dass das ein Zitat ist?

Dann verletzt du ein Urheberrecht eines Dritten. In der Praxis hat es da meines Wissens noch nie Schwierigkeiten gegeben, aber eigentlich sollte sich der Verlag selbst verpflichten, die Urheberrechte Dritter zu wahren. Ich jedenfalls streiche einen solchen Passus aus meinen Verträgen raus.

Übrigens: Ein Verlagsvertrag ist kein Heiliges Original. Man kann da durchaus Änderungen anbringen. Das geht recht einfach: Man streicht die betreffende Stelle durch oder ändert sie ab, schreibt an den Rand Datum und Namenskürzel, und vor der letzten Unterschrift fügt man ein: „Mit Änderungen vom ...". **Dann muss der Verlag diese Änderungen gegenzeichnen bzw. neu verhandeln bzw. vom Vertrag Abstand nehmen.**

Überhaupt: Man sollte immer erst dann mit dem Übersetzen anfangen, wenn der gegengezeichnete Vertrag da ist. Andernfalls kann man böse Überraschungen erleben. Auch renommierte Verlage kippen selbst Projekte im fortgeschrittenen Planungsstadium gelegentlich wieder aus dem Programm. Und wenn du dann schon alles recherchiert hast - dein Problem.

Zurück zum Vertragstext. Der Übersetzer verpflichtet sich, ein druckreifes Manuskript zu liefern. Druckreif ist das Manuskript der Übersetzung, wenn diese den Inhalt des Originals sinn- und formgetreu wiedergibt, stilistisch einwandfrei ist und keiner wesentlichen Überarbeitung bedarf. Oder: ... verpflichtet sich, eine originalgetreue Übersetzung herzustellen und Änderungen, Ergänzungen oder Kürzungen nur mit Einverständnis des Verlags vorzunehmen. Oder: ... verpflichtet sich, die Übersetzung so auszuführen, dass sie nicht mit Fehlern oder Mängeln behaftet ist, die den Wert (...) aufheben oder mindern.

Aha. Wer bestimmt eigentlich letztinstanzlich, ob die Übersetzung nun sinn- und formgetreu, originalgetreu, angemessen, ohne Mängel usw. ist?

Sollte es aufgrund belegbarer Einwände erforderlich sein, ist der Verlag berechtigt, die Übersetzung zurückzuweisen oder überarbeiten zu lassen. Oder: Der Übersetzer ist damit einverstanden, dass das letzte Redigieren der Übersetzung in Absprache mit ihm beim Verlag erfolgt. Oder: Ergibt eine Überprüfung des Manuskripts, dass die Übersetzung nicht den Anforderungen genügt, ist der Verlag zum Rücktritt vom Vertrag berechtigt, sofern der Verlag es nicht vorzieht, die Überarbeitung selbst vorzunehmen oder durch andere vornehmen zu lassen. Oder: Falls es dem Verlag erforderlich scheint, ist er berechtigt, die Übersetzung durch Dritte bearbeiten

und ändern zu lassen. Oder ganz schlicht und grundsätzlich: Der Verlag hat das Recht zur Bearbeitung und Änderung der Übersetzung.

Und wenn nun Übersetzer und Verlag unterschiedlicher Meinung bezüglich der Qualität sind?

Dann liegt's natürlich an uns. Denn wie in jedem Beruf gibt's auch schlechte Übersetzer, aber dass es schlechte Lektoren gäbe, habe ich noch nie gehört.

Grundregel: Man sollte immer erstmal versuchen, sich gütlich zu einigen. Das ist zwischen einer guten Übersetzerin und einer guten Lektorin normalerweise auch kein Problem. Schwierig wird's allerdings, wenn die eine von der Qualität der anderen nicht überzeugt ist. Natürlich sitzt der Verlag letztendlich am längeren Hebel. Es gibt zwar im Urheberrecht einen Paragraphen, nach dem ich auf mein Urheberpersönlichkeitsrecht nicht zu verzichten brauche, das heißt also, wenn absolut keine Einigung erzielt wurde, kann ich dem Verlag untersagen, dieses Buch mit meinem Namen als Übersetzerin herauszugeben. Dies werden die Verlage in der Regel vermeiden wollen, aber ich rate dringend davon ab, bei jeder Änderung von „aber" zu „jedoch" mit diesem Paragraphen zu drohen, sonst war das der letzte Auftrag von diesem Verlag. Um solche Zuspitzungen zu vermeiden, sollte man sich nicht scheuen, allzu interpretationsfähige und damit „konfliktträchtige" Formulierungen zu den qualitativen Anforderungen im Vertrag zu streichen oder zu ändern.

Nächster Punkt, die Fahnenkorrektur: Der Übersetzer erhält vom Satz ein Fahnen- oder Umbruchexemplar, das er dem Verlag mit seinen Korrekturen umgehend zurückschickt. Oder: Der Übersetzer ist zur Durchsicht eines Korrekturabzuges verpflichtet. Oder: Der Übersetzer verpflichtet sich, ohne besondere Vergütung Korrektur zu lesen.

Etwa auch umsonst?

Na klar doch, sonst wird für die Verlagsbuchhaltung die Abrechnung zu kompliziert. Im übrigen hatten wir das Thema Geld bereits abgehakt. Außerdem ist diese Regelung allemal besser, als wenn der Übersetzer sein Buch irgendwann im Laden entdeckt und erst da merkt, was aus seiner Übersetzung möglicherweise geworden ist. Von daher gibt es Kollegen, die diese Pflicht als Recht betrachten: Wir sind dazu berechtigt anzusehen, inwieweit die Übersetzung redigiert wurde, und können notfalls noch

versuchen einzugreifen. **Noch besser ist es natürlich, wenn man nicht erst die Fahne, sondern das lektorierte Manuskript zurückbekommt, da sieht man auf den ersten Blick, was geändert wurde. Es kann zwischen Abgabe des Manuskripts und Fahne durchaus ein Jahr vergehen, und wer da kein gutes Gedächtnis hat ...**

Allerdings räumen die Verlage der Übersetzerin nur ungern verbindlich das Recht ein, das lektorierte Manuskript nochmal zu erhalten. Das ist meist aus Zeitgründen so. Ein Verlag schreibt in seinem Vertrag immerhin: Die Übersetzerin erhält nach Möglichkeit das vom Verlag lektorierte Manuskript vor der Drucklegung zur Einsicht.

Manchmal liest man übrigens auch: Übersetzer verpflichtet sich, das Manuskript in ca. 3 - 4 Teilen abzuliefern oder ähnliches.

Das kommt manchmal bei Bestsellern vor, die möglichst schnell auf den Markt sollen, und der Verlag will nicht warten, bis die ganze Übersetzung fertig ist.

Das Problem dabei ist, dass man sich vielleicht erst auf Seite 768 überlegt, dass man die Titelfigur, die Oma, vielleicht doch besser "Granny" nennt, wegen des Lokalkolorits, oder dass man bei einer Übersetzung aus dem Italienischen doch gelegentlich ein "Signore" einflechten will. Das ist im nachhinein, wenn schon zwei Teile weg sind, schwieriger, als wenn man's direkt in den Computer eingeben kann. Man sollte zumindest die Abgabe des ersten Teils, wenn's überhaupt sein muss, so spät legen, dass man relativ sicher gehen kann, nichts Wesentliches mehr zu verändern. Aber besser ist es immer, die Ablieferung der fertigen Übersetzung am Stück zu vereinbaren, auch wegen der Portokosten. Die sind bei Ablieferung in vier Teilen - wegen der Dringlichkeit bitte per Eilpost! - auch nicht mehr ganz unerheblich, und die meisten Verlage empfinden es als unerhörte Zumutung, dass sie die tragen sollen.

In letzter Zeit kommt es aber immer häufiger vor, dass man keine fertigen Bücher übersetzt, sondern Manuskripte des Originalwerkes, dass also Übersetzung und Original fast zeitgleich publiziert werden. Schwank aus der Praxis: Bei einem Roman wurden uns vier "revised editions" nachgeschoben. Das heißt für die Übersetzerin: alles Wort für Wort durchsehen, da die Änderungen natürlich nicht vermerkt sind.

Ich ahne schon: auch das umsonst.

Nicht unbedingt, aber auch hier muss zäh verhandelt werden. Wenn man bei Übersetzungsvorlagen, die noch nicht publiziert sind, gleich vertraglich festzuhalten versucht, auf welche Version sich der Übersetzungsauftrag konkret bezieht, hat man möglicherweise eine bessere Verhandlungsposition.

War's das?

Wahrscheinlich nicht, bestimmt haben wir irgendwas vergessen. Aber die Kolleginnen haben ja den eingangs erwähnten Normvertrag, da können sie sich nochmal in Ruhe ansehen, was wir hier so alles aufgelistet haben.

Dann möchte ich zum Schluss nochmal mein Standardangebot an ratsuchende Kollegen wiederholen, das erstaunlicherweise noch kaum genutzt wurde: Wenn Sie im Begriff stehen, einen Verlagsvertrag zu unterschreiben und nicht ganz sicher sind, was nun was bedeutet und ob da nicht doch einige Fußangeln drin sind, die Sie übersehen haben: Schicken Sie mir eine Kopie davon zu, wenn Sie wollen, können Sie vertrauliche Dinge wie z.B. das Honorar schwärzen, und rufen Sie mich ein paar Tage später an. Ich werde gerne versuchen, Ihnen weiterzuhelfen.

Dr. Falk-Peter Weber: Meine Damen und Herren, Sie sehe ich eher verdutzt oder ernüchtert, aber, wie Sie ja gehört haben, Ihnen bleibt die Ehre. Insofern schließt sich in einer Art Zwangsläufigkeit die Frage an: Ist der literarische Übersetzer eine vom Aussterben bedrohte Art? Diese Anthropologie wird jetzt Herr Dr. Osers versuchen, uns zu beantworten.

Dr. Ewald Osers:
Ist der literarische Übersetzer eine vom Aussterben bedrohte Art?

Das Thema meines Referats ist die Stellung des literarischen Übersetzers heute, der Fragenkomplex: Hat sich seine Stellung, sein gesellschaftliches und professionelles Ansehen gehoben, ist sein Einkommen angestiegen, und was sind die Zukunftsaussichten unseres Berufes? Kann er überhaupt als Spezies überleben, und welche Maßnahmen sind erforderlich, um sein Überleben zu gewährleisten?

Ich möchte vorausschicken, dass ich kein Theoretiker, kein Übersetzungswissenschaftler bin, sondern ein einfacher Übersetzer. Ich bin seit fast 50 Jahren als Übersetzer ins Englische tätig: mein erstes übersetztes Buch erschien 1945, als bei uns das Papier noch rationiert war, und bis jetzt liegt mein Resultat bei auf 111, von denen 31 Gedichtbände sind. Ich erwähne dies einerseits als Legitimation, andererseits als Erklärung dafür, dass meine Ausführungen zum großen Teil auf meiner eigenen Erfahrung beruhen, zum Teil aber auch auf den Erfahrungen, die ich in vielen Jahren an der Spitze unserer englischen Übersetzerverbände gemacht habe. Das heißt also, dass sie notwendigerweise aus englischer Sicht sind, und dass sie deshalb keinen unbedingten Anspruch auf Allgemeingültigkeit erheben. Das heißt leider auch, dass ich vielleicht mehr von mir und meiner Arbeit werde sprechen müssen, als schicklich ist und als mir lieb ist. (Und wohl auch als Ihnen lieb sein wird.)

Niemand wird bestreiten wollen, dass sich die Stellung des Übersetzers im Laufe der letzten Jahrzehnte bedeutend verbessert hat. Das kam nicht von selbst. Die Übersetzer meiner Generation - und wenn ich Übersetzer sage, meine ich selbstverständlich auch Übersetzerinnen - haben in ihren nationalen und internationalen Organisationen um die Verbesserung ihres Status gekämpft und kämpfen müssen. Und einer der tatkräftigsten, hingebungsvollsten und auch erfolgreichsten Kämpfer für unsere Belange war Ihr - als Ehrenmitglied des Landesverbandes Hessen darf ich sagen: unser - im vorigen Jahr verschiedene langjährige Präsident, mein Freund Hans Thomas Schwarz.

Wenn ich nun, ohne es eigentlich beabsichtigt zu haben, in diese militärische Metaphorik hineingeraten bin, muss ich Sie warnen, dass ich nicht nur von gewonnenen Schlachten zu berichten habe, sondern auch von stecken gebliebenen Vormärschen, von gelegentlichen Rückschlägen und von recht zweifelhaften Zukunftsaussichten. In diesem festlichen Rahmen möchte ich aber zunächst von unseren Erfolgen sprechen.

Als ich vor einem halben Jahrhundert anfing, als literarischer Übersetzer zu arbeiten, hatten die renommierteren englischen Verlage gerade angefangen, den Namen des Übersetzers auf dem Titelblatt anzuführen - nicht mehr, wie früher, auf dem Verso des Titelblattes, nur knapp über dem Papierhersteller, der Druckerei und der Binderei. In Deutschland fand diese Unsitte erst später ein Ende, und in vielen Ländern, besonders in den Oststaaten, besteht sie noch immer - 17 Jahre nach der UNESCO-Empfehlung! Ich glaube nicht, dass dies, wir mir von einem hohen Übersetzerfunktionär in einem früheren sozialistischen Staat einmal gesagt wurde, nichts ausmacht, solange der Übersetzer anständig vergütet wird. In unserer wirklichen Welt geht Sichtbarkeit mit Status Hand in Hand. Hier haben wir also, zumindest in Westeuropa, einen Fortschritt zu verzeichnen.

Unsere Entwicklung zum Berufsstand - ich darf Sie erinnern, dass ich hier von England spreche - war durchaus nicht gradlinig, sondern sozusagen in Schüben. Ihre ist eine auf präzise, systematische Entwicklung eingestellte Gesellschaft: Sie haben den wunderbaren, aber leider nicht durchgesetzten Gesetzentwurf über unseren Berufsstand erarbeitet und eingereicht. Wir in England - we muddle along. Wir sind eher geneigt, die Bürokratie zu umgehen, ausfindig zu machen, wer von unseren Kollegen oder Funktionären zu einflussreichen Menschen im Verlagswesen oder in der Politik Beziehungen hat, demselben Club angehört oder in dieselbe Schule gegangen ist. Ich glaube sagen zu dürfen, dass in England - hauptsächlich dank dem diplomatischen Geschick und den guten Verbindungen von George Astley, dem Sekretär der Translators Association, bei ihrer Gründung und während des ersten Jahrzehnts ihres Bestehens - eine grundlegende Wandlung in dem Verhältnis zwischen Verleger und Übersetzer eingetreten ist. Eine Wendung von Konfrontation zu (nahezu) Zusammenarbeit. Als wir in der Translators Association - das ist die Organisation unserer literarischen Übersetzer, eine Tochtergesellschaft der Society of Authors, unseres Schriftstellerverbandes - vor Jahren unseren Mustervertrag ausarbeiteten, um ihn dann, nicht individuellen Verlagshäusern, sondern der Publishers Association, dem Verlegerverband, vorzulegen, fanden wir zu unserer Überraschung, dass wir in den meisten Fällen offene Türen einrannten.

Ich will hier nicht behaupten, dass die englischen Verleger eine plötzliche Bekehrung, eine Erleuchtung vor Damaskus, erlebten. Ich glaube vielmehr - nur lässt sich das nicht beweisen - dass zumindest einige Verleger einfach zur Einsicht gelangten, dass sich übersetzte Literatur noch schlechter verkauft, wenn die Übersetzung schlecht ist. Und das war oft der Fall. Auf die Existenz der Translators Association aufmerksam gemacht, kamen die Verleger, zumindest einige von ihnen, zur Ansicht, dass es vielleicht doch, auch aus kommerziellen Erwägungen, vernünftiger ist, literarische Texte von Berufsübersetzern übersetzen zu lassen als von der Nichte des Chefs, die auf ein Jahr als Au Pair bei einer Familie in Frankreich oder Deutschland war.

Zu unserer freudigen Überraschung fanden wir nicht nur, dass ein Großteil unserer Vorschläge und Forderungen von den jeweiligen Verlagen, mit denen wir arbeiteten, akzeptiert wurde, sondern auch, dass ein von der Publishers

Association selbst herausgegebenes Buch mit Richtlinien für ihre Mitglieder, unsere Vorschläge als ihre eigenen Empfehlungen veröffentlichte. Diejenigen unserer Vertragsvorschläge, die die Verleger kein Geld kosteten, wurden und werden fast durchwegs akzeptiert. Und diejenigen, die für den Verlag mit Kosten verbunden sind, sind zumindest "negotiable" geworden. Früher war es üblich, dass der Verleger für das Übersetzerhonorar das Copyright an der Übersetzung erwarb. (In den meisten übrigen Ländern, vor allem leider in den Vereinigten Staaten, ist das gewöhnlich noch immer so.) Jetzt sind aber fast alle englischen Verleger bereit, statt des Copyright, das weiterhin Eigentum des Übersetzers bleibt, einfach (wie das bei uns heißt) "licence to publish" für eine bestimmte Zeit und für ein territorial begrenztes Gebiet ('Britain and Commonwealth' oder 'English-speaking-world', usw.) und nur in den seltensten Fällen 'world-wide' zu akzeptieren. Dieses Argument geht gewöhnlich Hand in Hand mit einer 'Erfolgsbeteiligung', d.h. also Tantiemen als Prozentsatz normalerweise des Ladenpreises, und zusätzliche Vergütungen für den Übersetzer für den Fall eines Verkaufs der Übersetzung an einen amerikanischen Verlag, oder einen Taschenbuchverlag, sowie für die sog. "subsidiary rights', d.h. 'serial rights' (Veröffentlichung in der Tagespresse, Wochen- und Monatsschriften, Jahrbüchern usw.), Rundfunk- und Fernsehrechte, neuerdings auch Videorechte. Was früher 'Übersetzerhonorar' hieß, und auch heute noch bei uns gewöhnlich als 'translation fee' bezeichnet wird, ist jetzt eine nicht Anzahlung, die nicht rückerstattet werden muss, auf Tantiemen, die halbjährlich oder jährlich verrechnet werden sollen.

Diese Erfolgsbeteiligung ist m.E. wichtig und jeder Übersetzer sollte auf ihr bestehen. In den meisten Fällen ist das eine Prestigesache ohne finanziellen Gewinn. Rechnen Sie mal mit mir mit. Ein gebundenes Buch kostet bei uns rund B 16 - etwa DM 40,-. Mit 3 % macht das rund 50 pence pro Exemplar. Um das 'Honorar' von rund £ 3.000 zu erreichen, müssten also 6.000 Exemplare des gebundenen Buches verkauft werden - aber die ganze erste Auflage kommt ja bei uns bei einem übersetzten Buch auf kaum mehr als 2.000. Die prozentuelle Erfolgsbeteiligung wird somit erst bei einem Bestseller wichtig. Bis vor kurzem meinten viele Übersetzer, es wäre nicht der Mühe wert, auf diesem Punkt zu bestehen. Und Verleger ihrerseits reden sich gerne auf die buchhalterischen Schwierigkeiten raus. Das ist natürlich im Zeitalter des Computers ein Unsinn, besonders da der Verlag ja dieselbe Rechnung für die Vergütung des Autors durchführen muss.

Ich möchte Ihnen eine traurige Geschichte aus meiner eigenen Praxis erzählen. Vor rund 30 Jahren übersetzte ich einen Roman von Hans Habe - 'Agent des Teufels". Wie das damals üblich war, übernahm der Verlag das Copyright der Übersetzung. Der Roman erschien noch im gleichen Jahr in Amerika, im nächsten Jahr schon als Paperback auf beiden Seiten des Atlantiks. Ein Film wurde gedreht, durchwegs mit meinem Dialog, er lief in den Kinos auf beiden Seiten des Atlantiks, er lief darauf noch im Fernsehen, wieder auf beiden Seiten des Atlantiks - und ich saß da mit meinem ursprünglichen Honorar und keinem Pfennig mehr. Glauben Sie bitte nicht, dass ich vom Verlag übers Ohr gehauen wurde: Mein Honorar war für die damaligen Verhältnisse sehr gut, die heutigen Verträge waren eben damals noch unbekannt. Auch war es damals recht ungewöhnlich, dass ein übersetztes Buch ein Bestseller wurde. Seitdem aber hat die Verlegerwelt zu ihrer eigenen Überraschung die Erfolge von Marquez, Kundera und Umberto Eco erlebt. In einem Presseinterview sagte William Weaver, der englische Übersetzer von 'Der Name der Rose', dass er mit einer sehr geringen prozentualen Erfolgsbeteiligung, die er prinzipiell in seinen Kontrakten hat, mit dem Umberto-Eco-Buch ein Mehrfaches dessen verdient hat, was er, ein sehr renommierter Übersetzer, in seiner ganzen früheren Karriere verdient hat. Gut übersetzte Bücher können also tatsächlich Bestseller werden, und eine vertragliche Festlegung von Gewinnbeteiligungen ist deshalb wichtig.

Sehen wir nun aber ab von den Bestsellern und betrachten wir die finanzielle Stellung des literarischen Übersetzers. Und hier komme ich zu den weniger erfreulichen Betrachtungen meines Referats. Ich muss Sie auch bitten, mit mir ein wenig Mathematik mitzumachen. Bildungs- und ausbildungsmäßig würden wir doch erwarten, dass ein literarischer Übersetzer eine Lebenshaltung etwa auf dem "middle management" Niveau führt. In englischen Verhältnissen hieße das ein Jahreseinkommen von rund £ 30.000 - etwa DM 75.000 oder monatlich DM 6.250, nur sind in Deutschland die Kosten etwas höher als bei uns. Ein gut eingeführter Spitzenübersetzer kann £ 50 pro 1000 Wörter bekommen. Seine Betriebskosten aber, und viele literarische Übersetzer vergessen das, seine Betriebskosten: Heizung, Beleuchtung, Telefon, Telefax, Papier, Kopiergerät und vor allem die Abschreibung seiner elektronischen Ausrüstung, die alle paar Jahre erneuert werden muss, sowie berufliche Reisen, Teilnahme an Konferenzen, können mit rund £ 6.000 veranschlagt werden. Um £ 30.000 netto oder £ 36.000 brutto zu verdienen, muss er also 720 000 Wörter im Jahr übersetzen. Das heißt mindestens 14.000 Wörter in der Woche. Wenn wir annehmen, dass er auch einmal Urlaub machen will oder auf Kongresse fährt, erhöht sich das Wochenpensum auf 15.000 Wörter. Das sind über 2.000 Wörter am Tag, wenn er auch am Wochenende arbeitet. Wenn er am Wochenende Feierabend macht, sind das 3.000 Wörter pro Tag. Meiner Ansicht nach sind wir hier an der Grenze des Möglichen angelangt. Gewiss gibt es Texte, die man sehr schnell übersetzen kann. Wenn es sich aber um anspruchsvollere Texte handelt, und man muss hier nicht unbedingt an James Joyce und Herrn Wollschläger denken, oder wenn man, wie ich, dazwischen auch mal Lyrik übersetzt, geht die Rechnung nicht mehr auf. Und sie stimmt ja überhaupt nur unter der Voraussetzung, dass der Übersetzer eine lückenlose Reihe von Aufträgen hat, dass er keine Zeit mit Recherchen in Bibliotheken verbringen muss, und vor allem, dass er regelmäßig mit £ 50 pro Tausend rechnen kann. Und das können bei uns sehr wenige. Selbst wenn wir weiter annehmen, dass dieser (für unsere und auch für Ihre Verhältnisse hochbezahlte) Übersetzer 3.000 Wörter im Laufe eines Acht-Stunden-Tages übersetzt und damit £ 150 verdient, so macht das immer nur noch knapp £ 19 pro Stunde - etwas weniger, als ich für eine Stunde (eigentlich eine angefangene Stunde) Arbeit in einer Autowerkstatt zahlen muss, und nur etwas mehr, als ich fürs Rasenmähen oder Fensterputzen zahle. Ein Besuch beim Facharzt oder Rechtsanwalt kostet rund dreimal so viel. Von einer Gleichstellung, oder auch nur annähernden Gleichstellung mit den klassischen freien Berufen ist somit keine Rede. Dabei entspricht £ 50 pro 1000 Wörter etwa DM 43 pro Normseite, also weitaus mehr als die von der Mittelstandsgemeinschaft Literarische Übersetzerinnen und Übersetzer geforderten DM 29 pro Normseite. Also auch für deutsche Übersetzer geht die Rechnung nicht auf.

Wir stehen somit vor der deprimierenden Schlussfolgerung, dass selbst literarische Spitzenübersetzer von ihrer Tätigkeit allein nicht leben können oder nur in Armut leben können. Es ist daher kaum verwunderlich, dass mehr und mehr literarische Übersetzer nicht ohne Neid auf die rund doppelt so hohen Vergütungssätze für technische, wissenschaftliche und andere nichtliterarische Übersetzer schielen und oft versuchen, in die weniger schwierigen Randgebiete einzubrechen.

In der Vergangenheit war literarische Übersetzung oft ein Hobby finanziell gutgestellter, literarisch interessierter Menschen, einer gebildeten 'leisured class', von der allerdings nach zwei Weltkriegen nicht viel übrig geblieben ist. Einige literarische Übersetzer bei uns sind Universitätslehrer, die - zum Leidwesen der beruflichen Übersetzer - oft für sehr niedrige Honorare arbeiten, da Veröffentlichungen (und einige Universitäten zählen Übersetzungen dazu) für sie aus Karrieregründen wichtig sind. Jedenfalls brauchen sie vom Erlös ihrer Übersetzerarbeit nicht zu leben. Sehr oft sind verheiratete Übersetzerinnen nicht völlig von ihren persönlichen Honoraren abhängig, und ebenso oft beziehen literarische Übersetzer eine Rente von ihren früheren staatlichen oder privaten Arbeitgebern. Viele Übersetzer sind selbst Schriftsteller, nur sind sie dadurch in der Regel um nichts wohlhabender.

Am schlimmsten dran sind die jungen Übersetzer. Und hier sollten wir uns ernsthaft um die Zukunft unseres Berufsstandes Sorgen machen. Ich zögere immer sehr, einem jungen Übersetzer, einem Anfänger in unserem Beruf, zu empfehlen, ein literarischer Übersetzer zu werden. Literarische Übersetzung, wir wissen das alle, ist "a labour of love", eine Liebesmüh, eine Besessenheit, eine unwiderstehliche Obsession, eine Art Droge. Niemand wählt diese Arbeit, um reich zu werden. Aber Vorsorge sollte zumindest getroffen werden, dass wir nicht ein Hungerdasein in einer ungeheizten Mansarde fristen müssen.

Das Ansteigen von Übersetzerhonoraren in den letzten 10 oder 15 Jahren hat mehr mit der Abwertung des Geldes zu tun als mit einem wirklichen Anwachsen der Kaufkraft des Einkommens des Übersetzers. Ich bin nicht überzeugt, dass wir einen wesentlich weiteren Anstieg realistisch erwarten können. Der eben ausscheidende Redakteur des PTI, des Professional Translator and Interpreter, plädiert seit Jahren für einen Vergütungssatz von £ 100 pro 1000 Wörter, also DM 87 pro Normseite. Ich fürchte, selbst wenn dies für den einen oder anderen Übersetzer erreichbar wäre - und dann wohl nur in Ausnahmefällen -, dass dies zunächst zu einer noch größeren Differenzierung zwischen den Spitzenübersetzern und dem 'Fußvolk' führen würde und danach zu noch größerer Arbeitslosigkeit für die weniger berühmten oder einfach die jüngeren, also für den so wichtigen Nachwuchs. Vor allem aber besteht die Gefahr, dass weniger Übersetzungen erscheinen würden. Schon bei den bei uns üblichen Übersetzerhonoraren kostet den Verleger ein übersetztes Buch rund £ 3.000 mehr als ein englisches Original. Diese Extrakosten können die Verlagshäuser - zumindest behaupten sie das - gerade noch dadurch verkraften, dass sie versuchen, von amerikanischen, kanadischen, australischen Verlegern, die das Buch übernehmen, einen Teil dieser Übersetzungskosten wieder hereinzuholen. Schon jetzt suchen auch finanzkräftige Häuser um Druckkostenzuschüsse beim Arts Council nach. Bei einer Verdoppelung dieser Extrakosten würden sehr viele englische Verlage, besonders während einer schwierigen Wirtschaftslage, einfach aufhören, Übersetzungen zu veröffentlichen.

Verlagshäuser, auch diejenigen mit echtem Interesse an Literatur, sind keine Wohltätigkeitsvereine. Sie existieren, um Geld zu verdienen. Früher waren renommierte Verlage oft bereit, sog. nicht-kommerzielle Titel auch mit Verlust herauszubringen, weil das für ihr Prestige und Image von Wert war, und weil sie das Defizit an einem Titel durch große Verdienste an anderen wettmachen konnten. Diese goldenen Zeiten sind, zumindest bei uns in England, vorbei. Verlagsentscheidungen werden zunehmend von Buchhaltern und Marketing-Fachleuten getroffen.

An dieser Stelle sollten wir vielleicht fragen, ob Buchveröffentlichungen das einzige Feld für den literarischen Übersetzer ist. Für den Übersetzer von Romanen, von bibliographischen, historischen, philosophischen und anderen größeren Werken ist die Antwort leider ja. Aber übersetzte Lyrik und Novellen werden, ich spreche hier von England und Amerika, aber ich vermute, das Gleiche gilt für Deutschland, gelegentlich in literarischen Zeitschriften, manchmal auch in Frauenzeitschriften, oder in was bei uns "good living periodicals" heißt, und sogar auch in Tageszeitungen, besonders am Wochenende abgedruckt. Gewiss, das ist ein kleiner Markt, der überdies oft mit hohen Portospesen verbunden ist, aber er existiert. Selbstverständlich muss übersetzte Literatur auch auf diesem Markt mit einheimischer Literatur konkurrieren.

Übersetzte Lyrik - aber kaum jemals Prosa - wird auch auf internationalen Literatur- oder Poesie-Festivals vorgestellt, gelegentlich auch auf Veranstaltungen der Poetry Society und auf Lesungen in London und in der Provinz. Übersetzte Lyrik, einschließlich von im Original noch unveröffentlichten Gedichten, wird gelegentlich in literarischen Rundfunkprogrammen gesendet. Ich selbst habe wiederholt auf all diesen Gebieten meine Übersetzungen vorgestellt, aber man konkurriert auch hier mit einer Unmenge von gutem Material auf einem recht beschränkten Markt. Als Einkommensquelle spielen Zeitschriften und Rundfunk eine sehr untergeordnete Rolle: eine Reihe von Qualitätszeitschriften zahlt überhaupt nur ein 'Anerkennungshonorar', so dass dieser Markt wohl nur als ein Schaufenster für den Übersetzer anzusehen ist.

Hier und da, aber recht selten, gelingt es einem Übersetzer, ein Schauspiel - auch ohne vorherige gedruckte Veröffentlichung - bei einer Bühne unterzubringen, oder im Rundfunk bzw. Fernsehen. Hier können die finanziellen Erträge beträchtlich sein, besonders wenn das Stück wiederholt wird, und die Reprisen somit für den Übersetzer einen mühelosen Gewinn abwerfen.

Ein ganz anderes Gebiet, auf das sich literarische Übersetzer, und besonders Übersetzer von Poesie oder sprachschöpferischer Prosa, vorwagen können und sollten, ist die Übersetzung von Werbematerial wie Werbeslogans, Texte für Fernsehreklame. Ich habe einmal vor vielen Jahren an einer amerikanischen Universität einen kleinen Workshop geleitet, in dem ich aufzuzeigen versuchte, wie viel Gemeinsamkeiten zwischen erfinderischer Sprache in der Werbung und der Dichtersprache bestehen. Es ist nicht leicht, in diesen Markt hineinzukommen, aber der Versuch lohnt. Bei uns gibt es Übersetzungsagenturen, die sich auf dieses Gebiet spezialisieren, und die dann ihrerseits von Werbeagenturen Aufträge erhalten. Übersetzer, die glauben, für solcherlei Arbeit ein Geschick zu haben, sollten sich bei solchen Agenturen melden. Mit der Eröffnung des Gemeinsamen Marktes ist anzunehmen, dass viele Firmen ihre Werbeliteratur in mehreren Sprachen herausgeben werden.

Nun sind dies alles eher Randerscheinungen: Für das Gros der literarischen Übersetzer ist und bleibt Buchübersetzung das Hauptbetätigungsfeld. Können wir auf diesem Gebiet optimistisch sein, oder sind wir tatsächlich eine allmählich aussterbende Spezies?

Ich bin seit Jahren überzeugt, dass die Zukunft der literarischen Übersetzung, das heißt der Veröffentlichung von übersetzten Büchern, und somit unseres Berufsstandes, die Einrichtung von Subventionsmechanismen erfordert. Zweifellos werden Bestseller weiter übersetzt werden und zweifellos wird eine kleine Elite von Spitzenübersetzern weiterhin Arbeit finden. Aber Literaturaustausch bedeutet mehr als ein oder zwei Titel pro Jahr. Einige solcher Mechanismen bestehen bereits - in Großbritannien der (durch Steuergelder finanzierte) Arts Council, der an Verlage Subventionen für die Herausgabe 'nicht-kommerzieller' Übersetzungen aus Fremdsprachen zahlt, und hier in Deutschland Inter Nationes, das in umgekehrter Richtungen Übersetzungen deutscher Autoren in Fremdsprachen unterstützt. Die Europäische Gemeinschaft hat ebenfalls ein Programm für die Unterstützung von übersetzter Literatur. Nur sind diese Einrichtungen bei weitem nicht ausreichend. Ich glaube, dass hier eine grundsätzliche Umstellung in der öffentlichen Meinung notwendig ist. Ich habe das Gefühl, dass Verleger noch immer etwas verschämt sind, wenn sie um öffentliche Unterstützung nachsuchen, dass sie sich ein wenig wie Bettler oder Schnorrer vorkommen. Aber warum denn eigentlich? Opernhäuser, Symphonieorchester und Theater auf der ganzen Welt könnten ohne Unterstützung aus staatlichen, Landes- oder städtischen Geldquellen nicht existieren. Und Interesse an fremder Literatur ist um nichts weniger ein "minority interest" als der Besuch von Opern oder Konzerten. Hier sollten wir Übersetzer und Übersetzerorganisationen Hand in Hand mit den Schriftstellern und ihren Organisationen vorgehen. Schließlich hat jeder Autor ein persönliches Interesse daran, in Übersetzungen in möglichst vielen Ländern zu erscheinen.

Wenn mehr übersetzte Bücher erscheinen, werden mehr literarische Übersetzer beschäftigt sein; mehr übersetzte Bücher werden gelesen werden, die Nachfrage nach Übersetzern wird steigen, und in diesen Konjunkturbedingungen wird auch das Einkommen der Übersetzer steigen.

Gewiss erfordert meine Vorstellung, - einige von Ihnen werden vielleicht sagen: mein Traum - öffentliches Geld. Aber vielleicht gar nicht so viel. Zuschüsse an Verleger könnten mit der Bedingung erfolgen, dass die zugewiesenen Beträge im Falle eines zahlenmäßig festgesetzten Erfolges des Buches zurückerstattet werden. Unsichtbare Subventionen könnten in der Form von Steuervergünstigungen für das Verlegen übersetzter Bücher gewährt werden. Ich habe für diese Dinge keinen Kopf, aber ich bin überzeugt, dass es möglich sein müsste, eine ganze Reihe von weiteren Mechanismen auszuarbeiten. Zweifellos würde dies von unseren Übersetzerverbänden viel Öffentlichkeitsarbeit und politisches Lobbying verlangen. Wenn ich selbst 20 oder 30 Jahre jünger wäre und noch immer Spitzenfunktionen in der Übersetzerwelt innehätte, würde ich versuchen, den nächsten Vorstoß auf dieser Linie zu führen. Der Versuch zumindest ist nicht strafbar.

Nun hört man oft von Zweifeln an der Zukunft des Buches überhaupt, ganz abgesehen von den spezifischen Problemen des übersetzten Buches. Hier halte ich Pessimismus für ebenso verfehlt wie allzu großen Optimismus. Eine vor kurzem unter der Ägide des Arts Council of Great Britain durchgeführte Studie hat gezeigt, dass literarische Kultur, die Kultur des Wortes, leider weiterhin der ausschließliche Besitz der gebildeten Bevölkerungsschichten ist. Nicht mehr einer privilegierten Oberschicht, aber weiterhin der drei obersten von den sechs sozio-ökonomischen Schichten, in die Soziologen unsere westliche Gesellschaft einteilen. Statistische Untersuchungen haben gezeigt, dass die Gewohnheit, Bücher zu lesen, zu kaufen, oder von unserem dichten Netz von öffentlichen Büchereien auszuleihen, vorwiegend auf den Bevölkerungsteil beschränkt ist, den man als nicht-manuelle Arbeiter bezeichnen kann. In den drei unteren Schichten, bei uns 'skilled, semi-skilled and unskilled manual workers', ist die Kultur des Wortes völlig von der Kultur des Bildschirms verdrängt.

Ich denke, das war wahrscheinlich immer so. Und ich hoffe auch, dass sich diese Situation mit fortschreitender Erziehung und Bildung verbessern wird. Keinesfalls glaube ich, dass die Bücher lesenden Bevölkerungsschichten das Lesen von Büchern aufgeben werden. Gewisse Umstrukturierungen werden zweifellos stattfinden, z.B. vom gebundenen (und heute sehr teuer gewordenen) Buch zum Taschenbuch. Aber ich glaube zuversichtlich, dass das Buch weiterexistieren wird und dass wir deshalb unsere Bemühungen nicht aufgeben dürfen, dem übersetzten Buch einen größeren Platz auf dem Büchermarkt zu sichern.

Wenn ich abschließend versuchen darf, die Frage im Titel meines Referats zu beantworten, so würde ich sagen: Bedroht ist er sicherlich. Aber er kann überleben, genauso wie Fischadler, Bison und Riesenpanda, wenn seine Arbeit und das Produkt seiner Arbeit, in anderen Worten: seine Umwelt, durch entsprechende Maßnahmen sichergestellt werden.

Diskussion

Dr. Falk-Peter Weber: Der Realismus in der Arithmetik dieses Vortrages war beeindruckend. Vor mir öffnete sich Spitzwegs Bild vom armen Poeten in seiner Dachmansarde, aber das wollen wir doch vielleicht nicht so stehen lassen. Daher sei an dieser Stelle die Diskussion eröffnet.

Jürgen Bauer: Ich möchte auf den wesentlichen Unterschied in der Situation in Großbritannien und in Deutschland hinweisen. Die britische Situation kannte ich bis eben nicht. Der erste Punkt ist die Frage nach der Durchsetzbarkeit von Subventionen. Ich halte die von Herrn Osers vorgeschlagene Methode, die auch einer der Schwerpunkte im Fachverband der literarischen Übersetzer in Deutschland ist, hier ein bisschen für problematisch. Ich glaube nicht, dass in der momentanen politischen Lage die Forderung nach weiteren öffentlichen Subventionen auf große Gegenliebe seitens der Politik stoßen wird. Ich halte das auch für den falschen Weg. In Deutschland ist es auch nicht nötig. Meiner Meinung nach könnte man das Problem in Deutschland durchaus auf wirtschaftlicher, und nicht auf Subventionsebene lösen.

Dr. Ewald Osers: Ich gebe zu, dass wir in England Glück hatten, dass die Verbesserung der Lage der literarischen Übersetzer gegenüber den Verlegern in einem Boom-Zyklus der Konjunktur stattfand. Ich fürchte sehr, dass wenn wir noch in der Lage wäre, wie sie heute in Deutschland ist, würde es bei den gegenwärtigen Umständen diese weitreichende Einigung zwischen Verlegern und Übersetzern zu erreichen.

Frage: Auch wenn es eine unrealistische Hoffnung ist: Kann man schon nicht Subventionen von staatlicher Seite erhalten, könnte man eventuell die Möglichkeit ausschöpfen, von privater Seite, von Banken oder von anderen Instituten Subventionen zu bekommen, z.b. in Form von Werbung, für besondere Bücher, die sich als Geschenk eignen würden oder für solche, die wirklich kulturell eine Leistung darstellen und für die Institute einen Prestigegewinn bedeuten?

Jürgen Bauer: Nachdem ich eben den negativen Unterschied zwischen Großbritannien und Deutschland dargestellt habe, möchte ich jetzt zum positiven kommen, zum Vorteil, den Deutschland hat. Deutschland hat einen viel größeren Anteil an publizierten übersetzten Büchern. In der Belletristik liegt der Prozentsatz der übersetzten Bücher meines Wissens bei über 60 %. In Deutschland sind die Übersetzungen für die Verlage wirtschaftlich wesentlich wichtiger. Verfolgt man die Bestsellerlisten in diversen Zeitungen, kann man feststellen, dass ein Großteil der Bestseller in Deutschland Übersetzungen aus dem angelsächsischen Sprachraum sind. In Deutschland werden im Gegensatz zum britischen System noch immer die Kosten für übersetzte und nicht übersetzte Bücher nahezu identisch kalkuliert. Man versucht, aus dem Unterschied zwischen dem Honorar für einen deutschen und dem für einen ausländischen Autor den Übersetzer zu finanzieren. Solange die Verlage an dieser Kalkulation, dieser Fehlkalkulation festhalten, wird sich an der Misere in Deutschland nicht so sehr viel ändern lassen. Andererseits ist die Durchsetzbarkeit höherer Honorare, so die Literaturübersetzer eines Tages in breiter Front aufwachen würden, wesentlich besser durch die deutlich höhere wirtschaftliche Bedeutung für die Verlage.

Karen Jobbagy-Felsö: Unabhängig von der wirtschaftlichen Situation halte ich die momentane politische Situation für derartig brennend, dass es notwendig ist, noch viel mehr Übersetzungen herauszugeben, sie viel mehr Leuten bekannt zu machen, vor allem in den östlichen Gebieten. Ich erinnere nur an das leidige Thema Ausländerfeindlichkeit. Wenn mehr Leute solche Werke läsen, würde manches vielleicht weniger schlimm ausfallen.

Sebastian Viebahn: Ich möchte das Stichwort „Anstiftung" aufgreifen. Ich habe interessiert zugehört, als es darum ging, mit Verlagen zu verhandeln. Das Wichtigste in unserer Situation ist vielleicht eine Art von Solidarität, denn sonst sind wir wirklich bald ausgestorben. Es muss klar sein, dass es sich tatsächlich lohnt, Zeit und Energie auf Verhandlungen mit Verlagen zu investieren. Dieser Weg kann vielleicht doch langfristig zu einer Erhöhung der Seitenpreise bei Verlagen führen. Man hilft schließlich nicht nur damit sich selbst, sondern auch den Kollegen. Für mich wäre es sehr wichtig, mehr Kontakt zu Kollegen zu haben, die über mehr Erfahrung als ich verfüge, die die Tricks und Kniffe bei den Verhandlungen mit Verlagen kennen. Wie bringe ich z.B. dem Verlage bei, dass ich für meine Recherche Geld haben möchte, wie wird so etwas abgerechnet?

Edith Nerke: Ich sehe ein grundsätzliches Problem in Deutschland. Es gibt einen großen Anteil an weiblichen Übersetzerinnen, der nicht von den Einkünften aus den Übersetzungen leben muss. Sie sind nicht so sehr am finanziellen Aspekt der literarischen Übersetzung interessiert. Das ist ein großes Problem. Das macht die Solidarität schwierig.

Jürgen Bauer: Eine Möglichkeit zur Solidarität bietet sich für uns alle dann, wenn man sich über eine schlechte Übersetzung ärgert oder sich über eine gute besonders freut. Wenn Sie diese Erfahrung gemacht haben, haben Sie dann zur Postkarte gegriffen und dies dem Verlag mitgeteilt?

Romana Krowarsch: Ich hatte leider noch nie die Gelegenheit, ein literarisches Werk zu übersetzen. Jetzt frage ich mich als Berufsanfängerin auf diesem Gebiet: Wie komme ich an meinen ersten Auftrag? Ist es sinnvoll, wenn man Bewerbungen an die Verlage schickt und auf Angebote hofft? Oder ist es eher sinnvoll, dass ich ein bestimmtes Buch vorschlage, das es wert wäre, übersetzt zu werden?

Edith Nerke: Das Problem als Anfängerin, in diese literarische Ecke hineinzukommen, ist das gleiche wie in anderen Bereichen, d.h. Sie brauchen Beziehungen. Sie können natürlich auch Verlage anschreiben. Das haben wir auch gemacht. Dieser Weg ist sehr steinig und dornig. Wenn Sie niemand kennen, der in einem Verlag beschäftigt ist, oder Kollegen, die Ihnen Referenzen geben, ist es sehr schwierig. Verlage arbeiten grundsätzlich lieber mit Übersetzern zusammen, die sie kennen. Selber etwas zu übersetzen, ist eine zweischneidige Sache. Sie investieren in eine anteilige Übersetzung viel Zeit. Und es ist immer möglich, dass dieses Buch bereits von einem deutschen Verlag in Lizenz erworben wurde und schon bereits übersetzt wird. Und in dem Fall, dass Sie akzeptiert werden, müssen Sie damit rechnen, eine kostenlose Probeübersetzung anzufertigen. Dies gilt vor allem dann, wenn Sie noch keine Referenzliste von Büchern mitschicken können, die Sie bereits übersetzt haben. Dann müssen Sie damit rechnen, dass Sie mindestens eine Kurzgeschichte übersetzen müssen. Ich würde Ihnen allerdings empfehlen, den Umfang auf maximal 20 Seiten zu beschränken.

Romana Krowarsch: Darf die Übersetzung denn auch veröffentlich werden, ohne dass ich etwas dafür bekomme?

Dr. Ewald Osers: Ich stimme im großen und ganzen Frau Nerke zu, glaube aber, dass die Situation eher noch schlechter ist. Bei uns ist es jetzt gewöhnlich so, dass Verlagshäuser, die ein übersetztes Buch herausbringen wollen, sich das Verzeichnis der Mitglieder der Translators' Association ansehen oder dort anfragen, wer für die Sprache und das Themengebiet der beste Übersetzer sei. In der Tat ist das ein circulus vitiosus. Denn um Mitglied zu werden, muss man mindestens ein Buch übersetzt haben, bei dem der Name auf der Titelseite angeführt ist. Und das ist sehr schwer. Es ist bei uns möglich, Verlage mit der Synopse eines Romans anzuschreiben und mit einem halben Kapitel als Probeübersetzung. Ich glaube, Sie müssten sich aber vorher versichern, entweder durch Kontaktaufnahme mit dem Autor, dass die Übersetzung nicht bereits vergeben ist, und feststellen, ob der Autor selbst oder eine Agentur die Rechte an dem Buch hat. Also Sie sind nicht berechtigt, einfach eine Übersetzung anzufangen. Sie müssten tatsächlich feststellen, ob die Übersetzung noch frei ist.

Hartmuth Lange: Ich habe eine Menge Dinge gehört, die uns allen, die wir Bücher lesen oder übersetzen, klarmachen, dass wir immer noch vor der Klagemauer stehen. Und das wird sich wahrscheinlich auch nicht ändern. Herr Bauer hat richtigerweise Verhaltensweisen für den Leser gegeben. Ich fände es außerordentlich wichtig, dass die Verlage in dieser Weise einmal eine Rückmeldung bekämen, wie ein übersetztes Buch angekommen ist, sowohl im Positiven als auch im Negativen. Es gibt sicher mehr Gründe, Negatives zu nennen, weil wir in der Tat wissen, dass wenn man Literatur liest und gleichzeitig der Originalsprache mächtig ist, sehr leicht feststellen kann, dass hier ein sehr schlechter deutscher Übersetzer am Werk war. Dabei gehe ich davon aus, dass nicht alles, was schlecht ist, durch den Lektor hineingekommen ist, sondern tatsächlich schon durch den Übersetzer. Ich denke dabei nicht an Kriminalromane, die meist als absoluter Schnellschuss aus der Hüfte entstehen, da kann nicht lektoriert werden, da kann noch nicht einmal mehr die Fahne gründlich gelesen werden. Eine Reaktion des Lesers wäre also absolut wünschenswert. Aufmerksame Zeitgenossen werden in den vergangenen Wochen und Monaten Kenntnis genommen haben von dem für unsere Verhältnisse sensationellen Bericht über den Aufstand von 14 literarischen Übersetzern gegen den Übersetzer des

Bestsellers „Lemprières Wörterbuch". Dieses Buch ist trotz der Kritik mit 200 000 Exemplaren in Deutschland über den Ladentisch gegangen. Dennoch wagte es der Bertelsmann-Verlag, eine Schadensersatzklage gegen diese 14 Leute zu erwägen. Eine sensationelle Werbung für den Verlag, der als Folge 200 000 Bücher verkaufen konnte. Diese 14 Kollegen haben ganz klar zu erkennen gegeben, weshalb sie diesen Schritt gemacht haben. Nicht etwa, weil sie neidisch gewesen wären, dass sie das Buch nicht übersetzen durften, sondern sie haben völlig zu Recht seitenweise nachgewiesen, an wie viel Stellen dieses sicherlich schwierig zu übersetzende Buch falsch übertragen wurde. Sie haben es getan, weil sie auf diesem Weg die Diskussion als betroffene Kollegen eines Berufsstandes gegenüber den Verlagen ins Rollen bringen wollten. Das finde ich absolut legitim. Es war überhaupt nicht hilfreich in diesem Zusammenhang, dass der britische Autor, der an der letzten Diskussion zu dieser Frage in München dabei war, wo der betroffene Übersetzer mit anderen Leuten, die was dazu zu sagen hatten, auf dem Podium saß, und vieles eingestehen musste, dass dieser britische Autor dann am Ende sagte, er habe keine Probleme mit diesem Übersetzer, er habe einen regen Briefwechsel mit ihm geführt, er würde nicht zögern, sein nächstes Buch auch diesem Übersetzer anzuvertrauen.

Die Pointe an der Geschichte war, dass der Berichterstatter schrieb, der Autor verstehe kein Wort Deutsch. Ihn wird es genauso wenig tangiert haben wie den Verlag. Der Mechanismus, der hier abläuft, ist schlicht und einfach der: Bestseller werden in der Übersetzung bei uns ebenfalls Bestseller, weil sie schon in Großbritannien oder Amerika Bestseller gewesen sind. Woran liegt das? Das hat etwas damit zu tun, dass das Leseverhalten katastrophal ist. Ich behaupte, dass noch nicht einmal alle Bücher, die gekauft werden, auch gelesen werden. Man hat sie halt. Die Lesegewohnheiten bei uns sind katastrophal. Man muss noch nicht einmal die Untersuchung bemühen, die Herr Osers angeführt hat, die bei uns in Deutschland zweifellos auch existieren. Es gibt bestimmte Schichten, die wirklich lesen. Es gibt bestimmte Schichten, die Bücher kaufen, weil ein Buch zu kaufen, durchaus chic ist, und man verschenkt ja auch mal eines, wenn man eingeladen ist. Ich selber beschränke mich weitgehend darauf, Belletristik nur im Original zu lesen. Im großen und ganzen sehe ich ein Problem. Das hören die literarischen Übersetzer nicht gern. Aber ich halte es für zutreffend. Ein literarischer Übersetzer ist für mich, und das meine ich nicht abfällig, ein verhinderter Schriftsteller.

Wenn ich eine Übersetzung von Anthony Burgess' Büchern in Deutsch lese, bezweifle ich, dass ich noch Anthony Burgess lese. Seinen Wortwitz im Englischen kann man nicht ins Deutsche übertragen. Ein ähnlicher Fall ist Saul Bellow. Der Übersetzung seiner Bücher hat sich Marcel Reich-Ranicki verdienstvollerweise angenommen. Er hat in langen Artikeln sich gegen die Arbeit des deutschen Übersetzers gewandt und den Verlag gefragt, wie lange dieser den Übersetzer an Saul Bellow noch heranlassen wolle. Dennoch: Diese Bücher werden sich verkaufen. Für mich als Leser mit der Obsession Lesen gegenüber Ihrer Obsession des Übersetzenwollens, gibt es nur noch die für Sie schmerzliche Schlussfolgerung, dass ich nur noch Originale lese. Damit beschränke ich mich natürlich auf die Literatur, deren Sprache ich auch lesen und verstehen kann. Kulturell gesehen, sollen Bücher, ja müssen Bücher übersetzt werden. Was die Situation der literarischen Übersetzer betrifft, stehe ich auf dem Standpunkt, dass diese skandalös ist. Leider werden wir sicher feststellen, dass sich auch nicht ändern wird. Denn es sind die wirtschaftlichen Überlegungen, die den Verlag dazu bringen, sich dem literarischen Übersetzer in der bekannten Weise gegenüber zu verhalten.

Dr. Ewald Osers: Wir haben es auch hier mit einem Teufelskreis zu tun. Solange literarische Übersetzer so schlecht bezahlt sind, darf man sich nicht wundern, dass es eine Menge schlechter Übersetzungen gibt. Man muss versuchen, diesen Kreis aufzubrechen. Die Organisation literarischer Übersetzer könnte einen Mustervertrag aufstellen, der anfangs vielleicht nur von einigen gutgesinnten Verlagshäusern akzeptiert werden wird, aber schließlich fortschreitend doch von mehr und mehr. Und da gibt es eine Art kritische Masse. Bei uns in England gab es einen ganz klar definierbaren Punkt, wo eine Reihe renommierter Verlagshäuser den Mustervertrag der Translators' Association akzeptiert hatten. Zu dem Zeitpunkt schämten sich dann schon die vielen anderen Verlagshäuser, nicht dabei zu sein. Es wurde allmählich eine Art Ehrensache, ihrerseits auch diese Bedingungen zu akzeptieren. Aber ich gebe natürlich zu, dass der Übersetzungsmarkt bei uns viel kleiner ist als bei Ihnen. Die letzten Statistiken zeigen z.B., dass, obgleich die absolute Zahl übersetzter Bücher, die in England im Laufe der letzten Jahre erschienen ist, unerhört angestiegen ist, so ist doch der Prozentsatz der übersetzten Bücher von der Summe der Bücher fast konstant geblieben. Darüber sollten wir uns auch Gedanken machen.

Hella Ziefer: Ich bin Übersetzerin in Nürnberg. Was wir jetzt zur Qualität und zur Bezahlung gesagt haben, gehört irgendwie zusammen. Ich denke nicht, dass ein schlechter Übersetzer besser wird, wenn er besser bezahlt wird. Ich denke aber, dass ein guter Übersetzer, wenn seine Recherche und seine gute, fundierte

Arbeit gut bezahlt wird, auch eine bessere Leistung abliefern kann. Aber was tut der Verband, um Qualität zu sichern? Würde auch der Verband eine Aktion starten und sagen, wir boykottieren ein schlecht übersetztes Buch?

Dr. Falk-Peter Heber: Ich glaube, die letzte Frage muss zunächst unbeantwortet bleiben, denn es wäre wohl vermessen, hier ein fundiertes Statement zu erwarten, sei es vom Verband, sei es von seinen Vertretern. Aber ich glaube, eines ist in vielen Beiträgen deutlich geworden: Ein gerüttelt Maß an Unzufriedenheit ist vorhanden. Ein geradezu explosives Potential ist zum Vorschein gekommen. Dennoch möchte ich Sie heute nicht in Depression entlassen wie weiland der Dichter, der da beklagt hat, dass nichts mehr zu machen sei, und im übrigen alle Themata schon abgearbeitet worden sind. Das war im Gilgamesch-Epos vor zweieinhalbtausend Jahren. Nehmen Sie ein bisschen Optimismus auf den Weg, auch wenn er verhalten sein sollte, wie Dr. Osers Ihnen empfohlen hat.

Wörterbücher - Von der Idee zur Produktion

Dr. Wolfgang Wieter

Der Übersetzer oder Dolmetscher braucht für seine Arbeit verschiedenartige Materialien. Er braucht vor allem Wörterbücher. Daher hat er sich schon immer für die Entwicklung und Produktion verschiedener Wörterbuchtypen interessiert, also auch für die Produkte des Hauses Langenscheidt. Bei den data discs, d.h. Wörterbücher auf CD, und auch bei PC-Wörterbüchern. Herr Vollnhals dürfte Ihnen weitgehend schon bekannt sein. Er ist von der Ausbildung her Übersetzer, hat 1965 sein Übersetzerdiplom in Heidelberg gemacht, ist langjähriges BDÜ-Mitglied im Landesverband Bayern. Nach mehrjähriger Übersetzertätigkeit im Maschinenbau und Kfz-Bereich ist Herr Vollnhals seit nunmehr 20 Jahren auf dem Gebiet der computerunterstützten Fachlexikographie tätig. Er hat zu diesem Thema sehr viele Veröffentlichungen gemacht, doch spricht er heute nicht als Vertreter seiner Firma zu Ihnen, sondern, wie er ausdrücklich betont, in seiner ganz privaten Eigenschaft als Autor mehrerer Fachwörterbücher. Er möchte in diesem Zusammenhang einige Erfahrungen weitergeben, denn er hat eine ganze Reihe von Fachwörterbüchern geschrieben. Das letzte, das ich seiner Biographie habe entnehmen können, ist "Multilingual dictionary of artificial intelligence: English, German, French, Spanish, Italian", London 1992.

Dass es hier zu einer so zahlreichen Teilnahme gekommen ist, ist nicht ganz verwunderlich. Das Wörterbuch ist für den Beruf des Dolmetschers und Übersetzers ein ganz zentrales Instrument für die alltägliche und praktische Arbeit. Umso mehr freuen wir uns, dass wir für diese Veranstaltung auch Praktiker haben gewinnen können, die aus ihrer täglichen Arbeit über die Probleme berichten können, die beim Erstellen und Erarbeiten eines Wörterbuches anfallen. Ich möchte nun médias in res gehen und Herrn Vollnhals das Wort erteilen.

Otto Vollnhals:
Fachwörterbücher - von der Idee zum Produkt

Mein Vortrag soll einige signifikante Stadien der Entstehung eines Fachwörterbuchs näher beleuchten, und zwar aus der Sicht eines Autors. Ich will dabei nicht sehr viel davon reden, wie ein Wörterbuch gemacht wird. Auch eine andere beliebte Diskussion im Zusammenhang mit Wörterbüchern, nämlich warum sie nicht besser, oder warum sie so schlecht sind, will ich auch ausklammern. Ich gehe heute vielmehr von einem Szenarium aus, in dem ich die aktive Erstellung eines Fachwörterbuchs und nicht nur die passive Benutzung durchaus im beruflichen Umfeld eines Übersetzer angesiedelt sehe. Damit bin ich voll im Rahmen des Themas der heutigen Veranstaltung.

Der Schwerpunkt meiner Darstellung liegt bei der Schilderung einiger spezifischer Probleme im Zusammenhang mit der inhaltlichen Verwaltung des Wortmaterials mit EDV-technischen Mitteln, und zwar in einer Standard-PC-Umgebung. Ich setzt erst dort an, wo es über die reine Terminologieverwaltung hinausgeht. Meine Ausführungen sind durchaus als Anregung und Ermunterung für potentielle Autoren unter den Zuhörern gedacht, da der Bedarf an guten Fachwörterbüchern zweifellos im Steigen begriffen ist, und die Übersetzer auch künftig mehr denn je auf Fachwörterbücher angewiesen ist. Ich würde es als eine logische und begrüßenswerte Entwicklung betrachten, wenn die Fachwörterbücher künftig noch mehr aus den eigenen Reihen der Übersetzer kämen. Dann müssten sie auch zwangsläufig in hohem Maße praxisgerecht sein.

Gute Wörterbuchautoren müssen eine Qualifikation aufweisen, die eine Kombination aus verschiedensten Know-how-Elementen erfordert:

- gute Sprachkenntnisse zum einen natürlich
- und Fachkenntnisse zum anderen.

Beides sind aber Dinge, die ein guter Fachübersetzer ohnehin besitzen muss.

- Zudem braucht ein Autor die Gabe, entscheiden zu können, was inhaltlich für ein Wörterbuch interessant ist. (Das klingt zwar banal und selbstverständlich, ist es aber nicht.)

- Ferner sollte ein wenig eine lexikographische Ader vorhanden sein, d.h. die Fähigkeit, das Wortmaterial auch entsprechend darstellen zu können.

Und noch etwas braucht ein Autor vor allem: Zeit. Deshalb kommen die meisten Wörterbuchautoren erst nach der Pensionierung richtig zur Entfaltung.

Heutzutage kommt zu all dem noch eine wichtige Fertigkeit hinzu: die Beherrschung des Umgangs mit modernen Hilfsmitteln wie PC, Textsysteme etc. Andernfalls ist eine derartige Arbeit kaum zu bewältigen, zumindest nicht innerhalb einer vernünftigen Zeit. Ich behaupte, ein Übersetzer, der heute tagtäglich mit dem PC umgeht, mit Textbausteinen hantiert, mit Formatierungsprogrammen umgehen muss, besitzt eigentlich auch die denkbar besten Voraussetzungen für die Arbeit an einem Wörterbuch. Er hat diesbezüglich wahrscheinlich sogar einen Vorsprung vor manchen anderen Sparten.

Die Stadien sind klar: Idee, Planung, Vorbereitung, inhaltliche Verwaltung, Satzvorbereitung. Der Routineweg zum Endprodukt wird dann nur die konventionellen Produktionsmöglichkeiten beinhalten. Wenn noch Zeit bleibt, werde ich zu den künftigen Entwicklungen noch ein paar Worte sagen, zu den neuen Medien.

Stufe 1: Die Idee.

Die Idee zur Erstellung eines Fachwörterbuchs geht wohl in der Mehrzahl der Fälle vom Autor selbst aus. Häufig kommt die Anregung auch direkt von einem Verlag. Oder die Anregung kommt von einer Firma oder Organisation, die ein bestimmtes Fachvokabular als Auftragsarbeit zusammenstellen lässt. Im letzteren Fall kann es allerdings vorkommen, dass das entstehende Produkt nicht für die Allgemeinheit bestimmt ist, sondern nur für den internen Gebrauch. Das ist aus strategischen Gründen sicher zu verstehen. Ich habe auch schon Fälle erlebt, wo ein einzelner Autor von seinem Wörterbuchvorhaben wieder Abstand genommen hat, weil er mit fortschreitender Arbeit befürchtete, seine ganzen Spezialkenntnisse preiszugeben und dadurch Übersetzungsaufträge an Kollegen zu verlieren. Als ob es zu wäre, als ob mit dem Besitz eines Spezialwörterbuchs jeder mit einem Schlag zu einem qualifizierten Fachübersetzer wird. Ich glaube, wir sind uns alle einig, dass dazu etwas mehr gehört.

Stufe 2: Die Planung und Vorbereitung.

Für einen normalen Fachwörterbuchautor ist in der Regel die möglichst frühzeitige Unterstützung durch einen Verlag unabdingbar. Sonst sind Dinge wie Vorfinanzierung, Kalkulation, Druck, Vertrieb, Werbung usw. kaum wirtschaftlich realisierbar. Ausnahmen bestätigen auch hier die Regel. Es gibt einige Autoren, die ihre Bücher erfolgreich im Eigenverlag vertreiben.

Bei der Absprache eines Wörterbuchprojekts mit einem Verlag muss man in der Regel einige Zugeständnisse machen. Die Idealvorstellungen eines Autors scheitern oft an finanziellen, räumlichen und sonstigen Zwängen. Der Umfang des Werkes muss sich in einem bestimmten Rahmen bewegen. Inhaltliche Einschränkungen müssen u.U. akzeptiert werden. Die Form der Darstellung muss verlagskonform geregelt werden. Ein extremes Beispiel: Hat der Autor die Idee, sein Buch müsse im Querformat erscheinen, der Verlag veröffentlicht aber alles im Hochformat, dann wird der Autor seine Idee unmöglich durchsetzen können. In der Regel sieht ein Autorenvertrag ohnehin vor, dass der Verlag die äußere Form bestimmt. Somit bleibt dem Autor nicht viel Spielraum. Bei meinem eigenen Wörterbuch, das bei meiner Vorstellung durch den Moderator erwähnt wurde, konnte ich z.B. nicht durchsetzen, dass die englischen Stichwörter fett gedruckt werden. Der Verlag war der Ansicht, bei einem fünfsprachigen Wörterbuch sind die Sprachen alle gleichberechtigt, und sie werden alle mager gedruckt. Gelegentlich sind die Vorstellungen eines Autors zugegebenermaßen zu utopisch. Unlängst habe ich von einem Autorkollegen die Forderung gehört, dass man doch in Wörterbüchern auf die Verwendung von Tilden ganz verzichten sollte, weil sie dann wesentlich benutzerfreundlich seien. Verzichtet man aber auf die Tilden, brauchte man erheblich mehr Platz, und der Preis des Wörterbuchs würde ins Unendliche steigen. Einem Verlag sind in erster Linie wirtschaftliche Grenzen gesetzt.

Zu Beginn eines Wörterbuchprojekts ist es im Normalfall kaum so, dass der Autor bei Null anfängt. Ein amüsanter Extremfall während meiner nunmehr jahrzehntelangen Tätigkeit auf diesem Gebiet war bisher, dass ein Autor vor Beginn seiner eigentlichen Arbeit am Inhalt des Buches bereits das druckreife Vorwort in der Tasche hatte. Heutzutage hat ein Autor, wenn er mit der Arbeit an einem Wörterbuch beginnt, meistens schon etwas in der Schublade oder heute vielleicht eher auf der Festplatte, ein Glossar, Vokabular, irgendetwas, auf dem er aufbauen und seinen Wortschatz erweitern kann. Aber Vorsicht, nachträgliche Anpassungen an die Vorstellungen des Verlages können bisweilen recht arbeitsaufwendig werden. Ich bin z.B. ein Verfechter der Theorie, dass man in Fachwörterbüchern bei mehrgliedrigen Ausdrücken keine Genusangaben benötigt, da es einfach überflüssig ist. Ich hatte deshalb in meiner Datei dies auch nicht vorgesehen. Sie sind dann nachträglich eingefügt worden.

Stufe 3: Die Verwaltung des Inhalts.

Ich spreche von der Verwaltung des Inhalts, nicht von seiner Gewinnung. Das wäre ein eigenes, abendfüllendes Thema. Es versteht sich von selbst, dass man die Verwaltung der Einträge, die inhaltliche Arbeit, heutzutage an einem PC macht. Es wird kein Autor mehr auf die Idee kommen, mit Karteizetteln zu operieren. Geeignete Software ist heute verfügbar. Ich will hier kein Produkt besonders hervorheben. Ich glaube, dass eine derartige Arbeit heute mit fast allen Standardprodukten durchführbar ist, zumindest, wenn es um kleine bis mittelgroße Wortbestände geht, wie sie wohl heute für einen typischen Fachwörterbuchinhalt charakteristisch sind. Da heute die Tendenz bei Fachwörterbüchern eindeutig in die Richtung geht, dass man in zunehmendem Maße keine allumfassenden Wälzer mehr produziert, einige etablierte Standardwerke einmal ausgenommen, kommt man in einer Standard-PC-Umgebung mit den heutigen Leistungsmerkmalen und Speichergrößen, sowohl bei der Hardware als auch bei der Software, ganz gut zurecht. Ich spreche hier aus eigener Erfahrung.

Über weite Strecken bestehen bei der Verwaltung von Wörterbuchdaten selbstverständlich deutliche Gemeinsamkeiten und Parallelen mit den Terminologieverwaltungssystemen. Die grundlegendste Gemeinsamkeit ist zweifellos die Tatsache, dass die Verwaltung der Wörterbuchdaten mit Hilfe einer Strukturierung und nicht etwa als Text erfolgt. Man kann den Inhalt eines Wörterbuchs mit einer quasi schielenden Betrachtungsweise auf zwei Arten sehen. Die eine ist die Betrachtung der Daten in einer strukturieren Form, die andere ist die Betrachtung der Daten als Text. In den Text eingestreut kann man sich noch die Merkmale für die Schrift (fett, kursiv ...) vorstellen. Bewegt man sich in der Produktionsphase auf das Endprodukt zu, muss man diese beiden Betrachtungsweisen wieder verschmelzen und wieder zu einem gemeinsamen Kanal finden, damit das Wörterbuch dann auch zu dem Produkt wird, das es werden soll. Es gibt heute Bestrebungen, nicht mehr mit Datenbankstrukturen zu arbeiten, sondern unter Benutzung entsprechender Sprachen mit Textstrukturen. Dann könnten diese Strukturen verwaltbar und durchschaubar sein. Eine dieser Sprachen, die sich dafür eignet, ist SGML. Die Festlegung einer praktikablen Struktur ist ausschlaggebend für das Gelingen der Arbeit. Je unkomplizierter die Struktur ist, desto effizienter lässt sich damit arbeiten, desto weniger wird man als Autor vom Inhalt abgelenkt. Und das ist das Entscheidende. Wenn die

Struktur dem gedruckten Eintrag ähnelt, braucht man als Autor während der Arbeit nur wenig umzudenken. Die Probleme der optimalen Strukturierung sind denen der Terminologieverwalter eng verwandt.

Ich will noch einige Aspekte aufgreifen, die sich speziell mit der lexikographischen Nutzung solcher Datenbestände befassen. Ich will auch einige Empfehlungen abgeben, wie man einige typische Probleme am besten lösen kann, Probleme, die über die Problematik der reinen Terminologieverwaltung hinausgehen.

Eines der charakteristischen und traditionellen Merkmale eines Wörterbuchs ist seine Sortierung. Bei einem solchen Werk kann man die einfache Sortierung von A - Z nicht akzeptieren. Es gibt bestimmte Regeln und Anforderungen, auch traditionsgebundene Dinge, die man in der Sprache, vor allem in der deutschen Sprache, berücksichtigen und einhalten muss. Sonst ist das entstehende Werk nicht akzeptabel. In diesem Zusammenhang empfehle ich, dass man bei der Verwaltung solcher Daten, will man eine druckreife Sortierung erzielen, nicht darum herumkommt, ein eigenes Sortierfeld mitzuführen. Man belässt das Feld, das es gedruckt werden soll, so wie es ist, erzeugt sich aber ein Feld aus dem Hauptbenennungsfeld, das man für die Sortierung verwendet. In diesem Feld kann man alles wegfiltern, was einen stört. Man kann z.B. die Umlaute auf den Grundvokal zurückführen. Man kann es als Autor damit schaffen, punktgenau einen Eintrag einzusortieren, genau wie es bei einer Kartei früher üblich war. Bei einer Kartei hätte man es als Autor früher auch nicht akzeptiert, dass ein anderer als man selbst die Zettel einsortiert. Als Autor hat man eben eine bestimmte Vorstellung von der Reihenfolge seiner Einträge, vor allem wenn es sich um gleichlautende Stichwörter handelt. Meine Empfehlung also in diesem Zusammenhang: Wenn man sich den geringfügigen Mehraufwand an Speicherplatz leistet und ein Sortierfeld mitführt, kann man diese Dinge relativ einfach lösen.

Des weiteren muss der Sortiervorgang nachvollziehbar sein. Wenn ich eine zufällige Sortierung akzeptiere, die mir ein Programm bietet, kann ich nicht davon ausgehen, dass es im Wiederholungsfall, wenn ich also dieselben Daten sortiere, dasselbe Ergebnis gibt. Daher muss man dafür sorgen, dass man als Verwalter der Daten die Sortierung punktgenau beherrscht.

Ein weiteres Problem ist die Verwaltung von Synonymen. Es gibt Programme, die in der Lage sind, aus den Synonymeinträgen eigene Einträge bzw. Verweiseinträge zu machen. Das kann man sich bei den Terminologieprogrammen ansehen.

Die Umkehrung in eine andere Sprachrichtung ist eine ähnliche Sache. Bei einem Wörterbuch ist es meistens so, dass man auch die andere Sprachrichtung erzeugen soll. Da ist es zwar so, dass bei einem Fachwörterbuch ca. 70 % der Fachtermini einfach maschinell umgedreht werden können, aber die restlichen 30 %, die man bearbeiten muss, die haben es dann meistens in sich.

Bei der Phraseologie unterscheidet sich die Betrachtungsweise bei einem Wörterbuchmacher erheblich von der Terminologieverwaltung. In einem gedruckten Wörterbuch wird man eher dazu tendieren, aus Platzgründen einen Eintrag nur an einer sinnvollen Stelle erscheinen zu lassen, während man bei einem elektronischen Abfragesystem oder einer Terminologiedatenbank eher dazu tendiert, das an jeder der möglichen Stellen zu finden. In einem gedruckten Wörterbuch ist das kaum machbar, sonst würde, wenn man Tausende solcher Einträge hat, der Umfang ins Unendliche steigen.

Der Grad der Berücksichtigung des späteren typographischen Aussehens sollte während der Bearbeitung den Autor nicht behindern, d.h. der Autor sollte sich eigentlich nicht um das spätere Druckbild kümmern, sondern versuchen, durch die Struktur alles zu lösen. Er sollte möglichst auch keine direkten Schriftbefehle in den Text integrieren.

Alle eben erwähnten Dinge müssen nach wie vor vom Autor individuell erkannt und gelöst werden. Programme können hier nur unterstützend wirken. Automatisch geht hier meist gar nichts. Hier ist immer noch das Können des Autors gefordert.

Stufe 4: Die Vorbereitung für den Satz.

Ist die Erarbeitung des Wörterbuchs weitgehend abgeschlossen, verlässt man die strukturierte Form der Daten und macht einen mit typographischen Angaben durchsetzten Text daraus. Vor dem Text, wie er im Druck erscheint, stehen dann Tags, die Aufschluss darüber geben, wie der entsprechende Inhalt zu interpretieren ist. Das ist leider ein Moment, bei dem sich Schnittstellenprobleme ergeben können. Es ist klar, dass in einem Augenblick, in dem man seine eigene PC-Umgebung verlässt, und die bisher eigenständig verwalteten Daten an andere Stellen zwecks Weiterverarbeitung geben muss, wieder bestimmte Regeln und Formalismen betrachtet werden müssen, damit die Daten auch für den Empfänger verarbeitbar bleiben. Wenn möglich, sollte sich der Autor damit nicht zu sehr belasten. Das geht meistens auf Kosten der inhaltlichen Qualität. Er soll versuchen, als Übergabeformat entweder die Struktur seiner Datenbank vereinbaren oder zumindest einen mit einfachen Mitteln zu erstellenden ASCII-Text.

Eine Bemerkung noch in diesem Zusammenhang. Auf einem Laserdrucker lassen sich heute wunderschöne reprofähige Ausdrucke erzielen. Die Qualität ist für die Buchproduktion dennoch qualitativ unzureichend.

Stufe 5 : Der Routineweg zum Endprodukt

Die verbleibenden Vorgänge auf dem Weg zum Endprodukt sind althergebrachte handwerkliche Vorgänge, die vom Verlag abgewickelt werden und den Autor eigentlich nicht mehr betreffen. Wenn er diese Phase erreicht hat, kann er sich bequem zurücklehnen und auf das Erscheinen seines Buches warten. Ein wesentlicher Vorteil des PC-Einsatzes wird in dieser Phase sehr schnell deutlich. Es ist so, dass die Wörterbücher heutzutage am Tage ihres Erscheinens wesentlich aktueller sind als dies noch vor einigen Jahren der Fall war. Heute würde ich den Verzug zwischen Redaktionsschluss und Erscheinen des Buches durchschnittlich bei etwa sechs Monaten sehen. Früher waren auch zwei bis drei Jahre nichts Außergewöhnliches. Als Autor musste man manchmal in Kauf nehmen, dass ein Fachwörterbuch zum Zeitpunkt seines Erscheinens im Grund schon veraltet war.

Künftige Entwicklungen:

Ich will die restliche Zeit, wenn möglich, noch nutzen, um von einigen künftigen Entwicklungen zu sprechen, die auf dem Wörterbuchsektor zu erwarten sind: Es gibt heute schon zwei Zauberworte: "Publishing on Demand" (Publizieren bei Bedarf) oder das noch etwas spezifischere "Printing on Profile" (also das auf ein bestimmtes Benutzerprofil zugeschnittene Publizieren); beide werden über kurz oder lang sicher auch in der Wörterbuchbranche Einzug halten. Im Klartext bedeutet "Publishing on Demand" die Möglichkeit, Daten permanent abrufbereit zu halten (was mit einer Datenbank kein Problem ist), dabei permanent aktuell zu halten (ebenfalls kein Problem) und jederzeit gezielt „publizieren" zu können, und zwar nur in den jeweils erforderlichen Mengen und für den jeweils anvisierten Adressatenkreis.

Die Entwicklung kommt natürlich aus Amerika. Dort gibt es einen anschaulichen Einzelfall für "Publishing on Demand", und zwar im Collegebereich. Nicht jeder Lehrer bietet den Stoff für die Schüler in derselben Form und in derselben Gewichtung dar; die Schüler können bei Abweichungen von ihrem gedruckten Lehrbuch den Ausführungen des Lehrers nur schwer folgen. Ausweg: Die diversen Kapitel des Lehrbuchs liegen als Textbausteine auf einem PC-System vor; der Lehrer stellt sich das Lehrbuch für seinen Bedarf individuell zusammen und druckt es nur in der erforderlichen Anzahl und nur für seine Schüler aus. Die enormen Vorteile eines solchen Verfahrens, nicht zuletzt auch die Einsparungen dabei, liegen auf der Hand. (Was natürlich die Schulbuchverlage davon halten, ist wieder eine andere Frage.)

Eine sinngemäße Übertragung eines solchen Verfahrens auf den Wörterbuchsektor bietet sich durchaus an. Die Produkte werden automatisch kurzlebiger und aktueller; im Extremfall (oder besser gesagt: im Idealfall) könnte man auf diese Weise bequem jedes Jahr (oder auch öfter) eine Neuauflage veranstalten. Selbstverständlich hätte das zur Folge, dass die äußere Form dieser Publikationen etwas weniger aufwendig sein muss, also kein Schweinseledereinband, kein teures Papier, aber dafür mehr Aktualität und Benutzerbezogenheit.

Künftige Entwicklungen und Medien, die heutzutage oft im Gespräch sind:

- papierlose Wörterbücher (also Verbreitung nicht mehr in Buchform, sondern auf CD-ROM, Disketten oder anderen Abfragemedien. Diese Medien werden zurzeit noch eher parallel zum gedruckten Buch angeboten, nicht als Alternative. Sie bieten weitgehende Retrievalmöglichkeiten, haben es aber andererseits schwer - und das ist meine persönliche Meinung - die Informationsfülle einer gedruckten Wörterbuchseite zu vermitteln. Vorteile von CD-ROM: Zusammenmischen mehrerer Werke und Abfrage in einem einzigen Vorgang, anstatt Blättern in mehreren Büchern; neuartige Retrievalmöglichkeiten. Allerdings für die Wörterbuchrecherche noch nicht ausgereift: Retrievalsoftware für jede Scheibe anders; der Benutzer muss immer umdenken; Problem der werkübergreifenden Suche noch nicht optimal gelöst. Dies wird sich künftig aber mit Sicherheit zum Positiven ändern.

- Eine andere Sache, die sicherlich ihren Weg machen wird, ist die Integration von Wörterbüchern in andere Medien und Systeme: Expertsysteme, maschinelle Übersetzung, Textverarbeitung. Dies wird begünstigt, wenn das Material in strukturierter Form vorliegt. Mit einer reinen Text- oder Satzdatei hat man wesentlich mehr Aufwand. Dadurch eröffnen sich für den Besitzer solcher Daten interessante mehrfache Nutzungsmöglichkeiten, sofern er nicht durch Copyright gebunden ist.

Ich komme nun zum Schluss. Neben allen Sprach-, Fach- und sonstigen Kenntnissen gehört doch eine gute Portion Idealismus dazu, sich als Wörterbuchautor zu betätigen, zumal die finanziellen Erträge leider oft in keinem Verhältnis zur aufgewendeten Zeit stehen. Trotzdem abschließend nochmals ein Signal der Ermutigung, sowohl an potentielle Autoren unter den Zuhörern, sich doch einmal an einer solchen Aufgabe zu versuchen und die Wörterbuchlandschaft durch ein eigenes Werk zu bereichern als auch an Vertreter von Verlagen, die sicherlich auch unter uns sind, ein offenes Ohr für alle neuzeitlichen Möglichkeiten haben. Nur so kann man in Zukunft der Übersetzerbranche mit guten Fachwörterbüchern dienlich sein.

Michael Reiter:
Elektronische Wörterbücher - Strukturen und Umsetzung

Im Unterschied zu Herrn Vollnhals' Referat behandelt mein Vortrag allgemeinsprachige Wörterbücher aus Verlagssicht. Und zwar nicht Bücher, die aus Papierblättern und Einband bestehen, sondern elektronische Versionen von Wörterbüchern. Was ich über solche Wörterbücher als Endprodukte in elektronischer Form sage, gilt im übrigen weitgehend auch für Fachwörterbücher.

Dem elektronischen Wörterbuch gehört die Zukunft

Das ist die These, die ich voranstellen werde. Ich werde versuchen zu zeigen, warum das so ist. Am Ende werde ich die Vorteile zusammenfassen, die solche Produkte im Vergleich zum gedruckten Buch haben. Vorteile für den Anwender und Vorteile für Verlage wie jenen, für den ich arbeite. Zunächst eine allgemeine Einführung zu elektronischen Wörterbüchern - wie sie entwickelt und hergestellt werden, für welche Betriebssysteme sie sich eignen, welche Funktionalität sie haben.

Wie entsteht elektronischer Wortschatz?

Wie wird der Wortschatz für elektronische Wörterbücher erstellt? Gehen wir davon aus, dass es im Verlag ein Konzept für ein bestimmtes Wörterbuchprojekt gibt. Dieses Konzept legt fest, für welche Zielgruppen Wortschatzmaterial aufbereitet werden soll; es definiert die Sprachinhalte, den Umfang und die Struktur. Wie lässt sich nun Wortschatz in eine elektronische Form bringen? Gehen wir zum einen davon aus, dass es sich um ein Projekt handelt, bei dem auf keine vorhandenen Materialien zurückgegriffen werden kann.

Bei der Neuerarbeitung von Wortschatz mit dem PC werden im Verlag zweckmäßigerweise moderne Hilfsmittel benutzt, wie z.b. Neologismendatenbanken, Häufigkeitszählung, Textkorpora für die Korpuslexikographie usw. Mit diesen Werkzeugen ist der Schritt getan von der früher üblichen Innenschau des Lexikographen, von der intuitiven Arbeit, hin zu Empirie und größtmöglicher Praxisnähe.

Die nächsten drei Möglichkeiten der Erfassung beziehen sich auf Material, das im Verlag bereits verfügbar ist - in den meisten Fällen gedruckte Wörterbücher. Eine Methode ist dabei das Konvertieren von Satzbändern (die im Rahmen des Herstellungsprozesses gedruckter Bücher entstehen) in ASCII-Arbeitsdateien für den PC. Bei der Umsetzung werden die komplizierten Steuercodes für die Schriftkennzeichnung (halbfett, kursiv usw.) in Zeichenketten umgeformt, die die Funktion des jeweiligen Strings - der jeweiligen Zeichenfolge - erkennbar machen (siehe unten).

In Printform vorhandenes Material kann auch eingescannt werden: Ein papiernes Wörterbuch wird zerlegt, jede Druckseite wird mit OCR (Optical Character Reading) eingelesen. Hierdurch erhält man wiederum eine Arbeitsdatei, in der Schriftkennzeichnungen angelegt sind, die in Funktionscodes umgesetzt werden müssen. Die dritte Möglichkeit, existierenden Wortschatz zu elektronisieren, ist die Mengenerfassung per Hand. Oft zu Dumpingpreisen wird diese Dienstleistung angeboten, die sich - wie die vorher erwähnte - vor allem für ältere, in Blei gesetzte Bücher (für die es natürlich keine Satzbänder gibt) eignet. Das Resultat ist auch bei dieser Methode eine Arbeitsdatei mit Funktionskennzeichnungen.

Vier grundlegende Möglichkeiten stehen demnach dem Verlag zur Erstellung von elektronischem Wortschatz zur Verfügung: Neuerfassung bzw. - bei Nutzung vorhandener lexikographischer Ressourcen - Konvertieren, Scannen oder Mengeneingabe. Verschiedene Methoden lassen sich bei einem Projekt auch kombinieren.

Welche Strukturen haben die Wörterbuch-Datenbanken?

Voraussetzung für jede softwaretechnische Weiterverarbeitung, die ein gelungenes elektronisches Endprodukt erzielen soll, ist sauber strukturiertes Datenmaterial. Die Funktion jedes Eintragselements muss ersichtlich sein, etwa durch SGML-tags (Kennzeichnungen, die der Datenformatsprache Standard Generalized Markup Language entsprechen). Unter dieser Voraussetzung lässt sich ASCII-Fließtext leichter aufbereiten als formatierte Daten aus Datenbank-Managementsystemen.

Bei der Neuerfassung von Wortschatz ist die Funktionsmarkierung (Bezeichnung von Stichwort, Zielsprachenäquivalent, Aussprache, Kollokationen/ Anwendungsbeispiele, Fachbereichszuordnungen, Erläuterungen etc.) ein integrierter Arbeitsschritt; bei auf Printmaterial basierenden Daten müssen all jene Funktionsinformationen, die sich nicht direkt aus typographischen Hinweisen ableiten lassen, nachträglich manuell oder teilautomatisiert eingebracht werden. Auch entstehen aus tildierten Untereinträgen (~keeper ...) komplette neue Einträge (housekeeper, mit den dazugehörigen Informationen); diese klare Struktur schafft die Grundlage für eine Indexierung.

Beim nächsten, softwaretechnischen. Schritt hat ein Lexikograph nicht mehr viel zu tun: Generierung von Indices, von Registern, für die Suchabläufe. Alle Stichwörter, alle Äquivalente etc. werden identifiziert und zugreifbar gemacht, damit bei der Sucheingabe im Endprodukt nicht zeitaufwendig die gesamte Datenbank abgesucht werden muss.

Ein weiterer technisch-linguistischer Schritt ist die Komprimierung des Datenmaterials. Durch eine solche Verdichtung lässt sich der Speicherplatzanspruch deutlich verringern. Ein einfaches mechanistisches Prinzip mag hier als Beispiel dienen: Die im Deutschen extrem häufige Zeichenfolge sch (3 Byte) wird durch ein einzelnes Sonderzeichen (wie z.B. ¥, 1 Byte) ersetzt, was ein Drittel an Platzeinsparung bringt. Für die Suchabläufe im Endprodukt muss das Trigramm sch vom Programm wieder in ¥ umgewandelt werden, was einen geringen Zeitverlust bedeutet. Die Komprimierung verhindert außerdem weitgehend eine unbefugte Weiterverwendung des Datenmaterials durch andere, indem sie die Daten der direkten Lesbarkeit entzieht.

Welche Produkte entstehen aus diesen Datenbanken?

Zu den Produkten, die auf der Basis von Wortschatz-Datenbanken erstellt werden können, zählen unter anderem elektronische Nachschlagewerke (ein-, zwei- und mehrsprachige Wörterbücher, Sachlexika) als Hilfsmittel für die Arbeit am PC. Sie zeichnen sich dadurch aus, dass sie dem Anwender unkreative Arbeit abnehmen und mit ihrem pragmatisch-realistischen Funktionsanspruch äußerst praxistauglich sind. Als Beispiel hierfür ist Langenscheidts PC-Wörterbuch Englisch zu nennen (Beschreibung von Inhalt und Funktionalität siehe unten).

Eine weitere Produktart ist die automatische Rechtschreibprüfung und Rechtschreibkorrektur, die inzwischen Teil jedes gängigen Textverarbeitungspakets ist. Gute Programme dieser Art basieren auf umfangreichen Wortschatz-Datenbanken; algorithmische Programme haben den Nachteil, dass vom Regelwerk her die nicht als falsch erkennbaren Formen in Ausnahmelexika aufgenommen werden müssen. Auch bei der automatischen Silbentrennung hat die Lexikonbasierung viele Vorteile; Lehn- und Fremdwörter (Ab-itur, Vit-amin, Sym-ptom anstelle von Abi-tur, Vi-tamin, Symp-tom etc.) und Wortzusammensetzungen (Stand-ort anstelle von Stan-dort gemäß dem algorithmischen Muster stand-den) bedingen bei den algorithmischen Programmen umfangreiche Ausnahmelexika. Insgesamt gilt bei nicht auf Wörterbüchern basierenden Produkten dieser Art: Wurde ein möglicher Fehler vom Entwickler nicht antizipiert, dann bleibt er im Arbeitstext unerkannt (underflagging), womit manche solcher Programme ihrer Zielsetzung nicht gerecht werden.

Kontrovers diskutierte Programme zur maschinellen Übersetzung und zur automatisierten Wort-für-Wort-Übersetzung sind ebenso Anwendungsgebiete für Wortschatz-Datenbanken wie Lernprogramme für das Fremdsprachenlernen in Schule und Erwachsenenbildung. Eine Zukunftsvision zeigt sich im tastaturlosen Büro: Geschäftsbriefe werden in den PC diktiert, über Spracherkennung mit Hilfe von Wörterbüchern analysiert, in eine Zielsprache umgesetzt und an eine Mailbox geschickt ... Kein Projekt, das sich im nächsten Jahrzehnt bereits verwirklichen ließe; allerdings gibt es bereits erste Versionen von Programmen, die z.B. Telefongespräche direkt übersetzen sollen.

Auf welchen Datenträgern, für welche Betriebssysteme werden diese Produkte vertrieben?

Ausschlaggebend ist hierbei aus Verlagssicht die Frage, welche Hardware im Markt die notwendige Verbreitung hat: Mit welchen Geräten wird in der Zielgruppe gearbeitet? DOS und Windows sind derzeit Anbieter von Sprachtechnologie im deutschsprachigen Raum am attraktivsten; Apple und Unix werden diskutiert.

Die aus dem Arbeitsalltag bekannten Disketten, magnetische Medien, eignen sich für Produkte mit relativ begrenztem Wortschatz. - Im Kommen ist bei den Datenträgern die CD-ROM. Hersteller wie NEC haben das Jahr 1993 zum Jahr dieses optischen Mediums proklamiert, Umsatzprognosen liegen bei 100 Prozent über dem Vorjahresniveau. Für umfangreiche Wortschatz-Datenbanken ist die 12 cm große CD-ROM ein idealer Datenträger: 640 Megabyte bieten ausreichend Speicherplatz, und die Produktionskosten sind in den vergangenen Jahren deutlich gesunken. Für die Software auf dem Träger, der sein Vorbild in der Audio-CD hat, gewährleistet ein ISO-Standard Kompatibilität.

Die Data Disc mit 8 cm Durchmesser ist ebenfalls ein optisches Speichermedium. Sie entspricht herstellungstechnisch ihrer großen Schwester, die Software ist jedoch nach anderen Prinzipien aufbereitet (Lizenzgeber: Sony). Sie wurde aus der Mini Disc (für Audiozwecke) entwickelt, bietet 164 MB Platz und läuft auf kleinen CD-ROM-Lesegeräten.

Eine weitere Verbreitungsmöglichkeit für sprachbasierte Produkte oder Dienstleistungen sind Online-Datenbanken, die aus infrastrukturellen Gründen und wegen des Nachfragedefizits Verlagen derzeit jedoch kaum interessant erscheinen.

Produktbeispiel PC-Wörterbuch Englisch von Langenscheidt: Dieses Produkt auf Disketten läuft unter DOS und ist seit einiger Zeit auf dem Markt. Es enthält insgesamt rund 60.000 Stichwörter und Wendungen aus der Allgemeinsprache des Englischen und des Deutschen sowie aus den Fachbereichen Technik, Wirtschaft und EDV. Als erstes Produkt, auf das später viele weitere folgen könnten, wendet es sich von Umfang und Inhalt her an eine extrem große, heterogene Zielgruppe. Erstellt wurde es auf der Basis eines konvertierten Printprodukts, substantielle Erweiterungen wurden ausgeführt. Sobald Programm und Wörterbuchdateien auf der Festplatte installiert sind, arbeitet das PC-Wörterbuch auch speicherresident mit den gängigen Textverarbeitungs- und anderen Programmen. Es wird zu Beginn jeder Arbeitssitzung einmal geladen und kann dann mit einer bestimmten Tastenkombination aus einer Datei heraus aufgerufen werden. Das Textwort am Cursor ist dabei automatisch das Suchwort. Aber auch direkte Eingabe ist möglich; das Programm sucht sofort nach jedem eingetippten Buchstaben und findet dadurch sehr schnell das gewünschte Stichwort. Auch Wildcards, Platzhalter, für einen/keinen/mehrere Buchstaben können benutzt werden (a* tis bringt appendicitits, ac*date u.a. accomodate etc.) - ein nützliches Feature beispielsweise in Fällen, wo die korrekte Schreibung nicht bekannt ist.

Aus dem Eintrag im elektronischen Wörterbuch können mit einem Tastendruck Äquivalente, aber auch andere Informationen in den Arbeitstext kopiert werden, so dass nur noch Flektionsendungen o.ä. eigenhändig eingetippt werden müssen. Ausdrucken ist möglich, vorherige Suchwörter lassen sich abrufen, und das Wörterbuch kann in einem Bildschirmfenster angezeigt werden (so dass der Arbeitstext sichtbar bleibt).

Zu den geplanten Features in Langenscheidt-Produkten für PCs zählt das Benutzerwörterbuch. Der Anwender kann in einer separaten Datei benutzerspezifischen Wortschatz bzw. Terminologie aufbauen und pflegen; dieses Benutzerwörterbuch wird dann genauso abgerufen wie das unveränderbare Hauptwörterbuch. Die Suche im Gesamttext des Wörterbuchs wird dann mit Booleschen Operatoren (Verknüpfungen von Suchwörtern mit „und" bzw. „oder") noch komfortabler; so muss der Anwender nicht mehr überlegen, ob er confirmed bachelor unter confirm oder unter bachelor „nachschlagen" sollte; er gibt einfach beide Wörter ein. (Realisiert -sind derlei komplexe Suchstrukturen bereits in der Data Disc-Version des Taschenwörterbuchs Englisch von Langenscheidt mit rund 120.000 Stichwörtern und Wendungen.)

Auch für den Übersetzer werden solche elektronischen Wörterbücher zum unverzichtbaren professionellen Arbeitsinstrument, sobald modulartig umfangreiche Wörterbücher für verschiedene Sprachen und möglicherweise Fachbereiche angeboten werden, die unter einer identischen Benutzeroberfläche laufen und ihm die Möglichkeit der Archivierung seiner Terminologie bieten.

Die Vorteile elektronischer Nachschlagewerke

Für den Übersetzer bedeutet das sinnvoll konzipierte, inhaltlich-sprachlich qualitätsvolle elektronische Wörterbuch das Ende vieler Routinearbeiten. Zielsprachliche Äquivalente werden schneller und bequemer identifiziert; weitaus mehr Suchmöglichkeiten als beim Buch bilden Wildcard und Suchverknüpfungen. Äquivalente lassen sich rasch und richtig in den Text kopieren. Eigene Terminologie wird leicht verwaltbar. Neue Wörterbuchversionen lassen sich als Update kostengünstig (und umweltfreundlich) anschaffen.

Für den Anbieter, den Wörterbuchverlag, hat das elektronische Wörterbuch ebenfalls Vorteile. Neuentwicklungen lassen sich inhaltlich und herstellungstechnisch rationeller durchführen, die Produktpflege gestaltet sich weniger aufwendig. Für vorhandene linguistische Ressourcen finden sich neue Absatzmöglichkeiten. Geringerer Zeitaufwand sowie (nach den Pilotprodukten, bei denen Erfahrungen gesammelt werden müssen) verminderter Finanzierungs- und Vorfinanzierungsaufwand machen diese Produkte für Verlage sehr attraktiv, seit die Hardwarebasis - die Voraussetzung für den Produktabsatz - im Markt vorhanden ist.

Bedingungen für die Durchsetzung

Für den Anwender, den Käufer, müssen elektronische Wörterbücher einen zweckgesteuerten Funktionsanspruch haben. Sie müssen außerdem benutzerfreundlich und ohne großen Lernaufwand bedienbar sein. Die Preispolitik muss sich an den Marktgegebenheiten orientieren; das Preisniveau wird sich nach dem Initialaufwand bei den Pilotprojekten vermutlich nach unten bewegen.

Für die Verlagshäuser ist die Copyright-Situation von herausragender Bedeutung. Zum einem muss Schutz vor unlauterer Verwendung von Datenmaterial durch andere Anbieter gewährleistet sein (was Komprimierung und andere Datenveränderungen weitgehend ermöglichen); zum anderen muss sich eine Philosophie durchsetzen, die das unrechtmäßige Kopieren und Weiterreichen des Endprodukts unter Anwendern nicht mehr als „Kavaliersdelikt" zulässt.

Zurück zur These

Dem elektronischen Wörterbuch gehört die Zukunft: Der Übersetzer, die Übersetzerin wird ohne dieses Arbeitsmittel bald nicht mehr auskommen. Die Gründe dafür, dass sich elektronische Wörterbücher durchsetzen werden, liegen im Mehr an Erfolg in der übersetzerischen Arbeit - durch mehr Produktivität (schnelleres Arbeiten, weniger Kosten) und mehr Qualität (bereitwilligeres Zurückgreifen auf bequem abfragbare Wörterbücher, Terminologiesicherheit).

Diskussion

Ute Schlosser: Es ist vielleicht ein kleiner Stilbruch, aber ich habe eine Frage, die mir sehr unter den Nägeln brennt. Gestern und heute wurde nicht über die

Frage der Fachgutachter gesprochen. Das ist für mich als wissenschaftlicher Übersetzer eine wichtige Frage. Ich kann mir vorstellen, dass viele Kollegen diese Frage scheuen, ihre wohlmeinende, sehr anstrengende Arbeit einem Fachgutachter vorzustellen. Vorhin wurden gesagt, manche Wörterbücher kommen schon nach sechs Monaten auf den Markt. Ich spreche jetzt besonders für das Gebiet der russischen Sprache. Hier besteht offenbar ein sehr starker Marktsog. Ich bringe zwei Beispiele. Es ist ein Wörterbuch auf den Markt gekommen von Beck, ein Russisch-Deutsches, Deutsch-Russisches Wirtschaftswörterbuch. Es ist sehr teuer. Dieses Wörterbuch hat ungarische Autoren. Diese Autoren müssen sehr schnell gearbeitet haben. Wenn ich unter fachlichen Gesichtspunkten z.B. „Vertrag" nachsehe, dann folgen allenfalls, wo seitenweise spezifizierte Ausdrücke folgen müssten, zwei, drei Dinge, die ich in jedem guten allgemeinsprachigen Wörterbuch auch finden kann. Und es finden sich sogar solche Scharlatanerien wie bomaschka, das ist ein kleines Scheinchen, das mir eine Berechtigung zu etwas gibt. Das gehört in ein spezielles, so teures Wirtschaftswörterbuch einfach nicht hinein. Wie so etwas zustande kommt, verwundert mich in hohem Maße.

Das zweite Beispiel, und hier möchte ich aus Gründen der Fairness anonym bleiben: Es gibt ein Standardwörterbuch für ein ganz großes Fachgebiet, das eigentlich immer noch das einzige Grundwörterbuch ist. Dem hat man vor 20 Jahren einen russischen Teil angehängt, der so schlecht ist, dass man mit ihm nicht arbeiten kann. Jetzt endlich macht sich dankenswerterweise ein Verlag daran, das ganz schnell zu beheben. Ich habe vor einer Woche mit einem Verlagsvertreter dieser Fachabteilung ein Gespräch gehabt. Nach diesem Gespräch war ich ein paar Stunden krank. Der Herr sagte mir, dass das gesamte große Fachgebiet, das an einer Universität von etwa 40 Lehrstühlen bearbeitet wird, in die Hand einer russischen Muttersprachlerin gegeben wurde. Ich möchte über diese Kollegin aus Fairnessgründen nichts sagen. Ich kenne sie nicht, und ich kann kein Urteil abgeben. Ich halte es nicht für möglich, dass ein so großes Fachgebiet nur von einem einzigen Übersetzer bearbeitet wird. Damals, in den bibliographischen Angaben zu diesem großen Standardwerk, sind viele Autoren genannt worden, namhafte Autoren, aber leider ist das Ergebnis keineswegs vereinbar mit dem guten Ruf der Leute. Sie haben Besseres gemacht als das, was dann in ihrem Namen verkauft wurde. Meine Frage: Der Lektor sagte mir, er müsse sich darauf verlassen, was diese Muttersprachlerin ihm vorlege, er könne es nicht kontrollieren. Sieht er dagegen englische, französische oder spanische Fachtexte, dann weiß er in etwa, ob es in die richtige Richtung geht. Hier muss er sich ihr ausliefern, so sagte er wörtlich. Werden solche Wörterbucharbeiten nicht entsprechenden Fachgutachtern vorgelegt? Ich habe die Befürchtung, dass eine tiefgründige Professionalität jetzt dem Marktdenken allzu sehr weichen muss. Dieses Wörterbuch, das so allgemein gehalten ist, dass es sich gut verkauft, wird nicht hauptsächlich in Deutschland vertrieben, sondern in Italien, Spanien, Südamerika, da es mehrsprachig ist. Dort sei das Fachgebiet noch nicht so weit entwickelt. Dort brauche man nicht so spezifisch zu werden. Denn sonst würde es sich nicht so gut verkaufen. Ich habe das Defizit, das ich von neuen Fachgebieten in diesem Wörterbuch vermisse, selbst versucht, auszugleichen. Ich habe gefragt, ob er Interesse habe, so etwas aufzunehmen. Da wurde mir gesagt, dass das sicher ein Nachholbedarf sei, den wir im Osten hätten. Wir benötigen das nicht. Ich habe mir gestattet, daraufhin zu korrigieren, dass es sich dabei nicht um einen Nachholbedarf des Ostens handele, sondern es sei eine Pionierarbeit, zu der man noch keine Biographien finde. Ehe ich eine Wortliste zu diesem Thema erstellen kann, muss ich sehr eifrig proceedings studieren oder Zeitschriften, in denen solche neuen Fachgebiete schon teilweise berührt werden.

Dr. Wolfgang Wieter: Die Frage des Fachgutachters ist sicher ganz wichtig. Bei der Gewinnung von Daten, bei der Gewinnung eines bestimmten Korpus, stellt sich natürlich die Frage, wie gut oder wie schlecht ist das, was mir zugeliefert wird. In welcher Form kann ich es veröffentlichen? Das Material, das auf den Tisch kommt, muss vor der Veröffentlichung noch einmal in kompetente Hand gegeben werden, damit es in Richtung Validität geprüft wird, in Richtung Korrektheit geprüft wird, und wenn es nicht korrekt ist, geht es zurück an den Autor. Das ist meine Vorstellung. Wenn es anders ist in einzelnen Fällen, kann ich mich dazu nicht äußern. Es ist aber ein Problem für die Redaktion. Sie haben soundsoviel Leute. Diese können nicht acht Sprachen von Spannbetontechnik in Portugiesisch bis Chemie in Russisch in gleicher Weise kompetent beherrschen. Man muss auf Fachgutachter außerhalb des Hauses zurückgreifen.

Cornelia Geeve: Eine Frage zu den Sortierfeldern, die Herr Vollnhals angesprochen hat: Ich kann mir nicht vorstellen, das mit einem Programm zu lösen. Die Sortierregeln sind doch Konventionen unterworfen. Es müsste doch möglich sein, hier ein Programm einzusetzen. Gibt es nicht vielleicht doch so ein Programm? Wenn nein, worin liegen die Schwierigkeiten, so etwas zu entwickeln?

Otto Vollnhals: Selbstverständlich gibt es Programme, die sehr weitgehend alle Dinge lösen können, die automatisch lösbar sind. Aber es gibt trotzdem Fälle, wo Sortierentscheidungen eine individuelle Meinung des Autors darstellen.

Wenn Sie sich das englische Wörterbuch vorstellen, das ich als Beispiel erwähnt habe, wo 20 - 25 mal das Wort "set" vorkommt mit verschiedenen Bedeutungen, dann will der Autor das individuell, nach seinem Gefühl sortieren. Ein anderer Autor würde dieselben 25 Wörter in einer anderen Reihenfolge sortieren. Diese Möglichkeiten können Sie sonst nicht erzielen. Wie soll ein Programm wissen, in welcher Reihenfolge Sie individuell eine bestimmte Sequenz ordnen wollen. Es gibt zwar immer noch eine Zwischenlösung. Findige Leute hat es in dieser Richtung schon immer gegeben. Man kann jetzt annehmen, wenn Sie 25 mal das Wort "set" im Wörterbuch haben, dann gehört das zu 22 verschiedenen Sachgebieten, und nur in drei Fällen ist das von allgemeinerer Art. Dann können Sie ein Programm verwenden, das z.B. die Sachgebiete sortiert. Das ist aber auch nicht immer das Ei des Kolumbus, denn wenn Sie die Sachgebiete einfach stupide mitsortieren, dann kann es sein, dass das unwichtigste Fachgebiet nach vorne kommt, weil es im Alphabet weiter vorne liegt. Ich finde, auf diesem Gebiet muss eine ganz individuelle Freiheit für den Autor geschaffen werden. Diese schafft er sich nur, wenn er ein Sortierfeld mitführt. Nur dann kann er in jedem Einzelfall, wie in einer manuell geführten Kartei, entscheiden, wo der Eintrag in einer größeren Sequenz eingeordnet wird.

Birgit Hoppe: Ich habe eine Frage an Herrn Vollnhals. Gibt es bei der Sortierung Normen für die verschiedenen Sprachen, z.B. für Umlaute und Akzente? Gibt es Normen für Sprachkürzel, z.B. englisch, deutsch, spanisch?

Otto Vollnhals: Eine ISO-Norm ist im Entstehen begriffen, die die Sortiergepflogenheiten von diversen Sprachen regeln soll. In Deutschland gibt es bereits eine Norm, DIN 5007. Sie enthält aber im Augenblick leider noch keine konkreten Anhaltspunkte für Lexikographen. Da soll noch ein Zusatz gemacht werden, der die spezifischen Ordnungsprinzipien, wie sie für Wörterbücher üblich sind, enthalten soll. Allein die Tatsache, dass es dafür eine DIN-Norm geben wird, zeigt, dass es Dinge sind, die über eine mechanische Sortierprogrammfähigkeit hinausgehen. Denn sonst brauchte man nicht eine Norm zu schaffen. Für die Sprachenkürzel gibt es eine ISO-Norm, deren Nummer ich im Moment nicht weiß. Dennoch bleibt es einem Verlag überlassen, diese Kürzel zu verwenden oder nicht. Die ISO-Norm ist ja auch nicht so verbindlich wie eine technische Norm.

Felix Mayer: Eine Stellungnahme zur Sortierreihenfolge von Cornelia Geeve: Ich komme aus der rechnergestützten Terminographie. Was passiert, wenn wir von Hand eine Sortierreihe vorgeben und unser Werk dann überarbeiten, d.h.

wir fügen an bestimmten Stellen neue Dinge ein? Wird dann nicht die ganze Sortierreihenfolge hinfällig? Wäre es denn nicht sinnvoller, wir würden im Rahmen von DIN, von ISO diese Sortierreihenfolge auf einen Nenner bringen, vielleicht auch die spezifischen Anforderungen berücksichtigen, die wir in den verschiedenen Bereichen wie Lexikographie und Terminographie brauchen, auf der einen Seite. Auf der anderen Seite könnten wir im Bereich der theoretischen Beschreibung von Strukturen von Wörterbüchern so weit kommen, dass wir auch diese "set"-Problematik theoretisch sauber beschreiben können, so dass wir dann nicht mehr jeden einzelnen Eintrag von Hand anpacken müssen, vor allem, wenn wir eine Neuauflage machen, eine Änderung durchführen. Herr Reiter, Sie haben beschrieben, zu welchen Produkten Sie kommen. Sie haben gesagt, welche Strukturen da sein müssen, wie das aussehen soll. Könnten Sie auch möglicherweise sagen, welche Tools Sie konkret bei Langenscheidt nutzen, um diese lexikographischen Strukturen aufzubauen. Welche Verwaltungssysteme setzen Sie ein, ob Sie überhaupt welche einsetzen, ob Sie SGML-basierte Systeme einsetzen?

Herr Vollnhals, Sie sagten, je einfacher die Struktur des Eintrags sei, desto effizienter könne der Autor damit arbeiten. Herr Reiter sagte dagegen, je besser strukturiert der Eintrag, desto eher könne man das hinterher in vielfältigen Anwendungen nutzen.

Otto Vollnhals: Ich finde, dass eine einfache und eine gute Struktur sich nicht widersprechen müssen. Eine Struktur kann beides erfüllen. Das würde ich mit einem dritten Terminus als ideale Struktur bezeichnen. Bei der "set"-Problematik wäre es natürlich begrüßenswert, wenn es irgendwelche Vorschriften gäbe, die das individuelle Empfinden eines Autors ausschalten könnten. Ich kann es mir aber nicht vorstellen. Nehmen Sie ein z.B. ein technisches Wörterbuch mit 100 000 Einträgen, greifen ein Wort wie "set" heraus und legen dann die Bedeutungen zehn verschiedenen Menschen vor mit der Bitte, diese so zu sortieren, wie es für ein Wörterbuch richtig ist. Sie erhalten wahrscheinlich zehn verschiedene Ergebnisse. Das individuelle Empfinden ist eben so verschieden. Der Autor hat andererseits die Verpflichtung, seine Ideen im gedruckten Werk so durchzusetzen, wie sie seinem individuellen Empfinden entsprechen. Hier sehe ich keine Möglichkeit. In anderen Fällen, z.B. verbergen sich hinter "set" 10 Substantive, 8 Adjektive und 7 Verben, dann können Sie Gruppen bilden. Geht es aber um die individuelle Zuordnung der bedeutungstragenden Wichtigkeit, dann führt an der subjektiven Entscheidung des Autors kein Weg vorbei.

Michael Reiter: Zur Frage der Werkzeuge, die wir für unsere Arbeit im Verlag benutzen. Wir haben uns entschieden, dass wir auf jeden Fall mittelfristig SGML als unsere Plattform sehen werden. Wir werden unser Material in Zukunft auf SGML ausrichten.

N.N.: Frage zu mehrsprachigen Wörterbüchern: Die Diskussion schien sich auf zweisprachige Wörterbücher zu beschränken. Aber wie ist es bei mehrsprachigen Wörterbüchern? Wie gestaltet man am besten den Zugang zum Wortgut? Ich nehme an, das geschieht über Indexierung. Es gibt auch Wörterbücher, die in allen möglichen Kombinationen und Sprachrichtungen erscheinen, d.h. wir haben bei drei Sprachen drei Wörterbücher, nur unterschiedlich geordnet, vom Inhalt her aber identisch. Meine Vorstellung ist, dass man den besten Zugang über Indexe schafft und dann die Einträge drei- oder mehrsprachig führt. Otto Vollnhals: Ich hatte als Beispiel eine Struktur gezeigt, die fünfsprachig war. Es ist so, dass man bei einem fünfsprachigen Wörterbuch in einem gedruckten Werk meistens nicht fünf ausgeprägte Sprachteile produziert, sondern man fertigt alphabetische Register, die den Zugang zu dem Hauptteil des Werkes ermöglichen. Für jede Sprache gilt, dass man einen Sortierzugriff oder einen Index für das betreffende Feld führt. Michael Reiter: Denken Sie an ein elektronisches Produkt, ist es kein Problem, so lange Sie das Datenmaterial sauber strukturiert haben, die Verweise da sind. Dann müssen Sie nur eine Datenbank anlegen und mit den Indices darauf verweisen. Sie finden schnell Ihre Übersetzung für die gewünschte Sprachrichtung.

Terence Oliver: Ich möchte ganz kurz eine Randerscheinung des gedruckten Wörterbuchs ansprechen. Ich arbeite hauptsächlich vom Deutschen ins Englische. Ich habe eine ganze Reihe guter, aber auch schlechter Fachwörterbücher. Auch bei den guten stelle ich oft fest, dass die Begleitelemente bei weitem nicht so gut sind wie der Inhalt. Es gibt Vorworte, es gibt Erläuterungen, die unter aller Würde sind. Als Beispiel nenne ich im Deutschen als Erläuterung „verwendete Abkürzung", im Englischen "used abbreviations". Das kommt leider mehrfach vor, auch in guten Fachwörterbüchern. Also meine kurze Bitte in diesem Forum an Autoren und Verlage von gedruckten Wörterbüchern: Lassen Sie sich das Vorwort, das Begleitmaterial von einem Muttersprachler durchsehen.

Der Dolmetscher und Übersetzer in der EG

Jacques Goetschalckx

Dass für die Übersetzung und die Übersetzer die EG eine ganz besondere Rolle spielt, steht wohl außer Zweifel. Ob Anhänger oder Gegner. von Maastricht, wir alle wissen, dass die Europäische Union sehr viel Übersetzungsarbeit mit sich bringen wird. Man darf nicht vergessen, dass die erste Verordnung der ersten europäischen Exekutive sich um die Regelung des Sprachenproblems gekümmert hat. Gerade diese Verordnung Nr. 1 steht dafür, dass immer alle Dokumente, die für die Europäischen Bürger lebenswichtig sind, in allen Sprachen zur Verfügung stehen müssen. Die Erweiterung der EG bedeutet also nicht, dass man ein eingeschränkteres Sprachenangebot erwarten kann, sondern im Gegenteil, neue Sprachen werden hinzukommen.

Seit mehr als vierzig Jahren hat sich ein System innerhalb der EG-Institutionen entwickelt, das die Sprachen aller EG-Bürger in Wort und Schrift einbezieht, um alle neuen Regelungen innerhalb der Gemeinschaft bekannt zu machen.

Die Dolmetscher im Generaldirektorat von Frau Van Hoof-Haferkamp und die Übersetzer im Generaldirektorat von Herrn Dr. Brackeniers haben die schwere Aufgabe, diese für die Zusammenarbeit innerhalb der Gemeinschaft so wichtige intersprachliche Kommunikation zu sichern. Der erste Sprecher, Christian Reynold, wird die Arbeit der Dolmetscher in allen Einzelheiten erklären. Walter Volz wird dann anschließend darlegen, wie die Übersetzer mit ihren Aufgaben fertig werden.

Christian Heynold:
Ein Europa der Dolmetscher?

Frau Rita Süssmuth, die Bundestagspräsidentin, hat kürzlich die Befürchtung geäußert, wir steuerten in ein Europa der Dolmetscher hinein. Ich möchte diese etwas provozierende Frage aufgreifen und meinerseits fragen: Ist diese Befürchtung gerechtfertigt? Befinden wir uns wirklich auf dem Weg in ein Europa der Dolmetscher?

Um diese Frage objektiv zu beantworten, sollten wir sie in ihren Kontext versetzen. Er lässt sich, glaube ich, wie folgt schematisieren. Ich möchte ihn in fünf Punkte aufgliedern.

Erstens kurz die Rechtsgrundlage für die Mehrsprachigkeit im Bereich der mündlichen Kommunikation in den europäischen Institutionen. Der zweite Punkt ist die Entwicklung des Bereiches Dolmetschen im Zusammenhang mit den verschiedenen Erweiterungen der EG. Drittens: die Einstellungspolitik der EG. Viertens: die Anwendung der Subsidiarität. Schließlich kommt die Frage, welche Herausforderungen treten an uns im Zusammenhang mit den geopolitischen Herausforderungen heran und den bevorstehenden Erweiterungen der EG, die früher oder später stattfinden werden, heran.

Die Rechtsgrundlage. Die Gründungsverträge der EG sehen ausschließlich Verfahrensregeln vor. Art. 217 des Vertrags von Rom und Art. 170 des Euratom-Vertrages überlassen es dem Ministerrat, einstimmig das Sprachsystem, in der EG festzulegen. Dies hat der Ministerrat auch getan. In der Verordnung 1 hat er allerdings nur für die Übersetzung von Schriftstücken gesagt, dass die Amtssprachen auch die Arbeitssprachen sind. Sie finden in dieser Ratsverordnung keinen Verweis auf die mündliche Kommunikation. Deshalb fing der Dolmetscherdienst der Kommission, der dann ein gemeinsamer Dienst wurde, unter Präsident Hallstein, dem ersten Präsidenten der Kommission, ganz klein an. Elf Dolmetscher waren es am Anfang, heute sind es 400 beamtete Dolmetscher plus 200 freiberufliche Dolmetscher pro Tag.

Zur Entwicklung des Dienstes und des Bedarfes an Dolmetschern: (Einen ganz kurzen terminologischen Einschub möchte ich machen: Sie finden in der Presse die Abkürzung "SCIC" = Service Commun Interprétation Conférence, zu Deutsch: GDKD = Gemeinsamer Dolmetscher- und Konferenzdienst der EG. Gemeinsamer Dienst deshalb, weil wir für alle Sitzungen bei der Kommission, beim Ministerrat, beim Wirtschafts- und Sozialausschuss u.a. zuständig sind.) Wir starteten 1958 mit unserem Generaldirektor, Frau van Hoof-Haferkamp, die nach wie vor diesen Dienst leitet. 1973 kamen drei neue Länder und zwei Sprachen, nämlich Englisch und Dänisch hinzu. Dies führte zu einem beträchtlichen Anstieg der Dolmetschertage. Sie stiegen um 50 %, nämlich von 32 000

Tagen Dolmetscherdienst 1972 auf 46 000 Dolmetschertage im Jahr darauf. Die beiden folgenden Erweiterungen, der Beitritt Griechenlands 1981 und der Beitritt Spaniens und Portugals 1986 bestätigten diesen Trend. Zusammenfassend kann ich sagen: Nach jeder Erweiterung steigt die Zahl der Dolmetschertage, und zwar beträchtlich schneller und stärker als die Zahl der Sitzungen. Das hängt weitgehend mit der Zahl der Dolmetscher zusammen, die Sie pro Team aufbringen müssen. Nehmen wir eine Simultanverdolmetschung aus und in zwei Sprachen. Dort sehen wir drei Dolmetscher vor. Für eine Verdolmetschung in und aus drei Sprachen sind es sechs Dolmetscher. Für eine Verdolmetschung aus und in sechs Sprachen sind es zwölf Dolmetscher. Dann kommt der Sprung von zwei auf drei Dolmetscher pro Kabine, d.h. dass Sie für eine Verdolmetschung aus und in sieben Sprachen 21 Dolmetscher brauchen etc. Diese Entwicklung scheint der Bundestagspräsidentin recht zu geben. Das Dolmetschervolumen stieg im Laufe der Jahre ansehnlich. Wir könnten also subsumieren, dass wir einem Europa der Dolmetscher entgegengehen. Allerdings ist diese Aussage durch eine zweite zu nuancieren. Die Zahl der beamteten Dolmetscher bei der EG-Kommission stieg weitaus langsamer als die Zahl der Dolmetschertage. Der Anteil, der von freiberuflichen Dolmetschern übernommen wird, stieg ansehnlich, nämlich von 28 % des Arbeitsvolumens im Jahr 1973 auf 44 % im letzten Jahr. Sie können also feststellen, dass wir eine der ersten Dienststellen waren, die das Prinzip der Subsidiarität praktizierten. Wir geben einen beträchtlichen Anteil unserer Arbeit nach außen ab.

Die Frage der Einstellungspolitik: Groß geschrieben, und das gilt für die freiberuflichen Dolmetscher, die wir anstellen, wie für die Einstellung im festen Dienst, war und ist das Prinzip der Qualität. Muss ich daran erinnern, dass Konferenzdolmetscher einem Hochseiltänzer ähneln, der kein Sicherheitsnetz unter sich aufgespannt sieht? Er hat keine Möglichkeit, das Missverständnis durch einen Revisor ausbügeln zu lassen, keine Möglichkeit, die Rohfassung noch einmal umzuschreiben. Der Konferenzdolmetscher muss ohne Zeitverzug produzieren, kontinuierlich, und er wird von seinem Publikum bewertet. Er befindet sich sozusagen unter einem ständigen Examensstress. Der Profi unter den Dolmetschern unterscheidet sich nach meinem Dafürhalten vom Amateurdolmetscher allein schon dadurch, dass er selbst an einem schlechten Tag so gut ist, dass die Kommunikation in einer mehrsprachigen Sitzung reibungslos funktioniert. Der Delegierte merkt nicht, ob der Dolmetscher einen guten oder einen schlechten Tag hat. Dies ist leichter gesagt als getan, wenn man an die Unzahl der in Brüssel oder anderswo behandelten Themen und an ihre wachsende Komplexität denkt. Um ihrer Herr zu werden, ist zunächst einmal eine ansehnliche Dosis sprachlicher Kompetenz verlangt. Das fängt schon bei der Muttersprache an. Und da liegt schon manchmal manches im Argen. Für Bewerber mit einer Aktivsprache verlangen wir genauso wie der EuGH drei weitere EG-Sprachen als Passivsprachen. Hat der Bewerber zwei Aktivsprachen, so genügt eine einzige Passivsprache.

Wie stellen wir ein? Genauso wie die anderen Dienste der Gemeinschaft, durch ein Auswahlverfahren. Diese Auswahlverfahren werden im Amtsblatt der Gemeinschaft und in der überregionalen Tagespresse veröffentlicht. Im Augenblick läuft das Auswahlverfahren für deutsche Dolmetscher, und zwar für Dolmetscher und Hilfsdolmetscher. Im Durchschnitt organisieren wir pro Jahr sechs Auswahlverfahren, jeweils zwei für eine Sprache. Wenn Sie im Kopf behalten, dass wir neun EG-Sprachen haben, und das deutsche Auswahlverfahren im Augenblick läuft, dann bedeutet das, dass wir in drei Jahren das nächste Auswahlverfahren für deutsche Dolmetscher organisieren. Wichtig für Sie sind zwei Feststellungen. Im Unterschied zur früheren Praxis sind die heutigen Auswahlverfahren sog. externe Verfahren, d.h. allen Kollegen zugänglich, die die einschlägigen Voraussetzungen erfüllen. Sie müssen also nicht bereits im Dienst der EG sein, um an solchen Auswahlverfahren teilzunehmen. Das ist ein Novum. Zweite Feststellung in diesem Zusammenhang: Die Einstellungsbehörde behält es sich vor, die Bewerbungskriterien je nach Bedarf zu ändern. Die Zulassungsverfahren entsprechen 1996 nicht unbedingt denen dieses Jahres. Die europäischen Behörden sind Instanzen, die gerade im sprachlichen Bereich schneller und nachhaltiger als nationale Behörden von politischen und linguistischen Entwicklungen betroffen bzw. beeinflusst werden. In einer Gemeinschaft mit 12 oder 15 Staaten können andere Kriterien festgelegt werden als in einer Gemeinschaft, die kleiner ist.

Wie wird die sprachliche Zukunft Europas aussehen? Vielleicht können Sie mir eine Antwort auf diese Frage geben. Ich kann jedenfalls keine offizielle Antwort geben, höchstens einige Denkanstöße anbieten. Ausgangspunkt für die Diskussionen ist das Schlusskommuniqué der Tagung des Europäischen Rates von Lissabon, der im Juni 1992 stattgefunden hat. In Punkt 26 des Kommuniques steht der Satz "To ensure effective communication in meetings pragmatic solutions will have to be found by each of the institutions." Ich greife zwei Gedanken aus diesem Satz heraus. Erstens, unterschiedliche Lösungen je nach EG-Institution, zweitens, unterschiedliche Lösungen je nach Bedarf. Da bin ich bei einem zweiten wichtigen Stichpunkt. Die Kommission berücksichtigt bereits seit dem Jahr 1984 für die Sitzungen, die sie organisiert, das Prinzip des tatsächlichen Bedarfs, le principe des besoins réels. Was heißt das? Dolmetscher nur da, wo sie wirklich gebraucht werden. Das Gefühl, überflüssig zu sein, ist für den Dolmetscher ebenso unerträglich wie für den Delegierten die Feststellung, dass Steuergelder unnütz vergeudet werden. Die zweite Feststellung: Es ist eine empirische Erkenntnis, dass es im allgemeinen leichter ist, einer Diskussion in einer Fremdsprache zu folgen als sich überzeugend in einer solchen Fremdsprache auszudrücken. Deshalb die Idee, die in der Kommissionsentscheidung 1984 festgehalten ist: den Delegierten, die dies wünschen, muss die Möglichkeit eingeräumt werden, sich in ihrer Sprache auszudrücken. Die Verdolmetschung erfolgt dann in eine bestimmte Anzahl von Verkehrssprachen. Diese können je nach Thematik, nach Zuhörerkreis unterschiedlich sein, l'interprétation à géométrie variable. Diese doppelte Erkenntnis determiniert weitgehend die Einstellungspolitik unseres Dienstes. Wir haben ca. 10 000 Sitzungen/Jahr. Für diese Sitzungen haben wir 1991 58 unterschiedliche Sprachregelungen für die Verdolmetschung angeboten. Das geht von einer Konsekutivverdolmetschung 1 : 1 bis hin zur Simultanverdolmetschung 10 : 9.

Natürlich sind bestimmte Sprachen gefragter als andere. Die gefragtesten Zielsprachen sind nach wie vor Englisch, Französisch und Deutsch. Deshalb ist es normal, dass wir für jene Sprachen die stärksten Dolmetscherteams haben, nämlich 61 deutschsprachige Dolmetscher, das größte Team. Und das widerlegt die Presseberichte, die immer wieder von einer Diskriminierung der deutschen Sprache sprechen. Ferner haben wir 59 französischsprachige, 57 englischsprachige Dolmetscher im festen Dienst. In den letzten drei Jahren stellten wir 17 deutsche, 6 französische, 10 englische Dolmetscher neu ein. Auf der anderen Seite, auch das müssen Sie verstehen, dürfen wir die sog. „kleinen" Sprachen nicht vernachlässigen. Der Personalbestand bei unseren griechischen Dolmetschern macht uns Sorgen. Wir haben im Augenblick 22 griechische Dolmetscher im Dienst. Vergessen Sie nicht, dass im ersten Halbjahr 1994 Griechenland den Vorsitz im Ministerrat übernimmt. Mit dieser turnusmäßigen Präsidentschaft im Rat steigt zwangsläufig auch die Nachfrage nach einer Sprache. Und diese Nachfrage sinkt dann sechs Monate später, wenn das Land die Präsidentschaft an ein nächstes Land abgibt. Das sind konjunkturbedingte Schwankungen, die uns Probleme machen. Auch um diese Konjunkturschwankungen auszugleichen, greifen wir verstärkt auf freiberufliche Kollegen zurück. Deshalb legen wir großen Wert auf eine regelmäßige Aktualisierung unserer Datei von freiberuflichen Kollegen. Wir haben im Augenblick 1578 Dolmetscher gespeichert. Sie sind alle von uns geprüft und als geeignet erachtet worden, für unseren Dienst zu arbeiten. Von diesen ca. 1600 freiberuflichen Dolmetschern arbeiten 1400 in eine oder zwei EG-Sprachen, die anderen in die sog. exotischen Sprachen, Nicht-EG-Sprachen wie Japanisch, Chinesisch, Arabisch. 287 der 1600 Dolmetscher arbeiten ins Deutsche. Die Einstellung der freiberuflichen Dolmetscher erfolgt aufgrund eines Tageshonorars. Es beträgt für einen Anfänger zurzeit brutto DM 447,-, netto DM 365,-, für einen Dolmetscher mit einer Berufserfahrung von mindestens 200 Sitzungstagen steigt der Tagessatz auf brutto DM 621,-, netto 477,-. Außerdem übernehmen wir den Arbeitgeberanteil für die Kranken- und Altersversicherung.

Die Einstellungsstrategie bei freiberuflichen Dolmetschern: Wir gehen nach dem Prinzip der konzentrischen Kreise vor. Zunächst werden, bei gleichem Sprachprofil und gleicher Qualifikation, die ortsansässigen Kollegen angesprochen. 280 freiberufliche Kollegen haben ihren Wohnsitz in Brüssel. Es ist nahe liegend, dass sie mehr Arbeitstage angeboten bekommen als ihre Kollegen, die weiter entfernt wohnen. Umgekehrt ist es natürlich so, dass wir bei einer Sitzung in Bonn oder in Hannover erst einmal sehen, wen wir als ortsansässigen Kollegen dort haben. Finden wir am Ort der Sitzung niemanden, dann ziehen wir immer größere Kreise, bis wir jemanden gefunden haben. Damit bin ich bei einem weiteren Punkt. Dolmetscher werden wie alles immer teurer. Je teurer Dolmetscher werden, umso mehr müssen wir darauf achten, dass sie sinnvoll eingesetzt werden. Wenn wir auf die Frage zurückkommen, wie es in sprachlicher Hinsicht mit der Gemeinschaft weitergehen wird, dann sollten wir in diese Richtung weiterdenken. Wir müssen Formeln finden, die Demokratie mit Effizienz verbinden. Wie kann man Diskriminierungen vermeiden? Wie kann man vermeiden, dass eine Delegation protestiert, weil sie keine Verdolmetschung hat? Die Mechanismen des Konferenzdolmetschens dürfen nicht zusammenbrechen. Die UNO lebt mit sechs Sprachen bei über 180 Mitgliedstaaten. In einem Sachverständigenbericht, dem sog. King-Bericht, der vor einigen Jahren erstellt wurde, wurde bei der Einführung der sechsten Sprache bei der UNO ausdrücklich davor gewarnt, dass durch eine Vervielfältigung der Sprachen, und damit der Sprachpaare, der damit gekoppelten Notwendigkeit, immer häufiger auf das Relais-Dolmetschen zurückzugreifen, eine Qualitätsminderung eintritt.

Wir leben in der EG mit neun Sprachen und 72 Sprachpaaren. Man spricht nun von einer 10., einer 11., ja sogar von 15 Sprachen. Das wären letztendlich 240 Sprachpaare. Werden die skandinavischen Delegationen auf ihre verschiedenen Sprachen pochen? Mir erschiene das umso überraschender als sich die skandinavischen Vertreter heutzutage nahezu mühelos verstehen. Die Finnen bilden einen Sonderfall. Die Frage, wie wir die skandinavischen Länder sprachlich integrieren werden, ist für uns eine prioritäre Frage. Mit Österreich haben wir Gott sei Dank keine Probleme. Die Beitrittsverhandlungen laufen in Englisch. Erst in der letzten Phase der Verhandlungen werden die sog. institutionellen Probleme behandelt werden wie z.B. die Frage nach der sprachlichen Zukunft Europas.

In der Zwischenzeit sind wir natürlich nicht untätig. Ich kann Sie auf den sog. Hänsch-Bericht verweisen, ein Bericht, der vor wenigen Wochen vom Europaparlament verabschiedet wurde. Der Hänsch-Bericht enthält interessante Ansatzpunkte, wie man z.B. im Bereich Dolmetschen dieser Sprachenexplosion Herr werden kann. Wir sind dabei, eine Bestandsaufnahme der Dolmetscherressourcen der skandinavischen Sprachen vorzunehmen und prüfen, welche Ausbildungsmöglichkeiten sich in den skandinavischen Sprachen bilden.

Natürlich denkt man schon an einen nächsten Schub von Erweiterung nach. Um die Jahrtausendwende sollten Polen, die Tschechei, die Slowakei, Ungarn dazu kommen. Deshalb sind wir im Bereich des Tempus-Programms, des Trans-European Mobility Program for University Studies bereits heute aktiv. Wir sind dabei, mit einer Anzahl von Universitäten in- und außerhalb der EG Ausbildungsprogramme auszuarbeiten und abzuschließen, mit dem Gedanken, Dolmetscherausbilder, d.h. Hochschulausbilder aus jenen Staaten, die irgendeinen Kontakt zum Dolmetschen haben, nach Brüssel einzuladen zu einem Fortbildungspraktikum. Danach werden sie zurückgehen an ihre Universität und dort eine qualifizierte Ausbildung anbieten. Wir spekulieren auf den Multiplikatoreneffekt. Wesentlich ist nach wie vor das Kriterium: eine qualitativ hochwertige Ausbildung zu fördern. Am besten geschieht dies durch ein Aufbaustudium.

Da kommt Ihnen als Deutsche in der geographisch wichtigen Lage eine besondere Aufgabe zu, nämlich Ihre Mitwirkung an der Eingliederung des mittel- und osteuropäischen Marktes in unseren Markt, ohne dass die Qualität der Leistung in irgendeiner Weise vermindert wird.

Kommen wir ganz kurz zu meiner Ausgangsfrage zurück. Sind wir auf dem Weg in ein Europa der Dolmetscher? Ich hoffe, es wurde Ihnen klar, dass das nicht so schematisch und verallgemeinert gesagt werden kann. Erstens: Nicht wir, sondern die Damen und Herren, die uns regieren, haben sich auf neun EG-Sprachen geeinigt. Das künftige Sprachenregime wird von ihnen und nicht von uns festgelegt. Zweitens: Je stärker föderative Elemente zum Tragen kommen, desto lauter wird die Forderung nach einer Reduzierung der Zahl der Sprachen. Drittens: In der Diskussion um die Sprachen Europas in der Zukunft gibt es immer wieder ein Missverständnis. Ich kenne niemanden, der für den Austritt seines Volkes aus einer Sprache plädiert hat. Es ist ein Trugschluss zu glauben, dass ein Volk seine Identität allein deshalb einbüßt, weil ein nationaler Experte der Verdolmetschung der Diskussion in einer anderen als der seinen zuhört. Dagegen fördert die Bestellung von Dolmetschern aus reinen nationalen Prestigeüberlegungen zwangsläufig die Tendenz zu einer Inflation der Dolmetscher. Viertens: Sofern die Sprachexplosion in Europa weitergeht, müssen wir über neue Dolmetschsysteme nachdenken wie z.b. jenes in der ehemaligen Sowjetunion, d.h. Verdolmetschung der verschiedenen Landessprachen in das Russische und dann aus dem Russischen in die anderen Sprachen gedolmetscht. Fünftens: Es interessiert immer wieder die Medien, was ein einziger Sitzungstag die EG kostet. Er kostet viel. Hier sind wir gefordert. Konferenzdolmetschen ist natürlich eine Leistung, die ihren Preis hat. Aber in dem Maße, in dem die Addierung neuer Sprachen die Dolmetschkosten in den Himmel treibt, wird natürlich in der Öffentlichkeit der Ruf nach Alternativlösungen immer lauter. Wir dürfen auch nicht „den Zwang des Tatsächlichen" (Bangemann) vergessen. Man kann nicht leugnen, dass de facto die Bedeutung des Englischen zunimmt, auch wenn innerhalb der EG-Behörden Französisch wohl die gängigste Verkehrssprache ist.

Alle meine Überlegungen sollten Sie und Frau Süssmuth beruhigen. Dolmetschen ist kein Selbstzweck. Dolmetscher sollten sich nie aufdrängen. Wenn sich Menschen verschiedener Kulturen ohne Zwischenpersonen verständigen können, ist das wundervoll.

Würden sich die Menschen in Europa eines Tages aus freien Stücken auf eine Sprache einigen, in ein- und derselben Sprache denken und träumen können, dann wären auch Sie der Meinung, dass dies eine wundervolle Situation wäre. Aber Sie wissen wie ich, Wunder brauchen ihre Zeit. Bis dieses Wunder vollbracht worden ist, brauchen wir gute Dolmetscher ebenso wie gute Übersetzer. Nicht ihre Anzahl ist ausschlaggebend, sondern die Qualität ihrer Leistung. Um es plakativ auszudrücken: Kein Europa der Dolmetscher, sondern ein Europa unter Mitwirkung von qualifizierten Konferenzdolmetschern.

Walter Volz:
Einstellungsverfahren für Übersetzer und Vergabepraxis an Freiberufler bei der EG-Kommission

Das Kolloquium des BDÜ steht unter dem Motto „aus der Praxis für die Praxis". So dürfen Sie, wie von meinen Vorrednern, ganz praktische Hinweise erwarten, und ich hoffe, Sie in dieser Hinsicht nicht zu enttäuschen.

Der Veranstalter hat die Redezeit der Vortragenden bewusst begrenzt, um Ihnen anschließend Gelegenheit zu geben, Fragen zu stellen. Sollten Ihnen im Laufe meiner Ausführungen Fragen kommen, so bitte ich Sie, diese nachher zu stellen. Ich werde mich bemühen, sie Ihnen nach bestem Wissen und Gewissen zu beantworten.

Bevor ich auf die beiden Teile meines Referats zu sprechen komme - denn es gliedert sich eindeutig in zwei Teile -, muss ich einige Fakten vorausschicken. Diese mögen einigen von Ihnen bereits bekannt sein. Ich bitte zu entschuldigen, wenn ich für Ihre Ohren Bekanntes darlege. Die Kenntnis dieser Sachverhalte ist aber unerlässlich, um Missverständnisse erst gar nicht aufkommen zu lassen.

Ich spreche hier und jetzt für den Übersetzungsdienst der Kommission. Daraus folgt zweierlei:

1. Übersetzer- und Dolmetscherdienst sind bei der Kommission streng getrennt.

2. Alle Institutionen der Gemeinschaft - Ministerrat, Kommission, Europäisches Parlament, Europäischer Gerichtshof, Rechnungshof und Wirtschafts- und Sozialausschuss - unterhalten einen eigenen Übersetzungsdienst.

Auch wenn die Tätigkeit im Prinzip überall die gleiche ist, nämlich das Übersetzen von Texten in die Muttersprache, gibt es doch bei den Textarten, den Ausgangssprachen und den Arbeitsabläufen ganz erhebliche Unterschiede. Soweit es das Verständnis erfordert, komme ich darauf später zurück.

Ich möchte Ihnen kurz den Übersetzungsdienst der Kommission in seiner derzeitigen Konfiguration vorstellen.

Unter der Leitung eines Generaldirektors gliedert er sich in 7 Fachbereiche, davon 5 in Brüssel und 2 in Luxemburg. Innerhalb jedes Fachbereichs gibt es für jede Amtssprache ein Übersetzungsreferat, also für die Amtssprache Deutsch z.B. 7 selbständige Übersetzungsreferate mit jeweils 20-25 Übersetzern und einer kleinen Schreibkanzlei.

Den Produktionseinheiten zugeordnet ist die Direktion Allgemeine und Sprachliche Angelegenheiten, die ihrerseits fünf Referate umfasst: Referat 1 - Sprachliche Koordinierung Referat 2 - Fortbildung und Einstellungen Referat 3 - Terminologie Referat 4 - Multilinguismus und Referat 5 - Freiberufliche Übersetzung. Von besonderem Interesse ist hier die Tätigkeit der Referate 2 und 5.

Wie wird man Übersetzer bei den EG-Institutionen? In der Frühzeit der Gemeinschaft, als diese noch EWG hieß und gleichsam noch in den Kinderschuhen steckte, ging man nach Brüssel, stellte sich beim Übersetzungsdienst vor, bat um eine vorübergehende Beschäftigung, teils unentgeltlich, teils vergütet, an deren Ende das Urteil stand: tauglich oder nicht tauglich.

Diese Einstellungspraxis war natürlich recht willkürlich, hatte aber den großen Vorteil, dass man sich schnell ein Urteil über die Leistungsfähigkeit des Bewerbers unter echten Arbeitsbedingungen bilden und diesen nach Ablauf der vorher vereinbarten Probezeit gegebenenfalls entlassen konnte. Mit der Einführung des Europäischen Beamtenstatus im Jahr 1962 änderte sich die Lage grundlegend: fortan konnte ein Bewerber nur dann auf eine Planstelle gesetzt werden, wenn er zuvor die Hürde eines Auswahlverfahrens genommen hatte und auf einer Eignungs- bzw. Reserveliste stand. Und so ist es im wesentlichen bis heute geblieben. Zwar wurden die Zulassungsbedingungen im Laufe der Jahre verschiedentlich modifiziert, doch die Hauptanforderungen an potentielle Bewerber gelten fort.

Auswahlverfahren werden in den überregionalen Tageszeitungen angekündigt. Nach der Wende hat die Kommission diese Anzeigen auch in einigen regionalen Zeitungen der neuen Bundesländer plaziert. Veröffentlicht werden sie schließlich im Amtsblatt der Europäischen Gemeinschaften, das entweder bei den Vertretungen der Kommission in Deutschland - Bonn, München und Berlin - oder beim Referat „Fortbildung und Einstellungen" des Übersetzungsdienstes der Kommission angefordert werden kann -, sofern es sich um ein Auswahlverfahren der Kommission handelt. Wer die Zulassungsvoraussetzungen erfüllt, auf die ich gleich noch zu sprechen komme, und an einem Auswahlverfahren teilnehmen möchte, kann sich jederzeit an das vorgenannte Referat wenden. Er wird dann in ein Bewerberverzeichnis aufgenommen und erhält das Amtsblatt zugeschickt, sobald darin ein Auswahlverfahren veröffentlicht wird.

Es wird Sie interessieren, wie der jüngste Stand bei den Auswahlverfahren für deutschsprachige Übersetzer ist. Im Oktober 1991 wurden Auswahlverfahren für Übersetzer und Hilfsübersetzer ausgeschrieben (dieser etwas schiefe Begriff Hilfsübersetzer kann leicht missverstanden werden und sollte besser durch „Übersetzer in Anfangsstellung" oder ohne Berufserfahrung ersetzt werden). Diese waren genau ein Jahr später mit der Veröffentlichung der Eignungslisten abgeschlossen. Ein paar statistische Angaben dazu: Eingegangen waren rund 950 Bewerbungen. Nach Prüfung der Zulassungsvoraussetzungen waren rund 750 Bewerber zu den beiden Auswahlverfahren zugelassen worden. Die Hürde der Vorauswahlprüfung haben etwa die Hälfte genommen. Zur mündlichen Prüfung wurden dann noch 38 Bewerber zugelassen, und bestanden haben genau 33. Davon wurden bisher sechs als Beamte auf Probe eingestellt.

Zur Besetzung freier Stellen werden also Bewerber von den Reservelisten abgerufen. Eine Einstellungsverpflichtung besteht nicht. Neben den Prüfungsergebnissen spielen für die Referate, in denen die Laureaten arbeiten werden, deren Sprachkombination, Ausbildung und gegebenenfalls die Berufserfahrung eine Rolle. Diese Reservelisten sind in der Regel ein Jahr lang gültig, doch wird ihre Gültigkeitsdauer auf Beschluss der Verwaltung erfahrungsgemäß verlängert. Spätestens bei der Feststellung einer neuen Eignungsliste, d.h. nach Abschluss eines neuen Auswahlverfahrens, treten die alten Reservelisten außer Kraft, unabhängig davon, ob sie ausgeschöpft sind oder nicht.

An dieser Stelle wäre etwas zu den Zulassungsbedingungen zu sagen. Die wichtigsten sind:

- abgeschlossenes Hochschulstudium, nicht unbedingt ein linguistisches. Wir suchen auch Juristen oder Wirtschaftler, sofern sie in der Lage sind, als Übersetzer zu arbeiten.

- Staatsangehörigkeit eines Mitgliederstaates.

Obwohl bei allen EG-Institutionen vom Übersetzungsdienst grundsätzlich dieselbe Dienstleistung, nämlich das Übersetzen von Texten aus mehreren

Sprachen in die Muttersprache, verlangt wird, gibt es, wie eingangs schon erwähnt, zwischen den einzelnen Übersetzungsdiensten gewisse, zum Teil erhebliche Unterschiede.

Für die deutschen Referate des Übersetzungsdienstes der Kommission ergibt die Aufgliederung der Texte nach Ausgangssprache folgendes Bild: rd. 56 % Französisch rd. 35 % Englisch. Weniger als 10 % sind demnach Texte aus anderen Amtssprachen oder Nichtgemeinschaftssprachen. Die sprachliche Zusammensetzung dieses Textaufkommens bestimmt auch das von uns gesuchte Übersetzerprofil: am dringendsten werden Mitarbeiter mit der Sprachkombination Französisch/Englisch und möglichst noch weiteren Gemeinschaftssprachen benötigt. Erfolgreiche Teilnehmer am Auswahlverfahren, die dieses Profil mitbringen, haben somit die größten Chancen, als erste von den Reservelisten abgerufen zu werden.

Nach unseren Beobachtungen ist der Anteil der Bewerber mit dem Sprachenpaar Englisch-Spanisch steigend. Wenn diese Bewerber absolut keine Französischkenntnisse besitzen und auch nicht den Willen erkennen lassen, um diese in berufsbegleitenden Sprachkursen zu erlernen, müssen sie damit rechnen, wenn überhaupt, erst spät an die Reihe zu kommen.

Das Europäische Parlament sucht Übersetzer, die in der Lage sind, aus möglichst vielen Amtssprachen in die Muttersprache zu übersetzen. Das erklärt sich daraus, dass die Abgeordneten sich bei den Parlamentsdebatten ihrer Sprache bedienen.

Beim Rat hingegen ist Französisch die Verkehrssprache. Die überwiegende Mehrheit der Texte ist daher aus dem Französischen ins Deutsche zu übersetzen. Folglich werden bei der Bekanntmachung von Auswahlverfahren des Rates von den Bewerbern neben der vollkommenen Beherrschung der Muttersprache gründliche Kenntnisse in der französischen Sprache sowie gute Kenntnisse in einer oder mehreren anderen Amtssprachen verlangt. Generell erfolgt die Einstellung beim Rat in der Besoldungsgruppe LA 7, d.h. gesucht werden Übersetzer mit einer gewissen Berufserfahrung. Zurzeit läuft ein Auswahlverfahren des Rates für deutschsprachige Übersetzer. Es unterscheidet sich darüber hinaus in zwei wesentlichen Punkten von den vorerwähnten Auswahlverfahren der Kommission:

1. die Altersgrenze für die Zulassung beträgt 49 Jahre (anstatt 32 bzw. 36 bei der Kommission)

2. an die Stelle des abgeschlossenen Hochschulstudiums kann auch eine gleichwertige Berufserfahrung treten.

Zu Ihrer Information: die Bewerbungsfrist für dieses Auswahlverfahren des Rates ist verlängert worden, um Bewerbern aus Österreich die Teilnahme zu ermöglichen. Die Fristverlängerung ist beschlossen worden, nachdem am 1. Februar dieses Jahres die offiziellen Beitrittsverhandlungen angelaufen sind.

Ich möchte jetzt zum zweiten Teil meines Referats kommen, das für Sie als freiberufliche Übersetzer vielleicht noch wichtiger ist. Auch da empfiehlt sich eine kurze Rückschau.

Der Übersetzungsdienst des EGKS in Luxemburg hat von Anfang an die Dienste freiberuflicher Übersetzer in Anspruch genommen, namentlich im Zusammenhang mit den von der Hohen Behörde finanzierten oder bezuschussten Forschungsprojekten. Doch hielt sich diese Vergabe von Übersetzungsleistungen außer Haus in Grenzen. Demgegenüber ist der in Brüssel ansässige Übersetzungsdienst der EWG-Kommission erst ziemlich spät dazu übergegangen, Übersetzungsaufträge nach draußen zu vergeben. Dabei waltete anfangs - man kann es nicht anders ausdrücken - ein gewisser Grad an Willkür oder vornehmer ausgedrückt: Pragmatismus.

Lassen Sie mich das erklären. Erste Freelance-Aufträge erhielten Personen, die den damaligen Abteilungsleitern persönlich oder zumindest namentlich bekannt waren. Erst Ende der 70er Jahre wurde damit begonnen, ein Register für freiberufliche Übersetzer zu erstellen, man bewarb sich formlos beim Übersetzungsdienst und wurde nach positiver Prüfung des Antrags dazu aufgefordert, eine Probeübersetzung anzufertigen. Von deren Bewertung hing es ab, ob man in die Freelance-Liste aufgenommen wurde. Wurde ein Bewerber mit dem ersten Auftrag bedacht, schlug für ihn die Stunde der Wahrheit: leider allzu oft kam es vor, dass die Übersetzung den - zugegebenermaßen - hohen Anforderungen des Übersetzungsdienstes nicht gerecht wurde. Das hatte zur Folge, dass der Betroffene keine Anschlussaufträge mehr erhielt.

Einen organisatorischen Einschnitt brachte die 1989 eingeleitete und 1990 abgeschlossene Neustruktur des Übersetzungsdienstes der Kommission. Im Zuge dieser Umgestaltung wurde ein eigenes Referat Freibrufliche Übersetzung eingerichtet, so wie einige unter Ihnen es zurzeit kennen.

Zur Entwicklung der Haushaltsmittel für freiberufliche Übersetzungen seit 1991 und zur Zahl der Übersetzer oder Übersetzungsbüros, die für den Übersetzungsdienst der EG-Kommission arbeiten, möchte ich Ihnen einige Daten nennen:

Haushaltsmittel übersetzte Seiten

- 1991: 3,2 Mio ECU   rd. 90.000 davon 17.800 oder ca. 20 % ins Deutsche
- 1992: 3,5 Mio ECU   rd. 108.000 davon 24.300 oder 22,5 % ins Deutsche
- 1993: 4,5 Mio ECU für 1994 angefordert: 5,5 Mio ECU.

Was die Übersetzung ins Deutsche angeht, hat der Übersetzungsdienst der Kommission in Brüssel und Luxemburg im Jahr 1992 an 55 Einzelübersetzer und 14 Übersetzungsbüros oder -sozietäten Freelance-Aufträge vergeben. Diesen Daten können Sie entnehmen, dass der Freelance-Anteil am Gesamtvolumen des Übersetzungsdienstes steigt, und zwar ganz erheblich. 1992 lag er bei etwa 12 %, und es ist geplant, ihn bis auf 20 % anzuheben. Darin spiegelt sich die Erkenntnis wider, dass der Dienst trotz steigender Nachfrage nach Übersetzungen personell nicht unbegrenzt wachsen kann und wird.

Beim Europäischen Rat in Edinburgh wurde für die Erweiterung der Gemeinschaft grünes Licht gegeben. Die Beitrittsverhandlungen mit Österreich, Schweden und Finnland sind am 1. Februar 1993 offiziell aufgenommen worden. Auf Vorschlag der Kommission hat der Rat beschlossen, auch mit Norwegen in Beitrittsverhandlungen einzutreten. Mit dem Beitritt dieser Länder erhöht sich die Zahl der Amtssprachen um zwei oder drei.

Im Zeichen der weltweiten Rezession, von der auch die EG-Länder nicht verschont blieben, und deren Auswirkungen auf den EG-Haushalt kam der Edinburgher Beschluss mit der Auflage zustande, die Erweiterung ohne zusätzliche Ausgaben zu erreichen. Davon betroffen ist unter anderem auch der Übersetzungsdienst, denn die zusätzlichen Stellen, die nach den Haushaltansätzen in bescheidenem Umfang geschaffen werden können, sind für die Einrichtung von Übersetzerstellen für die neuen Sprachen vorgesehen.

Doch zurück zur Vergabepraxis. Nach dem bisherigen Verfahren muss für jeden Übersetzungsauftrag ein getrennter Kontrakt geschlossen werden, der bis zur Auszahlung des Honorars mehrere Verwaltungsstellen durchläuft - darunter auch die unerlässliche Finanzkontrolle. Auf diesen zugegebenermaßen umständlichen und zeitraubenden Instanzenweg ist es zurückzuführen, dass die Vertragsnehmer meist lange auf ihr Geld warten müssen. Zu unserem Leidwesen besteht das Negativimage der Kommission als säumiger Zahler völlig zu Recht. Aber bitte bedenken Sie folgendes: Die EG-Kommission ist nun mal eine internationale Behörde - und eine mehrsprachige dazu - und kein Privatunternehmen.

Im Einklang mit der Haushaltsordnung war die Höhe der für Freelance-Arbeiten ausgegebenen Haushaltsmittel für die Finanzkontrolle der EG-Kommission Anlass genug, nachhaltig zu fordern, dass diese Ausgaben künftig nur noch im Rahmen öffentlicher Ausschreibungen zu tätigen seien. Da sich die Übersetzungsdienste der drei großen Institutionen - Europäisches Parlament, Rat und Kommission - seit einiger Zeit auf ihre gemeinsamen Aufgaben besinnen und zur schrittweisen interinstitutionellen Zusammenarbeit übergehen, wurde beschlossen, auf dem Gebiet der freiberuflichen Übersetzung gemeinsam vorzugehen. Das ist der sachliche Hintergrund für die Lancierung der Aktion „Interessenbekundung" und öffentliche Ausschreibung, die zurzeit noch in vollem Gange ist, die von der Kommission und dem Europäischen Rat gemeinsam getragen wird.

Ich möchte Sie nicht mit Details langweilen. Generell möchte ich aber dazu folgendes festhalten: Die Dauer des Verfahrens -und ich darf Ihnen sagen, dass wir selbst darüber sehr unglücklich sind - hat im wesentlichen zwei Ursachen: Erstens gestaltet sich die Zusammenarbeit der beiden Organe sehr viel schwieriger, als ursprünglich angenommen wurde - nicht zuletzt deshalb, weil die Bedürfnisse - und damit die jeweiligen Interessen - nicht deckungsgleich sind.

Zum anderen wurde mit dieser Ausschreibung absolutes Niemandsland betreten, das auch rechtlich abgesichert werden musste. Ich kann es nicht deutlich genug sagen: Die Gemeinschaft und ihre Organe sind öffentliche Verwaltungen, die bestimmten zwingenden Verfahrensvorschriften unterliegen - und keine privatwirtschaftlichen unternehmen, die in ihrem Geschäftsgebaren flexibel sind und sich schnell und unbürokratisch auf sich ändernde Rahmenbedingungen einstellen können.

Augenblicklich arbeiten die Übersetzungsdienste von Kommission und Parlament mit Hochdruck an der Durchsicht und Bewertung der Probeübersetzungen. Aus Gründen der Objektivität werden alle Arbeiten doppelt korrigiert. Bei abweichender Beurteilung entscheidet der Auswahlausschuss.

Das Ergebnis wird der Abschluss von Rahmenverträgen mit den erfolgreichen Bietern sein. Damit entfällt die Notwendigkeit, für jeden Übersetzungsauftrag einen gesonderten Vertrag zu schließen; die Abwicklung erfolgt mit einer Art Lieferschein. Wir versprechen uns eine Vereinfachung der Prozeduren. Allerdings kann weder das Parlament noch die Kommission feste Vergabezusagen machen, da sich der Arbeitsanfall nie genau vorausschätzen lässt. Eine weitere Neuerung besteht darin, dass die Honorare künftig nicht mehr räumlich variieren werden, so wie das bisher der Fall war.

Entscheidend für die Nutzung der Rahmenverträge ist die Qualität der Leistungserbringung. Kommission und Europäisches Parlament behalten sich vor, Vertragspartner von der Liste zu streichen, wenn die Übersetzungen nicht in der vereinbarten Frist abgeliefert werden und/oder qualitätsmäßig nicht den Anforderungen genügen.

Praktisch bedeutet das zweierlei:

- Nur wer sich erfolgreich an der Ausschreibung beteiligt hat, kann nach Abschluss des Verfahrens mit Aufträgen rechnen.

- Um neu hinzukommende Bewerber nicht ein für allemal von der Möglichkeit auszuschließen, für die EG zu arbeiten, wird in absehbarer Zeit

- in vereinfachter Form sicherlich - ein weiteres Ausleseverfahren durchgeführt werden müssen. Wann das sein wird, lässt sich heute noch nicht vorhersagen.

In der Kommunikationspolitik der Kommission, die ja mehr umfasst als nur die Übersetzung, ist der freiberuflichen Übersetzung eine wichtige Rolle zugedacht, nicht zuletzt im Hinblick auf die Erweiterung und die Hinzufügung neuer Amtssprachen. In dieser Situation muss man sich ernsthaft fragen, ob wir dem Kommunikationsbedarf in der Zukunft mit unserer traditionellen Arbeitsweise noch gerecht werden können.

Im Übersetzungsdienst sind Überlegungen im Gange, eine Struktur zu schaffen - eine oder zwei Personen je Amtssprache z.B. -, die sprachlich und thematisch mit den freiberuflichen Mitarbeitern engen Kontakt hält. Ein wichtiger Punkt dabei ist, wie mir scheint, das nötige feedback, das bisher sehr im argen liegt.

Ansatzweise gibt es diese Struktur bereits in Form der Außenstellen oder „Antennen" des Übersetzungsdienstes am Sitz der Vertretungen der Kommission in Deutschland: Bonn und München. Sie bestehen bisher aus je einem Übersetzer, der hauptsächlich für den unmittelbaren Übersetzungsbereich der Vertretungen da ist. Daneben haben diese Übersetzer den ausdrücklichen Auftrag, Kontakte zu den freiberuflichen Übersetzern zu pflegen.

Der in München tätige Übersetzer ist außerdem in der Lage, sachdienliche Auskünfte über den Zugang und die Benutzung der Terminologie- und Dokumentationsdatenbanken - wie EURODICAUTOM oder CELEX - zu erteilen.

In dem Referat, das der Leiter des Übersetzungsdienstes der Kommission Dr. Eduard Brackeniers auf der gestrigen Eröffnungsveranstaltung gehalten hat, ist er auch auf die Modernisierung des Dienstes eingegangen. Damit wird u.a. eine Diversifizierung des Produktfächers des Übersetzungsdienstes angestrebt. Diese wird nicht ohne Auswirkungen auf die freiberuflichen Mitarbeiter bleiben. So wäre z.B. durchaus denkbar, dass wir in der Zukunft Mitarbeiter suchen, die die Post-Edition maschinenübersetzte Texte übernehmen. Denn eine Überlegung geht dahin, zur Bewältigung der Kommunikationslawine verstärkt die maschinengestützte Übersetzung heranzuziehen. Für die Kommission ist dies in erster Linie SYSTRAN, doch bisher ist Deutsch als Ausgangs- und Zielsprache noch nicht genügend entwickelt, um brauchbare Ergebnisse zu erzielen. Da aber offensichtlich gerade für diese Sprache großes Interesse besteht, wird für die kommende Zeit verstärkt daran gearbeitet, Deutsch im System besser zu beherrschen.

Bekanntlich sind noch andere Systeme auf dem Markt, denen teilweise eine höhere Leistungsfähigkeit nachgesagt wird. Von unserem Referat Multilinguismus, in dessen Zuständigkeit die Betreuung von SYSTRAN fällt, wird zurzeit anhand praktischer Vergleiche getestet, inwieweit dies der Wirklichkeit entspricht.

Versuche laufen mit dem in Amerika entwickelten System LOGOS, das von einer deutschen Gruppe vermarktet wird. Dort bestehen neben systemimmanenter auch logistische Probleme. Nach dem derzeitigen Stand der Versuche ist es fraglich, ob LOGOS dem System SYSTRAN überlegen ist. Weitere Versuche sind in der nächsten Zeit mit dem von Siemens entwickelten System METAL geplant.

Zusammenfassend möchte ich festhalten, dass aus der Sicht des Übersetzungsdienstes der EG-Kommission die freiberufliche Übersetzung eine hoffnungsvolle Zukunft vor sich hat. Das wird nicht zuletzt durch die Konsolidierung der Haushaltsmittel und deren Aufwärtsentwicklung unterstrichen.

Diskussion

Christel Haegler: Sie sprachen die Zulassungsbedingungen an, das abgeschlossene Hochschulstudium für Juristen und Volkswirte, die Sie besonders bevorzugen. Wie machen Sie aus den Juristen und aus den Volkswirten hervorragende Dolmetscher oder Übersetzer? Wir haben in Köln eine sehr gute Fachhochschule mit entsprechender Abnahme von Examina. Wird der Fachbereich Sprachen der Fachhochschule Köln in irgendeiner Form anerkannt? Wir wissen, dass in der Bundesrepublik die Fachhochschulen keine Äquivalenz bei unseren westlichen Nachbarn erfahren haben. Was machen die Absolventen der Fachhochschulen? Könnten Sie diese als qualifizierte Mitarbeiter einstellen? Oder lehnen Sie grundsätzlich diese Examina für die Aufnahme in den Dienst ab?

Halter Volz: Bei den „Fachgebietlern" mit einem abgeschlossenen Hochschulstudium handelt es sich überwiegend um Leute, die bereits übersetzen können. Wir brauchen sie nicht viel auszubilden. Und unser Auswahlverfahren für diese Kandidaten ist sehr schwierig. Aus dem letzten ist ein einziger Jurist hervorgegangen. Aber wenn sie bei uns sind und z.B. über juristische Kenntnisse verfügen, sind sie u.U. sehr wertvoll für uns. Und wir haben sehr oft mit juristischen Texten zu tun. Es mag ein Nachteil sein, dass wir keine Ausbildungspraktika anbieten. Wir erwarten das Vorhandensein der Kenntnisse. Die Zulassungsbedingungen werden vom Dolmetscherdienst nicht festgelegt. Sie regelt unsere Verwaltung. Wir haben aber einen gewissen Einfluss. Die Absolventen der Fachhochschule Köln wurden zugelassen und werden wohl auch in Zukunft zugelassen werden.

Frage: Auf wie viel Arbeitsstunden beruhen die genannten Sätze? Wie werden Überstunden honoriert? Wie viel Überstunden fallen durchschnittlich je Einsatztag an?

Christian Reynold: Die beamteten Dolmetscher sind der Laufbahngruppe A, den Leitenden Beamten, gleichgestellt. Für diese Gruppe gibt es keine Überstundenregelung. Im Statut steht, dass wir ständig der Verwaltung zur Verfügung stehen müssen. In diesem Sinne wird ein freiberuflicher Dolmetscher pro Tag eingestellt. Er erhält das Geld für die Anreise am Vortag, muss aber der Kommission am Einsatztag ab 9.00 Uhr zur Verfügung stehen. Er kann so lange eingesetzt werden, bis er den letztmöglichen Zug in seine Stadt gerade noch erreicht. Ist er ein örtlich eingestellter freiberuflicher Dolmetscher, kann er ohne Überstundenregelung bis 21.00 Uhr eingesetzt werden. Geht umgekehrt seine Sitzung um 16.00 Uhr zu Ende, ist sein Arbeitstag zu diesem Zeitpunkt beendet. Eine gewisse Flexibilität ist also erforderlich. Und sie kann manchmal zu Lasten des Dolmetschers gehen.

Frage: Übersetzen sie auch aus slawischen Sprachen, und wenn ja, aus welchen Textsorten?

Halter Volz: Bisher fallen Textsorten aus diesen Sprachen nur in ganz geringem Umfang an. Es gibt einen gewissen Übersetzungsbedarf für Russisch. Aber auch er ist sehr beschränkt. Zudem haben wir eine Reihe von Kollegen, die über ausreichende Russischkenntnisse verfügen. Wenn aus anderen slawischen Sprachen Übersetzungen anfallen, bedienen wir uns freiberuflicher Mitarbeiter. Die Texte werden dann für die Kommission in die französische Sprache übersetzt. Ab diesem Zeitpunkt werden sie nur noch in Französisch weiterbearbeitet. Wie die Zukunft aussehen wird, kann ich noch nicht absehen. Was die skandinavischen Sprachen angeht, versuchen wir, durch intensive Sprachkurse in unserem Hause den Anfall zu bewältigen. Das wird für Schwedisch leichter sein als für Finnisch, das eine ausgesprochen schwierige Sprache ist. Hier gibt es nur ganz wenige Kollegen, die aus dem Finnischen übersetzen können. Generell übersetzen wir ja nur aus, nicht in die Sprachen. Müssen wir in die Sprachen übersetzen, vergeben wir die Aufträge an Freiberufler.

Frage: Ich möchte auf die Honorare für die freiberuflichen Übersetzungsaufträge eingehen. Das Einzige, was Sie dazu gesagt haben, war, dass sich die einzelnen Honorare nicht mehr auf die einzelnen Länder beziehen, dass also EG-weit ein einziger Zeilenpreis gilt. Könnte ich ein paar konkrete Zahlen hören?

Halter Volz: Dazu bin ich nicht befugt. Diese Einzelheiten werden im Rahmen der Ausschreibung festgelegt werden. Das ist noch nicht Wirklichkeit. Bisher entlohnt die Kommission nach einem Prinzip gestaffelter Honorarsätze. Es gibt drei Honorarsätze. Erfüllt der Übersetzer seine Aufgabe zur Zufriedenheit, erhält er beim nächsten Mal den nächsthöheren Honorarsatz. Die höchste Stufe für eine Übersetzung, die keiner Revision mehr bedarf, liegt zurzeit bei DM 100,-.

Der niedrigste Satz liegt zurzeit bei DM 65,-/Seite, der nächste beträgt DM 80,-. Wie sich die neuen Preise einpendeln werden, hängt von den Angeboten ab, die im Rahmen der Ausschreibung eingehen. Ist die Ausschreibung beendet, dürften diese veröffentlicht werden.

Frage: Ich wüsste gerne einige Details zu den Begriffen „aktive" und „passive" Sprache.

Christian Reynold: „Aktive" Sprachen sind die Sprachen, in die man dolmetscht. Im allgemeinen dolmetschen wir in die Muttersprache. In einer Gemeinschaft mit neun Sprachen wird unser Problem immer komplexer. Daher gehen wir davon aus, dass unsere skandinavischen Dolmetscher, sobald wir skandinavische Sprachen hinzunehmen müssen, in eine zweite Sprache werden dolmetschen müssen. Wenn das der Fall ist, verlangen wir nicht mehr drei Sprachen, aus denen man arbeitet, sondern nur noch eine Sprache mehr, aus denen man arbeitet. Das sind also dann zwei aktive Sprachen plus eine passive Sprache, also ins Englische oder ins Deutsche. Der andere Fall bleibt die Kombination von einer Aktivsprache plus drei Passivsprachen.

(Anm.: Eine Reihe von Fragen konnten nicht berücksichtigt werden, da sie nicht in das Mikrophon gesprochen wurden.)

Juristische Aspekte der Berufsausübung

Dr. Peter Klima

Ich begrüße Sie zu diesem Arbeitskreis sehr herzlich. Man hat mich gebeten, die Referenten des heutigen Nachmittags zu moderieren. Da ich selbst Referent bin, werde ich zu dem Zeitpunkt die Moderation abgeben. Aber was heißt eigentlich „moderieren"? In seiner eigentlichen Bedeutung heißt es „mäßigen". Aber das ist es gerade, was ich nicht will. Ich will Sie lieber ein bisschen aufregen und demoderieren.

Im Rahmen dieses Arbeitskreises hören Sie zunächst meinen Kollegen Dr. Friedrich Graf von Westphalen, der Ihnen einiges zu Haftungsfragen für Dolmetscher und Übersetzer sagen wird. Ich habe in vielen Gesprächen mit Dolmetschern und Übersetzern festgestellt, dass Haftungsfragen nicht immer mit der nötigen Schärfe gesehen werden. Sie haben eine Dienstleistung anzubieten. Und diese Dienstleistung kann mehr oder weniger fehlerbehaftet sein, was für Sie zu erheblichen Folgen führen kann. Graf von Westphalen ist einer, wenn nicht der Fachmann auf dem Gebiet.

Er ist seit vielen, vielen Jahren auf dem Gebiet der Produkthaftung nicht nur praktisch, sondern auch wissenschaftlich tätig. Er hat sehr viel veröffentlicht. Um Ihnen einen Eindruck zu vermitteln: Seit mehr als 20 Jahren ist er einer der Mitautoren der Kommentierung des ABG-Gesetzes, ferner ist er auch Autor vieler Werke über die Produkthaftung. Er ist jetzt dabei, im Beck-Verlag eine Neuauflage des Kommentars zum ABG-Gesetz herauszubringen. Er wird jetzt versuchen, in der knappen Zeit Ihnen die wesentlichen Aspekte der Produkthaftung des Dolmetschers und Übersetzers darzulegen.

Dr. Friedrich Graf von Westphalen: Haftungsfragen für Dolmetscher und Übersetzer

Wenn von Haftungsfragen die Rede ist, so ist - juristisch vorgegeben - immer eine scharfe Unterteilung notwendig zwischen der vertraglichen Haftung auf der einen und der deliktsrechtlichen auf der anderen Seite. Und das wird auch heute der Kernpunkt der Ausführungen sein. Darum knüpfen wir Erwägungen, wie es überhaupt möglich ist, gegenüber den Haftungsrisiken Vorsorge zu treffen, sei es durch Vertrag, durch Geschäftsbedingungen oder durch Versicherungsschutz.

Fangen wir mit der vertraglichen Haftung an. Mag sein, dass der Vertrag, den der Dolmetscher oder Übersetzer mit seinem Klienten abschließt, ein reiner Dienstvertrag ist. Ich bin mir da nicht so sicher. Ich habe nachgeforscht und in der juristischen Literatur keine Belegstelle gefunden, die das unmittelbar unterstützt. Daher meine ich, dass man auch durchaus mit guten Gründen die Rechtsnatur dieses Vertrages so sehen kann: Es handelt sich um einen Werkvertrag. Nach der Diskussion dieser Frage muss ich einräumen, dass ein Dolmetscher-Vertrag wohl regelmäßig als Dienstvertrag zu qualifizieren ist.

Der Unterschied ist juristisch durchaus relevant. Ist es ein Dienstvertrag, so werden, ähnlich wie beim Arzt, ähnlich wie beim Anwalt, Dienste geschuldet. Dann haftet man für Schlechterfüllung. Ist es aber ein Werkvertrag ähnlich einem Architekten, einem Ingenieur, dann wird ein bestimmter Erfolg geschuldet, also nicht nur die Tätigkeit, sondern der Erfolg ist entscheidend. Das ist der Unterschied zwischen Dienstvertrag auf der einen und Werkvertrag auf der anderen Seite. Beim Arzt sagt man z.B.: Er schuldet nicht den Heilerfolg. Beim Anwalt sagt man: Er schuldet die Dienstleistungen nach den üblichen Sorgfaltsregeln seines Standes. Er schuldet nicht den Erfolg des Prozesses. Deshalb hat es sich seit langem eingebürgert, dass ein Anwalt, der einen Prozess gewonnen hat, schreibt: Ich habe den Prozess gewonnen. Hat er ihn verloren, schreibt er: Sie haben ihn verloren.

Ich meine, dass die besseren Argumente dafür sprechen, den Vertrag, den Sie mehr oder weniger täglich abschließen, als einen Werkvertrag zu begreifen. Es wird also ein Erfolg geschuldet wird, damit das, was aus der deutschen Sprache in eine fremde Sprache übertragen werden muss, auch dort in dieses System sich einfügt und damit zutreffend übersetzt ist. Damit haben wir einen ganz wichtigen Punkt. Es wird jedoch nicht nur irgendein Erfolg geschuldet, sondern bezogen auf juristische Texte oder juristische Verträge o.ä., ist es ganz entscheidend zu erkennen, dass jede Rechtsordnung ihre eigene rechtliche Systematik hat. Jede Rechtsordnung hat ihre eigenen rechtlichen Begriffe. Jede Rechtsordnung hat ihre eigene Rechtskultur, die gewachsen ist. So ist es relativ häufig die Quadratur des Zirkels, wenn man aus bestimmten rechtlich vorgegebenen Begriffen des deutschen Rechts gehalten ist, sei es in das Französische oder in das Englische zu transportieren. Nie wird es ganz möglich sein, die Begriffe simultan zu gebrauchen.

Was wir als Gewährleistung kennen, kennt das englische Recht nicht als Gewährleistung. Das ist Vertragsbruch. Haftungsregeln beruhen schlicht auf der Erkenntnis, dass jeder Schuldner deswegen haftet, weil er eine Pflichtverletzung verschuldet, weil er sie zu vertreten hat. Dieses Haftungssystem kennt man im englischen, im amerikanischen System nicht, sondern dort ist das Haftungssystem derart, dass der Schuldner nur dann ausnahmsweise nicht haftet, wenn er die Umstände nicht zu vertreten hat, so dass man regelmäßig die Schuldbefreiung als force majeur umschreibt. Sie sehen, die Rechtssysteme kommen aus völlig unterschiedlichen Blickwinkeln. Das eine System sagt, der Schuldner haftet nur, wenn er es zu vertreten hat; das ist das deutsche Recht. Das andere System sagt, der Schuldner haftet immer, es sei denn, er hat es nicht zu vertreten, es liegt höhere Gewalt vor. Schon solche einfachen Begriffe wie „höhere Gewalt" bedürfen natürlich einer schwierigen Transformation. Das deutsche Recht arbeitet schlicht nicht mit diesem Begriff, sondern hat ein Begriffsarsenal für das, was es als „höhere Gewalt" umschreibt, nämlich: außergewöhnlich, unvermeidbar und nicht vorhersehbar. Reduzieren Sie das einmal übersetzungstechnisch, wie ich es einmal in einem Vertrag gefunden habe, auf "act of God". Mit einem solchen Begriff haben Sie dann eine Pyramidisierung, eine Engführung erreicht. Ich wollte das nur kurz andeuten. Sie wissen darüber genau Bescheid.

Ich gehe also davon aus, dass es sich um einen Werkvertrag handelt, was Sie täglich kontrahieren. Wenn es aber ein Werkvertrag ist, so ergeben sich daraus strikte Erfüllungspflichten, verschuldensunabhängige Erfüllungspflichten. Es muss schlicht die Übersetzung so perfekt in die fremde Rechtsordnung, in die fremde Rechtsbegrifflichkeit hineintransportiert werden - regelmäßig eben nicht übersetzt, sondern transformiert -, dass das Ergebnis ein zutreffendes ist. Die Erfüllung beim Werkvertrag geht bis zur Abnahme, bis zur Billigung des erstellten Werks durch den Auftraggeber. Er wirkt dabei mit und sagt: Jawohl, es ist in Ordnung.

Nur, in der Praxis erhält man oft Übersetzungen und hat keine Zeit, sie durchzusehen. Man gibt sie weiter und lässt der Katastrophe oder dem Erfolg seinen Lauf. Schadet dies? Ist so etwas wie eine Kontrollpflicht des Klienten anzunehmen? Muss der die Übersetzung daraufhin prüfen, ob sie zutreffend gelungen ist? Da muss man sicherlich auf die Umstände des Einzelfalls abstellen. Wenn der Klient der Sprache, in die übersetzt worden ist, mächtig ist, wird man sicherlich nicht von vornherein verneinen können, dass vertraglich eine solche Pflicht der Kontrolle, der Überprüfung vorgesehen werden kann. Ob sie sich auf das ganze übersetzte Werk bezieht oder nur eine Stichprobe umfasst, ist abhängig davon, wie man die Dinge rechtlich wertet. Strikt juristisch kann man die Abnahme mit „Billigung" vergleichen wie bei der Aufführung eines Konzerts, wie bei der Aufführung eines Theaters. Auch das ist ein Werkvertrag. Man sitzt und schweigt oder buht oder klatscht Beifall. So können Sie es auch bei der Übersetzung sehen. Eine Pflicht, irgendeine umfassende Prüfung vorzunehmen, gibt es leider im Gesetz nicht. Ich bin mir auch nicht sicher, ob man hier für alle Fälle - zur Entlastung des Übersetzers - eine Pflicht vertraglich stipulieren kann. Sicherlich mag das im Rahmen eines Individualvertrages gehen. Man kann also individualvertraglich den Klienten verpflichten, die ihm übergebene Übersetzung zu kontrollieren, um sicherzustellen, dass in der Tat die Übersetzung zutreffend ist. Aber man wird dies mit Sicherheit nicht in vorformulierten Bedingungen bewerkstelligen können, weil hier sehr strenge Wirksamkeitskontrollen im AGB-Gesetz vorgesehen sind.

Das Juristische lebt immer von dem Erfolg, der sich darauf rekrutiert, dass derjenige, der den Juristen beauftragt, einen Misserfolg erlitten hat. Es geht also jetzt ganz einfach darum, die Fragen zu klären, was ist, wenn die Übersetzung vertraglich nicht gelungen ist, wenn sie nicht zutreffend ist? Wenn wir Werkvertragsrecht anwenden, ist es das Einfachste, eine kostenlose Mangelbeseitigung vorzunehmen. Daneben gibt es im Gesetz nach Fristsetzung und Ablehnungsandrohung das Recht auf Minderung, auf Wandelung. Das kann man in der Praxis jedoch weitestgehend vergessen.

Was aber für Ihren Klienten interessant ist, ist der Schadensersatz wegen Nichterfüllung. Nun ist die Rechtsprechung an der Stelle nicht mehr ganz sicher positioniert. Wenn nämlich das Werk sehr mangelhaft ist, und sich dieser Mangel schon beim Klienten ausgewirkt hat, dann wird man möglicherweise eine Rechtsprechung, die ziemlich neu ist, heranziehen, dass nämlich der Schadensersatz wegen Nichterfüllung neben dem Anspruch auf Mangelbeseitigung besteht. Das Gesetz sieht dies grundsätzlich anders. Das Gesetz sagt: Der Anspruch auf Mangelbeseitigung ist primär, dann muss der Klient Fristen setzen, Ablehnungsandrohungen aussprechen. Erst wenn diese Fristen und die Ablehnungsandrohung verstrichen sind, gibt es Schadensersatzanspruch wegen Nichterfüllung. Die Rechtsprechung sieht Mangelbeseitigung und Schadensersatz wegen Nichterfüllung jetzt in vielen Fällen schon als Einheit. Ich bin nicht sicher, ob das auf Sie voll transferierbar ist. Aber wenn man den Architekten als Beispiel heranzieht: Er haftet regelmäßig auf Schadensersatz, weil es keinen Sinn macht, dass er nur die Zeichnungen neu auf das Blatt Papier wirft und berechnet. Das ist es eben nicht, sondern es ist der Schadensersatz. Ich meine, es spricht eine Menge dafür, dass man Ihren Fall parallel schaltet, soweit aufgrund eines Übersetzungsfehlers ein Schaden eingetreten ist.

Das bedeutet, dass wir für die folgende Überlegung davon ausgehen, dass ein Schadensersatzanspruch wegen Schlechterfüllung das Ergebnis einer Ihrer Übersetzungsarbeiten sein kann. Dieser Schadensersatz wegen Nichterfüllung ist auf Ersatz des Schadens gerichtet, wie er entstanden ist. Das Gesetz sagt: Ja. Der Zustand ist wiederherzustellen, der bestände, wenn die schädigende Handlung nicht eingetreten wäre. Wir sagen also: Der Schaden, der aus der unerlaubten Handlung, der Schaden, der aus der Schlechterfüllung resultiert, ist zu ersetzen. Dabei spielt es keine Rolle, wie lange das dauert, und wie groß der Schaden ist. Es besteht überhaupt keine Relation zwischen dem Zeilenhonorar und dem Fehler auf der einen Seite und dem entstandenen Schaden auf der anderen Seite. Die ganze Produkthaftung lebt von diesem Ungleichgewicht. Denken Sie an ein Flugzeug. Wenn ein ganz kleines Teil, das nur ein paar Pfennige kostet, versagt und dadurch ein großer Schaden entsteht, z.B. der Absturz der Maschine, können Ansprüche in Millionenhöhe entstehen.

Wir haben allerdings in der neusten Rechtsprechung so etwas wie eine Haftungsbegrenzung aus der Schutzpflicht des Zwecks, aus der Schutzpflicht der Norm, was immer das auch für die Juristen heißen mag. Man versucht also im Ergebnis, die Haftung irgendwo abzuschneiden. Ich nenne ein plastisches Beispiel: Ein Mütterchen bügelt. Vor dem Haus kommt es zu einem Verkehrsunfall. Sie lehnt sich nach draußen, bewundert das Ereignis und ist fasziniert vom Krankenwagen und den Personen, die zusammenlaufen, von der Polizei, die sich der Angelegenheit annimmt. Und derweil entzündet sich ihr Bügeleisen. Es entsteht ein Zimmerbrand. Als Folge dieses Zimmerbrandes wird sie dann ins

Krankenhaus gebracht ... Frage: Ist dieses Ereignis demjenigen zurechenbar, der den Verkehrsunfall verursacht hat? Das ist rein naturwissenschaftlich betrachtet keine Frage. Die Ursache war gesetzt mit der Konsequenz, dass die Ereignisse ihren Lauf nahmen. Aber irgendwo muss man die auftretenden Rechtsfolgen abschneiden. Gehen Sie daher auf jeden Fall davon aus, dass der Schaden, der als Folge Ihres Fehlers entsteht, einschließlich des entgangenen Gewinns Ihres Klienten zu ersetzen ist.

Neben der vertraglichen Haftung gibt es die gesetzliche, vor allem die Produkthaftung. Da gibt es einen für Sie wichtigen Fall, den sog. Druckfehlerfall, den der BGH 1970 entschieden hat. Ein medizinischer Fachautor schrieb ein neues Werk, das auch Rezepte enthielt. Das Werk erscheint. Ein Arzt im Niederbayerischen wendet nach Erscheinen des Buches eines der dort mitbeteilten Rezepte buchstabengetreu an. Die Patientin konnte gerade noch gerettet werden. Was war passiert? Das Komma war verrutscht. Gegen den Verlag wurde Klage eingereicht. Bei der Produzentenhaftung schaut man immer nach, wer die bessere Kasse hat. Also wurde gegen den Verlag geklagt und nicht gegen den Autor. In seinem Urteil fragte der BGH: Was hat der Verlag gemacht, hat er schuldhaft eine Pflicht verletzt? Es stellte sich dabei heraus, dass der Verlag die Fahnen zweimal an den Autor gesandt hatte. Dieser hatte die Fahnen überprüft und gegengezeichnet. Er hatte den Fehler nicht entdeckt. Der Verlag machte weiter geltend, dass man nicht verlangen könne, dass man für jeden einzelnen medizinischen Fachbereich einen Fachreferenten als Koreferenten einschalte. Das sei des Guten zu viel. Der BGH ist dem gefolgt und hat die Haftung des Verlages wegen fehlenden Verschuldens abgelehnt. Aber damit ist klar, dass auch geistige Leistungen, die sich im Werk dokumentieren, Gegenstand der Produzentenhaftung sein können.

Die Produzentenhaftung macht man immer dann fest, wenn ein Personen- oder Sachschaden als Folge eines Fehlers entstanden ist. Denken Sie daran, wenn Sie Betriebsanleitungen, Betriebshandbücher, Montageanweisungen übersetzen müssen. Das Chaos ist relativ schnell vorprogrammiert, wenn hier ein Übersetzungsfehler passiert. Und genau das ist möglicherweise dann der Sach- oder Personenschaden, der Gegenstand der Produzentenhaftung sein kann.

Nach deutschem Recht ist der Standard, an dem man die Pflichtverletzung misst, extrem hoch. Ein Fehler ist nämlich nur dann nicht verschuldet, wenn er nach dem Stand von Wissenschaft und Technik nicht hätte verhindert werden können.

Das gleiche Schema beherrscht inzwischen das Produkthaftungsgesetz. Bei Übersetzungen ist es praktisch nicht vorstellbar, dass man einen Fehler akzeptieren muss, der nach dem Stand von Wissenschaft und Technik nicht hätte verhindert werden können. Quintessenz: Übersetzungsfehler begründen die Produkthaftung.

Das führt zu der Frage, ob eine fehlerhafte Übersetzung ein „Produkt" im Sinne des Produkthaftungsgesetzes. Ich meine: Ja. Die Frage ist freilich kontrovers. Ich will Ihnen die juristische Begründung liefern. Ich gehe von der Parallelschaltung zur Software aus. Software ist auch ein geistiges Produkt. Jemand programmiert etwas. Da sagt die Rechtsprechung inzwischen ganz entschieden: Auch wenn die Software ein geistiges Produkt ist, ist sie immer verbunden entweder mit der Speicherung auf einer Diskette oder einer Festplatte. Das heißt, es handelt sich um eine Sache. Deswegen meine ich auch, dass nicht nur Software ein Produkt ist im Sinn des Gesetzes über die Produkthaftung, sondern dass auch die Übersetzungsleistung, die geistige Leistung, etwa die eines Architekten, eines Statikers, eines Ingenieurs, sich in gleicher Weise in einem Produkt manifestiert. Herr Kulimann vom BGH, der auch das Produkthaftungsgesetz kommentiert hat, sieht dies anders. Er sagt, es handele sich nicht um ein Produkt. Er kommt also nicht zur Anwendung des Produkthaftungsgesetzes auf geistige Leistungen. Dann bleibt man beim BGB, bei § 823 BGB, also bei der Druckfehlerentscheidung. Der Unterschied ist marginal. Quintessenz daraus ist: Sie können davon ausgehen, dass Sie vertraglich für alle Fehler und die daraus resultierenden Konsequenzen haften. Sie haften des weiteren im Rahmen der Produkthaftung, wenn ein Sach- oder Personenschaden aufgrund eines Fehlers der Übersetzung eintritt, auf Ersatz des gesamten Schadens.

Dies wirft die letzte Frage auf: Wie können Sie die Haftung begrenzen? Sicherlich kann man dies im Rahmen der Produkthaftung mit Hilfe von Versicherungsschutz tun, sofern man ihn sich leisten kann. Das kann als Selbständiger etwas schwierig sein wegen der hohen Prämienkosten und des schwer kalkulierbaren Risikos. Es lässt sich aber machen. Anwälte sind z.B. ex officio versichert. Das ist die eine Seite. Die andere: Sie wirft die Frage auf, ob Sie die Haftung gegenüber Ihrem Klienten vertraglich begrenzen können. Sofern Sie mit Ihrem Klienten für diesen Einzelfall einen Vertrag schließen, ist dies zu bejahen. Dann ist es ein Individualvertrag. Dann ist die Haftung begrenzbar. Aber wenn Sie das mehrfach machen, wenn Sie das dreimal mit dem gleichen Klauselwerk gemacht haben, handelt es sich zwingend, deutsches Recht als anwendbar unterstellt, um Allgemeine Geschäftsbedingungen.

Da ABG mein Hobby sind, zeige ich Ihnen ganz kurz die Leiter zum Erfolg oder zum tränenreichen Misserfolg. Geht eine Haftungsfreizeichnung oder geht eine Haftungsbegrenzung durch Geschäftsbedingungen überhaupt noch? Nach der Systematik des Gesetzes ist es klar, dass wenn der Übersetzungsfehler auf einem vorsätzlichen oder einer grob fahrlässigen Pflichtverletzung beruht, gibt es nach dem strikten Wortlaut des Gesetzes weder eine Freizeichnung noch eine Haftungsbegrenzung. Also bleibt die Frage, ist eine Freizeichnung dann wirksam, wenn Sie normal fahrlässig, normal übermüdet Fehler machen? Ist das ganz normale Stresssyndrom des Selbständigen ein Entschuldigungsgrund für Fehler und die Freizeichnungsklausel wirksam? Die Rechtsprechung des BGH ist an dieser Stelle inzwischen leider extrem aggressiv. Sie hat erklärt, dass jeder Vertrag eine wesentliche Pflicht hat. Diese wesentliche Pflicht beruht darauf: Ich engagiere einen Übersetzer, um eine Übersetzungsleistung gegen Honorar zu erhalten. Diese sog. Äquivalenz zwischen Leistung und Gegenleistung ist wesentlich für die Balance des Vertrages, und sie darf durch eine Pflichtverletzung mit einer Freizeichnung für deren Folgen nicht gestört werden. Wenn nämlich die Pflichtverletzung eintritt, und eine Haftungsfreizeichnung die Folgen dieser Pflichtverletzung auf den Klienten überwälzt, dann zahlt er Geld, ohne dafür eine adäquate Leistung zu bekommen. Zwei Beispiele sollen das kurz verdeutlichen.

Jemand gibt Textilien zum Veredeln. Der „Veredler" weiß, dass diese nach ihrer Veredelung verkauft werden sollen. In seinen Geschäftsbedingungen war aber vorgesehen, dass er im Falle eines Schadens, z.B. beim Veredelungsprozess, den Kaufpreis, und zwar hier den Preis für die Veredelung als maximale Kompensation erhält. Man könnte denken, der Verlust des Honorars wegen eines Fehlers sei bereits eine erhebliche Einbuße. Hier sagte der BGH 1984 ganz eindeutig: Dies geht nicht. Es handelt sich hier um eine wesentlich Pflicht. Die Veredelung ist das Ziel des Vertrages. Dann darf die Haftung nicht freigezeichnet werden.

Das gleiche ist inzwischen mehrfach entschieden worden. Wird z.B. ein Scheck zur Bundesbank gegeben, kann die Bundesbank nicht sagen, den Scheck lasse ich acht oder mehr Tage liegen. Die Bundesbank hat eine gewisse Monopolstellung für Schecks. Daher hat der BGH gesagt: Hier ist jede Verzögerung zu vermeiden. Wenn sie nicht vermieden wird, ist die Haftung zwingend. Sie darf nicht freigezeichnet werden.

Inzwischen ist das Konzept der vertragswesentlichen Pflicht allgemein anerkannt. Jeder Vertrag, so die Rechtsprechung, hat eine wesentliche Pflicht. Und diese wesentliche Pflicht ist freizeichnungsfest. D.h. Freizeichnungen gegenüber der zentralen Pflicht des Vertrages, nämlich ein ordnungsgemäße Übersetzung zu bewerkstelligen, sind nicht wirksam. Sie verstoßen gegen § 9 Abs. 2 Nr. 2 ABG-Gesetz. Ich kann Ihnen keine Hoffnung machen, dass dies anders wäre, wenn Sie diesen Vertrag als Dienstleistungsvertrag klassifizieren. Das ändert die Sache nicht.

Kann man da irgendwo, irgendwie die Haftung jedenfalls noch begrenzen? Vor sechs, acht Wochen hätte ich Ihnen Hoffnung machen können. Der BGH hat inzwischen in einem Fall des kaufmännischen Verkehrs entschieden, dass das auch nicht mehr geht. Der Fall lag ganz einfach: Ein bautechnischer Berater hat ein Verfahren entwickelt und verkauft, dabei seine Haftung für Fehler seiner Dienst- oder Werkleistung auf DM 100 000,- begrenzt. Das Verfahren funktionierte nicht. Der Schaden belief sich auf knapp DM 600 000,-. Die Frage kam daher auf, sind DM 100 000,- als formularmäßige Haftungsbegrenzung wirksam bei normalem Verschulden? Der BGH sagte: Nein. Es ist erforderlich, dass die Haftung immer den vertragstypischen, den vorhersehbaren Schaden erfasst. Diese Entscheidung im kaufmännischen Verkehr gilt sicher auch für den nichtkaufmännischen in gleicher Weise. Es gilt also, die Summe zu ziehen. Es tut mir leid, Ihnen das als Fazit präsentieren zu müssen.

Die Risiken, die Sie aufgrund schlechter Arbeit auf sich laden, sind möglicherweise abhängig von Prämie und Aufwand versicherbar, sie sind allerdings durch formularmäßige Klauseln nicht mehr wirksam freizeichnungsfähig oder einschränkbar. Damit realisiert sich letzten Ende dies: Das Risiko von Schlechterfüllungen trägt nach dem Sinn des BGB derjenige, der sie zu vertreten hat. Denn das ABG-Gesetz bewirkt lediglich, dass aus der vielfach missbrauchten Vertragsfreiheit ein schlichter Zwang geworden ist, das BGB als Grundlage kaufmännischer Kalkulation wieder zu entdecken. AGB-Klauseln können daran regelmäßig nichts ändern.

Das ist es, was ich Ihnen klar vor Augen führen wollte. Ich konnte Ihnen leider nicht die frohe Botschaft verkünden, dass Sie bei Fehlern nicht riskieren, einen Teil Ihres Vermögens, Ihrer Einkünfte einzubüßen. Hoffentlich haben Sie dann vorgesorgt, oder hoffentlich ist der Fehler so gering, dass es Sie nicht über Gebühr trifft. Das wünsche ich Ihnen.

Diskussion

Dr. Peter Klima:

Lieber Kollege Graf von Westphalen, ich möchte nur drei Punkte noch einmal herausstellen für Sie. Mein Kollege sagt mit Recht, der Übersetzervertrag ist ein Werkvertrag. Das hat eine gewisse Bedeutung. Er hat aber auch Akzente gesetzt, die für mich heute sehr wichtig waren. Er hat darauf hingewiesen, dass bei schwierigen, bei technischen, aber auch juristischen Übersetzungen zu überlegen ist, ob man nicht eine vertragliche Mitwirkungspflicht des Bestellers mehr herausstellt. Ich kann Ihnen ein praktisches Beispiel sagen: Ich muss nächste Woche nach Nancy. Da handelt es sich nicht um einen Druckfehler im eigentlichen Sinne, sondern um einen Druckmaschinenfehler. Eine Serie von Druckmaschinen wurde in eine Druckerei geliefert. Diese haben ständig Pannen, weil irgendwelche Dichtungen kaputt gehen. Der Fall konzentriert sich nicht darauf festzustellen, warum die Dichtungen kaputt gehen. Das weiß man in der Zwischenzeit. Man konzentriert sich auf die Betriebsanleitungen für die Maschinen, die in der französischen Übersetzung nicht völlig klar sind. Der Hersteller haftet also unter Umständen nur deshalb, weil er den Benutzer nicht genügend auf die Gefahren bei der Benutzung der Maschinen, hier bei der Reinigung, hingewiesen hat. Ich habe die deutsche und die französische Bedienungsanleitung verglichen und festgestellt, dass da tatsächlich Zweideutigkeiten auftauchen. Sie sehen also, wie wichtig eine Übersetzung ist, und welche Folgen daraus entstehen können. Der Produktionsausfall kann katastrophal sein.

Martin Bindhardt: Ich habe gerade bei Herstellern aus einem bestimmten Land die Erfahrung gemacht, dass wir eine schon einmal übersetzte Version eines Textes vorgelegt bekommen. Gebe ich nun ein Angebot ab und gehe davon aus, dass die mir vorgelegte Version den korrekten Betriebsablauf wiedergibt, ist die Haftung ausgeschlossen, wenn ich übersetzt habe, was mir vorgelegt worden ist?

Dr. Friedrich Graf von Westphalen: Hier ist die Rechtsprechung eindeutig. Wenn Sie feststellen, dass die Version fehlerhaft ist, müssen Sie es sagen. Sie müssen das übersetzen, was Ihnen vorgelegt worden ist. Eine eventuell fehlerhafte Version brauchen Sie nicht in Ihrem Angebot auszugrenzen.

Maria-Teresa Stickel: Folgender Fall: Jemand hat ein kleines Übersetzungsbüro. Er hat aber verschiedene Kunden, die ihm Texte geben, die er nicht selbst übernehmen kann. Also hat er u.a. einen Auftrag, es ging um eine Ausschreibung einer belgischen Behörde, an einen Dritten abgegeben. In einer Liste war ein halber Satz vergessen worden, der in Parenthese gesetzt war. Der Übersetzung datiert vom Juni 1991. Der Kunde hat den Fehler Anfang dieses Jahres gerügt. Bis zu welchem Termin kann der Kunde rügen?

Dr. Friedrich Graf von Westphalen: Es gibt im § 638 des BGB eine Gewährleistungspflicht von sechs Monaten. Das heißt, innerhalb von sechs Monaten ist die Mangelbeseitigung verjährt. Der Anspruch auf Schadensersatz verjährt möglicherweise deshalb nicht, wenn es sich um einen weiteren Folgeschaden handelt. Dann sagt das Gesetz, dass eine 30-jährige Verjährung für weit entfernte Folgeschäden eintritt. Die Rechtsprechung zum Mangelschaden und Mangelfolgeschaden im Werkvertrag ist nahezu uferlos. Es kommt entscheidend auf die Qualität des Schadens an, ob er als Folge- oder nicht als Folgeschaden zu interpretieren ist. Es ist gerade neu entschieden worden: Wenn in einem Flugzeug ein falscher Benzinanzeiger positioniert ist, und das Flugzeug deswegen eine Notlandung machen muss, dann ist der ganze Schaden ein Mangelfolgeschaden. Dann gilt die lange Verjährung von 30 Jahren. Maria-Teresa Stickel: Zunächst beschränkte sich der Schaden auf DM 30.000,-. Aber dann sagte die Firma: Wir brauchen in den nächsten zehn Jahren noch 100 Exemplare. Da jedes DM 3.000,- kostet, beläuft sich die Summe auf DM 300.000,-. Und von den Gegenständen wurde noch kein einziges eingesetzt.

Dr. Friedrich Graf von Westphalen: Hier kann man nur sagen: Get the best advice you can get.

Dragoslava Gradincevic: Ich beherrsche die Orchideensprache und versuche in letzter Zeit, auf Kosten der Übersetzer die Preise zu drücken. Und das geschieht so: Man erklärt eine Übersetzung für schlecht, beruft sich auf eine Mängelrüge, ohne diese zu konkretisieren, und schreitet sofort zur Wandelung. Habe ich als Übersetzer das Recht, diese Mängelrüge konkret zu erhalten?

Dr. Friedrich Graf von Westphalen: Das Mangelbeseitigungsrecht des Bestellers entspricht der Mangelbeseitigungspflicht des Übersetzers. Er muss Ihnen konkret sagen, worum es geht. Sie haben die Möglichkeit, den Mangel kostenlos zu beseitigen. Er darf erst dann wandeln, wenn er Ihnen eine Frist gesetzt hat, innerhalb der Sie den Mangel beseitigen müssen, und Sie halten diese Frist nicht ein.

Dr. Peter Klima: Es gibt selbstverständlich gewerbliche Übersetzungsbüros, die alles Mögliche unternehmen, um an kostenlose Übersetzungen von Fachübersetzern zu kommen. Sie sagen dann einfach, die Übersetzung sei schlecht. Sie lehnen die Bezahlung ab. Sie gehen davon aus, dass die Übersetzer sich nicht wehren. Ich habe als Anwalt häufig festgestellt, dass Übersetzer Angst haben, irgendeine gerichtliche Maßnahme gegen einen Auftraggeber einzuleiten.

Antje Kopp-Zug: Ich möchte Ihnen jetzt offiziell Dr. Peter Klima vorstellen. Herr Dr. Klima ist Rechtsanwalt in München und war der erste deutsche in Frankreich zugelassene niedergelassene Rechtsanwalt. Er ist nicht nur Jurist, sondern gehört schon als Übersetzer viele Jahre dem BDÜ an. Er hat vorhin gesagt, er sei nur nebenberuflich Übersetzer. Das dürfte etwas untertrieben gewesen sein. Der Aufwand in seiner Kanzlei ist doch relativ hoch. Außerdem gehört Dr. Klima dem Vorstand der Rechtsanwaltskammer in München an. Er hat auch in dieser Funktion sehr viel mit dem Partnerschaftsgesetz und seiner Vorgeschichte zu tun. Wir haben also sehr viel Informationen aus erster Hand zu erwarten. Ich verspreche mir von diesem Referat sehr viele Anregungen für uns alle. Ich glaube, es wird höchste Zeit, dass wir vernünftige Formen der Zusammenarbeit in einem etwas gesicherteren rechtlichen Rahmen finden können, die auch unseren Bedürfnissen entsprechen.

Dr. Peter Klima:
Partnerschaftsgesetz und andere Formen der Zusammenarbeit

Meine Tätigkeit in der Berufspolitik gilt den Freien Berufen allgemein. Die Freien Berufe gehören zu den letzten, die noch Widerstand leisten können, bevor wir eine Welt, wie Orwell sie uns beschrieben hat, bekommen. Deswegen setze ich mich für den Erhalt der Freien Berufe ein. Bei den Dolmetschern und Übersetzern erlebe ich immer wieder, dass sie einem starken Konkurrenzdruck von gewerblichen Übersetzungsbüros ausgesetzt sind, die nichts anderes tun, als Übersetzungsleistungen auf eine etwas unschöne Art und Weise zu vermakeln. Sie haben zumeist junge Übersetzer an der Hand, die sie für einen Hungerlohn beschäftigen. Oft schließen sie sogar Knebelungsverträge ab, so dass die jungen Übersetzer nie mit dem Auftraggeber in Verbindung treten können. Sie verkaufen dann das Produkt mit einem erheblichen Aufschlag an den Kunden weiter.

Wie kann sich der freiberufliche Übersetzer gegen diesen Konkurrenzdruck wehren? Selbstverständlich haben diese Übersetzungsbüros für den Auftraggeber auch gewisse Vorteile. Wendet sich ein Auftraggeber an ein solches Büro, weiß er, sie können ihm Übersetzungen in verschiedenen Sprachen liefern. Sie bieten auch Fachübersetzungen an. Der freiberufliche Dolmetscher und Übersetzer ist bis jetzt noch in der Regel ein Einzelkämpfer. Es besteht häufig eine innere Abneigung, in eine Gemeinschaft mit anderen hineinzugehen. Übersetzerzusammenschlüsse von freiberuflichen Übersetzern sind daher noch relativ selten.

Ich meine aber, um mehr Professionalität zu gewinnen, um gegenüber den gewerblichen Übersetzungsbüros konkurrenzfähig zu sein, bleibt ihnen gar nichts anderes übrig, als sich zusammenzuschließen, als sich in die Lage zu versetzen, eine Palette von Dienstleistungen auf dem Sprachmittlungsgebiet anzubieten. Dies macht sie auch einem professionellen Auftraggeber gegenüber interessanter. Wenn ein Auftraggeber zwar eine eigene Übersetzungsabteilung für Englisch und Französisch hat, jetzt aber eine Übersetzung in Chinesisch oder in Arabisch braucht, dann muss er das Adressbuch wälzen, um einen Einzelkämpfer zu finden. Er wird sich also an ein Übersetzungsbüro wenden, das er kennt. Warum soll man das nicht gleich gemeinsam machen?

Nun stellt sich die Frage, wie können sich freiberufliche Übersetzer de facto zusammenschließen? Was gibt es da für Rechtsformen? Aus dem Anwaltsleben kennen wir die Sozietät. Diese ist eine BGB-Gesellschaft. Es tun sich mehrere in Form einer BGB-Gesellschaft zusammen. Sie schließen einen Vertrag, in dem sie niederlegen, dass sie die Arbeitsleistung gemeinsam erbringen. In diesem Vertrag regeln sie die Art der Zusammenarbeit. Sie müssen die Arbeitsteilung darlegen. Ferner: Was geschieht mit dem Ertrag der Gesellschaft? Wie ist das zu verteilen? Bei Dolmetschern und Übersetzern ist m.E. der Verteilerschlüssel sehr einfach. Sie brauchen nur das nach Zeilenhonorar Abgerechnete jeweils zu verteilen. Dann muss man sich über die Verteilung der Kosten einigen. Es gibt eine ganze Menge von Musterverträgen dazu.

Die Sozietät ist eine der Rechtsformen, die es Ihnen gestatten müsste, auf solche Weise zusammenzuarbeiten. Ich verkenne dabei natürlich nicht, dass es in der Arbeitsweise von Dolmetschern und Übersetzern im Vergleich zu Rechtsanwälten erhebliche Unterschiede gibt. Bei uns Rechtsanwälten ist es interessanter, in einer Sozietät zusammenzuarbeiten, weil wir mehr fixe Kosten haben, z.B. durch Sekretariat und Buchhaltung. Bei Dolmetschern und Übersetzern gehe ich davon aus, dass bereits die Art und Weise der Tätigkeit es mit sich bringt, dass der Übersetzer seine Texte selber schreibt. Der große Vorteil eines solchen Zusammenschlusses liegt darin, dass Sie ein viel größeres Spektrum abdecken können und dadurch konkurrenzfähiger sind.

Die Nachteile einer solchen Sozietät müssen Sie natürlich auch kennen. Normalerweise haftet jeder für alle. Das heißt, Sie tun sich in einer Sozietät mit einem Kollegen zusammen, und dem passiert ein schwerer Lapsus in der Übersetzung. Und nun kommt ein ganz schwerer Haftungsfall auf diesen Sozius zu. Hat er nichts, müssen Sie alle zur Kasse greifen. Es ist das Problem der Sozietät, dass die Haftungsbeschränkung auf das einzelne Mitglied der Sozietät nicht möglich ist. Ob Sie jetzt nur sagen, wir sind zwar nicht im Rahmen einer Sozietät verbunden, aber wir wollen nach außen als solche auftreten, ändert nichts an der Sache. Dann werden Sie mit Sicherheit die gleichen Folgen der Rechtsprechung zu spüren bekommen, die die Rechtsanwälte bereits kennen, bei der sog. Briefkopfsozietät. Das sind die Nachteile einer Sozietät, die die Vorteile m.E. bei weitem nicht aufwiegen. Sie sollten allerdings das Risiko für die Sozietät sowie für jedes einzelne Mitglied durch eine geeignete Versicherung abdecken. Solange wir noch keine andere Rechtsform zur Verfügung haben, würde ich Ihnen also nahe legen, sich mit Kollegen zusammenzusetzen und zu überlegen, ob Sie sich nicht zusammenschließen könnten. Wer weiterhin nur als Einzelkämpfer und nur für eine Sprache und noch dazu nur für ein Fachgebiet tätig sein wird, wird wahrscheinlich dem Konkurrenzdruck nicht gewachsen sein.

Die Auftragslage für Dolmetscher und Übersetzer schätze ich als äußerst positiv und gut ein. Der Bedarf steigt ständig. Je mehr wir in Europa zusammenwachsen, je mehr Sprachen gefordert werden, desto mehr werden Sie gefordert werden und Arbeit haben. Zudem habe ich die Feststellung gemacht, dass die großen Unternehmen von den eigenen Übersetzungsbüros mehr und mehr abkommen. Sie sagen: Das ist für uns eine zu große Kostenbelastung, wir wenden uns lieber an freie Dolmetscher und Übersetzer. In diesem Zusammenhang spielen natürlich die Fachübersetzungen eine Rolle.

Auch in der Berufspolitik hat man sich Gedanken gemacht, was man außerhalb der Sozietät noch für Arten von Zusammenschlüssen haben könne. In Frage käme das Partnerschaftsgesetz. Es ist aber noch nicht vom Deutschen Bundestag verabschiedet worden, lediglich der Referentenentwurf liegt vor. Meiner Information nach soll das Gesetz noch in dieser Legislaturperiode verabschiedet werden. Was ist nun das Partnerschaftsgesetz?

Das Partnerschaftsgesetz soll eine neue Art des rechtlich normierten Zusammenschlusses von Freiberuflern regeln. Es handelt sich hier nicht um Freiberufler einer bestimmten Berufsrichtung, sondern Freiberufler verschiedener Berufsrichtungen. Die Franzosen und die Dänen sind bereits weiter gegangen. Die Franzosen haben bereits die Aktiengesellschaft für die Freien Berufe eingeführt, wobei es ausdrücklich heißt, dass Rechtsanwälte sich mit anderen Freiberuflern zusammentun können. So könnten sich z.B. Rechtsanwälte und Chirurgen zusammenschließen. Dies wäre theoretisch möglich, aber kaum wahrscheinlich. Dass sie sich mit Wirtschaftsprüfern, Steuerberatern oder Dolmetschern/ Übersetzern zusammenschließen, liegt viel näher. Die Kombination Patentanwalt und Dolmetscher/Übersetzer liegt besonders nahe. Voraussetzung eines solchen Zusammenschlusses interprofessioneller Art ist aber, dass der jeweilige Berufsstand das erlaubt, dass also der eine Beruf für den anderen Beruf „sozietätsfähig" ist. Ich kann mich z.B. als Rechtsanwalt mit sozietätsfähigen Berufen zusammenschließen, also Steuerberatern, Wirtschaftsprüfern. Die Frage, ob wir uns mit Dolmetschern/Übersetzern zusammenschließen können, hängt weitgehend von der Frage ab, wie weit das Berufsrecht der Dolmetscher und Übersetzer die Amtsverschwiegenheit zum Ausdruck bringt. Nun haben wir als Dolmetscher und Übersetzer nur ein sehr rudimentäres Berufsrecht. Die Fragen bleiben also offen.

Das Partnerschaftsgesetz bringt eine neue Gesellschaftsform. Für meine Begriffe ist es nichts anderes als eine besondere Form der BGB-Gesellschaft. Ihr § 1 lautet: Die Partnerschaft ist eine Gesellschaft, in der sich Angehörige Freier Berufe zur Ausübung ihrer Berufe zusammenschließen. Sie übt kein Handelsgewerbe aus. Partner kann nur eine natürliche Person sein. Damit sind die Übersetzungsbüros ausgeschlossen, die meistens als GmbH oder AG funktionieren. Was in diesem Zusammenhang „Handelsgewerbe" heißen soll, kann ich nur vermuten. Ich glaube, das ist nur ein Lippenbekenntnis. Die Frage, ob wir in den Freien Berufen, auch wir Rechtsanwälte, nicht in Wirklichkeit schon ein Gewerbe ausüben, ist durchaus berechtigt und meiner Meinung nach in vielen Fällen auch zu bejahen. Nun sagt das Gesetz: Freie Berufe im Sinne dieses Gesetzes sind z.B. Ärzte, Zahnärzte ... Und zum Schluss kommen Dolmetscher und Übersetzer und ähnliche Berufe, selbständig ausgeübte Berufe wie wissenschaftliche, künstlerische, schriftstellerische Tätigkeiten. Es ist aber anerkannt, dass das Partnerschaftsgesetz auch für Dolmetscher und Übersetzer gelten soll.

Die Partnerschaft muss einen Namen haben. Es ist sehr wichtig, dass man nach außen mit einem Namen auftreten kann. Der Name der Partnerschaft muss den Namen mindestens eines Partners und den Zusatz „und Partner" oder den Namen aller Partner und den Zusatz „Partnerschaft" haben. Er soll ferner die Berufsbezeichnungen aller in der Partnerschaft Vertretenen enthalten. Sie treten also nach außen mit dem Namen eines Partners oder aller Partner, man könnte fast sagen, firmenmäßig auf. Der Name eines ausgeschiedenen oder verstorbenen Partners kann auf die Dauer von zehn Jahren befristet fortgeführt werden. Das machen Rechtsanwälte bereits sehr häufig.

Die Partnerschaft wird durch einen Vertrag in Schriftform errichtet. Sie werden meines Erachtens nichts anderes sein als eine Ausarbeitung, die auf der BGB-Gesellschaft, Sozietätsvertrag, evtl. mit einigen Anklängen an die OHG, aufgebaut ist. Er muss den Namen und den Sitz der Partnerschaft enthalten. Das kann in der Praxis bei Ihnen zu gewissen Schwierigkeiten führen. Viele von Ihnen arbeiten ja zuhause. Dann muss dennoch einer den Namen und seine Räume hergeben, damit die Bestimmungen erfüllt sind. Ferner müssen angegeben werden: Name, Vorname, ausgeübter Beruf, Wohnort eines jeden Partners sowie der Gegenstand der Partnerschaft. Hier ein Beispiel: Die Partnerschaft schließt sich zusammen zur gemeinsamen Berufsausübung der Dolmetscher und Übersetzer.

Es gibt noch einige formelle Vorschriften. Die Partnerschaft soll in einem besonderen Partnerschaftsregister, dem Handelsregister ähnlich, eingetragen werden. Das Gericht prüft. Die Eintragung erfolgt nach Prüfung. Sie können dann auch Zweigniederlassungen errichten.

Die Rechtsverhältnisse der Partner untereinander werden im Gesetz geregelt. Die Frage der Geschäftsführung ist zu regeln. Normalerweise haben alle Partner die Geschäftsführung inne, aber es kann vereinbart werden, dass ein Partner die Geschäftsführung allein ausübt. Das wird sich in vielen Fällen empfehlen. Das Gesetz soll weiter die Frage der Übertragung von Partnerschaftsbeteiligungen regeln. Das Scheitern einer Partnerschaft kann einen, wenige oder auch alle Partner so ruinieren, dass er/sie nie mehr auf die Beine kommt/kommen. Aus meiner Erfahrung kann ich sagen: Bei einer gescheiterten Sozietät sind die Folgen schwerwiegender und längerdauernd als beim Scheitern einer Ehe. Man muss also sehr genau prüfen, was passiert, wenn ich aus der Partnerschaft wieder ausscheiden will. Was bekomme ich dafür? Denn es entsteht ja ein Know-how für die Partnerschaft als solche. Schert ein Partner aus, kann er nicht plötzlich mit Nichts in der Hand dastehen. Also ist die Frage der Bewertung der Anteile des ausscheidenden Partners von eminenter Bedeutung. Dies gilt auch, wenn ein Partner stirbt und eine Familie hinterlässt. Diese Fragen sind im Detail zu regeln. Im übrigen ist nach dem Gesetz eine weitestgehende Gestaltungsfreiheit vorhanden.

Es regelt dann das Verhältnis der Partnerschaft zu Dritten. Das ist außerordentlich wichtig. Die Partnerschaft wird im Verhältnis gegenüber Dritten mit ihrer Eintragung in das Partnerschaftsregister wirksam. Sie hat dann eine eigene Rechtspersönlichkeit. Sie ist rechtlich selbständig. Es kann also gegen die Partnerschaft vollstreckt werden. Die Vertretung kann durch jeden Partner erfolgen. Diese Regelung ist sehr wichtig. Nehmen Sie z.B. einen neuen Partner auf, den Sie nicht genügend kennen. Regeln Sie dann nicht detailliert die Partnerschaft, z.B. dass er von der Vertretung zunächst einmal ausgeschlossen ist, dann kann er u.U. zur Bank gehen, eine Menge Geldes abheben und damit verschwinden.

Für die Verbindlichkeiten der Partnerschaft haften den Gläubigern neben dem Vermögen der Partnerschaft die Partner als Gesamtschuldner. Das ist das gleiche, was wir bei der BGB-Gesellschaft, genauer gesagt, bei der OHG haben. Das ist natürlich die Haftung nach außen. Wie man das im Innenverhältnis regelt, ist natürlich eine andere Frage. Inwieweit man seine Haftung beschränken kann, ist vorhin schon angedeutet worden. Eine Bestrebung im Rahmen des Partnerschaftsgesetzes geht dahin, die Möglichkeit zu geben, dass Freiberufler vertraglich ihre Haftung auf einen bestimmten Betrag beschränken können. So weit ich unterrichtet bin, ist von einer Größenordnung von DM 500.000,- die Rede. Hier spielen natürlich auch die Versicherungsgesellschaften hinein. Berufsrechtliche Vorschriften können eine Beschränkung der Haftung für Ansprüche aus Schäden wegen fehlerhafte Berufsausübung auf einen bestimmten Höchstbetrag zulassen.

Wer ist bei den Dolmetschern und Übersetzern zuständig für die berufsrechtlichen Vorschriften? Natürlich kann der BDÜ, als die einzige und repräsentative Vertretung der Dolmetscher und Übersetzer, hier interne Berufsregeln ausarbeiten. Da könnte auch der Fall einer Beschränkung der Haftung auf DM 200.000,- geregelt sein. Inwieweit das dann wirksam sein wird, vermag ich nicht zu sagen. Eine andere Frage ist, wie weit das noch wirksam ist, wenn Sie über die Grenzen Deutschlands hinaus arbeiten. Das wird ja immer häufiger der Fall sein. In Frankreich gibt es z.B. für Rechtsanwälte keine Haftungsbegrenzung.

Die Frage des Ausscheidens einer Partners und der Auflösung der Partnerschaft hatte ich schon angerissen. Hier sind von vornherein wichtige Probleme zu regeln. Sie betreffen insbesondere die Bewertung der Anteile des einzelnen Partners. Sie hängen ganz eng mit steuerrechtlichen Fragen zusammen. Damit gebe ich an den nächsten Referenten ab.

Dr. Peter Klima: Jochen Beer ist Diplomkaufmann und Steuerberater. Er gehört dem BDÜ seit 1986 an. Er ist als Referent für Steuerfragen schon sehr lange für den Bundesverband tätig. Die Problematik der Sozietät, der Innensozietät, der Außensozietät, der Briefkopfsozietät, des künftigen Partnerschaftsgesetzes kann nicht ohne die steuerlichen Aspekte gesehen werden.

Jochen Beer:
Steuerliche Vorteile von Sozietäten

Ich werde versuchen, aus dem Themenbereich „Steuerliche Vorteile von Sozietäten" die Kernpunkte herauszuarbeiten. Die rechtlichen Zusammenschlüsse von Sozietäten sind im Bürgerlichen Gesetzbuch im Recht der BGB-Gesellschaften geregelt.

Zur Abgrenzung für die steuerliche Problematik ein Begriff: Wir kennen die sog. Innengesellschaft, d.h. A, B und C schließen sich zusammen und vereinbaren Kostenteilung. Auf dem Briefkopf heißt es: Dolmetscher A, Übersetzer B, Dolmetscher C. Diese sog. Innengesellschaft des bürgerlichen Rechts ist für steuerrechtliche Zwecke in dem Sinne nicht vorhanden, denn jede dieser drei Personen arbeitet ja eigentlich für sich und tritt auch nach außen allein und selbständig auf. Wenn Kosten geteilt werden, wird die Rechnung an den Kollegen mit der Bitte weitergereicht, dieser möge seinen Anteil übernehmen. Die Innengesellschaft also ist nicht unser Thema und unterliegt auch nicht einer besonderen Besteuerung.

Gegenstand der steuerrechtlichen Aspekte sind die nach außen hin auftretenden BGB-Gesellschaften, die tatsächlich den Willen haben, auch nach außen aufzutreten. Hierbei kommen die eigentlichen steuerrechtlichen Konsequenzen zum Tragen, weil diese Art der auch nach außen wirkenden Sozietät so funktioniert, dass A, B und C beruflich gemeinsam auftreten, üblicherweise auch einen gemeinsamen Briefkopf haben. Das hat dann auch steuerrechtliche Konsequenzen.

Diese ergeben sich einmal im Hinblick auf die Einkommensbesteuerung selbst. Bei der Einkommensteuer gibt es folgende unterschiedliche Handhabung gegenüber dem Einzelnen oder der jeweiligen Innengesellschaft. Da sie gemeinsam als Sozietät nach außen auftreten, ist auch die Gewinnermittlung, die sie kalenderjährlich machen, gemeinsam zu erstellen und entsprechend aufzuteilen auf die einzelnen Gesellschafter A, B und C. Diese einheitliche und gesonderte Gewinnfeststellung ist leicht erklärt. Einheitlich wird der Gewinn dieser nach außen hin auftretenden Gemeinschaft ermittelt. Da der Staat aber von A, B und C Steuern entsprechend den jeweiligen Gewinnanteilen haben möchte, wird der Gewinn entsprechend aufgeteilt. Dies ist das Abweichende von der für Sie üblichen Einkommensteuererklärung, in der Sie die Einkünfte aus der freiberuflichen Tätigkeit angeben. Sie können als Basis für die Gewinnermittlung eine Einnahme-Überschuss-Ermittlung aufstellen. Das würde ich auch empfehlen, da dies immer noch das beste Gewinnermittlungssystem für den Freiberufler ist. Eine Bilanz würde ich nicht machen, denn die rechtlichen Bedingungen zu Erstellung einer Bilanz sind umständlicher. Und Sie sind dazu nicht verpflichtet.

Zum Thema Umsatzsteuer ist zu sagen, dass die Sozietät diejenige ist, die die Unternehmereigenschaften im Sinne des Umsatzsteuerrechts begründet. Das Umsatzsteuerrecht sagt in § 2: „Unternehmer ist, wer eine gewerbliche oder berufliche Tätigkeit nachhaltig selbständig ausübt." Das tut die Sozietät. Für die Gesellschaft Bürgerlichen Rechts muss eine Umsatzsteuererklärung erstellt werden. Das gilt parallel auch für die Lohnsteuer. Damit wird für A, B und C diese Erklärung abgegeben. Hier haben wir den Vorteil, dass es weniger Arbeit ist, und der Steuerberater also weniger berechnen kann.

Wir sprachen vorhin von den einzelnen gewerblichen Übersetzungsbüros. Die Palette des Angebots wird - wie bekannt - durch die Sozietät erweitert, und damit bin ich auch besser konkurrenzfähig. Ich spreche nun von der steuerrechtlichen Situation. Ein tätiges Übersetzungsbüro führt nicht zu Einkünften aus freiberuflicher Tätigkeit, sondern zu Einkünften aus Gewerbebetrieb. Die Rechtsprechung ist zwar sehr vielfältig, aber in diesem Punkt klar, als man es so darstellen kann: Ein Freiberufler grenzt sich vom Gewerbetreibenden dadurch ab, dass er eine bestimmte Qualifikation erworben hat. Diese ist nicht beliebig vervielfältigbar durch entsprechende Zahl von Mitarbeitern. Dies macht aber das Übersetzungsbüro. Es bietet eben u.a. Dienstleistungen an wie Schreibdienste oder Weiterleitung von Aufträgen an Subunternehmer und macht damit auch Auftragsvermittlung. Dies ist eindeutig eine gewerbliche Tätigkeit. Dieses Büro ist also verpflichtet, Gewerbesteuer zu zahlen. Die Sozietät, soweit sie „sauber", der Einzelne also freiberuflich tätig bleibt, braucht das nicht. Der Vorteil ist, dass durch die Angebotspalette an Sprachen die Sozietät dazu führt, dass es weiterhin bei Einkünften aus freiberuflicher Tätigkeit bleibt und bleiben muss. Es darf aber nicht auf irgendeine Weise ins Gewerbliche kippen. Damit würden Sie zwar der Gemeinde, in der Sie leben, einen Dienst erweisen, nicht aber sich selbst.

Die Vorteile der Sozietät liegen klar auf der Hand. Wir haben die einheitliche Gewinnfeststellung in der Sozietät. Der Gewinn wird entsprechend dem zivilrechtlichen Vertrag auf die Gesellschafter aufgeteilt. Der Gesellschaftsvertrag sollte so gehalten sein, dass er nicht zu kompliziert ist. Umsatzsteuerrechtlich ergibt sich, dass nur die Gesellschaft selbst steuerpflichtig ist. Der Vorteil gegenüber dem Gewerbebetrieb: Ich kann beliebig die Palette der Sprachen erweitern, indem ich mehrere Partner hinzunehme, ohne damit eine gewerbliche Tätigkeit zu begründen.

Abschließend möchte ich darauf hinweisen, dass insofern Nachteile entstehen könnten, wenn der zugrunde liegende zivilrechtliche Vertrag nicht klar und eindeutig gefasst ist, z.B. kann die Kostenaufteilung zu Problemen bei der Jahresabschlussrechnung führen.

Im Steuerrecht gibt es den Begriff der sog. Sonderbetriebseinnahmen und -ausgaben. Das könnte bedeuten, wenn Dolmetscher A eine Zusatzaufgabe übernimmt und diese nicht den Betriebseinnahmen der Sozietät zuführt, ist das eine Sonderbetriebseinnahme bei A. Wenn der Kollege B sagt, er habe zuhause einen PC, für den er eine Nutzungsentschädigung haben möchte, so ist dies eine Sonderbetriebsausgabe. Vom Rechentechnischen her ist es nicht schwierig, das zuzuordnen. Aber wenn Sie in den zugrunde liegenden Vertrag zu viele Klauseln einbauen, könnte es sein, dass die einkommensteuerliche Ermittlung durch diese Sonderbetriebseinnahmen bzw. -ausgaben etwas kompliziert ist. Maßgeblich ist, was Sie wollen. Die Gestaltung des zivilrechtlichen Teils ist wichtig. Das Steuerrecht folgt dem. Mögliche Vorteile haben Sie eben durch die breitere Angebotspalette und durch die Tatsache, dass Sie nicht der Gewerbesteuer unterliegen.

Diskussion

Dr. Ulrich Daunt: Meine erste Frage betrifft die Haftung der Dolmetscher. Sie ist etwas bei der Behandlung der Haftungsfragen untergegangen. Die zweite betrifft die Haftung der angestellten Dolmetscher und Übersetzer. Die Haftung der Dolmetscher läuft m.W. in ganz anderen rechtlichen Bahnen als die der Übersetzer. Ist der Vertrag, den der Dolmetscher schließt, sei es Verhandlungs- oder Konsekutiv- oder Simultandolmetscher nicht ein Dienstvertrag im Gegensatz zum Werkvertrag des Übersetzers? Der Übersetzer liefert ein Werk, das geschrieben ist und für alle Zeit als Werk bestehen bleibt, während das, was der Dolmetscher tut, eine Dienstleistung ist. Er ist Assistent, Gehilfe, Sprachrohr, Alter Ego des Teilnehmers an einer Konferenz oder an einem Gespräch. Diese Leistung verfliegt wie Schall und Rauch in der Sekunde, in der das Wort gesprochen wird, und ist eine halbe Stunde später schon nicht mehr interessant. Es ist wohl ähnlich wie bei der Tätigkeit des Rechtsanwalts, die auf einen Werkvertrag hinausläuft, wenn der Rechtsanwalt einen Vertrag erstellt, die aber dann zur Dienstleistung wird, wenn der Rechtsanwalt an einer Verhandlung teilnimmt. Des ist es auch, was der Dolmetscher tut. Meine zweite Frage: Wie ist die Haftung der angestellten Dolmetscher und Übersetzer? Sie richtet sich doch sicher nach arbeitsrechtlichen Gesichtspunkten. Dann haftet er grundsätzlich nach Fahrlässigkeit, es sei denn, es handelt sich um gefahrgeneigte Tätigkeit. Dann ist die Haftung eingeschränkt. Wann kann man die Haftung als gefahrgeneigt betrachten? Das ist doch sicher der Fall bei den Kurdenprozessen, wo die Dolmetscher in schusssicheren Kabinen sitzen. Aber ist es nicht vielleicht auch sonst manchmal der Fall?

Dr. Friedrich Graf von Westphalen: Ich halte diese Differenzierung für extrem hilfreich. Ich bin durchaus der Auffassung, dass man die Differenzierungskriterien zwischen der dolmetschenden Tätigkeit und der übersetzenden Tätigkeit ziehen kann. Ich bin daher der Meinung, dass wesentliche Gesichtspunkte für diese Differenzierung sprechen, mit dem Ergebnis, dass der Dolmetschervertrag grundsätzlich Dienstvertrag ist. Dafür spricht die Tatsache, dass man im Zusammenhang mit Verhandlungen einfach sicherstellt, dass Verhandlungsergebnisse da sind. Beim Dolmetscher wäre dann primär Dienstvertragsrecht anzuwenden. Die haftungsrechtlichen Konsequenzen sind relativ gering im Verhältnis zum Werkvertrag. Mangelbeseitigung ist nicht möglich. Das falsche Wort ist ausgesprochen. Damit ist das haftungsbegründende Verhältnis geschaffen für den Fall, dass nicht nur ein Mißverständnis auf diplomatischer Ebene entsteht, sondern in der Tat auch ein Schaden sich als Vermögensschaden herausstellt. Ich halte das als Risiko für relativ gering.

Zu der zweiten Frage: Bei angestellten Dolmetschern und Übersetzern gelten in der Tat die arbeitsrechtlichen Gesichtspunkte. Zu der Frage, was ist gefahrengeneigte Arbeit: Nach der klassischen Definition des Arbeitsrechts ist von gefahrengeneigter Arbeit dann die Rede, wenn erstens eine unselbständige Arbeit geleistet wird, wenn zweitens ein geringer Fahrlässigkeitsvorwurf bereits einen hohen Schaden als Konsequenz hat. Ich fürchte, dass man hier wegen der selbständigen geistigen Tätigkeit, sowohl des Dolmetschers als auch des Übersetzers, nicht die Figur der gefahrengeneigten Arbeit anwenden kann. Es ist so, dass der Syndikusanwalt keine gefahrengeneigte Arbeit für seine juristische Tätigkeit in Anspruch nehmen kann. Ich will jetzt nicht unbedingt die Parallele zur Selbständigkeit ziehen, wohl aber sagen, dass beide den Anspruch mit einer qualitätsbewussten Arbeit, eine geistige Leistung zu erbringen, verbinden. Ich habe hier also einige Bedenken. Ich räume aber ohne weitere Anfrage ein, das Arbeitsrecht ist nicht mein Gebiet. Bei Fachleuten könnten sich also Differenzierungen einstellen.

Dr. Letizia Fuchs-Vidotto: Als wir als deutsche Gruppe von Konferenzdolmetschern bei der AIIC angefangen haben, haben wir die Verträge daraufhin prüfen lassen, ob es sich um einen Werkvertrag oder einen Dienstvertrag handelt. Es ist uns gesagt worden, und wir gehen daher seit vielen Jahren davon aus, dass wir Werkverträge abschließen für Auftraggeber, die uns punktuell beschäftigen. Etwas anderes ist es, wenn wir von internationalen Organisationen engagiert werden, die uns gegenüber weisungsbefugt sind. Hier gilt es als sehr umstritten, ob wir nicht doch in einem Dienstverhältnis stehen. Die juristische Kommission der EG ist inzwischen zu dem Ergebnis gekommen, dass es sich um einen Dienstvertrag handelt, nicht zuletzt deshalb, weil man für die Tage, an denen man engagiert ist, sozialversichert ist.

Dr. Friedrich Graf von Westphalen: Was die Kommission angeht, stimme ich Ihnen zu. Ich vermag nur nicht den Unterschied zum privaten Auftraggeber zu sehen. Auch dieser ist weisungsbefugt.

Dr. Letizia Fuchs-Vidotto: Ein privater Auftraggeber verpflichtet mich für eine Sitzung mit einem bestimmten Thema. Die Kommission verpflichtet mich, zu einer bestimmten Uhrzeit an einem bestimmten Tag anwesend zu sein.

Dr. Friedrich Graf von Westphalen: Bei der Kommission spricht in der Tat einiges dafür, dass man von einem Dienstvertrag sprechen kann.

Frage: Was ist, wenn ein Auftraggeber mir sagt: Fertigen Sie mir schnell eine Rohübersetzung an? Sie soll mich nur über den Inhalt informieren.

Dr. Friedrich Graf von Westphalen: Ob Rohübersetzung oder Feinübersetzung, die Qualität muss so sein, dass keine Fehler enthalten sind. D.h. man wird hier sicherlich unter Berücksichtigung der Parteiabsprache bei einer Rohübersetzung ein gewisses Maß an Ungenauigkeiten akzeptieren können. Aber sicherlich darf die Grenzlinie zu einer Falschübersetzung nicht überschritten werden. Also, auch ein Rohentwurf oder eine Rohübersetzung ist im Grunde genommen ein Werkvertrag mit der Konsequenz, dass ein Mindeststandard eingehalten werden muss. Es ist der gleiche Fall, wenn wir als Anwälte gebeten werden, ein Rohgutachten zu machen. Auch wir müssen dann ein sauberes Ergebnis bringen. Wir brauchen dann nur nicht die Literatur in ihren feinen Verästelungen und die Rechtsprechung nur im Groben wiederzugeben. Aber die Linie muss stimmen. Das würde ich auch auf die Rohübersetzung übertragen.

Frage: Wenn ich Sie richtig verstanden habe, ist es praktisch unmöglich, seine Haftung zu begrenzen. Zurückkommend auf mögliche Zusammenschlüsse frage ich mich, ob es dann nicht sinnvoll wäre, eine GmbH zu gründen anstelle einer Sozietät. Hier ist man ja durch das eingebrachte Kapital in seiner Haftung eingeschränkt.

Dr. Friedrich Graf von Westphalen: Rein von der Arithmetik her ist es so, dass nach dem ABG-Gesetz für wesentliche Pflichtverletzung eine Haftungsfreizeichnung und eine Haftungsbegrenzung nicht möglich ist. Für geringfügige Pflichtverletzungen sind damit aber eine Haftungsfreizeichnung und eine Haftungsfreizeichnung möglich. Die Grenzen hier zu ziehen ist schwer. Daraus folgt bei Betonung der Haftung, dass die erste Antwort nicht GmbH lautet, sondern Qualitätssicherung. Ein zweiter Aspekt: Betreibt man Qualitätssicherung und will bei dem ohnehin furiosen Eherecht im Augenblick gewisse Absicherungen zusätzlich haben, dann müsste man das über die GmbH zuzüglich einem entsprechenden Ehegüterrechtsvertrag machen. Dann hätten Sie die Sicherheit. Dennoch bleibt das von Herrn Klima Gesagte: Das Hinein in eine Sozietät ist leicht, das Heraus ist meist das Rennen vor eine verschlossene Türe.

Ingrid Schreiber: Sie haben gesagt, der Unterschied zwischen dem Dienstvertrag und dem Werkvertrag würde darin bestehen, dass beim Dienstvertrag ein

Dienst geschuldet wird und beim Werkvertrag ein Erfolg. Dann haben Sie weiterhin gesagt, dass Sie die Meinung vertreten, dass die Dolmetscher im Gegensatz zu den Übersetzern grundsätzlich dem Dienstvertrag unterliegen. Ich frage mich, ob das noch haltbar bzw. ob das eine Ausnahme zu folgendem Prinzip ist: Verhindert ein Dolmetscher in einem Gerichtsverfahren den Erfolg, nämlich die Wahrheitsfindung durch eine falsche Übertragung mit der Konsequenz, dass z.B. der Angeklagte ins Gefängnis kommt, obwohl er bei richtiger Übertragung nicht dorthin gekommen wäre.

Dr. Friedrich Graf von Westphalen: Hat der Dolmetscher vorsätzlich gehandelt, ist das mit Sicherheit Beihilfe. Es könnte sogar direkter Prozessbetrug sein, weil er einem Dritten einen Vorteil vermittelt. Das wäre also, uneidliche Falschaussage mit Hilfe einer Beihilfe auch strafrechtlich zu garnieren.

Ingrid Schreiber: Ich denke, der weitaus häufigere Fall ist, dass er es nicht vorsätzlich tut, z.B. wegen mangelnden Könnens.

Dr. Friedrich Graf von Westphalen: Die Fahrlässigkeit beginnt nicht nur bei dem sog. Ausführungsverschulden, sondern, und das sollten sich alle Freiberufler zu eigen machen, auch das Übernahmeverschulden ist ein Verschulden. Tue ich also etwas, zu dem ich nicht ausreichend ausgebildet bin, weil ich aus welchen Gründen auch immer es tun muss oder möchte, dann ist das Übernahmeverschulden genauso schuldbegründend wie ein Ausführungsverschulden.

Frage: Die Finanzbeamten haben normalerweise eine Menge Vorschriften in der Rückhand. Die eine Sache ist das Büro im Haus. Solange das an Wert unter DM 20.000,- im Vermögen liegt, bleibt es im Privatvermögen, kann aber für die freiberufliche Tätigkeit verwendet werden. Geht man davon aus, dass jeder Einzelkämpfer so etwas hat und jetzt in eine Sozietät eintritt, kommt dann das Finanzamt hinterher und sagt: Ihr Büro wird jetzt Betriebsvermögen. Damit haben Sie eine Einnahme zu versteuern, denn Sie haben das jetzt nicht mehr im Privatvermögen.

Jochen Beer: Ich möchte die Sache von den Tatbestandsmerkmalen her deutlich abgrenzen. Es handelt sich bei dem Beispiel um ein im Eigen genutzten Haus eingerichtetes Büro. Die Grenze von DM 20.000,- ist eine sog. Bagatellgrenze. Das bedeutet, wenn Sie sich als Freiberufler im Eigen genutzten Haus Büroräume oder einen Raum einrichten, ist bei Aufgabe der freiberuflichen Tätigkeit oder bei Veräußerung dieses Hauses ein Mehrwert zu versteuern, der sich aus dem Wert des Hausanteils ergibt, den ich beruflich seit meinem Berufsbeginn nutze oder seit meinem Einzug in das Haus, und dem jetzigen Mehrwertzuwachs zu dem Zeitpunkt meines Auszugs, sei es, weil ich das Haus veräußere, sei es, weil ich diesen Teil privat umwidme, z.B. weil ich ein Kinderzimmer brauche. Liegt dieser Mehrwert unter DM 20.000,-, passiert nichts. Liegt er über DM 20.000,-, dann wird in diesem Fall eine Besteuerung bei der Einkommensteuer eintreten. Sie geben den Sitz der freiberuflichen Tätigkeit in Ihrem Hause auf und damit auch Ihre individuelle freiberufliche Tätigkeit. Sie verlegen Ihre Tätigkeit in eine Sozietät, wo Sie und zwei weitere Kollegen Ihre freiberufliche Tätigkeit in Zukunft ausüben werden. Für diesen Fall steht Ihnen ein Freibetrag zu, da ein Aufgabegewinn entsteht. Dieser beträgt für alles DM 30.000,-. Reicht dieser Freibetrag nicht aus, gibt es ein Trostpflaster. Der Aufgabegewinn unterliegt nicht der normalen Besteuerung, sondern nur dem halben Steuersatz. In diesen Fällen wäre es also sicherlich sinnvoll zu überlegen, wenn Sie das nicht wollen, wenn Sie auch nicht die sog. stillen Reserven versteuert haben wollen, dann bleibt Ihnen nichts anderes übrig als zu sagen: Ich nutze diese Räume weiterhin beruflich. Dann wären die damit verbundenen Ausgaben und Einnahmen für diesen Büro im Eigen genutzten Haus Sonderbetriebsausgaben. Und es bleibt beim alten Status.

Frage: Sie sagten, die Abgrenzung eines Übersetzungsbüros zu einem Freiberufler liege darin, dass ein Übersetzungsbüro Aufträge vermittelt und damit einen gewerblichen Status erlangt. Was ist, wenn ein Freiberufler einen Auftrag an einen Kollegen weitergibt, weil er ihn selbst nicht erledigen kann? Hat es Konsequenzen, wenn ein Freiberufler nicht unter seinem Namen, sondern sich quasi einen Firmennamen zulegt? Erlangt er damit einen Gewerbestatus?

Jochen Beer: Es bleibt bei der freiberuflichen Tätigkeit, wenn Sie Aufträge an Kollegen weitergeben, weil Sie diese nicht erledigen können. Man muss nur eines unterscheiden, und da liegt der Unterschied zwischen einem Freiberufler und dem Gewerbetreibenden: Wenn Sie einen Auftrag annehmen in einer Sprache, die Sie nicht beherrschen und diesen weitergeben, da kommt das Kriterium Gewerbe ins Spiel. Wenn Sie das einmal machen, ist das sicher kein Problem. Geben Sie das an einen Kollegen, und dieser rechnet auf eigene Rechnung ab, ist es auch kein Thema. Wenn Sie den Auftrag an Kollegen weitergeben, mit denen Sie zusammenarbeiten, und rechnen untereinander ab, bleibt es bei der freiberuflichen Tätigkeit. Nur in dem Moment wird die Sache gewerblich, wo Sie permanent Vermittlungsbüro sind und die Aufträge weitergeben, weil Sie das zum einen von der Sprache nicht können, und wo zum anderen die Tätigkeit, die Sie ausüben, in eine reine Vermittlungstätigkeit ausartet. Das ist ganz klar gewerblich. Wenn Sie einen anderen Begriff als Ihren Namen verwenden, ist das auch noch kein Kriterium, um einen Gewerbebetrieb zu begründen.

Dr. Peter Klima: Die Firma stammt natürlich aus dem Handelsrecht. Den Begriff der Firma finden Sie im HGB. Jetzt finden wir zum ersten Mal im Partnerschaftsgesetz außerhalb der gewerblichen Tätigkeit, bei der freiberuflichen Tätigkeit, eine Art Gemeinschaftsnamen. Ich vermeide bewusst „Firmennamen". Das ist ein Rechtsgebiet, das es noch zu beackern gilt. Wenn Sie als Freiberufler unter einem Namen auftreten oder Ihrem Familiennamen einen weiteren Namen hinzufügen, sehe ich rechtlich keine Schwierigkeiten. Ich wüsste nicht, warum das verboten sein soll. Und was nicht verboten ist, ist erlaubt. Wenn Sie sich einen tollen Namen oder einen Slogan zulegen, sehe ich keinen Grund, warum das verboten sein sollte. Ich darf natürlich nicht mit dem Gesetz gegen den unlauteren Wettbewerb in Konflikt geraten, wenn ich z.B. mit meinem Slogan einen falschen Eindruck erwecke.

Frage: Wenn man eine Innensozietät gegründet hat, also nur untereinander private Verträge als eine Gruppe von Übersetzern hat, muss man doch nicht einen der Eigennamen benutzen, wenn man sich am Telefon meldet. Man kann sich doch dann anders nennen, z.B. Übersetzergemeinschaft XY.

Dr. Peter Klima: In dem Moment, wo Sie dies am Telefon tun, bilden Sie bereits eine Außensozietät. Das muss nicht unbedingt auf dem Briefkopf sein. Sie müssen nach außen irgendwie zu erkennen geben, wer Sie sind. Und wenn Sie sagen, Sie sind mehrere, dann ist die Außensozietät gefragt. Wenn Sie nach außen als Gemeinschaft auftreten, haben wir die Außensozietät. Wenn Sie das nicht wollen, müssen Sie sich mit Namen melden und den Anrufer fragen, wen er zu sprechen wünscht.

Jochen Beer: Wie Sie es dargestellt haben, handelt es sich steuerrechtlich um eine Gesellschaft, die nach innen wirkt, auch wenn sie nach außen mit dem Briefkopf auftritt. Wenn Sie intern abrechnen, hat jeder seine Einnahme-Überschuss-Rechnung zu machen, seine eigene Einkommensteuer-, seine eigene Umsatzsteuererklärung. Wenn Sie poolen und am Ende des Jahres einen Gewinn von DM 500.000,- haben, diesen mit Hilfe des Gewinn-Verteilungsschlüssels aufteilen, müssen Sie eine einheitlich gesonderte Feststellung machen und eine Umsatzsteuererklärung für diese Gemeinschaft.

Dr. Peter Klima: Dr. Peter Bleutge ist Anwalt, aber in erster Linie in der Rechtsabteilung des Deutschen Industrie- und Handelstages tätig. Der DIHT ist der Dachverband der Industrie- und Handelskammern und hat eine große Rechtsabteilung. Diese Abteilung befasst sich u.a. mit der Gesetzgebung. Dr. Bleutge ist in dieser Abteilung für das Zivilrecht, aber auch für das Sachverständigenwesen zuständig. Er wird Ihnen jetzt über einen Referentenentwurf zum ZSEG, also zum Gesetz über die Entschädigung von Zeugen und Sachverständigen, berichten. Ich kenne diesen Entwurf noch nicht. Ich wünschte mir aber, dass in dem Referentenentwurf eine Vorschrift existierte, der dem § 12 der Bundesrechtsanwaltsgebührenordnung entspricht, nämlich, dass bei Streitigkeiten über die Festsetzung der Höhe von Rahmengebühren die Rechtsanwaltskammer als Gutachter heranzuziehen ist. Ich habe erst gestern wieder ein Gutachten gegen einen Kostenbeamten abgegeben, der in unverschämter Weise die Rahmenkosten eines Kollegen abgesenkt hatte. Und es sind die Rahmengebühren, die für Dolmetscher und Übersetzer gelten.

Dr. Peter Bleutge:
Der Referentenentwurf zum ZSEG

Anknüpfend an das zuvor Gesagte kann ich feststellen, dass es auch zur Entschädigung des Sachverständigen bei Gericht eine solche Menge von Gerichtsentscheidungen und unterschiedlicher Literatur gibt, dass man diese kaum noch überblicken kann. Das liegt wohl daran, dass das ZSEG, das Gesetz über die Entschädigung von Zeugen und Sachverständigen, mit sehr weitgefassten und unbestimmten Begriffen und sehr weiten Rahmensätzen arbeitet. Bei jeder Festsetzung durch den Kostenbeamten gibt es Streitigkeiten, sowohl bei den Sachverständigen als auch bei den Dolmetschern als auch bei den Übersetzern.

Das Gesetz hat für die Dolmetscher und Übersetzer einen eigenen Paragraphen vorgesehen, den § 17 ZSEG. Dieser § 17 unterscheidet zwischen Dolmetschern auf der einen Seite und Übersetzern auf der anderen Seite. Der Dolmetscher ist derjenige, der eine mündliche oder eine schriftliche Erklärung durch eine mündliche Übertragung in eine andere Sprache überträgt. Der Übersetzer ist derjenige, der einen schriftlichen Text in eine andere Sprache schriftlich überträgt. Das ist der Unterschied zwischen Dolmetschern und Übersetzern, wie ihn das Kostengesetz macht. Es gibt daher auch unterschiedliche Rechtsfolgen. Der Dolmetscher wird wie ein Sachverständiger bezahlt. Er erhält also einen Stundensatz. Der Übersetzer wird nach Zeilen entschädigt. Um es vorwegzunehmen: Das Gesetz heißt nicht ohne Grund „Entschädigungsgesetz" und nicht „Honorarordnung", denn der Gesetzgeber will damit erreichen, dass die Prozesse nicht zu teuer werden. Das Bundesverfassungsgericht hat 1972 bestätigt, dass der Sachverständige, der Dolmetscher und der Übersetzer, dass diese Personengruppe nur entschädigt und nicht leistungsgerecht vergütet wird, soweit sie vom Gericht oder der Staatsanwaltschaft beauftragt wird. Es wird ausdrücklich in der Gesetzesbegründung und auch in dem Urteil des Bundesverfassungsgerichts gesagt, dass Dolmetscher, Übersetzer und Sachverständige wie Zeugen Vermögensopfer zugunsten der Allgemeinheit zu erbringen haben.

Ich muss dies gegen meine eigene Überzeugung vortragen. Ich muss so vortragen, wie es vom Gesetzgeber gewollt ist. Ich bin seit 25 Jahren beim DIHT und habe während dieses Zeitraums drei Novellierungsvorschläge mitgemacht, und wir haben immer wieder gefordert, dass der Gesetzgeber endlich vom Entschädigungsprinzip zum Vergütungsprinzip übergehen solle. Unsere Bemühungen waren vergeblich. Die Abgeordneten haben das überhaupt nicht eingesehen. Ich verstehe das nicht. Die Sachverständigen, Übersetzer und Dolmetscher sind die einzige Gruppe, die im Gerichtsverfahren Vermögensopfer zugunsten der Allgemeinheit zu erbringen hat. Das halte ich für ungerecht, denn die Wirklichkeit sieht anders aus. Wenn man die Prozesse billig halten wollte, dann müssten alle an den Verfahren Beteiligten Vermögensopfer zugunsten der Allgemeinheit erbringen, also auch die Rechtsanwälte, Richter, Kostenbeamte etc. Das ist aber nicht der Fall. Wenn man aber auf der anderen Seite den Gleichbehandlungsgrundsatz ernst nimmt, muss man alle an Gerichtsverfahren beteiligte Personen sachgerecht honorieren. Dann muss man die Prozesse auf eine andere Art und Weise billig machen. Dies trifft dann natürlich den Steuerzahler. Aber man kann nicht eine Gruppe aus der Gesamtheit der Beteiligten herausnehmen und sagen: Du musst Vermögensnachteile in Kauf nehmen, damit die Prozesse nicht so teuer werden. Dies verstößt gegen Artikel 3 des Grundgesetzes.

Es gilt also nach wie vor das Entschädigungsprinzip. Auch die Novelle, die vor zwei Monaten als Referentenentwurf des BMJ hier vorgelegt wurde, bleibt beim Entschädigungsprinzip. Der Dolmetscher erhält wie der Sachverständige nach § 3 ZSEG einen Stundensatz von DM 40,- bis DM 70,-. Meistens liegen die Entschädigungen für Dolmetscher zwischen DM 50,- und DM 60,-. Wenn der Gesetzentwurf, den das BMJ vorgelegt hat, tatsächlich in dieser Legislaturperiode realisiert wird, und wir hoffen das, da hier auch die Gerichtsgebühren erhöht werden, die Rechtsanwaltsgebühren erhöht werden, die Notargebühren erhöht werden, dann wird auch das ZSEG novelliert und auch das Gesetz zur Entschädigung ehrenamtlicher Richter. Das ist eine große Kostennovelle, in der alles enthalten ist. Wir haben also Hoffnung, dass das ZSEG tatsächlich in dieser Legislaturperiode verabschiedet werden wird, weil die Rechtsanwälte und Justizverwaltungen darauf drängen.

Zurückkommend zu den Dolmetschern: Der Stundensatzrahmen von DM 40,- bis DM 70,- wird erhöht auf DM 50,- bis DM 100,-. Das bedeutet eine Erhöhung von 30 %. Sie wird auch in der Gesetzesbegründung angesprochen und zieht sich wie ein roter Faden durch die gesamte Gesetzesnovelle. Sechs Jahre ist das Gesetz jetzt unverändert in Kraft. Geht man von einer jährlichen Einkommens- und Kostensteigerung von 5 % aus, so kommt man in etwa auf 30 %. Der Stundensatzrahmen wird also DM 50,- bis DM 100,- betragen. Das halte ich für misslich, denn der Stundensatzrahmen wird erweitert. Bisher waren es DM 30,-, in Zukunft sind es DM 50, -. Der Gesetzgeber sagt, dies sei mit Absicht geschehen, damit es mehr Möglichkeiten gebe, dem Gerechtigkeitsgedanken Genüge zu tun. Aber in Wirklichkeit wird es so sein, dass die Streitigkeiten, Streitpunkte und Auseinandersetzungen mit den Kostenbeamten dadurch erheblich erhöht werden. Das wirkt sich zum Nachteil der Betroffenen aus. Wie auch bei der letzten Novellierung werden wahrscheinlich in den ersten zwei, drei Jahren die Sachverständigen, Dolmetscher und Übersetzer am untersten Level festgemacht werden, damit man noch Manövriermasse für die Zukunft hat. So wird das immer begründet. Insoweit halte ich von diesem erarbeiteten Stundensatzrahmen nicht sehr viel. Wir haben von uns aus für die Sachverständigen gefordert, dass der Stundensatzrahmen zwischen DM 85,- und DM 125,- liegen sollte, weil wir in einer Umfrage für den Justizminister im September letzten Jahres festgestellt haben, dass der Stundensatzrahmen bei den Sachverständigen schwerpunktmäßig DM 120,- bis DM 150,- im privaten Bereich beträgt. Wir haben das als Bezugspunkt genommen und gesagt, dass annähernd DM 120,- erreicht werden müssten. Das kann man aber nicht, wenn man einen Rahmen von nur DM 50,- bis DM 100,- schafft. Denn die Erhöhungsmöglichkeiten für Berufssachverständige und Berufsdolmetscher sind sehr eng und werden sehr restriktiv ausgelegt, so dass kaum jemand über die Grenze von DM 100,- kommen dürfte. Das ist eine erhebliche Benachteiligung gegenüber der Tätigkeit im privaten Bereich.

Die zu berücksichtigende Zeit beim Dolmetscher und beim Sachverständigen ist auch identisch. Der Dolmetscher kann sowohl die Vorbereitungszeit für einen

Prozess in Rechnung stellen als auch die Fahrzeit zum Gericht und wieder nach Hause als auch die Wartezeiten bei Gericht. Insoweit unterscheiden sich Dolmetscher und Sachverständige überhaupt nicht. Es braucht also nicht nur die unmittelbare Zeit des Dolmetschens in Rechnung gestellt werden, sondern es kann auch die Vorbereitungszeit, die Wartezeit und die Fahrzeit mit demselben Stundensatz, dem einheitlichen Stundensatz, in Rechnung gestellt werden. Der Dolmetscher bekommt auch dann eine Entschädigung, wenn er aus von ihm nicht zu vertretenden Gründen gar nicht zu dolmetschen brauchte.

Zur Ausfüllung des Stundensatzrahmens gibt der Gesetzgeber allgemeine und unbestimmte Begriffe, die wenig aussagen: Grad der erforderlichen Sachkenntnisse, Schwierigkeit der Leistung, besondere Umstände. Das sagt Ihnen gar nichts. Wir haben daher dem BMJ vorgeschlagen, man möge das etwas konkreter fassen. In der Kommentierung zu den einzelnen Kriterien steht beim Dolmetscher, dass hier Schwierigkeitsgrade sein können, wenn Fachausdrücke aus Technik, Medizin und Recht in dem zu dolmetschenden Text befinden, ferner Dialekte einer Sprache, Simultanübertragung, Schwierigkeit der Befragung usw. Dies alles kann berücksichtigt werden, wenn man feststellen will, ob nun der Stundensatz des Dolmetschers im Einzelfall DM 50,-, DM 60,- oder gar DM 70,- beträgt. Der Höchststundensatz von DM 70,- ist bei einem Dolmetscher nur dann gerechtfertigt, so die Rechtsprechung, wenn aus einer besonders schwierigen Sprache oder aus dem Dialekt einer Fremdsprache übersetzt wird, oder wenn Texte mit schwierigen Fachausdrücken zu übertragen sind. So jedenfalls sagen es die bisher bekannt gewordenen Urteile. Auch daran wird sich in Zukunft nichts ändern.

Der Dolmetscher hat auch einen Anspruch auf Berufszuschlag. Das hat der Übersetzer nicht. Das ist für mich auch unverständlich, aber so ausdrücklich vom Gesetzgeber gewollt. Den Berufszuschlag gibt es dann, wenn der Dolmetscher mindestens zwei Drittel seiner Einkünfte aus Dolmetschtätigkeit erzielt. Auch hier gibt es wieder Streitigkeiten. Ich habe gerade letzte Woche ein Urteil vom OLG Hamm zugeschickt bekommen, das die Übersetzertätigkeit nicht dazu zählt. Gegen die herrschende Auffassung, auch in der Literatur, hat das OLG Hamm so entschieden. Das soll Sie nicht entmutigen. Machen Sie so weiter, wie Sie es bisher immer getan haben. Aber haben Sie im Hinterkopf, dass es abweichende Entscheidungen gibt. Also zwei Drittel Ihrer Einkünfte müssen Sie aus Dolmetscher- oder Übersetzertätigkeit erzielen. Dann sind Sie Berufsdolmetscher im Sinne des ZSEG. Sie können den Zuschlag aber auch dann bekommen, wenn Sie nachweisen, dass Sie aufgrund häufiger Heranziehung erhebliche

Erwerbsverluste erleiden. Auch darüber gibt es Auseinandersetzungen, deren Darstellung ein abendfüllendes Programm sein könnte. Alle diese Dinge bleiben im Gesetz. Geändert wird nur der Stundensatzrahmen.

Der Auslagenersatz bleibt weitgehend wie gehabt. Bei den Fahrtkosten wird für die Benutzung des eigenen Pkw der Kilometersatz von DM 0,45 auf DM 0,52 erhöht. Das gilt auch für die Rechtsanwälte. Als Zehrgeld und Abwesenheitsgeld nach § 10, wenn Sie länger als vier Stunden am selben Ort von zuhause abwesend sind, erhalten Sie bis zu DM 6,-. Wenn Sie an einen anderen Ort reisen müssen, erhalten Sie ein Abwesenheitsgeld wie der Richter in der Reisekostenstufe B. Alles das bleibt. Ebenso Porto, Telefon und andere Auslagen.

Zum Schluss, was den Dolmetscher angeht, noch einige Entscheidungen aus neuerer Zeit.

OLG Celle: Die französische Sprache gehört zu den gängigsten Weltsprachen und ist in der Bundesrepublik weit verbreitet. Hier gibt es für die Dolmetschertätigkeit DM 50,- pro Stunde. LG Hannover: Griechisch ist eine im EG-Raum gängige, nicht besonders schwierige Sprache, die an einen Dolmetscher nur knapp durchschnittliche Anforderungen stellt. Stundensatz: DM 50,-. LG Osnabrück: Die Dolmetscherstunde für europäische Sprachen, hier die englische Sprache, ist regelmäßig mit DM 50,- zu entschädigen.

VG Berlin: Die Sprachvermittlung zwischen der arabischen Sprache und der deutschen Sprache ist auch bei einem verhältnismäßig einfachen Sachverhalt eine schwierige Dolmetschertätigkeit. Stundensatz: DM 60,-.

OLG Hamburg/OLG Koblenz: Für Simultandolmetschen von der deutschen in die hebräische Sprache und umgekehrt kann ein Stundensatz von DM 60,- gerechtfertigt sein.

OLG Zweibrücken: Die Übersetzung von der deutschen in die afghanische Sprache, die der deutschen Sprache in keiner Weise verwandt und nach deren grammatischen Regeln aufgestellt ist, bereitet besondere Schwierigkeiten. Stundensatz: DM 68,-.

Damit wollte ich Ihnen die Tendenz in der Rechtsprechung aufzeigen, wie die Richter und Kostenbeamten zurzeit den Dolmetscher behandeln.

Ich komme nun zu der Entschädigung des Übersetzers. Der Übersetzer muss nach Zeilen abrechnen. Die Rechtsgrundlage findet sich in § 17 Abs. 3 und 4 des ZSEG. Das Gesetz sieht drei Entschädigungsstufen vor. Und nochmals: Für den Berufsübersetzer gibt es keinen Berufszuschlag. Die Zeilenentschädigung stellt sich wie folgt dar. Die erste Stufe heißt: leichte Übersetzung. Für leichte oder einfache Texte erhält der Übersetzer DM 1,50 pro Zeile. Wenn ich vorhin davon sprach, dass durchgängig eine 30 prozentige Erhöhung vorgesehen ist, so beträgt der neue Zeilensatz für einfache Übersetzungen DM 2,00. Leicht ist eine Übersetzung dann, wenn es sich um eine gängige Sprache handelt und keine Fachausdrücke zu übersetzen sind. Die nächste Schwierigkeitsstufe ist die sog. erschwerte Übersetzung. Für erschwerte Übersetzungen sieht das Gesetz einen Entschädigungsrahmen von DM 1,50 bis DM 4,50 vor, zukünftig von DM 2,00 bis DM 5,80. Als Beispiele für erschwerte Übersetzungen werden im Gesetz die Verwendung von Fachausdrücken oder die schwere Lesbarkeit des Textes genannt. Dabei muss es sich nicht um ausgesprochene Fachtexte, wie medizinische oder technische Gutachten handeln. Es reicht vielmehr aus, dass der zu übertragende Text Fachausdrücke enthält.

In der Begründung des Gesetzes wird als weiteres Beispiel ausgeführt: Die Übertragung aus Sprachen, die im Bundesgebiet wenig gebräuchlich sind und bei denen dem Übersetzer nur unzureichende wissenschaftliche Hilfsmittel zur Verfügung stehen. Das ist die Gruppe der erschwerten Übersetzungen. Die letzte Gruppe ist die Gruppe der außergewöhnlich schwierigen Übersetzungen. Für außergewöhnlich schwierige Übersetzungen sieht das Gesetz einen Gebührenrahmen von DM 4,50 bis DM 6,50 pro Zeile vor. Dieser Rahmen wird in Zukunft auf einen Satz von DM 5,80 bis DM 8,40 erhöht. Das Vorliegen dieses Gebührentatbestandes kann beispielsweise dann bejaht werden, wenn das Erlernen einer Sprache sehr große Mühe macht.

Was mir bei dem Studium der Gerichtsentscheidungen zu den diversen Gebührenrahmen aufgefallen ist, ist, dass es zu dritten Stufe keine einzige Entscheidung gibt. Ich könnte mir lebhaft vorstellen, dass Sie niemals auf diesen höchsten Rahmensatz kommen. Wir haben als DIHT dem Justizminister vorgeschlagen, diesen Rahmen ersatzlos zu streichen und dafür die anderen Rahmen anzuheben. Denn wenn ein Rahmensatz überhaupt nicht angewendet wird, weil die Hürden so hoch sind, dass man sie niemals nach Auffassung der Kostenbeamten überspringen kann, dann geht doch das Gesetz ins Leere, dann sollte man doch ersatzlos darauf verzichten. Damit ist das Kapitel Erhöhung abgeschlossen.

Ich darf noch kurz einiges erwähnen, was sonst noch in dem geltenden Gesetz enthalten ist. Die Höhe der Entschädigung ist nach dem durchschnittlichen Schwierigkeitsgrad des gesamten Textes und dabei wiederum nach einem einheitlichen Zeilensatz zu ermitteln. Die Zeilen können also nicht unterschiedlich berechnet werden. Über die Zeilenberechnung gibt der Gesetzgeber akribisch Auskunft. 50 Schriftzeichen bilden eine Zeile. Angefangene Zeilen von mehr als 30 Schriftzeichen gelten als volle Zeilen. Angefangene Zeilen von 30 oder weniger Schriftzeichen werden zu vollen Zeilen zusammengezogen. Wäre der Gesetzgeber bei den Stunden- und den Zeilensätzen genauso akribisch und würde auf Rahmensätze verzichten, gäbe es keine Auseinandersetzungen mit den Kostenbeamten. Für die Berechnung der Zeilenzahl ist der Text der angefertigten Übersetzung maßgebend. Nur wenn in der angefertigten Übersetzung keine lateinischen Schriftzeichen verwendet werden, sind die Zeilen des zu übersetzenden deutschen Textes maßgebend. Das alles ist für Sie nichts Neues.

Neu dagegen ist, dass es ein Mindesthonorar nach § 17 Abs. 3 Satz 3 gibt. Es beträgt derzeit DM 20,-. Diese DM 20,- werden auf DM 25,- erhöht. Das gilt aber nur, wenn beispielsweise die Übersetzung nur vier Zeilen umfasst, und der Übersetzer aufgrund der Zeilenberechnung unter DM 20,- bliebe. Die Auslagenerstattung gilt auch für die Übersetzer. Schreibauslagen erhält er nach § 8, also DM 4,-/Originalseite und DM 0,30/Durchschlag. Für seine eigenen Handakten erhält er auch DM 0,30/Seite. Telefon und Porti werden nach § 11 ZSEG in tatsächlich angefallener Höhe erstattet.

Auch hier gebe ich Ihnen einige Gerichtsentscheidungen.

LG Hannover: Die Übersetzung in die italienische Sprache ist nicht durch Besonderheiten der Sprache erschwert. Die Entschädigung nach § 17 Abs. 3 beträgt DM 1,50.

OLG Hamburg: Die Übersetzung der auf einem Formular der Hamburgischen Jugendämter verfassten Klageschrift wegen Feststellung der nichtehelichen Vaterschaft und wegen Zahlung des Regelunterhalts in die arabische Sprache ist wegen der gehäuften Verwendung juristischer Fachausdrücke so erschwert, dass ein Zeilensatz von DM 4,50 angemessen erscheint.

OLG Stuttgart: Für die Übersetzung von russischen Vernehmungsprotokollen sowie von Auszügen aus Personenstandsregistern jeweils mit juristischem Fachtext von geringem Umfang ist ein Zeilensatz von DM 2,40 gerechtfertigt.

Ich wusste, dass ich mit meinen Ausführungen nicht auf freudige Erregung stoßen würde. Aber ich musste nüchtern und sachlich vortragen, so wie es im Gesetz steht. Es hätte nichts genutzt, Ihnen ein Wunschdenken zu vermitteln, um dadurch Unmutsäußerungen Ihrerseits zu vermeiden.

Diskussion

Dr. Peter Klima: Ich kann nur sagen, ich bewundere Ihre Zurückhaltung, als Sie über die Opferbereitschaft geredet haben, die immer von denen verlangt wird, die selbst nicht zu diesen Opfern bereit sind. Ich kann mich immer nur wundern, dass die einzigen in unserem Lande, die ihre eigenen Gebühren und Rahmengebühren in eigener Kompetenz erhöhen können, von anderen diese Opferbereitschaft verlangen. Ich glaube, wir wissen alle, von wem wir reden. Ich möchte nur folgendes noch sagen. Das Gesetz kommt bald in den Bundestag. Da kann ich Ihnen nur raten: So wenig sind Sie gar nicht. Schreiben Sie doch an Ihren Abgeordneten. Arrangieren Sie sich untereinander. Wenn der Abgeordnete genügend Anschreiben auf den Tisch bekommt, dass Sie nicht damit einverstanden sind, dass hier Opferbereitschaft von einer einzigen Berufsgruppe verlangt wird, während andere nach dem Grundsatz leben, Vorteilsnahme ist heute das gängige Gebot. Vielleicht wirkt das ein bisschen.

Dragoslava Gradincevic: Ich habe eine doppelte Frage. Sie haben richtig gesagt, der Dolmetscher wird im ZSEG dem Sachverständigen gleich gestellt. Er wird ihm allerdings nur dann gleich gestellt, wenn es darum geht, den Dolmetscher zu knebeln. Anders sehe ich das Gesetz auch nicht. In dem Gesetz steht beispielsweise, dass der Sachverständige nach persönlicher Ladung seine Tätigkeit auch persönlich auszuüben hat. In den Gerichten des Landes Nordrhein-Westfalen, in den anderen Bundesländern ist es m.W. ähnlich, werden Dolmetscher häufig über Makler geladen. Verwirkt der Dolmetscher, der über die Makler seine Tätigkeit ausübt, damit seinen Entschädigungsanspruch? Im Gesetz ist es so für den Sachverständigen vorgesehen, der seine Tätigkeit nicht persönlich ausübt.

Dr. Peter Bleutge: In dem Gesetz steht nichts über eine persönliche Ladung. Es heißt lediglich, dass der Sachverständige oder der Dolmetscher, der vom Gericht bestellt ist, nach dem ZSEG bezahlt wird.

Dragoslava Gradincevic: Das bedeutet also, der Kostenbeamte im Gerichtsbezirk Düsseldorf hat unrecht, wenn er diesem so engagierten Dolmetscher über den Makler seine Entschädigung verweigert.

Dr. Peter Bleutge: Wer bestellt ist, hat Anspruch auf die Entschädigung. Wenn der Gewerbebetrieb bestellt ist, hat dieser den Anspruch. Aber nach der ZPO und der StPO darf nur eine natürliche Person bestellt werden. Es darf keine Sachverständigen GmbH bestellt werden, auch der TÜV darf nicht bestellt werden, sondern nur ein namentlich genannter Ingenieur des TÜV. Allerdings helfen sich die Leute dann dadurch, dass sie sich von vornherein den Anspruch abtreten lassen, dass der TÜV sich also den Anspruch seiner Mitarbeiter abtreten lässt und dann aus diesem abgetretenen Anspruch gegen den Kostenbeamten den Gebührenanspruch geltend macht. In Ihrem Fall kommt es also entscheidend darauf an, wer den Auftrag bekommen hat. Nach meiner Auffassung und nach der herrschenden Meinung ist es nicht zulässig, eine GmbH oder einen Vermittler zu bestellen, sondern die natürliche Person, die die Leistung erbringen muss, muss auch unmittelbar beteilt werden und hat auch unmittelbar einen Anspruch auf Entschädigung.

Dragoslava Gradincevic: Meine zweite Frage: Haben Sie in dem Referentenentwurf einen wichtigen Teil beachtet? Ich werde als Dolmetscherin mit der Androhung einer Ordnungsstrafe von DM 1.000,- geladen, falls ich nicht erscheine. Es ist aber niemals bisher geschehen, dass das Gericht, das mich am Morgen des Gerichtstages angerufen und mir mitgeteilt hat, dass der ganze Tag, den ich für das Gericht eingeplant habe, aus irgendeinem Grunde ausfällt, mir diesen ganzen Tag auch entschädigt.

Dr. Peter Bleutge: Da Sie geladen waren, würde ich es an Ihrer Stelle einfach versuchen. Sie müssen darlegen, dass Sie für die ursprünglich angeforderte Zeit andere Aufträge ablehnen mussten. Dass Sie für diesen Tag einen Verdienstausfall hatten. Man wird Ihnen natürlich entgegenhalten, dass Sie in dieser Zeit einen anderen Termin vorbereiten oder eine Übersetzertätigkeit ausüben konnten. Wenn Sie dem Gericht tatsächlich nachweisen, dass Sie den Tag freigehalten und andere Aufträge abgelehnt haben und auch keine anderen Tätigkeiten erledigen konnten, bin ich der Meinung, haben Sie eine gewisse Chance, diesen Ausfall ersetzt zu bekommen. Um Ihre Frage vollständig zu beantworten: In dem neuen Gesetzentwurf, der lediglich anderthalb Seiten umfasst, sehen Sie nur Zahlen, wo überall die Pauschalen und Rahmensätze erhöht werden. Am Text selbst wird nichts geändert.

Dragoslava Gradincevic: Im Sozialgerichtsbereich pflegt man noch stärker, den Dolmetscher „auszubeuten". Der Landgerichtsbezirk Düsseldorf zeichnet sich dadurch aus, dass er die Honorar- und Entschädigungsansprüche mit der Begründung kürzt, weisen Sie nach, dass Sie in der Privatwirtschaft so viel erzielen. Weist man es tatsächlich nach, und ich habe es mit dem Satz „Da ich jetzt in der Privatwirtschaft mehr erziele, darf ich jetzt meinen Entschädigungsanspruch auch entsprechend erhöhen?" bekommt man zu hören: Nach der Umfrage der IHK Düsseldorf ist ein Entschädigungsrahmen von DM 80,- ausreichend. Ist das zulässig? Ich muss ergänzen, dass hier nicht die Dolmetscher gefragt worden waren, sondern die Makler. Dr. Peter Bleutge: Die Dolmetscher sind bei der Kammer ja auch nicht Pflichtmitglied, da sie Freiberufler sind. Dann wurde also die falsche Zielgruppe gefragt. Wenn Sie so etwas sehen, dann müssen sie qua Berufsverband intervenieren. Sie müssen das in der Öffentlichkeit anprangern.

Dr. Letizia Fuchs-Vidotto: Ich möchte meine Kollegin darauf hinweisen, dass ich vor Jahren in Köln den Beschluss einer Großen Strafkammer erwirkt habe, die mich für zwei, drei Tage verpflichtet hatte. Der Prozess fiel aus. Man hat mich bezahlt.

Eugen Seidel: Am LG Frankfurt gibt es eine Richtlinie, die den Zuschlag für hauptberuflich Tätige auf DM 20,- begrenzt. Ist das rechtens? Kann man dagegen vorgehen?

Dr. Peter Bleutge: Sie können jedes Mal mit einer Beschwerde gegen die gerichtliche Festsetzung nach § 16 Abs. 1 und dann durch Einlegen einer Beschwerde nach § 16 Abs. 2 dagegen vorgehen. Aber wenn das OLG, bei dem Sie ja letztlich landen werden, diese Richtlinie für sich selber als Maßstab gesetzt hat, dann beißen Sie auf Granit. Diese Lage kenne ich auch aus anderen Gerichtsbezirken. Es gibt leider keine höchstgerichtliche Entscheidung, denn der BGH ist nicht zuständig in Kostensachen. Aus diesem Grund erhalten Sie niemals eine einheitliche Rechtsprechung auf diesem Gebiet.

Frage: Die Gerichtsdolmetscher dürfen in den neuen Bundesländern laut Einigungsvertrag nur 80 % der Stundensätze des ZSEG verlangen. Wann wird diese Regelung aufgehoben?

Dr. Peter Bleutge: Wir haben in unserer Stellungnahme vorgeschlagen, dass der Justizminister diese Regelung aufhebt. Denn im Einigungsvertrag steht, dass dies nur durch einen entsprechenden Erlass des Justizministers geschehen kann.

Das hat er bisher noch nicht gemacht. Viele Kollegen aus dem Sachverständigenbereich dachten, nach zwei Jahren sei das von selbst erledigt. Das stimmt aber nicht. Das gilt immer noch. Auch hier müssen Sie als Berufsverband tätig werden. Sie müssen an den Justizminister schreiben, da es sich ohnehin nur um ein Entschädigungsgesetz handele, sei ein nochmaliger 20 prozentiger Abzug unbillig. Daher bitten Sie, durch einen Erlass diese Regelung aufzuheben.

Norbert Zänker: Hatte der DIHT einen eigenen Entwurf zum ZSEG vorgelegt? Hatten Sie vorgeschlagen, den § 3 Abs. 3 (b) ersatzlos zu streichen, und wenn ja, warum?

Dr. Peter Bleutge: Wir haben auf 30 Seiten Vorschläge zur Änderung und Ergänzung des Gesetzentwurfs. Wir hatten ursprünglich die Streichung dieser Bestimmung für den Fall vorgeschlagen, dass der Stundensatz einheitlich auf einen Fixstundensatz festgelegt wird, damit es keine Streitigkeiten mehr gibt. Dieser Fixstundensatz hätte gestaffelt nach Studierten und Nichtstudierten ausfallen können. Ich sage das deshalb, weil viele Gerichte das heute bereits praktizieren. Handwerker erhalten nicht so viel wie ein Professor der Medizin. Wir haben gesagt, der Fixstundensatz müsse dann bei DM 150,- liegen. Dann wäre die Luft aus den stetigen Streitigkeiten heraus gewesen. Einen Berufszuschlag halte ich persönlich für ungerecht, denn er wird daran geknüpft, dass man zwei Drittel seiner Einkünfte aus Gutachtertätigkeit bezieht. Wir haben z.B. Architekten, die sich in einem Jahr mehr ihrem eigentlichen Beruf widmen, dann sind sie keine Berufssachverständigen mehr, im anderen Jahr führen sie mehr Sachverständigentätigkeit durch, dann sind sie wieder Berufssachverständige. Ich halte daher von einem Berufszuschlag überhaupt nichts. Aus diesem Grunde hatten wir die ersatzlose Streichung angeregt. Inzwischen sind wir davon abgerückt, weil wir im System bleiben wollen. Wir haben jetzt vorgeschlagen, dass man immer von 50 % ausgeht, dass also eine Reduzierung von den zwei Dritteln auf 50 % eintritt. Auch der BDÜ sollte eine Eingabe an den Justizminister machen, der uns immer sagt, der DIHT sei der einzige Verband, der sich über die Gebühren mokiert. Sie hätten sonst nirgendwo Klagen über das ZSEG gehört. Also machen Sie eine detaillierte Eingabe zu § 17 und § 3 an den Justizminister.

Norbert Zänker: Bedeutet die ersatzlose Streichung des § 3 Ab. 3 (b) nicht eine Bevorzugung des öffentlichen Dienstes? Sie machen jetzt nebenberuflich den Freiberuflern Konkurrenz. Dr. Peter Bleutge: Ich möchte das nicht ausschließen. Aber dann muss die Vorschrift über die nebenberufliche Tätigkeit angezogen werden, damit die Angehörigen des öffentlichen Dienstes nicht mehr die Möglichkeit erhalten, nebenberuflich tätig zu werden.

Dr. Peter Klima: Ich habe mit Freude gehört, dass einige von Ihnen sich vehement gegen Ungerechtigkeiten zu Wehr setzen. Ich rate Ihnen, tun Sie es weiter. Und ich empfehle Ihnen allen, sich solidarisch zu verhalten. Denn nur wenn man z.B. gemeinsam, zwar jeder für sich, aber innerhalb des BDÜ an einem Strang ziehend gegen die Kostenbeamten vorgeht, ihnen das Leben durch Einlegen von Rechtsmitteln schwer macht, das geht ihnen auf die Dauer auf die Nerven. Sie müssen aber solidarisch sein. Es geht nämlich nicht, dass sich nur Einige wehren. Sie erhalten dann bald keine Aufträge mehr, und die Anderen sagen, dann bekommen wir sie halt. Wenn Sie solidarisch sind, und wenn Sie den Berufsverband mehr unterstützen, können wir etwas erreichen. Dies ist meine abschließende Bitte an Sie.

Sprachdatenverarbeitung

Karl-Heinz Freigang

Ich begrüße Sie zur Sitzung „Sprachdatenverarbeitung". Wir haben diesen Arbeitskreis in zwei große Themenbereiche aufgeteilt. Der eine ist im Arbeitskreis „Wörterbücher" bereits angesprochen worden, nämlich rechnergestützte Terminologiearbeit. Der zweite Themenbereich geht etwas weiter. Er soll darlegen, dass unter Sprachdatenverarbeitung mehr zu verstehen ist, nämlich auch Bereiche wie maschinengestützte und maschinelle Übersetzung. Im zweiten Teil geht es um neuere Entwicklungen im Bereich der maschinengestützten Übersetzung. Nun möchte ich die Redner und zum Schluss mich selbst vorstellen.

Ingo Hohnhold ist Diplomübersetzer. Er hat sein Diplom in Germersheim gemacht und ist seit mehreren Jahren im Sprachendienst der Fa. Siemens tätig. Er ist gleichzeitig Referent des BDÜ für Terminologie. Er ist vielen von Ihnen durch seine Publikationen bekannt.

Prof. Klaus Dirk Schmitz ist Diplominformatiker. Er hat an der Universität in Saarbrücken viele Jahre an Forschungsprojekten zur maschinellen Übersetzung mitgearbeitet. Er war auch an dem Modellversuch Studienkomponente Sprachdatenverarbeitung an der Universität des Saarlandes beteiligt. Seit etwa einem Jahr hat er an der Fachhochschule Köln eine Professur für übersetzungsbezogene Terminologie.

Renato Reinau kommt von der Schweizer Kreditanstalt. Er war an einer ganzen Reihe von Entwicklungen im Bereich der rechnergestützten Terminologie beteiligt. Er ist in seinem Unternehmen verantwortlich für den Bereich der Terminologie. Felix Mayer hat bis vor kurzem an der Universität des Saarlandes ebenfalls an dem Modellversuch Sprachdatenverarbeitung gearbeitet. Dieser Modellversuch ist ausgelaufen. Man versucht, ihn endgültig in eine Studienkomponente zu übernehmen. Felix Mayer wird ab 1. Juni dieses Jahres an der Europäischen Akademie in Bozen an einem größeren Projekt über Terminologiedatenbanken arbeiten.

Ich selbst komme auch von der Universität des Saarlandes. Ich habe ebenfalls längere Zeit in dem Modellversuch Sprachdatenverarbeitung gearbeitet. Zuvor war ich mit Klaus-Dirk Schmitz im Bereich der maschinellen Übersetzung tätig. Jetzt gehöre ich zu denen, die diese Studienkomponente fest in den Saarbrücker Studiengang verankern werden. Ich werde also weiterhin an der Universität des Saarlandes tätig sein.

Klaus-Dirk Schmitz: Rechnergestützte Terminologieverwaltung in der Praxis

Einleitung

Unsere heutige Zeit ist durch eine Zunahme an Wissen in nahezu allen technologischen, wirtschaftlichen, politischen und kulturellen Bereichen geprägt. Durch moderne Kommunikations- und Publikationsmethoden und -medien wird dieses Wissen derart schnell und weit verbreitet, dass die Informationsflut heute kaum noch zu bewältigen ist. Die Verbreitung von Wissen erfolgt jedoch heute nicht nur wie in der Vergangenheit innerhalb einer abgeschlossenen Gruppe von Fachleuten; Informationen werden für unterschiedliche Nutzergruppen, auch über Sprachgrenzen hinaus, aufbereitet und wiedergegeben. Dies hat zur Folge, dass die Definition, Speicherung und Verbreitung von ein- und mehrsprachiger Terminologie in der heutigen Zeit eine unabdingbare Voraussetzung für einen exakten und effizienten Wissenstransfer ist.

Im Sprachgrenzen überschreitenden Kommunikationsprozess spielen Übersetzer und Dolmetscher eine wichtige Rolle. Die Bedeutung einer effizienten Terminologiearbeit innerhalb des Entstehungsprozesses einer (Fach-) Übersetzung wurde von den Vertretern dieser Berufsgruppe bereits seit langer Zeit erkannt, doch konnten sich bisher nur die größeren Sprachendienste die entsprechenden Werkzeuge zur computerunterstützten Verwaltung terminologischer Daten leisten. Das gute Preis/Leistungs-Verhältnis und die weite Verbreitung von Mikrocomputern sowie die Verfügbarkeit entsprechender Softwaresysteme hat in den letzten Jahren dazu geführt, dass man heute selbst bei kleineren Übersetzungsdiensten und sogar beim Einzelübersetzer eine EDV-Ausstattung findet, die außer zur Textverarbeitung beim Schreiben einer Übersetzung auch für die terminologische Arbeit genutzt wird.

Im folgenden soll nun aufgezeigt werden, in welchen Ausprägungen des Übersetzerarbeitsplatzes rechnergestützte Terminologieverwaltung in der Praxis möglich ist und welche Anforderungen an die EDV-Ausstattung und an die entsprechende Software gestellt werden müssen. Bezüglich der Terminologieverwaltung möchte ich zwischen dem Zugriff auf existierende Terminologiebestände als Ergänzung des traditionellen Hilfsmittels (Fach-) Wörterbuch und der rechnergestützten Verwaltung selbst recherchierter, auftraggeberspezifischer und innovativer Terminologie als Ersatz des Karteikastens differenzieren.

Terminologieverwaltung beim Einzelübersetzer

Der typische Einzelübersetzer bietet seine Leistungen in einer, zwei oder drei Sprachen an, wobei häufig eine Spezialisierung auf eine bestimmte Sprachrichtung und wenige Sachgebiete erfolgt. Das zusätzliche Dolmetschen kommt bei Einzelübersetzern eher selten vor. Als Hilfsmittel setzt der Einzelübersetzer überwiegend Fachwörterbücher und mehrsprachige Fachliteratur ein; die eigene Terminologie wird traditionell auf Glossarlisten oder Karteikarten mit relativ einfacher Struktur verwaltet.

Beginnen nun Übersetzer, den für die Textverarbeitung angeschafften PC auch für die Terminologieverwaltung einzusetzen, so versuchen sie meist, die gewohnten Strukturen der Glossarliste oder der Karteikarte mit bekannten, meist vorhandenen oder vom Computerhändler empfohlenen Softwareprodukten umzusetzen. Dies führt dazu, dass Terminologie mit dem Textverarbeitungsprogramm oder einem Datenbanksystem verwaltet wird, wobei beide Lösungen auf die Dauer nicht befriedigen können.

Besser für die Terminologieverwaltung geeignet sind auf jeden Fall die mittlerweile recht zahlreich auf dem Markt angebotenen Terminologieverwaltungsprogramme, wobei auch bei den einfacheren Systemen der oft diskutierte terminologische Mindesteintrag mit:

- terminologischer Grundeintragung der AS
- Übersetzung in der SZ
- Synonyme in der ZS
- Definition mit Quellenangabe
- Kontext mit Quellenangabe

- Fachgebiet
- Datum (der Erstellung oder letzten Korrektur) weitgehendst realisiert werden kann.

In Einzelfällen werden weitere Datenkategorien wie z.B.:

- Grammatische Angaben
- Angaben zur Sprachverwendung
- Projekt-/Auftraggeber-Codes
- (Erfasser des Eintrags) hinzugenommen.

Einfache Systeme sind aus Sicht der Terminologielehre wegen der zugrunde liegenden benennungsorientierten Systemphilosophie nicht ganz befriedigend, aus der Sicht der Praxis aber wegen der sprachrichtungsorientierten Arbeitsweise des Einzelübersetzers durchaus adäquat. Vorsicht ist allerdings mit einer Sprachumkehr oder einer Recherche in der Zielsprache geboten.

Ein zusätzlicher Pluspunkt dieser sprachorientierten Systeme sind die für diese Software angebotenen Terminologiesammlungen, die eine im Vergleich zu traditionellen Fachwörterbüchern effizientere Nutzung der Wortbestände durch bessere Recherchemöglichkeiten und durch Übernahme von Übersetzungen in die Textverarbeitung bieten. Beispiele für derartige Systeme sind etwa MTX-Reference (Collins-Online) oder das IBM-ELWO-Wörterbuch.

Es soll nicht unerwähnt bleiben, dass auch am Arbeitsplatz des Einzelübersetzers Terminologieverwaltungssysteme mit komplexerer Eintragsstruktur, bei der der Benutzer nur die von ihm benötigten Datenkategorien auswählt, oder Systeme mit freier und selbst definierbarer Eintragsstruktur einsetzbar sind und dass diese Systeme zwar eine etwas teurere aber zukunftsträchtigere Lösung zur Terminologieverwaltung bieten.

Zusätzlich zu den beschriebenen Lösungen zur Verwaltung der eigenen Terminologie kann auch vom Arbeitsplatz des Einzelübersetzers auf größere existierende Datenbestände auf CD-ROM oder via Modem zugegriffen werden. Die für die Terminologieverwaltung notwendige EDV-Ausstattung des Einzelübersetzers ist nahezu identisch mit der Ausstattung, die auch für die anspruchsvolle Textverarbeitung gebraucht wird. IBM-kompatible PCs mit Prozessoren der 386- oder besser 486-Generation sind Standard, andere Typen der Hersteller Apple, Atari oder NEC sind eher selten. Die Ausrüstung an Arbeits- und Plattenspeicher hängt ebenso wie die Taktfrequenz des Prozessors entscheidend davon ab, ob der Benutzer mit MS-Windows arbeiten will oder muss. Während im Normalfall ein 386-Rechner mit 25 MHz, 1 MB Arbeitsspeicher und einer Festplatte ab 40 MB ausreicht, sollte beim Einsatz von Windows ein schneller Prozessor, ein Arbeitsspeicher von 4 MB und eine Platte von 80 MB oder mehr eingesetzt werden. Laserdrucker, CD-ROM-Laufwerk und Modem sind mittlerweile preiswert und stellen keinen unnötigen Luxus da.

Terminologieverwaltung in Übersetzungsbüros

In Übersetzungsbüros arbeiten meist mehrere Übersetzer, deshalb werden auch mehrere Sprachen und Sprachrichtungen sowie mehrere Sachgebiete abgedeckt. Die Zusammenarbeit mit externen Übersetzern ist oft üblich, um das Angebot an Sprachen und Sachgebieten zu erhöhen und Engpässe zu überwinden. Die Übernahme von Dolmetschaufträgen bildet auch bei Übersetzungsbüros eher die Ausnahme.

Für die rechnergestützte Terminologieverwaltung können sich im Vergleich zum Einzelübersetzer andere Anforderungen ergeben. Die vielen Sprachen und Sprachrichtungen erfordern in den meisten Fällen ein Abgehen von der sprachrichtungsorientierten Systemphilosophie hin zu einer mehrsprachigen begriffsorientierten Terminologieverwaltung, auch wenn bei der praktischen Arbeit in der Regel nur mit zwei Sprachen gearbeitet wird.

Durch die Arbeit mehrerer Übersetzer an einem Terminologiebestand ist es notwendig, die Quellen für Definition und Kontext, aber auch für die Benennungen expliziter zu erfassen, den terminologischen Eintrag oder Teile des Eintrags qualitätsmäßig zu klassifizieren, die Sachgebietseinteilung stärker zu systematisieren sowie den für den Eintrag Verantwortlichen zu markieren. Hinzu kommen Prozeduren für einen dezidierten Benutzerzugang sowie zur Überprüfung und Bereinigung des terminologischen Bestandes.

Durch die Zusammenarbeit mit externen Übersetzern ergibt sich für das benutzte Terminologieverwaltungsprogramm eine zusätzliche Anforderung. Terminologische Teilbestände aus dem Gesamtbestand des Systems müssen nach unterschiedlichen Kriterien herausfilterbar sein und in Form von Listen und Dateien den externen Benutzern zugänglich gemacht werden können.

Auf dem Markt angebotene Systeme wie MultiTerm, KeyTerm oder TMS sind auf die beschriebenen Anforderungen ausgerichtet, wobei auch der Einsatz derartiger Systeme in lokalen Netzwerken berücksichtigt ist.

Auch für Übersetzungsbüros ist der bereits beschriebene Zugang zu externen Datenbanken via Modem (z.b. EURODICAUTOM-Datenbank der EG) oder die Nutzung größerer Terminologiesammlungen auf CD-ROM (z.b. TERMDOK) wichtig und wegen der größeren Nutzerzahl ökonomischer als beim Einzelübersetzer.

Die Anforderung an die EDV-Ausstattung in Übersetzungsbüros geht zunächst einmal von der bei den Einzelübersetzern beschriebenen Infrastruktur aus. Wegen des gemeinsamen Zugriffs auf Terminologiebestände, aber auch wegen der gemeinsamen Nutzung anderer Software-Werkzeuge, einer einheitlichen Auftragsverwaltung und eines Gesamt-Textarchivs ist die lokale Vernetzung des PCs sinnvoll. Ein derartiges lokales Netz (z.B. unter Novell) erlaubt auch die gemeinsame Nutzung (hochwertiger) Peripherie wie Laserdrucker, Scanner, CD-ROM-Laufwerk und Modem.

Terminologieverwaltung in Sprachdiensten

In Sprachdiensten von Industrie und Behörden müssen zwar mehrere Sprachen und Sprachrichtungen abgedeckt werden, oft erfolgt aber eine Spezialisierung auf die wenigen Sachgebiete der Institution, der der Sprachendienst angeschlossen ist. Auch hier ist eine Zusammenarbeit mit externen Übersetzern durchaus üblich. Mitarbeiter des Sprachendienstes müssen zusätzlich zu den Übersetzungsaufgaben oft auch Dolmetschaufträge innerhalb des Unternehmens wahrnehmen.

Für die Terminologieverwaltung in Sprachdiensten gilt prinzipiell das Gleiche wie für Übersetzungsbüros. Auch hier arbeiten mehrere Übersetzer in mehreren Sprachen, worauf die Terminologieverwaltung in ähnlicher Weise abgestimmt sein muss. Hinzu kommt aber, dass durch das verstärkte Auftreten von Dolmetschaufträgen eine Ausgabe der Terminologie in Listenform nach unterschiedlichen Kriterien möglich sein muss.

Je nach Größe, Struktur und Art des Unternehmens, dem der Sprachendienst angeschlossen ist, ist eine Integration der terminologischen Daten in andere Datenbestände und damit auch die Nutzung der Terminologie für andere Unternehmensbereiche wie z.B. für die Dokumentationsabteilung oder für Fachabteilungen zu berücksichtigen. Dies führt oft dazu, dass nicht der Sprachendienst allein die Kriterien für die rechnergestützte Terminologieverwaltung festlegen kann.

Als System für die Terminologieverwaltung können in Sprachendiensten die gleichen Systeme wie bei den Übersetzungsbüros eingesetzt werden, es werden aber auch oft entweder aus historischen Gründen z.B. bei großen Sprachendiensten oder aus der oben beschriebenen Problematik Eigenentwicklungen für die Terminologieverwaltung eingesetzt. Die EDV-Ausstattung orientiert sich je nach Größe des Sprachendienstes an den Anforderungen, die bei den Übersetzungsbüros genannt wurden. Hinzu kommt oft die Mitbenutzung der unternehmenseigenen Groß-EDV oder zumindest die Möglichkeit des Zugriffs auf diese vom Übersetzerarbeitsplatz aus.

Zusammenfassung und Ausblick

Ich habe versucht, in der mir zur Verfügung stehenden Zeit einen groben Überblick über die Möglichkeiten der rechnergestützten Terminologieverwaltung in unterschiedlichen Ausprägungen des Übersetzerarbeitsplatzes zu geben. Sicherlich könnte man die von mir angerissenen Einzelaspekte noch wesentlich intensiver beleuchten.

Zusammenfassend lässt sich feststellen, dass eine hochwertige Terminologiearbeit - und die kann heute effizient nur mit den Mitteln der elektronischen Datenverarbeitung erfolgen - eine unabdingbare Voraussetzung für qualitativ gute (Fach-) Übersetzungen ist. Hardware und Software für diesen Zweck sind auf dem Markt verfügbar und so preiswert, dass auch der Einzelübersetzer diese modernen Werkzeuge einsetzen kann. Gezielte Erarbeitung von mehrsprachiger Terminologie wird zum Leistungsspektrum von Übersetzungsdiensten hinzukommen. Nachdem man festgestellt hat, dass die maschinelle Übersetzung sich in der Praxis nur in wenigen spezifischen Bereichen einsetzen lässt, werden sich um die Terminologieverwaltung herum Werkzeuge entwickeln, die auch Sätze, Paragraphen und ganze Texte in Datenbanken speichern und für die Wiederverwertung nutzbar machen.

Literatur

Blanchon, Elisabeth (1991): Choisir un logiciel de terminologie, in: la banque de mots, Numéro spécial 4/1991, S. 5-96.

Freigang, Karl-Heinz/Mayer, Felix/Schmitz, Klaus-Dirk, (1991): Micro- and Minicomputer based Terminology Databases in Europe, TermNet Report 1, Wien.

Mayer, Felix (1990) Terminologieverwaltungssysteme für Übersetzer, in: Lebende Sprachen, Nr. 3/1990, S. 106-114.

Schmitz, Klaus-Dirk (1987): Mensch-Maschine-Schnittstelle am Übersetzerarbeitsplatz, in: Wilss, W./Schmitz, K.-D. (Hrsg.): Maschinelle Übersetzung - Methoden und Werkzeuge, Tübingen, S. 309-321.

Schmitz, Klaus-Dirk (1990): Rechnergestützte Terminologieverwaltung am Übersetzerarbeitsplatz, in: Terminologie et Traduction, Nr. 3/90, S. 7-23.

Schmitz, Klaus-Dirk (1991): Rechnergestützte Terminologieverwaltung am Übersetzerarbeitsplatz, in: Akten des Symposiums „Terminologie als Qualitätsfaktor" - Köln, 12.-13. April 1991, Deutscher Terminologie-Tag, S. 89-106.

Schmitz, Klaus-Dirk (1993): Interaktionsarten bei Terminologieverwaltungssystemen, erscheint in: Fischer, Inge et al. (Hrsg.): Sprachdatenverarbeitung für Übersetzer und Dolmetscher, Akten des Symposiums zum Abschluss des Saarbrücker Modellversuchs, Hildesheim.

Ingo Hohnhold:
Terminologiebedarf und Komponenten von Teminologiearbeit an Übersetzungsarbeitsplätzen

1. Schwerpunkte der Entwicklung seit den 60er Jahren
2. Übersetzungsarbeitsplätze heute
3. Terminologiebedarf
4. Komponenten von Terminologiearbeit
5. Terminologiearbeit als Vorleistung und als eigenständige Dienstleistung
6. Standort und Umfeld

1. Schwerpunkte der Entwicklung seit den 60er Jahren
1.1. auf dem Übersetzungssektor
1.2. auf dem Terminologiesektor

2. Übersetzungsarbeitsplätze heute
2.1. Definition
2.2. Abgrenzung gegenüber Terminologiearbeitsplätzen
2.3. Einzelplätze/Plätze in Gruppen
2.4. Humanübersetzen/Maschinelles Übersetzen (MÜ)

3. Terminologiebedarf
3.1. inhaltlich
3.2. technisch
3.3. zeitlich
3.4. geographisch
3.5. das ordnungstechnische Umfeld
3.6. das Prinzip „Mehrbedarf"

4. Komponenten von Terminologiearbeit
4.1. das Prinzip „in eigener Regie"
4.2. Erarbeitung von Terminologie
4.3. Speicherung und Verarbeitung von Terminologie
4.4. Ordnung und Organisation
4.5. an jedem Übersetzungsarbeitsplatz
4.6. an vielen Übersetzungsarbeitsplätzen
4.7. an Terminologiearbeitsplätzen in Sprachendiensten

5. Terminologiearbeit als Vorleistung und als eigenständige Dienstleistung
5.1. als Vorleistung für die Dienstleistung Übersetzen
5.2. als eigenständige Dienstleistung

6. Standort und Umfeld

Terminologiebedarf und Komponenten von Terminologiearbeit an Übersetzungsarbeitsplätzen

1. Schwerpunkte der Entwicklung seit den 60er Jahren
1.1. auf dem Übersetzungssektor

- Nutzung der Textverarbeitung
- Tätigkeitserweiterung in Richtung Textingenieur
- Maschinelles Übersetzen

1.2. auf dem Terminologiesektor

- Terminologie-Datenbank (Großrechner)
- Terminologie-Datenbank (PC)
- Terminologiestelle (bzw. definierte -funktion) in vielen Sprachendiensten
- Grundlegung der Sache:
  Übersetzungsorientierte Terminologiearbeit
  entstand in der Übersetzungspraxis;
  hat aufgenommen wesentliche Merkmale
  von Wüsters Terminologielehre,
  von Warners Phraseologielehre;
  wurde aufgenommen in die Lehrpläne der Übersetzerausbildung

HEUTE FÜR JEDEN BETROFFENEN ERREICHBAR! BETROFFEN IST JEDER FACHÜBERSETZER!

2. Übersetzungsarbeitsplätze heute
2.1. Definition

- Arbeitsplatz, an dem die Übersetzungsabwicklung stattfindet, u.a. einschl. auftragsbezogener Terminologiearbeit. Das Produkt „Übersetzung" ist die qualitativ und quantitativ bewertete und kostenmäßig erfasste Leistung; Vor-, Neben- und Zusatzleistungen gehen entweder in die Erfassung ein oder werden gesondert erfasst (z.B. Erarbeitung von Terminologie im Auftrag des Kunden).

2.2. Abgrenzung gegenüber Terminologiearbeitsplätzen

- T-Arbeitsplätze sind in (manchen) Sprachendiensten eingerichtet zur Erarbeitung, Erfassung, Eingabe, Aktualisierung, Verarbeitung von Terminologie und relevanten Ordnungssystemen (im Rahmen einer Terminologie-Datenbank), zur Ausgabe von Glossaren etc. zwecks Versorgung der Nutzer zur gesamten Verwaltung der Terminologiearbeit.

- Es bleibt abzuwarten, ob sich solche gesonderten Terminologiearbeitsplätze in Sprachendiensten weiter durchsetzen o d e r ob sich im Zuge zunehmender Anreicherung der Übersetzungsplätze mit DV-Tools jeder Platz zum Allround-Arbeitsplatz mausern wird, an dem je nach Bedarf auf die vorhandenen Tools zugegriffen werden kann. Sicherlich wird ein Kern arbeitsplatzübergreifender Steuerung von Terminologieverarbeitung an zentraler Stelle erhalten bleiben. Mitwirkung an der Erarbeitung von Terminologie und ihre uneingeschränkte Nutzung an j e d e m Platz und zentrale Steuerung sind keine Alternativen, sondern komplementäre Aspekte.

2.3. Einzelplätze/Plätze in Gruppen

- Einzelplatz: „klassisches" Beispiel: Arbeitsplatz eines freiberuflich auf eigene Rechnung tätigen Übersetzers, der auch alle relevanten Vor-, Neben-, Zusatzleistungen selbst erbringen muss (z.b. Terminologiearbeit).

- Platz in einer Gruppe: „Klassische" Beispiele: Arbeitsplätze von Übersetzern in firmen- und behördeninternen oder freien Sprachendiensten; hier braucht nicht immer jeder einzelne Übersetzer alle Teilleistungen (z.b. Terminologieverarbeitung) zu erbringen. Arbeitsteilung ist hier selbstverständlich und sichtbar, d o r t (d.h. am Einzelplatz) ebenso notwendig; der Betroffene muss sie nur für sich selbst erst einmal transparent machen, er muss z.b. auch sein eigener Terminologe sein!

2.4. Humanübersetzen/Maschinelles Übersetzen (MÜ)

- MÜ schafft (auch) für Übersetzer Arbeitsplätze mit wesentlich neuen Inhalten, z.B.: Vor- und Nachbereitung der Texte; Einrichtung und Aktualisierung von MÜ-Lexika; Handling des MÜ-Computers.

Humanübersetzen und MÜ fallen zunehmend im selben Sprachendienst an. J e d e r Übersetzer stellt sich im eigenen Mobilitätsinteresse darauf ein!

3. Terminologiebedarf

- (d.i. Bedarf an Nutzung von Terminologie) besteht extensiv an j e d e m Übersetzerarbeitsplatz aber nicht jeder Übersetzerarbeitsplatz erfordert alle Komponenten von Terminologiearbeit! (daher die beiden separaten Abschnitte 3. und 4.)

3.1. inhaltlich

- selektiv und umfassend nach zu bewältigendem Fachgebiet, Arbeitsgebiet, Thema, Projekt, Auftraggeber
- u.U. sehr variabel

3.2. technisch

- zusammenhängend und möglichst direkt verwendbar zur Hand
- unaufwendig aktualisierbar

3.3. zeitlich

- bei Auftragserhalt

3.4. geographisch

- in allen beteiligten Übersetzungsplätzen

3.5. das ordnungstechnische Umfeld

- erfordert z.b. Übersichten über betroffene Fachgebiete; sonstige Geltungsbereiche (z.b. verschiedene Projekte, verschiedene Auftraggeber); Quellen, aus denen Terminologie gewonnen wird

3.6. das Prinzip „Mehrbedarf"

- Jeder individuelle Bedarf/Bedarf in einer Gruppe an Terminologie ist ein Mehrbedarf, der auf adäquater aktueller Verfügbarkeit von Terminologie aufsetzt.

- Verfügbarkeit ist definiert durch: das Was (welche benötigte Terminologie ist entweder dokumentiert vorhanden oder wird sicher gewusst?) das Wie (inwieweit liegt benötigte Terminologie so zusammenhängend vor, dass sie unaufwendig nachgeschlagen werden kann?)

- Den Mehrbedarf decken heißt die Lücken beim Was schließen und die Umständlichkeiten beim Wie beheben.

4. Komponenten von Terminologiearbeit

4.1. das Prinzip „in eigener Regie"

- meint, dass der (d.i. der einzelne/die Gruppe/der Sprachendienst), der den Mehrbedarf an Terminologie hat, ihn deckt, weil er ihn am besten kennt

4.2. Erarbeitung von Terminologie

- durch Recherchen relevanter Fachliteratur, unter Mitwirkung von Fachleuten, Auftraggebern, in arbeitsteiliger Zusammenarbeit mit anderen Übersetzern, Sprachendiensten

- Merkmale u.a.: Festlegung von Fachausdrücken zum einheitlichen Gebrauch; Zuordnung der Fachausdrücke zu bestimmten Fachgebieten und/ oder Geltungsbereichen (z.B. firmeneigene Terminologie); Sicherung fachsprachlicher Phraseologie

4.3. Speicherung und Verarbeitung von Terminologie

- in einer Terminologie-Datenbank (Zugang über PC)

- Merkmale u.a.: Datensätze mit definierten Feldern für definierte Teilinformationen (ggfs. variable Längen); selektiver Zugriff auf gespeicherte Bestände, Einträge oder Eintragsfelder nach allen anfallenden Selektionskriterien; Bereitstellung solcher selektierten Teilbestände nach und bei Bedarf; unaufwendige Eingabe neuer Daten sowie Aktualisierung bereits gespeicherter Daten

4.4. Ordnung und Organisation

- Übersichten der betroffenen Fachgebiete, Quellen etc. (gemäß Bedarf Poss. 3.5.)
- T-Datenbank verwalten

4.5. an jedem Übersetzungsarbeitsplatz

- ist mindestens die tägliche auftragsbezogene Aktualisierung der Terminologie zu leisten

4.6. an vielen Übersetzungsarbeitsplätzen (d.i. überall dort, wo es keinen gesonderten T-Arbeitsplatz gibt)

- sind alle Komponenten zu leisten

4.7. an Terminologiearbeitsplätzen in Sprachendiensten

- sind alle diejenigen Komponenten zu leisten, die die aktuelle bedarfsgerechte Versorgung der betreuten Übersetzer sowie arbeitsplatzübergreifende Verwaltung der Terminologie sicherstellen

5. Terminologiearbeit als Vorleistung und als eigenständige Dienstleistung

5.1. als Vorleistung für die Dienstleistung Übersetzen

- Jede Terminologiearbeit ist das, funktionell gesehen, unabhängig ob sie an Übersetzungs- oder Terminologiearbeitsplätzen erbracht wird; oder ob sie an konkrete Übersetzungsaufträge gebunden ist oder nicht. (Allerdings ist ihr Vorleistungscharakter an Übersetzerarbeitsplätzen evidenter als an Terminologiearbeitsplätzen.) Denn Terminologie verfolgt keinen Selbstzweck, sondern ist Kommunikationsmittel. Begriffe und Benennungen sind auf Textzusammenhänge ausgerichtet. Allein dort haben sie ihre Wirkung. Die isolierte Beschäftigung mit ihnen ist Teil der Grundlagensicherung für Texte.

Und Übersetzen ist Erarbeitung von Texten, auch wenn es mit den Mitteln der Textverarbeitung technisch realisiert wird.

5.2. als eigenständige Dienstleistung

- in der Bedeutung, dass Terminologiearbeit als solche bewertet und bezahlt wird, und nicht unbemerkt als Teilleistung in eine andere Hauptarbeit (Übersetzen) eingeht; also z.B. immer dann, wenn sie an Terminologiearbeitsplätzen erbracht wird

- Eigenständige Dienstleistung ist z.B. die Erstellung eines Fremdwörterbuches oder der systematische Aufbau eines Terminologiebestandes in einer Datenbank, (ungeachtet ihrer Eigenständigkeit bleibt sie immer auch funktionelle Vorleistung.)

6. Standort und Umfeld

Wenn wir jetzt vom berufsmäßigen Fachübersetzer und vom Sprachendienst (Übersetzungsdienst) weggehen, bleiben uns die Terminologie und, genau genommen, auch das Übersetzen, erhalten. Denn allem Verstehen von fremdsprachlichen Texten liegt ja ein (wenn auch nicht bemerktes) Übersetzen zugrunde, und ein Verstehen auch auf der Grundlage der Terminologie. (Bemerktes, d.h. ausdrückliches, berufsmäßig betriebenes) Übersetzen und die dazugehörige Terminologiearbeit ist also keine Insel für sich selbst, sondern vielmehr die auf dem Feld der Mehrsprachigkeit sichtbar gemachte Seite des Produzierens und Verstehens von Texten, d.h. von fixiertem Wissen.

Diskussion

Frage: Ich habe seit etwa einem Jahr eine Datenbank, die auf dBase basiert. Lässt sich eine solche Datenbank in ein Terminologieverwaltungsprogramm einlesen und bearbeiten? Brockhaus gibt es inzwischen auf CD ROM und kostet nur etwa 1/3 dessen, was die Bücher kosten. Gibt es die Möglichkeit, ganze Wörterbücher einzuscannen? Ist es möglich, mehrere Wörterbücher zum gleichen Fachgebiet auf CD ROM zu speichern, damit man auf einen Schlag Zugriff auf die Terminologie des eigenen Fachgebiets hat? Stellt eine Firma eine firmenspezifische Vokabelliste zur Verfügung, und man macht seine eigene Terminologieliste daraus, tritt dann eine Verletzung von Urheberrechten ein, wenn man die eigene Liste verkauft oder weitergibt? An wen wendet man sich, wenn man eine Datenbank hat, in die bereits mehrere Wörterbücher eingespeist sind, und man weiß nicht, wie man diese in einem Terminologieverwaltungsprogramm miteinander verbinden kann?

Klaus-Dirk Schmitz: Sie haben eine Datenbank und wollen die Daten in ein Terminologieverwaltungsprogramm integrieren. Vernünftige Systeme erlauben es, Daten, die eine bestimmte Konvention haben, als ASCII-Datei in dieses Terminologieverwaltungsprogramm zu integrieren. Normalerweise können Sie dBase-Schnittstellen oder dBase-Daten relativ problemlos in ein solches System integrieren. Manchmal ist es problematisch, weil die Daten nicht entsprechend gekennzeichnet sind. Sie müssen vielleicht ein paar Macros schreiben, um die richtigen Zeichen dazwischen zu setzen. Sehr schwierig wird es, wenn die Philosophie, die hinter den verschiedenen Systemen steckt, nicht die gleiche ist. Wenn Sie einmal sprachpaarbezogen arbeiten, und Sie bauen das in ein universelles begriffsorientiertes System ein, dann wird die Sache problematisch. Aber normalerweise ist es nicht notwendig, dass Sie die Daten von Hand wieder neu eintippen. Sie können sie also importieren. Zum CD ROM-Laufwerk ist zu sagen, dass die CD-ROM nicht veränderbar ist. Sie können hier nur lesen. Sie können nicht auf die CD ROM schreiben. Das hat auch einen guten Grund. Gerade deshalb wird dieses Medium von den Lieferanten, z.B. von den Wörterbuchverlagen und den Datenbankbetreibern benutzt, weil die Daten nicht verändert werden können und auch nur als einzelne Informationen kopiert oder gedruckt werden können. Dadurch versucht man zu verhindern, dass die Daten als Ganzes irgendwo hin kopiert und leicht verändert werden, damit man sie als eigene Terminologie verkaufen kann. Also, CD ROM kann man nicht verändern. Man kann Kopien auch nur so fertigen, dass man einzelne Einträge ausdruckt oder in die Textverarbeitung übernimmt. Aber man kann nicht z.b. 500 Megabyte kopieren. Die Urheberrechts- und vor allem auch die Nutzungsrechtsproblematik ist ein sehr interessantes Feld. Der DTT hat sich auf seiner letzten Tagung sehr intensiv damit auseinander gesetzt. Dazu gibt es auch eine Tagungsakte. Es ist nicht einfach, wie ein Übersetzer Terminologiearbeit überhaupt dem Auftraggeber gegenüber abrechnen kann, und wem denn nun die Terminologie gehört. Ähnliche Problematiken werden sicher noch angesprochen werden, wenn es um das Translation Memory geht. D.h., ich habe schon einmal etwas für einen Auftraggeber erstellt, bin eigentlich dafür bezahlt worden. Darf ich das noch weiter benutzen, darf der Auftraggeber das noch weiter nutzen. Das ist nicht einfach und m.W. generell auch noch nicht geklärt. Man muss das wohl im Einzelfall definieren.

Als einen Fachmann, der solche Fragen beantworten kann, nenne ich Ihnen den Referenten im BDÜ für Sprachdatenverarbeitung, Herrn Freigang. An ihn können Sie sich wenden. Sie können sich aber auch an Kollegen wenden, die sich auskennen, die schon Erfahrungen damit gemacht haben.

Karl-Heinz Freigang: Ergänzend zum letzten Punkt: Es gibt auch innerhalb der einzelnen Landesverbände Referenten für Sprachdatenverarbeitung. Es gibt innerhalb der Landesverbände häufig Seminarveranstaltungen, wo man über solche Dinge informiert wird. Es gibt in Saarbrücken ein fast schon institutionalisiertes Fortbildungsseminar „Computer und Übersetzen", wo man sich eine Woche lang sehr intensiv mit solchen Fragen, auch am PC, beschäftigt.

Ali Ihsan Atacan: Ich würde gerne ein Wörterbuch für Recht und Wirtschaft vom Deutschen ins Türkische erstellen und dabei auf ein bestehendes Glossar zurückgreifen. Gibt es so ein Glossar auf elektronischer Basis? Ist das auch erlaubt?

Klaus-Dirk Schmitz: Es gibt nicht viele fertige Terminologiesammlungen in Sprachen, die nicht Deutsch, Englisch, Französisch, Italienisch oder Spanisch sind. TERMEX war bislang der größte Anbieter von maschinenlesbaren Terminologieglossaren. Mittlerweile ist fast alles auch unter MULTITERM zu finden.

Wenn man sich das Angebot ansieht, allgemeinsprachige wie fachsprachliche Dinge, dann tauchen die Sprachen Englisch, Französisch, Deutsch auf - in dieser Reihenfolge. Wenn Sie die Bestände, die Sie suchen, irgendwo finden, würde ich das niemandem erzählen. Ich würde das, was ich gut finde, überarbeiten und wieder benutzen. Kurz, es wird sehr schwierig, von irgendwoher ein Glossar zu übernehmen. Sie sind sicher nicht mit allen Einträgen einverstanden. Und zu klären, wer wie viel Geld wofür bekommt, wer der Eigentümer ist, ist sehr kompliziert.

Ali Ihsan Atacan: Mir geht es nicht darum, bestehende türkische Glossare zu finden. Ich will bestehende deutsche Glossare finden.

Klaus-Dirk Schmitz: Die Hersteller solcher Glossare versuchen in jedem Fall zu verhindern, dass Sie die deutschen Benennungen einfach übernehmen können. Das geschieht sicher auch zu Recht. Wenn Sie sich die Mühe machen, Eintrag für Eintrag zu übernehmen, können Sie das tun. Das ist technisch möglich. Aber sehen Sie sich an, was Sie brauchen können, überarbeiten Sie das und setzen Sie es um. Ich sehe ein paar deutliche Unterschiede zwischen einer sauberen terminologischen Arbeit und einer lexikographischen Arbeit. Die Ansätze sind unterschiedlich. Man muss darauf achten, dass nicht alle Terminologieverwaltungsprogramme gleich gut geeignet sind, wenn man den Zweck einer Wörterbucherstellung im Auge hat. Die Anforderungen sind immer etwas anders, weil die dahinter stehenden Theorien unterschiedlich sind, und weil die Arbeitsmethoden anders sind.

Ali Ihsan Atacan: Mir ist ein Programm vorgeführt worden, das sich Ghostwriter nennt. Es hat jeweils 60 000 oder 100 000 Sprachenkits, in denen in Deutsch-Englisch z.B. aus dem Recht ein Wörterbuch an das Textverarbeitungsprogramm angehängt ist. Sind solche Kits editierfähig, so dass man daran weiterarbeiten kann?

Klaus-Dirk Schmitz: Ich kenne zwar das Programm, aber nicht die Wörterbücher genau. Sie haben natürlich in den meisten Textverarbeitungsprogrammen Rechtschreibwörterbücher, Thesauri, die Sie auch im Einzelfall ergänzen können. Die ergänzten Teile können Sie selber nutzen. Aber die anderen Teile der Thesauri sind noch nicht einmal so sehr aus Urheberrechtsgründen, sondern aus Zugriffs- oder Platzgründen so kompakt gespeichert, dass Sie normalerweise an diese Bestände nicht herankommen. Es sei denn, Sie versuchen, in mühevoller Arbeit den Code zu knacken und fangen dann an, selbst zu programmieren.

Man sieht sich das Wörterbuch am besten einmal an, um einen Überblick zu erhalten, was zur Rechtssprache gehört. Nehmen Sie es also nur als Anhaltspunkt und erarbeiten Sie Ihre eigenen Sachen.

Felix Mayer: Eine juristisch abgesicherte Möglichkeit wäre es sicher, sich mit Vertretern von Wörterbuchverlagen ins Benehmen zu setzen, zu fragen, ob, ausgehend von deren Material, Eigenes erarbeitet werden kann.

Caroline Mähl: Gibt es Publikationen, Kataloge, in denen CD Rom-Anwendungen in der Art zusammengefasst sind, dass sie für Übersetzer von Interesse sind. Damit meine ich z.B. Wörterbücher, Enzyklopädien. Vieles wird von amerikanischen Herstellern vertrieben, und uns fehlt es an Information darüber.
Klaus-Dirk Schmitz: Es dürfte sehr schwierig sein, eine Übersicht über die Terminologieverwaltungsprogramme und die Wörterbücher zu erhalten. Es gibt den TermNet-Report l, erschienen bei TermNet. Er wird zurzeit überarbeitet und soll noch im Laufe dieses Jahres erscheinen. Bei CD ROM- Anwendungen ist es leichter. Es gibt große CD ROM-Verzeichnisse, die weltweit alles enthalten und in Rubriken aufgeteilt sind. Es gibt die Rubrik Sprachliche Daten. Hier muss man nachsehen. Es gibt z.B. die Multilingual Dictionary Database oder Termdok, und man kann dort u.U. auch für sein Fachgebiet Faktendatenbanken finden. Es gibt sicher keine Rubrik Terminologiedatenbanken.

Cecil Woas: Herr Schmitz hat von einer Veröffentlichung gesprochen, auf der verschiedene Datenbanken zusammengefasst sind. Diese einzelnen Datenbanken beruhen zum großen Teil auf Einträgen von Wörterbüchern, von Wörterbuchverlagen mit allen möglichen Inkonsistenzen, z.T. ohne Doublettenkontrolle, mit z.T. zweifelhaften Definitionen, fehlenden Definitionen, mit ganz unterschiedlichen Strukturen, z.B. was die Verwaltung von Synonyma anlangt. Dies alles zusammengefasst in einer CD ROM halte ich nicht für eine Abfrage für sinnvoll. Ich habe dann dasselbe Problem wie bei unterschiedlichen Wörterbüchern. Ich muss mir erst einmal die Struktur der einzelnen Datenbanken vergegenwärtigen, muss mich darin zurechtfinden. Das ist mit etwas Übung sicherlich möglich, aber ich halte es für sehr problematisch, solche zusammengeführten Datenbanken auch noch auf einer CD ROM zusammenzuführen, vielleicht auch unter einer gemeinsamen Oberfläche. Das macht die Abfrage insgesamt nicht einfacher. Beim Aufbau der Datenbanken war nicht immer der Anspruch des Übersetzers im Vordergrund. Mir kommt es immer so vor, dass man versucht hat, möglichst viel hineinzupacken. Wir haben eine große Datenbank. Also geben wir alles hinein, was verfügbar ist, und dann erst sehen wir uns das

Resultat an. Der Ansatz müsste eher sein zu überlegen, was braucht der Übersetzer denn wirklich, um einen Terminus, den er in seinem neuen Text findet, nach Durchsicht der Datenbank dann zu übernehmen, wenn der Eintrag in der Datenbank dem Terminus des eigenen Textes entspricht. Dazu muss er aber alle Informationen in der Datenbank finden können, z.B. Definitionen. Es kann aber auch sein, dass der Eintrag in der Datenbank unbrauchbar ist, dann sucht er weiter. Das ist der entscheidende Punkt.

Felix Mayer: Die Frage ist doch: Wo sollte die Terminologie erarbeitet werden? Welche Terminologie können wir nutzen? Können wir das Externe nutzen, oder muss nicht doch sehr viel am eigenen Arbeitsplatz, im eigenen Bereich gemacht werden? An dieser Frage müsste noch mehr gearbeitet werden. In Bezug auf die Termdok-Datenbank, in der eine Reihe von Glossaren enthalten sind, kann ich auf eine Diplomarbeit verweisen, die zurzeit in Saarbrücken geschrieben wird. Was bislang dazu herausgefunden wurde, zeigt, dass sehr interessante Daten enthalten sind, dass Termdok sicher in bestimmten Arbeitsumgebungen nutzbar ist. In dem speziellen Umfeld, das eben genannt wurde, stößt sie sicher an ihre Grenzen. Als Nachschlagewerk zusätzlich zu einem der vielen Wörterbücher, die wir schon seit langem benutzen, ist sie auf jeden Fall zu empfehlen. Nur muss ich mir im klaren sein, dass das, was ich letztlich präzise suche, so präzise nicht enthalten ist. Es ist an uns, uns zu fragen, was wir eigentlich brauchen, wie unsere Informationen aussehen sollen.

Klaus-Dirk Schmitz: Ich halte es auf der einen Seite für sinnvoll, dass man möglichst wenig Quellen, möglichst wenig Medien benutzt, um nachzuschlagen. Wenn ich anfange und habe meine eigene Terminologie in einem System, vielleicht noch mit einer ganz anderen Benutzeroberfläche, wechsle meine CD ROMs hin und her, dann ist der Weg zum Resultat sehr aufwendig. Man will die Daten an nicht mehr als zwei, drei Stellen finden können. Gegen eine gemeinsame Benutzerschnittstelle ist natürlich auch nichts einzuwenden. Der Benutzer, der mit fünf verschiedenen Datenbanken arbeitet, die alle auf verschiedenen Softwaresystemen beruhen, die alle verschiedene Abfragesprachen haben, kann diese Datenbanken nicht alle kennen. Ich halte es daher nicht für schlecht, eine gemeinsame Schnittstelle zu haben. Sie ist benutzerfreundlich. Aber generell gilt, das, was Sie finden, sollten Sie immer überprüfen. Sie werden in den seltensten Fällen gleich auf das Richtige stoßen. Sie müssen kritisch an die Sache herangehen. Sie sind meistens froh, wenn Sie überhaupt was finden. Aber seien Sie kritisch. Es stehen unterschiedliche Konzepte dahinter. Daher ist es nicht ganz unproblematisch, diese Dinge zusammenzuführen.

Renato Reinau: Zu den Informationen über CD ROM. Rezensionen gibt es manchmal auch in TerminoMaitre von der Union Latine in Paris oder in Language International. Es soll eine neue Zeitschrift speziell zu Fragen der Terminologie herauskommen mit dem Titel „Terminology". Angesichts der großen Beständen von Terminologie auf CD ROM muss man einfach Dubletten in Kauf nehmen. Das lässt sich nicht anders machen. Die Leute, die das machen, verfügen nicht über die notwendigen Werkzeuge, um das, was an Dubletten enthalten ist, in angemessener Zeit herauszunehmen. Die methodologisch verschiedenen Ansätze entsprechen denen der Wörterbücher. Dann halte ich es für praktischer, alles auf einer CD ROM als in zehn verschiedenen Wörterbüchern zu haben. Zur Frage, wie viel muss der einzelne Übersetzer beisteuern, sollte darin nicht mehr stehen, was dem Übersetzer nützt: Eigentlich weiß nur der Übersetzer, was dem Übersetzer nützt. Also ist das, was er macht, am nützlichsten. Wenn Terminologen daran arbeiten, auch wenn sie lange Jahre Übersetzer waren, ist nicht gesagt, dass sie noch in der Lage sind, spezifisch in der Art des Übersetzers zu denken und für dessen Interessen in erster Linie einzustehen. Die Organisation der Terminologiearbeit sollte daher so aussehen, dass Übersetzer so viel und so bequem wie möglich beisteuern können.

Felix Mayer:
Neue Werkzeuge am Übersetzerarbeitsplatz: Integrierte Systeme

Das Thema meines Beitrags lautet: Neue Werkzeuge am Übersetzerarbeitsplatz: Integrierte Systeme. Der Titel könnte aber auch länger und komplexer sein: Neue Entwicklungen am Übersetzerarbeitsplatz, die auf alten Ideen aufsetzen, wobei wir aber noch keine durchgehende Benennung für dieses Systeme haben. Hiermit sind bereits eine Reihe von Problemen und Fragen aufgeworfen, auf die ich in meinem Vortrag zu sprechen kommen möchte. Als Ausgangspunkt dieser Systeme könnte man die beiden folgenden Phänomene benennen, auf die wir bei Fachübersetzungen heute immer wieder treffen:

1. Ein Text ist nicht absolut neu als Übersetzungsauftrag, sondern hat bereits 'Vorgängerversionen', d.h. z.B. eine ältere Version eines Handbuchs, zu dem jetzt ein Update übersetzt werden soll. Es gibt darüber hinaus Paral-

leltexte, also sehr ähnliche Texte, die zum gleichen Thema geschrieben oder gar übersetzt sind etc. Auf der konkreten Ebene des Satzes im Text bedeutet dies: In der Vorgängerversion und dem jetzigen Text gibt es identische Sätze. Es gibt darüber hinaus ähnliche Sätze, die sich z.B. nur durch Satzstellung unterscheiden, und es gibt natürlich auch ganz neue Sätze. Dies ist zunächst einmal eine triviale Feststellung.

2. Die Terminologie, die in dem Text verwendet wird, ist bereits bei früheren Übersetzungen erarbeitet worden; sie ist - im besten Fall - in einem Terminologieverwaltungssystem abgelegt.

In Bezug auf dieses zweite Phänomen gibt es bereits seit einigen Jahren verschiedene Möglichkeiten, die terminologischen Einheiten, die in dem zu übersetzenden, maschinenlesbar vorliegenden Text enthalten sind, mit der in dem Terminologieverwaltungssystem (TVS) oder der Terminologiedatenbank (TDB) enthaltenen Terminologie automatisch oder halbautomatisch abzugleichen. Hier sind verschiedene Verfahren und Möglichkeiten entwickelt worden, die teilweise auch in einigen TVS zur Verfügung stehen. Eine Möglichkeit besteht darin, die in dem TVS oder der TDB enthaltenen Äquivalente der terminologischen Einheiten, auf die man z.B. beim Durchblättern eines Textes oder beim Überschreiben eines AS-Textes stößt, in einer Zeile am Bildschirm anzuzeigen. Dies hat zunächst den Vorteil, dass das in dem TVS abgelegte Äquivalent immer angezeigt wird und nicht erst das TVS aufgerufen werden muss, um es zu sehen. Ein weiterer Vorteil besteht darin, dass es dann auch per Tastendruck in die Übersetzung übernommen werden kann.

In Hinblick auf das zuerst genannte Phänomen, die 'Vorgängerversion' eines Textes, wird bereits seit Jahren mit Ablageverfahren gearbeitet, die es ermöglichen, eine solche Vorgängerversion wieder zu finden und bei der Anfertigung der neuen Übersetzung zu nutzen. Einen Schritt weiter geht die Überlegung, dass Systeme zur Verfügung stehen, die eine solche 'Vorgängerversion', also einen alten AS-Text mit einem neuen AS-Text in Hinblick darauf, was gleich ist, abgleichen. Dies bringt die Möglichkeit mit sich, die 'alte' Übersetzung zu übernehmen, anstatt diesen Textteil neu zu übersetzen oder möglicherweise gar abzutippen.

Ich komme nun zurück auf den erwähnten komplexeren Titel. Denn der soeben skizzierte Gedanke, dass nämlich Systeme zu entwickeln sind, die einen alten AS-Text mit einem neuen AS-Text vergleichen, ist nicht neu. Bereits in den sechziger Jahren gab es im Rahmen des EGKS Überlegungen und Ansätze, die in diese Richtung gingen und auch in späteren Jahren wurde der Gedanke immer wieder thematisiert. Bei den neuen, sog. integrierten Systemen, wurden diese Überlegungen aufgegriffen und teilweise realisiert. Diese Systeme bestehen somit allgemein gesprochen aus den folgenden drei Komponenten:

- Die an dieser Stelle vielleicht wichtigste Komponente ist der Abgleich des zu übersetzenden AS-Textes mit anderen AS-Texten, für die bereits Übersetzungen vorliegen. Entspricht nun beispielsweise ein Satz im neuen, zu übersetzenden Text einem Satz aus einem 'alten' Text, der mitsamt seiner Übersetzung im 'Translation Memory' gespeichert ist, so wird der 'alte' AS-Satz mit seiner Übersetzung zusätzlich am Bildschirm angezeigt, die alte Übersetzung kann anhand des neuen zu übersetzenden Satzes überprüft werden und die alte Übersetzung kann übernommen werden.

An dieser Stelle nun von maschineller Übersetzung zu sprechen, ist falsch. Es geht lediglich darum, ähnliche AS-Sätze oder besser: ähnliche AS-Segmente im Translation Memory zu finden. Gehen wir einmal die verschiedenen Möglichkeiten durch:

* Möglichkeit a): In einer früheren Version des Textes gab es bereits genau das gleiche Segment. Denn es geht darum, genau dieses identische Segment, z.B. einen Satz im Translation Memory möglichst schnell zu finden, und die frühere Übersetzung anzuzeigen, und natürlich darum, diese Übersetzung, so sie für gut befunden wird, zu übernehmen.

* Möglichkeit b): Der neue zu übersetzende Satz ist relativ ähnlich einem bereits übersetzten, der im Translation Memory gespeichert ist. Dies kann die Satzstellung betreffen, bei der lediglich einige Glieder umgedreht wurden, dies kann bedeuten, dass Segmente zusammengezogen wurden, oder auch, dass einige Teile neu eingefügt wurden. Das Ergebnis in diesem Fall ist: Das bereits in der Vorgängerversion übersetzte Segment kann editiert, also verändert und dann in den neuen ZS-Text übernommen werden.

* Möglichkeit c): Es liegt keine Veränderung der Struktur des Satzes vor, sondern auf terminologischer Ebene haben sich Benennungen geändert. Dieses Phänomen wird von der zweiten Komponente der integrierten Systeme abgedeckt, auf die ich jetzt zu sprechen komme.

- Die zweite Komponente, die bei diesen Systemen zu tragen kommt, ist der Abgleich der Terminologie: der AS-Text wird mit dem in der TDB oder dem TVS enthaltenen Einträgen abgeglichen und Termini im Text, die in dem TVS enthalten sind, werden markiert. Darüber hinaus werden die in dem TVS enthaltenen Äquivalente (und gewöhnlich nur diese) in einem Wörterbuchfenster am Bildschirm angezeigt. Es ist jedoch auch möglich, das TVS aufzurufen und sich den gesamten Eintrag mit Definitionen, Kontexten etc. anzeigen zu lassen. Diese Äquivalente können dann per Tastendruck übernommen werden.

- Die dritte Komponente, die diese Systeme aufweisen, ist ein übersetzungsorientierter Editor, der Funktionen zur Textbe- und -Verarbeitung bietet. Teilweise besteht die Möglichkeit, verschiedene TV-Programme zu simulieren. Dieser Editor bietet nun verschiedene Möglichkeiten:

    * Ausgangstext und anzufertigende Übersetzung können in zwei Fenstern auf dem Bildschirm angezeigt werden. Es kann in diesen Texten parallel geblättert werden, so dass immer der Teil des AS-Textes zu sehen ist, der gerade übersetzt wird und umgekehrt.

    * Die Systeme erkennen die Layout-Steuerzeichen ('Tags') verschiedener Textverarbeitungs- und Desk-Top-Publishing-Systeme und bieten die Möglichkeit, dieses Steuerzeichen zu markieren sowie sie vor einem versehentlichen Überschreiben zu schützen.

    * Der Benutzer kann darüber hinaus selbst Textteile zum Schützen markieren (z.B. Programm-Code beim Übersetzen von Software). In Hinblick auf das Schützen von Steuerzeichen und von bestimmbaren Textteilen erspart man sich dadurch beispielsweise die aufwendige Neuformatierung von Texten oder beim überschreiben des AS-Textes die Überprüfung, ob nicht doch versehentlich etwas überschrieben wurde.

Allgemein gesprochen, stellt dieser Editor die verschiedenen Bearbeitungsfunktionen (also: Einbindung des Textabgleichs und Zugriff auf TDB/TVS) zur Verfügung.

Ein knapper Überblick über die m.W. auf dem europäischen Markt verfügbaren Systeme führt zur Frage: Wo diese Systeme im Hinblick auf maschinelle bzw. maschinengestützte Übersetzung (MÜ/MGÜ) einzuordnen sind. In diesen

Bereichen gibt es eine Reihe verschiedener Systematisierungsansätze. Nach der Systematisierung von Hutchins/Somers wären unsere Systeme einzuordnen in Systeme der Art MAHT (Machine aided human translation)[2], nach dem älteren Saarbrücker Ansatz fielen sie unter 'maschinengestützte Übersetzung'[3].

Aufgrund der Leistungsmerkmale dieser Systeme ist m.E. davon auszugehen, dass diese Systeme sinnvolle Möglichkeiten am Übersetzerarbeitsplatz bieten. Doch sehen wir auch im wesentlichen zwei Probleme. Den ersten Anstoß zu den nachfolgenden Überlegungen verdanken wir einem freiberuflichen Übersetzer, der bereits vor längerer Zeit vor der Entscheidung stand, sich eines dieser Systeme anzuschaffen.

- Das erste Problem ist die Abrechnungspraxis: Was wird hier zur Grundlage genommen?

    * Wird der gesamte übersetzte Text wie bisher über Zeilen oder Wörter abgerechnet?

    * Wird nur der effektiv übersetzte Text abgerechnet?

    * Was war der Zeitaufwand zum Anfertigen dieser Übersetzung?

Ich möchte ein Fallbeispiel konstruieren, um Ihnen diese Problematik deutlich vor Augen zu führen:

Angenommen, es ist ein Handbuch zu übersetzen, zu dem in einem der Systeme eine Vorgängerversion, also ein AS-Text und ZS-Text, sauber aufbereitet und somit einsetzbar in dem integrierten System, zur Verfügung steht. Nun ist der neue Text aber derart beschaffen, dass pro Seite nur ein Satz neu ist. Der Übersetzer kann aber nicht nur diesen Satz übersetzen und alle anderen automatisch abarbeiten. Er muss auf jeden Fall das gesamte Handbuch durcharbeiten, um den Kontext zu dem jeweils neuen Satz zu kennen. Wenn nun nur er dieses System nutzt und seinen Auftraggeber seine Arbeitsweise nicht interessiert, der Übersetzer dieses System auch selbst angeschafft hat etc., so wird sich seine Investition sicherlich in kurzer Zeit sehr gut amortisieren...

- Wenn nun aber der Fall derart beschaffen ist, dass der Auftraggeber dem Übersetzer eine mit dem System vorbereitete Übersetzung gibt, in der nur mehr das zu übersetzen ist, was von der Vorgängerversion abweicht und neu ist, also in unserem Fallbeispiel nur mehr ein Satz pro Seite, er aber jeweils die gesamte Seite durcharbeiten muss, um sie übersetzen zu können, was dann? Es gibt darüber hinaus nach unserer Kenntnis Fälle, in denen der Übersetzer, um Aufträge zu bekommen, sich erst dieses System kaufen muss (und übrigens häufig auch neue Hardware, da diese Systeme ja relativ hohe Anforderungen stellen). Kann dann wirklich noch korrekterweise nach Zeilen oder Worten abgerechnet werden? Ich denke, hier müssen andere Modelle entwickelt werden. Möglicherweise wäre eine Grundlage die Abrechnung auf Stundenbasis.

- Das zweite Problem, das ich sehe, ist das Copyright auf ein Translation Memory zu einem Handbuch oder einem Projekt. Ich denke, wir stehen dort vor ähnlichen Problemen, wie wir sie im Bereich der Terminologie haben. Auch dort haben wir noch nicht die endgültige Lösung gefunden. Was geschieht beispielsweise, wenn der Auftraggeber verlangt, das teilweise beim Arbeiten mit dem System erstellbare Translation Memory zu einem Handbuch mit abzuliefern? Wie wird das abgerechnet, v.a., wenn der Übersetzer spätere Versionen dieses Handbuchs nicht mehr übersetzt, sondern der Auftrag an andere geht? Auch hier müssten Modelle entwickelt werden, wie hiermit sinnvoll umzugehen ist.

Wie aus den Darstellungen hervorgeht, bieten diese integrierten Systeme trotz der angedeuteten Probleme interessante Einsatzmöglichkeiten am Übersetzerarbeitsplatz. Sie erleichtern in gewisser Weise die Arbeit, entlasten teilweise von Routinearbeiten und tragen dazu bei, dass Terminologie konsistent verwendet werden kann.

Hierbei zeichnen sich die folgenden Entwicklungstendenzen ab:

- Wir sind relativ verwöhnt von guten Textverarbeitungsprogrammen. Die Editoren bei diesen Systemen sind eher einfach ausgelegt. Sie bieten zwar alle notwendigen Funktionen, doch mehr oder minder inkomfortabel. Nicht zuletzt aus diesem Grunde zeichnet sich die Tendenz ab, dass bestehende Textverarbeitungsprogramme in diese Systeme eingebunden werden. Dies könnte z.B. unter einer integrierten Windows-Oberfläche sein.

- Diese Systeme sind, wie beschrieben, nicht als maschinelle Übersetzungssysteme zu bezeichnen, da keine ausführliche linguistische Analyse durchgeführt wird, sondern lediglich ein Abgleich mit bereits übersetzten Segmenten in den Vorgängerversionen. Nun wäre jedoch vorstellbar, dass ein Textsegment, zu dem kein vergleichbares Textsegment in den Vorgängerversionen erkannt wird, an ein MÜ-System übergeben wird, bevor sich der Übersetzer an die Übersetzung setzt; der Übersetzer würde dann eine Rohübersetzung dieses Segmentes erhalten und sie überarbeiten. Auch in dieser Hinsicht sind bereits Bestrebungen im Gange. Diese Kombination aus integriertem System und maschineller Übersetzung - mit der ersten Priorität des Abgleichs mit Translation Memory und TVS bzw. TDB und erst der zweiten Priorität der Übergabe an das MÜ-System - könnte sich möglicherweise als sinnvolle Alternative zu den bisherigen MÜ-Systemen erweisen.

- Die integrierten Systeme sollen heute Bestandteil der Ausbildung von Übersetzern und Dolmetschern sein. Im Saarbrücker Modellversuch 'Sprachdatenverarbeitung in der Übersetzer- und Dolmetscherausbildung' an der Fachrichtung 'Angewandte Sprachwissenschaft sowie Übersetzen und Dolmetschen' der Universität des Saarlandes, der Ende März ausgelaufen ist und dessen Inhalte nunmehr in der 'Studienkomponente Sprachdatenverarbeitung' in die Ausbildung von Diplom-Dolmetschern integriert sind, wurde ein Curriculum entwickelt, in dem die integrierten Systeme im Rahmen der Veranstaltungen zur Maschinellen/maschinengestützten Übersetzung sowie in Pro- und Hauptseminaren unter verschiedenen Aspekten behandelt werden.

Bibliographie:

Alpac-Report (1966): Automatic Language Processing Advisory Committee: Computers in Translation and Linguistics, Washington.

Blatt, Achim; Karl-Heinz Freigang; Klaus-Dirk Schmitz; Gisela Thome (1985): Computer und Übersetzen. Eine Einführung. Hildesheim: Olms.

Fischer, Inge; Karl-Heinz Freigang; Felix Mayer; Uwe Reinke (1993): Abschlussbericht (1.4.1988 bis 31.3.1993). Modellversuch Studienkomponente Sprachdatenverarbeitung in der Übersetzer- und Dolmetscherausbildung. Fachrichtung 8.6, Universität des Saarlandes Saarbrücken.

Hutchins, W. John; Harold L. Somers (1992): Introduction to Machine Translation. London: Academic Press.

Melby, Allan K. (1984): Creating an environment for the translator, in: King, Margret (1984): Machine Translation Today: The State of the Art. University Press: Edinburgh, S. 124-132.

Die nachfolgenden Titel sind neben Blatt et al., 1985 und Hutchins/Somers, 1992 ebenfalls geeignet, um sich unter verschiedenen Blickwinkeln in MÜ bzw. MGÜ einzuarbeiten oder behandeln vertiefend bestimmte Aspekte:

Laffling, John (1991): Towards high-precision machine translation: Based on contrastive textology. Berlin: Foris.

Landsbergen, Jan (1992): Können Computer übersetzen?, in: Lebende Sprachen, 1/92, S. 7-11.

Marx, Stephanie (1993): Untersuchung von integrierten Werkzeugen am Übersetzerarbeitsplatz am Beispiel von Rank Xerox. Diplomarbeit, Fachrichtung 8.6, Universität des Saarlandes Saarbrücken.

Nagao, Makato (1989): Machine Translation: How far can it go? Oxford: University Press.

Pitsch, Kerstin (1993): Eine neue Generation von maschinengestützten Übersetzungssystemen. Eine vergleichende Untersuchung. Diplomarbeit, Fachrichtung 8.6, Universität des Saarlandes.

Schwanke, Martina (1991): Maschinelle Übersetzung. Ein Überblick über Theorie und Praxis. Heidelberg: Springer.

Wilss, Wolfram (1993): Grundkonzepte der Maschinellen Übersetzung, in: Fischer, Ingeborg; Karl-Heinz Freigang; Felix Mayer; Uwe Reinke (Hrsg.) (1993): Sprachdatenverarbeitung für Übersetzer und Dolmetscher. Akten des Symposiums zum Abschluss des Saarbrücker Modellversuchs, 28./29. September 1992, Universität des Saarlandes. Hildesheim: Olms, S. 169-188 (in Druck).

Renato Reinau:
Übersetzerwerkzeuge im betrieblichen Umfeld

Bei der schweizerischen Kreditanstalt laufen gegenwärtig Tests, die Machbarkeit und Nutzen von Arbeitsumgebungen abklären sollen, welche die Übersetzer aktiv unterstützen (im Gegensatz zur passiven Unterstützung, die z.B. ein elektronisches Wörterbuch bietet, das nur dann zum Zuge kommt, wenn es vom Benutzer befragt wird). Diese Arbeitsumgebungen umfassen im wesentlichen die Verwaltung bereits übersetzter Texte, die automatische Erkennung von gleich oder ähnlich bereits übersetzten Textpassagen mit entsprechendem Übersetzungsvorschlag. Die Änderungen sind dabei am Bildschirm gekennzeichnet.

Auch wenn das System keinen Übersetzungsvorschlag machen kann, bietet es aktive Terminologie-Erkennung, d.h. es zeigt automatisch, welche Übersetzungen gemäß der benutzten Terminologie- Datenbank in Frage kommen. Damit erreicht man höhere Qualität als wenn die Terminologie-Datenbank nur in (dem Übersetzer als solches bewussten!) Zweifelsfällen benutzt wird. Mehrdeutigkeiten entscheidet der Übersetzer, das System kann aber (über Filterattribute) bestimmten Äquivalenten den Vorrang geben: Sachgebiet, Firmensprache, usw.

Der von dieser aktiven Unterstützung zu erwartende Nutzen ist zurzeit wahrscheinlich größer als der von vollautomatischer Maschinenübersetzung, weil die Schwelle für den rentablen Einsatz kleiner ist. Der Übersetzer arbeitet in gewohnter Weise und dosiert den Grad an Hilfe vom System selber. Das unbeliebte und zeitraubende Nacheditieren entfällt weitgehend.

Der Aufwand für das anfängliche Einlesen früherer Übersetzungen sollte nicht unterschätzt werden und wird im zweiten Teil dieses Beitrags behandelt. Der größte Aufwand allerdings ist Aufbau und Unterhalt einer konsequenten Terminologie. Zwar kann dieselbe Arbeit weitgehend auch für die Maschinelle Übersetzung genutzt werden, doch könnten diese beiden sprachlichen Anwendungen allein den Aufwand für Terminologie nur knapp rechtfertigen (vor allem aus qualitativer Sicht). Aus diesem Grunde wird im ersten Teil dieses Beitrags ausführlich auf die zentrale Rolle der Terminologie hingewiesen.

0. Definition von „Terminologie"

Unter Terminologie verstehen wir hier einen (möglichst umfassenden) Bestand an Termen, d.h. Benennungen von begriffen oder Konzepten, die für die widerspruchsfreie Kommunikation in einer oder mehreren Fremdsprachen eingesetzt werden können. In dem Maße, wie wir auf begriffliche Information nur dann zugreifen können, wenn wir sie auch benennen, hat Terminologie einen sprachlichen Aspekt. In weit größerem Maße jedoch ist Terminologie eine identifizierende und ordnende Tätigkeit, bei der es im wesentlichen um Wissensrepräsentation geht. Moderne Terminologiesysteme werden zunehmend zu Wissensdatenbanken (und geraten damit in die Nachbarschaft der Expertensysteme).

1. Die Rolle der Terminologie

In einem international tätigem Konzern ist Kommunikation ein zentrales Anliegen. Firmeninterne Kommunikation und Kommunikation nach außen, Eindeutigkeit in der Fachsprache und Verständigung zwischen Benutzern verschiedener Fachsprachen, sowie - nicht zuletzt - regional unterschiedlicher Sprachgebrauch und Mehrsprachigkeit erfordern eine einheitliche Bearbeitung der sprachlichen Ausdrucksmittel, kurz: eine zentrale Terminologie. Dabei erfolgt das Festlegen von Benennungen und das Definieren von Begriffen in erster Linie in den Fachbereichen, während das Ordnen und Vereinheitlichen der terminologischen Teilbestände sowie deren Aufbereitung für verschiedene Nutzungen von der zentralen Terminologiestelle wahrgenommen werden.

Ebenso wichtig wie die Kommunikation, die Mitteilung von Informationen, ist der Zugriff auf die Information, was beim Anfallen von riesigen Mengen von mehr oder weniger relevanter und sehr oft dezentraler Information keine triviale Aufgabe darstellt. Auch dabei fällt der Terminologie eine wesentliche Rolle zu.

Der sozusagen direkteste Zugriff auf textuelle Informationen ist die Volltextsuche. Doch selbst dann, wenn Volltextsuche bei riesigen Textmengen von der Geschwindigkeit her noch akzeptabel wäre, wäre die Unscharfe, d.h. das Auslassen von an sich vorhandenen Antworten bei gleichzeitiger Überflutung mit wenig relevanten Antworten („Lärm"), unerträglich. Aufwendiger, aber wesentlich treffsicherer gestaltet sich der Zugriff, wenn die ganzen Text oder Kurzfassungen davon mit einem kontrolliertem Vokabular (Thesaurus) beschlagwortet werden. Ein solcherart „indexiertes" Informationssystem ist vom Wartungsaufwand her der Volltextsuche bald einmal überlegen.

Als weitere „Schicht", die zwischen dem Informationsanfrager und dem Textgut vermittelt, wird beim elektronischen Archiv der SKA Terminologie eingesetzt. Dabei dient einerseits die Terminologie als Grundlage für die Erarbeitung einer von Synonymen und Homonymen geläuterten, künstlich verarmten, dafür aber umso treffsichereren Dokumentationssprache, und andererseits fungiert die Terminologie als eine Art „Dolmetscher" zwischen der natürlichen Sprache (Fachsprache in ihrer ganzen Vielfalt) und der auf Diskreptoren reduzierten Dokumentationssprache.

Die Terminologie ist so etwas wie eine Drehscheibe für lexikonbasierte Aktivitäten: Thesaurus, Morphologie, Phonetik, usw. Die Abteilung „Terminologie", welche im Sprachendienst der SKA angesiedelt ist, wird bei der Erstellung von sprachverarbeitenden maschinellen Anwendungen von einer Abteilung „Linguistic Services" unterstützt, welche ihrerseits bei den Informatikdiensten eingegliedert ist.

Die genannten computerlinguistischen Aktivitäten schlagen sich in den verschiedensten Anwendungen nieder: Information Retrieval (wie beim schon erwähnten „Elektronischen Archiv"), Übersetzungshilfen, Rechtschreibehilfen, Schrifterkennung (Texte auf Papier in maschinenlesbare Form bringen, z.b. Einlesen von Fernkopien), Erkennung von gesprochener Sprache, maschinelle Übersetzung (nur für bestimmte Textsorten), "Data Dictionary" (Dokumentation der in EDV-Programmen verwendeten Datentypen).

Die obenstehende Liste sprachverarbeitender Anwendungen ist natürlich nicht abschließend, schon darum nicht, weil dieses interdisziplinäre Feld gegenwärtig große Fortschritte macht. Aber auch darum nicht, weil hier nicht auf sehr Spezifisches eingegangen werden soll. Dennoch sei eine selten berücksichtigte Möglichkeit der Verwendung von Terminologie eigens erwähnt: Terminologie als Input für maschinelle Terminologie-Erstellungshilfen, also die methodologische Weiterverwertung von Terminologie-Beständen bei der Erstellung und Verwaltung von (neuer) Terminologie. Im weiteren verbirgt sich hinter jedem der genannten Anwendungsgebiete eine Menge konkreter Einzelanwendungen, wie wir es am Beispiel des Übersetzer-Arbeitsplatzes sehen werden.

2. Die Benutzer von Terminologie

Der weiteste Benutzerkreis von Terminologie wurde am Beispiel „Elektronisches Archiv" bereits aufgezeigt: alle diejenigen, die täglich zur millionenfachen Ablage von Dokumenten beitragen und alle diejenigen, die in einer Milliarde von Texten Informationen gezielt wieder finden müssen. Natürlich merkt nicht jeder, der Terminologie nutzt, dass Terminologie im Spiel ist. Oft merkt man es viel eher, wenn sie nicht da ist, dann etwa, wenn der Einsatz eines marktgängigen Rechtschreibe-Korrekturprogramms zur Textverarbeitung zu mühsam wird, weil es über jedes Wort der Fach- und Firmensprache stolpert.

Textersteller aller Art, Fachredaktoren in der eigenen Muttersprache und gelegentlich in einer Fremdsprache sowie selbstverständlich Übersetzer sind aus der Sicht der Terminologen offensichtliche „Kunden". Weniger bekannte

Benutzer von Terminologie, z.B. über das "Data Dictionary", deren Arbeit aber ebenso in Erscheinung tritt, sind die Informatiker, welche „Texte" erstellen, die nicht als Texte in Erscheinung treten, sondern als Bildschirmmasken, Ausdrucke, usw., dabei aber sehr vielen Mitarbeitern und Kunden unter die Augen kommen. Dies sind oft nur einzelne Bezeichnungen, aber auch längere Hilfstexte und sogar ganze Handbücher und Bedienungsanleitungen.

3. Der Übersetzer-Arbeitsplatz: Voraussetzungen und Chancen

Obwohl in diesem Beitrag keine Produkte namentlich erwähnt werden, sei ausdrücklich darauf hingewiesen, dass das im folgenden beschriebene Szenario keine Zukunftsmusik ist. Für die meisten Teilanwendungen existiert sogar mehr als ein marktfreies Produkt. Das Angebot entwickelt sich so rasch, dass jede konkrete Empfehlung von Produkten in Kürze überholt sein könnte.

Strebt man eine Relationalisierung an, die weiter geht als die Benutzung von Textverarbeitung und elektronischen Wörterbüchern bzw. Terminologie-Datenbank, so ist die Voraussetzung in jedem Falle das Vorliegen des zu übersetzenden Textes in maschinenlesbarer Form. Dies gilt sowohl für die Nutzung bereits übersetzten Textgutes als auch für die maschinengestützte Terminologie-Extraktion. Obwohl diese Texte fast ausnahmslos mit Textverarbeitung erstellt werden, ist es nicht immer leicht, sie fristgerecht in maschinenlesbarer Form zu erhalten.

Wir kommen nicht darum herum, einen Teil der Texte mit einem Erkennungssystem einzulesen („einscannen"). Wir verwenden dabei ein System, das in allen vergleichenden Tests bestens abschneidet. Doch selbst bei einer Erkennungsrate von „98 %" ist das eine recht mühsame Angelegenheit (eine geübte Schreibkraft mit Online-Rechtschreibhilfe würde oft ähnliche Ergebnisse erzielen). Das Stellenprofil für die Person, welche die Texte in dieser Weise aufbereiten soll, ist problematisch, wie es auch schwierig ist, eine linguistisch gut ausgebildete Person für eher anspruchslose Routinearbeit zu gewinnen, wie etwa die Segmentierung von Texten und das Zusammenstellen von Hilfsdateien.

Zurzeit experimentieren wir mit einem „intelligenteren" Erkennungssystem, das sich Terminologie zunutze macht. Zum anderen kann man nicht genügend darauf hinweisen, dass das Problem eigentlich auf organisatorischem Weg zu lösen wäre. (Früher „saßen" die Leute auf ihren Terminologie-Kärtchen; warum sollten heute Textverarbeitungsdateien wie Schätze gehütet werden...).

Technische Fragen bei der Weiterverwertung der zu übersetzenden Textverarbeitungsdateien fallen weniger ins Gewicht. Vernetzung und Übermittlung über Modem funktionieren und Konversionsprogramme jonglieren zwischen verschiedenen Dateiformaten. Die Programme, welche in Terminologie und Übersetzungshilfen eingesetzt werden, sollten Schnittstellen zu den bekannteren Textverarbeitungsformaten haben. Zum Teil können diese Programme mit Zwischenformaten wie RTF oder SGML arbeiten. Den Übersetzern sollte dabei nicht zugemutet werden, direkt an einer RTF-Datei zu arbeiten (ebenso wie es nicht nach jedermanns Geschmack ist, Texte zu „überschreiben").

Schwieriger in den Griff zu bekommen ist die Tatsache, dass nicht nur die Übersetzer, sondern auch die Verfasser oft ihre Textverarbeitung gleich unsystematisch benutzen wie die gute alte Schreibmaschine: hier ein manuell eingegebener Zeilensprung, dort Leerstellen, dann wiederum Tabulator und Leerstellen kombiniert... Diese Unregelmäßigkeiten behindern die Programme beim Zerlegen der Texte in Übersetzungseinheiten (Segmente).

Das maschinenlesbare Vorliegen der Texte im geeigneten Format ist die eine, zugegebenermaßen prosaische, Voraussetzung. Die andere, gleich unabdingbare Voraussetzung ist, dass sich die Texte für maschinengestützte Übersetzung eignen. Faustregel: Je idiomatischer, abwechslungsreicher und origineller ein Text ist, desto weniger eignet er sich dafür.

Also Gedichte und Werbung sind denkbar „ungeeignet". Viel eher geeignet sind Handbücher und Gebrauchsanweisungen. In der Regel eignen sich diese Texte schon deshalb gut, weil sie zu weiten Teilen auf bereits übersetzten Texten basieren (dem Handbuch des Vorgänger-Produkts.)

Zwischen diesen beiden Extremen sind Texte, die sich in gewissem Umfang wiederholen und einen einigermaßen genormten Sprachgebrauch aufweisen, wie etwa Überarbeitung von Weisungen und Arbeitsanleitungen (z.T. Rechtssprache), Versicherungstexte, alljährlich in ähnlicher Form wiederkehrende Teile des Geschäftsberichts. Diese Texte sind mehr oder weniger geeignet die maschinelle Verarbeitung. Kriterien für die „Eignung" sind (unter anderem) die Häufigkeit von Textteilen, die so oder ähnlich schon einmal übersetzt wurden, und die Anzahl an neuen Ausdrücken, die in der eigenen Terminologie-Datenbank erkannt werden.

Bei der Beurteilung des „Eignungsgrades" ist es sehr praktisch, wenn das Programm selber vorweg eine Schätzung übernehmen kann, indem es den

Fundus früherer (maschinenlesbarer) Übersetzungen und die Terminologie-Datenbank mit dem zu übersetzenden Text vergleicht und dabei eine Statistik anlegt. Besonders wichtig ist natürlich, dass nicht nur wortwörtlich gleiche Texte erkannt werden, sondern bloß ähnliche. Hier haben Programme mit einer fundierten linguistischen Grundlage den entscheidenden Vorteil. Noch besser ist es, wenn der Benutzer wählen kann, ab welchem Grad der Ähnlichkeit das Programm aktiv werden soll.

Der Erkennungsmechanismus für „ähnliche" Textpassagen kann mehr oder weniger ausgeklügelt sein. Etwas Einfaches ist beispielsweise, dass geänderte Zahlen und Produktnamen, Währungen, usw. sich nicht auf die Ähnlichkeit auswirken dürfen. Das wird von den uns bekannten Programmen gut bewältigt, z.T. werden die neuen Zahlen bzw. Produktnamen direkt in den Übersetzungsvorschlag übernommen. Ebenfalls gut erkannt wird die Grundform in der Terminologie-Datenbank, wo im Text die abgewandelte Form steht (Häuser->Haus). Das ist eine erhebliche Leistung, setzt sie doch einiges an Morphologie voraus. Dabei ist es fast immer effizienter, wenn das Programm die Morphologie ableitet (aus Regeln), ohne dass der Benutzer zu jedem neuen Wort explizit die Morphologie eingeben muss.

Was aber, wenn der gleiche Satz übersetzt vorliegt, aber nicht erkannt wird, weil er in einem anderen (Textverarbeitungs-) Format vorliegt? Wird derselbe Satz einmal aktiv und einmal Passivkonstruktion, als gleich erkannt? Werden Abkürzung und Vollform, werden Synonyme in ihrer Ähnlichkeit erkannt (d.h. wird die Terminologie-Datenbank dabei genutzt)?

Aussichten

Die im vorangegangenen Abschnitt aufgeworfenen Fragen deuten an, in welcher Richtung weitere Fortschritte bei der maschinellen Unterstützung des menschlichen Übersetzungsvorganges zu erwarten sind. Zwei von uns getestete Programmpakete haben allerdings eine Funktionalität, die ihren Einsatz in manchen Fällen schon heute rentabel erscheinen lässt.

Der Entscheid zugunsten eines der beiden bis heute getesteten Systeme fällt außerordentlich schwer (mit ein Grund, warum an dieser Stelle keine Empfehlung angegeben wird). Am liebsten würde man die nahezu perfekte Umgebung des einen Systems mit der Terminologie-Komponente (und der Schnittstelle zur Maschinenübersetzung) des anderen kombinieren...

Angesichts des im ersten Teil dieses Beitrages erläuterten Stellenwertes der Terminologie ist eine redundanzfreie, echt begriffsorientierte Verwaltung mit einer Reihe von Mechanismen zur Wahrung der Konsistenz in absolutes Erfordernis. Die „Begriffsorientiertheit" darf nicht nur eine Konvention bei der Eingabe sein, sondern sollte vom Datenmodell unterstützt sein. Integritätskontrollen bei der Eingabe der einzelnen terminologischen Einträge gehören genauso dazu wie das Verhindern bzw. Bereinigen von Dubletten. Bei einem Systemabsturz sollte - unabhängig von der letzten Sicherung - ein konsistenter Zustand der Datenbank wiederhergestellt werden können. Der Begriffsbaum bzw. das semantische Netz, das durch die Begriffe (Terme) und ihre Relationen zueinander gebildet wird, sollte integraler Bestandteil der Terminologie-Verwaltung sein, denn Begriffe werden ebenso sehr durch ihre Stellung im Begriffssystem bestimmt wie durch Definition, Sachgebiet (und Übersetzung). Systeme, die all diesen Anforderungen genügen, existieren zurzeit höchstens als Prototypen. Ihre Kommerzialisierung dürfte aber nur eine Frage der Zeit, und wir wünschen uns eine solche Zukunft möglichst bald.

Diskussion

Petra Fröschen: Herr Reinau, Sie haben vorhin geschildert, dass Sie einen Vergleich der beiden Translation Memory-Systeme in Ihrem Unternehmen laufen haben. In Ihrer praktischen Arbeit haben Sie bestimmt schon Stärken und Schwächen festgestellt. Können Sie uns dazu etwas sagen?

Renato Reinau: Ich nenne Ihnen am besten die Stärken der beiden Systeme. Die Schwächen habe ich ebenso anklingen lassen wie mögliche Lösungen. So werden vielleicht schon in einem Jahr diese Systeme Ihnen erlauben, mit Ihrer gewohnten Textverarbeitung dort zu arbeiten. Stärke von TRADOS Translator's Workbench: Die Tatsache, dass überhaupt eine integrierte Terminologieverwaltung enthalten ist. Für den Benutzer ist es von der Benutzeroberfläche her praktisch und schön, größer als bei IBM.

Die große Stärke von IBM hat sich noch nicht erweisen können, weil IBM eine ganze Produktpalette hat, die über das hinausgeht, was TRADOS bietet. Hier spielen auch Maschinenübersetzungen eine Rolle. Aber auch auf dem Gebiet der Terminologie ist man tätig. Und wenn IBM etwas entwickelt, kann man davon ausgehen, dass das ein Werkzeug einer anderen Art ist. Alles, was Sie auf dem Markt haben, von PROFILEX über TERMEX bis zu MULTITERM sind flache

Terminologiedatenbanken. Das sieht man besonders krass bei der Verwaltung von verwandten Begriffen. Verweisen Sie z.B. von A nach B, so ist noch kein Verweis von B nach A gegeben. Ändern Sie bei der Verwaltung einer Bibliographie einen Titel, so müssen Sie sich überlegen, wo überall Sie den Titel jetzt ändern müssen. Es wäre jedoch schön, wenn der Titel automatisch durchgängig geändert würde. Wenn etwas von IBM kommt, sieht das etwas anders aus. Das Bedienen eines solchen Werkzeuges erfordert dann natürlich einen Terminologiedienst, es ist nicht denkbar für den einzelnen freiberuflichen Übersetzer.

Astrid Mangold: Ich habe praktische Erfahrungen mit einem System gemacht, das hier nicht genannt wurde, mit dem System ALPS. Ich habe ein paar Plus- und Minuspunkte notiert, die für den Freiberufler sehr wichtig sind. Vorteile sind: komfortables Arbeiten, sehr schnelles Arbeiten. Sind Revisionen zu übersetzen, können sie bis zu 60 % Zeitersparnis bringen. Aber die Sache ist zu teuer für Freiberufler. Es kostet m.W. DM 20.000,- in der Einzellizenz. Alle Ausgangstexte vom Auftraggeber oder anderen Institutionen müssen aufwendig aufbereitet werden, denn auch der Ausgangstext muss in Datenform aufbereitet werden. Die erste Version birgt einen erheblich größeren Arbeitsaufwand als jede weitere Version. Positiv ist zu vermerken, dass diese Sache bestimmt noch ausbaufähig ist und für uns Übersetzer eine große Hilfe. Noch ein Positivum: Die Terminologie ist noch während des Arbeitens ergänzbar.

Ulrich Wachowius: Die Version der Firma AlpNet, von der hier gesprochen wurde, wird nicht mehr eingesetzt. Die Firma arbeitet mit einer weiterentwickelten Version für Workstations, die auch die verschiedenen Funktionsmerkmale der hier angesprochenen Programme beinhaltet. Dieses Produkt wird nicht vertrieben, sondern nur intern im Übersetzungsnetzwerk verwendet.

Cecil Woas: Sehen wir uns einmal an, was auf den Übersetzer in den letzten Jahren zugekommen ist, und wie es weitergehen wird, und welches die möglichen Konsequenzen sind. Vor zehn Jahren etwa kam die Textverarbeitung, u.a. mit der Werbung, dass man jetzt früher Feierabend machen könne, es gehe alles viel einfacher. Das stimmt sicher zum Teil. Doch was ist passiert? Die Programme wurden immer aufwendiger. Man konnte immer mehr damit machen bis zur Formatierung und fast bis zur Satzvorbereitung des DTP. Diese Dinge sind dem Übersetzer aber auch übertragen worden, allerdings ohne dass die Honorare entsprechend gestiegen sind. Er leistet heute mit den modernen Textverarbeitungsprogrammen mehr als früher, ohne dafür honoriert zu werden. Vor fünf Jahren fing die Terminologiearbeit an. Sie wird manchmal von Firmen mitgeliefert. Der Übersetzer soll sie benutzen, aber wird dafür auch nicht entsprechend honoriert. Und jetzt kommen die Translation Manager Systeme. Es kann vielleicht darauf hinauslaufen, dass Texte geliefert werden. Sie brauchen nur einen Satz zu übersetzen, den Restbrauchen Sie sich nicht anzusehen. Wo ist da noch von integriertem Textverständnis die Rede? Wenn vielleicht dann nur der eine Satz bezahlt wird? Dann wird der Übersetzer, der das Ganze durchsieht, gar nicht mehr dafür honoriert. Kommt eines Tages vielleicht noch die automatische Übersetzung dazu, dann sagt der Auftraggeber, dass angesichts der Automatik der Übersetzung ein Zeilenpreis von DM 1,00 angebracht wäre. Dies sind Spekulationen. Aber ich sehe die Tendenz. Daher wollte ich dies in die Diskussion einbringen.

Renato Reinau: Was die Abrechnung angeht, vertrete ich den Standpunkt, dass man nicht nach Zeilen abrechnen sollte. Das machen weder Arzt noch Rechtsanwalt. Das ist kein Stückgut. Das ist eine Gesamtdienstleistung. Man muss die Auftraggeber dazu bringen, dies anzuerkennen. Zum Teil geschieht das mit Erfolg. Dann kommt es auch nicht mehr auf die Werkzeuge und auf die Zeit an. Den Abrechnungsmodus muss natürlich der Übersetzer beim Auftraggeber durchsetzen. Hier müsste ein Verband einspringen, für den einzelnen Übersetzer wäre das schwierig.

Felix Mayer: Im Bereich Terminologie haben wir Schwierigkeiten. Wir haben noch keinen Standard, der durchgesetzt ist, der eine Abrechnungseinheit für einen terminologischen Eintrag und die Summe festsetzt, die man bezogen auf die Abrechnungseinheit braucht. Bei den integrierten Systemen, bei der maschinellen Übersetzung gibt es sicher auch verschiedene Modelle, die zwar möglich sind, von denen sich aber noch keines durchgesetzt hat. Wir müssen über die verschiedenen Abrechnungsmodelle diskutieren, über ihre Grundlagen. Die verschiedenen Organisationsformen, in den Übersetzer arbeiten, müssen hier zusammenwirken. Denn ein Einzelübersetzer hat andere Argumentationsprobleme als z.B. ein Sprachendienst.

Frage: Als Sprachmittler an der Universität Stuttgart für Russisch habe ich auch mit dem Übersetzen von wissenschaftlichen Werken zu tun. Daher wollte ich etwas über technische Hilfsmittel erfahren, insbesondere da wir lange Texte übersetzen. Wie bekomme ich diese auf den Bildschirm? Denn es kann nicht sein, dass wir heute zwar Texte über den Bildschirm ausdrucken lassen, aber die Texte auf den Bildschirm tippen müssen. Ich habe das Problem, dass ich viele

Formeln und Gleichungen einbringen muss sowie Abbildungen. Daher hätte ich gerne ein paar Tipps zum Scanner gehört.

Felix Mayer: Es ist bei uns dazu eine Diplomarbeit geschrieben worden, Einsatz von Scanner und OCR-Software am Übersetzerarbeitsplatz. Die Produkte, die auf dem Markt sind, werden ebenso beschrieben wie die Probleme. Ergebnis ist, es gibt nicht den Scanner und die OCR-Software für den Arbeitsplatz. Sondern je nach Abhängigkeit von Ihren Anforderungen müssen Sie sich eine Lösung zusammenstellen. Es gibt einige Publikationen in dieser Richtung.

Klaus Leith: Es ist an der Zeit, dass sich die Übersetzer überlegen, dass, wenn sie denn solche Werkzeuge einsetzen, sie es effizient tun. Als Freiberufler heißt das für mich, dass ich mich mit Kollegen auf der Basis von Gegenseitigkeit austausche. Ich halte es für ein Unding, dass jeder das Rad neu erfindet. Man sollte sich daher so einrichten, dass die Dinge kompatibel sind. Man müsste auch Modelle entwickeln, wie sich der Teminologiedatenaustausch organisieren ließe. Ich halte es für eine enorme Verschwendung, wenn Vieles doppelt läuft.

Felix Mayer: Wir sind zurzeit im Rahmen des DTT dabei, verschiedene Überlegungen durchzudiskutieren. Es ist ein großes Problem. Wir sind der Ansicht, man kann das nur konzertiert lösen, d.h. man muss Foren schaffen, auf denen man das Problem bestimmt, eingrenzt und dann Lösungsmöglichkeiten vorschlägt. Auch im Rahmen des BDÜ finden solche Überlegungen statt. Wir werden zusammenarbeiten. Eine Lösung wird aber noch eine Weile auf sich warten lassen.

Renato Reinau: Das Problem des Austauschs ist nicht so sehr technischer Art. Die Konvertierung zwischen verschiedenen Textverarbeitungsformaten wird immer einfacher. Beim Austausch von terminologischen Daten sind wir endlich ein Stückchen weitergekommen. Es existiert nun eine ISO-Norm, die auf Mater aufbaut, mit Namen TIF. TIF = Terminology Interchange Format ist voll SGML-kompatibel, also ein gewöhnlicher ASCII-Text mit normierten Kennzeichnungen. Es wird nicht lange dauern, und die wichtigsten Terminologieverwaltungsprogramme werden dazu Schnittstellen anbieten. Das technische Problem dürfte also schon bald gelöst sein. Aber das menschliche Problem, warum soll ich denn überhaupt einem Kollegen meine Terminologie geben, und das organisatorische Problem z.B. eines Übersetzerverbandes, wie kann man das verwalten, dass jeder rasch, auch über Nacht darauf Zugriff hat, aber nur Nichtgeschütztes, und wie kann man das abrechnen, sind noch nicht gelöst. Hier bleibt noch viel zu tun.

Klaus-Dirk Schmitz: Meine Beobachtung lautet: Alle reden vom Austausch, wollen aber in Wirklichkeit nur etwas haben. Das ist sicher ein Problem. Natürlich ist das Problem des Austausches auf der Hardware-Seite, der Speicherung der einzelnen Zeichen, gelöst. Es gibt diese Bemühungen. Es ist aber problematisch, etwas zu normen. Man fragt sich, wie weit man in der Normung gehen soll. Eine Empfehlung für ein Terminologieverwaltungsprogramm kann man nur geben, wenn genau bekannt ist, für was es gebraucht werden soll. Es gibt unterschiedliche Anforderungen in diesem Bereich, die sicher dazu führen, dass unterschiedliche Leute unterschiedliche Vorstellungen von dem haben, was für sie ideal ist. Daher suchen sie sich Systeme aus, die genau auf sie passen. Es ist schwer, alles über einen Kamm zu scheren, daher ist es schwer, Empfehlungen auszusprechen, daher ist es dann auch schwer, Daten auszutauschen. Die inhaltliche Problematik ist der Punkt, nicht so sehr die Schnittstellen. Mit SGML kann man alles wunderbar markieren, aber was man markiert, was in den Löchern, die man markiert, an Semantik steckt, das ist das große Problem.

Renato Reinau: Soweit es um verschiedene Modelle von Terminologiearbeit geht, kann man ihnen im TIF-Format Rechnung tragen. Das andere Problem ist die Disziplin, die man bei der Erstellung der Terminologie hat, wenn z.B. die Anzahl der Fachgebiete unterschiedlich ist.

Klaus-Dirk Schmitz: Man darf von den ISO-Ausschüssen nicht zu viel erwarten. So darf man nicht erwarten, dass man plötzlich von einem Terminologiesystem auf ein anderes Daten ohne jede Kontrolle austauschen kann.

Der Übersetzer und sein Auftraggeber - Qualitätssicherung

Ingrid Schreiber

Ich heiße Sie zu diesem Teil des BDÜ-Kongresses sehr herzlich willkommen. Ich freue mich, dass auch am dritten Tag unseres Kongresses die Reihen noch dicht geschlossen sind.

Für uns alle, angestellte wie freiberuflich tätige Übersetzer, wird es immer wichtiger, uns mit Fragen der Qualitätssicherung zu befassen. Das Thema der ersten Plenarveranstaltung lautete „Der Übersetzer und sein Produkt". Mit dem heutigen Thema, der Sicherung der Qualität dieses Produktes, schließt sich der Kreis der Thematik dieses Kongresses.

Wir wollen zum Thema der Qualitätssicherung im Bereich des Übersetzens und Dolmetschens beide Seiten hören, die Seite des Auftraggebers ebenso wie die des Auftragnehmers. Wir wollen die Thematik aus dem Blickwinkel ganz unterschiedlicher Positionen, Tätigkeitsbereiche, Sichtweisen und Aufgabenstellungen beleuchten. Die Gruppe unserer Referenten ist deshalb heterogen. Gerade wegen dieser Heterogenität hoffen wir aber auf einen möglichst umfassenden Grundstock an Erkenntnissen, die überführt werden könnten in ein wie auch immer geartetes System der Qualitätssicherung translatorischer Leistungen. Dies ist zumindest die Vision, die ich bei der Beschäftigung mit der Materie in Vorbereitung dieser Veranstaltung entwickelt habe.

Ich stelle Ihnen nun die Podiumsteilnehmer vor: Prof. Arntz ist Professor für Romanistik am Institut für Angewandte Sprachwissenschaft der Universität Hildesheim und Dekan des Fachbereichs III „Sprache und Technik". Er ist Jurist und Diplomübersetzer. Er ist außerdem Mitglied im Koordinierungsausschuss „Praxis und Lehre".

Herr Kern ist Leiter des Referates „Sprachendienst" der BASF AG in Ludwigshafen. Er ist Industriekaufmann und Diplomdolmetscher. Er ist ebenfalls Mitglied im Koordinierungsausschuss „Praxis und Lehre".

Herr Schneider ist als Leitender Regierungsdirektor Leiter der Abteilung „Sprachmittlerwesen" beim Bundessprachenamt in Hürth. Auch Herr Schneider ist Mitglied des Koordinierungsausschusses „Praxis und Lehre".

Herr Dr. Krüger ist Jurist. Er ist seit 1978 Vorsitzender Richter am Landgericht und seit dieser Zeit tätig als Vorsitzender einer Wirtschaftsstrafkammer am Landgericht Düsseldorf. Frau Gradincevic ist Kollegin aus Nordrhein-Westfalen. Sie ist selbständige Übersetzerin und vertritt unseren Kollegen Paul Danaher, der kurzfristig seine Teilnahme absagen musste. Frau Gradincevic wird das von Herrn Danaher vorbereitete Statement vortragen.

Herr Graham ist Leiter des Sprachendienstes der Mannesmann Demag AG in Duisburg. Er ist ebenfalls Mitglied des Koordinierungsausschusses „Praxis und Lehre".

Es ist recht schwierig, die Problematik der Qualitätssicherung in der kurzen Zeit abzuhandeln. Ich möchte Sie daher mit ein paar eigenen Worten in die Thematik einführen, Möglichkeiten, Defizite und Grenzen aufzeigen und Zielvorstellungen entwickeln, die wir als Verband mit dieser Veranstaltung verbinden.

Qualitätssicherung ist heute fast zum Modewort geworden. Es ist allerdings ein Modewort mit sehr ernstem Hintergrund, denkt man allein an die verschärften Richtlinien zur Produkthaftung. Es überrascht also nicht, dass inzwischen an die Stelle der "quality assurance" der sehr viel umfassendere Begriff des "quality management" getreten ist, also des Qualitätsmanagements. Unternehmen, die z.B. im Rahmen von Ausschreibungen eine Leistung anbieten, werden immer häufiger nach dem Qualitätssicherungssystem gefragt, nach dem ihr Betrieb arbeitet. Ich habe noch niemals die Frage nach dem Qualitätssicherungssystem gefunden, nach dem Übersetzer arbeiten. Es gäbe auf diese Frage auch nur eine Antwort: Sie arbeiten nach keinem, denn es gibt zumindest bis jetzt kein offizielles Qualitätssicherungssystem für Dolmetscher und Übersetzer. Hier stellt sich natürlich die Frage: Ist Qualität im translatorischen Bereich überhaupt allgemein zu definieren, und lässt sich ein verbindlicher Qualitätsstandard für Übersetzungen und Leistungen im Dolmetschbereich formulieren und durchsetzen? Und wenn ja, wie? Wenngleich es schwierig sein dürfte, halte ich es doch für denkbar, ein Qualitätssicherungssystem für Dolmetscher und Übersetzer zu entwickeln, zumindest in der Form von Rahmenrichtlinien, die dann auf bestimmte Formen der Berufsausübung, auf arbeitsplatzspezifische Anforderungen, auf Funktionen von Übersetzungen, deren Anwendungen und ggf. auch auf die allgemeinen Qualitätsmanagementsysteme des Gesamtunternehmens zugeschnitten werden müssten. Konkret heißt das, dass Qualitätssicherungssysteme für Dolmetscher und Übersetzer bei Gerichten anders zuzuschneiden wären als solche für angestellte Dolmetscher und Übersetzer in der Wirtschaft und deren Zusammenarbeit mit internen Auftraggebern. Wieder anders könnten Richtlinien aussehen für die Zusammenarbeit zwischen Unternehmenssprachendiensten und ihren externen Übersetzern. Eine weitere Variante könnten Richtlinien für die Qualitätssicherung bei der arbeitsteiligen Bewältigung von Großaufträgen zwischen selbständigen Übersetzern untereinander sein.

Die Qualität, d.h. die jeweils anforderungsgerechte Übertragung eines bestimmten Textes, hängt im Einzelfall von so spezifischen Komponenten ab, dass man auf der Suche nach einer systematisierten Qualitätssicherung gewiss erst einmal mit der Aufstellung eines Katalogs von Mindestanforderungen an den Übersetzer und sein Produkt beginnen müsste, Anforderungen, die vielleicht dem einen oder anderen banal erscheinen, die aber den Vorteil hätten, zunächst allgemein anwendbar zu sein, später jedoch jobspezifisch abgewandelt und verfeinert werden zu können. Ein solcher Katalog von Merkmalen könnte Richtlinien für die formale Überprüfung beinhalten. Das fängt beim Schreibfehler an. Wir kennen Urteile, die den Tatbestand „Schreibfehler" zum Inhalt haben, nach denen also infolge unzureichender Überprüfung des Textes, Übersetzer zur Zahlung hoher Beträge verurteilt wurden. Ferner kann man die formale Überprüfung auf Vollständigkeit nennen, auf die Richtigkeit von Zahlen, auf die Übereinstimmung von Überschriften, Inhaltsverzeichnissen, Bildunterschriften etc., ferner die inhaltliche Überprüfung auf sprachliche und fachliche Richtigkeit oder auch auf Fehler im Ausgangstext und deren Korrektur, auf die adressatengerechte Übertragung, also Zielgruppenorientiertheit einschließlich Überprüfung auf überflüssige Informationen oder die Notwendigkeit zusätzlicher Informationen.

Auf die Beachtung von Kundenterminologie und die Wahrung terminologischer Konsistenz wurde an den Vortagen schon mehrfach hingewiesen. Ein weiterer Faktor ist die Sicherung der Fertigstellung der Übersetzung zu dem vorgeschriebenen Termin, der bei bestimmten Aufträgen nach Tag und Stunde genau definiert ist und der eine Übersetzung, sollte sie nur eine Stunde zu spät eingereicht werden, Makulatur werden lässt.

Aus diesen Basisanforderungen, die der Übersetzer zunächst nur an seine eigene Professionalität und an die Qualität seines Produkts zu stellen hat, ergeben sich dann zwangsläufig Anforderungen auch an den jeweiligen Auftraggeber, z.b. die Forderung an den Auftraggeber, zur Sicherung der Qualität durch die Lieferung von Informationen über den Verwendungszweck und den Adressaten der Übersetzung beizutragen, oder durch die Bereitstellung von Terminologie aus dem Fachgebiet.

Die größte Hürde, die hier zu nehmen ist, besteht sicherlich darin, einem Auftraggeber, sofern er vom Übersetzerhandwerk nichts versteht, klarzumachen, weshalb solche Forderungen nicht versponnen, sondern sinnvoll sind für eine gute, dem Zweck entsprechende Übersetzung, und dass diese Forderungen letztlich seinem eigenen Interesse dienen. Gelingt es uns, den Auftraggeber hiervon zu überzeugen, so wird bessere Qualität geliefert, und der Auftraggeber lernt, die translatorische Leistung besser einzuschätzen. Er ist dann vielleicht auch eher zu einer leistungsgerechten Bezahlung bereit. Und schließlich wird der Weg für ein jobspezifisches, mit dem Auftraggeber zusammen zu entwickelndes Qualitätssicherungssystem bereitet. Ein so an die spezifische Art der Tätigkeit und Dienstleistung angepasstes System der Qualitätssicherung, das u.U. als Ergänzung in einen Vertrag über die Lieferung übersetzerischer Leistungen aufgenommen werden könnte, würde gewiss helfen, Risiken auf beiden Seiten zu mindern, wie z.B. Beanstandungen, Nachbesserungen, Ersatzansprüche, Haftung, Marktverluste, Vergeudung finanzieller Mittel und schließlich auch Prestige- und Ansehensverluste auf der einen wie auf der anderen Seite.

Angesichts der wachsenden Anforderungen im allgemeinen Bereich der Qualitätssicherung, von denen ich eingangs sprach, in die in aller Regel die Übersetzung oder die Dolmetschleistung als Teil eines Ganzen eingebunden ist, egal, ob im Wahrheitsfindungsprozess im Gerichtssaal, im Rahmen der Herstellung eines technischen Produkts und der dazugehörigen Dokumentation oder im Bereich der Aufgabenstellung einer Behörde, und angesichts der wachsenden Zahl internationaler Regeln und Normen kommen auch wir nicht darum herum, für unsere Tätigkeiten Qualitätssicherungsmaßstäbe zu definieren und umzusetzen. Dies könnte geschehen auf der Basis vorhandener Richtlinien wie z.B. der ISO-Norm 9004, die allgemeine Empfehlungen zum Aufbau eines Qualitätssicherungssystems für Auftraggeber und Auftragnehmer enthält. Ich bin überzeugt, dass dem Übersetzer und dem Auftraggeber damit ein Instrumentarium an die Hand gegeben werden könnte, das einen Ausweg aus der Konzeptionslosigkeit liefern könnte, von der die Zusammenarbeit zwischen Auftragnehmern und Auftraggebern heute noch vielfach gekennzeichnet ist. Solange Auftraggeber und Auftragnehmer ausschließlich über Preise und Lieferbedingungen miteinander reden, besteht wenig Aussicht auf eine Qualitätsverbesserung. In Anlehnung an die genannte Norm wäre z.b. die Herausgabe von Lasten- und Pflichtenheften für Auftragnehmer und Auftraggeber denkbar, wobei Forderungen des Auftraggebers und Erwartungen an das Produkt Übersetzung in eine Spezifikationsliste übertragen werden könnten, die Ausgangspunkt für die Konzeption einer bestimmten Übersetzung wäre, vergleichbar mit dem Design eines bestimmten Produktes.

Ein anderes Beispiel, das ich aus der genannten Norm herausgreife, ist die Informationsüberwachung und die Kundenrückinformation, d.h. gelieferte Übersetzungen würden kontinuierlich auf ihre Zweckdienlichkeit und ihre sachliche und terminologische Richtigkeit vom Auftragnehmer überwacht. Ergebnisse aus dieser Überwachung würden vom Auftraggeber an den Auftragnehmer rückgeführt. Ist ein solches System der Informationsüberwachung und -rückführung in einem Qualitätssicherungssystem festgeschrieben, so wird der Übersetzer auf der einen Seite nicht herangezogen werden können, wenn der Auftraggeber seinen Informationsrückführungspflichten nicht nachgekommen ist und umgekehrt, ein Auftraggeber wiederum Konsequenzen ziehen können, wenn der Übersetzer die rückgeführten Informationen nicht verwertet hat. Solange es zwischen beiden Parteien bei der Vermutung des Verständnisses einer gegebenen Vertragssituation ohne feste verifizierbare Maßstäbe der Qualitätssicherung bleibt, bleiben Unsicherheit beim Übersetzer, Fehlgriffe in der Auswahl von Dolmetschern und Übersetzern und somit auch Qualitätseinbußen und unnötige Kosten auf beiden Seiten bestehen.

Ich habe mit dieser Einführung versucht, Ihnen die längerfristigen Zielsetzungen im Bereich der Qualitätssicherung bei Dolmetscherleistungen und Übersetzungen zu verdeutlichen. Die heutige Veranstaltung soll uns auf den Weg bringen. Am Anfang dieses Weges muss die Erkenntnis stehen, dass die Sicherung der Qualität übersetzerischer Leistungen bis jetzt nicht immer befriedigend ist und dass die Ursachen hierfür auf beiden Seiten zu suchen sind, nämlich in einem beiderseits fehlenden Problembewusstsein. Wenn diese Veranstaltung dazu beiträgt, das Problembewusstsein und somit auch das Qualitätsbewusstsein zu fördern, ist viel gewonnen. Dann können wir in gemeinsamer Anstrengung versuchen, Verbesserungen herbeizuführen. Ich bin mir darüber im klaren, dass es ungleich schwerer sein wird, Qualitätssicherungsregeln oder -normen für ein geistiges Produkt zu entwickeln als für ein materielles Produkt, etwa eine Schraube. Ich erhoffe mir aber von den folgenden Statements und der sich anschließenden Diskussion konkrete Ansatzpunkte - über die Darstellung des

Status quo, dessen, was gut ist, was schlecht ist, und vielleicht auch, was noch fehlt, - für eine Förderung des Problemerkennungsprozesses auf beiden Seiten, ein sinnvolleres Miteinander zwischen Auftragnehmern und Auftraggebern und letztlich eine durch definierte Richtlinien verbesserte und besser abgesicherte Qualität.

Ich erteile nun das Wort Herrn Kern, dem die Aufgabe zufällt, die Problematik aus der Sicht eines angestellten Übersetzers aus der Wirtschaft zu beleuchten.

Jürgen Kern:
Qualitätssicherung und angestellter Übersetzer

Bei einem groben Überblick sind gewisse Verallgemeinerungen wohl unvermeidlich. Beziehen Sie also die Bemerkungen bitte nicht auf Einzelfälle, die anders liegen. In Unternehmen jeder Größe, im öffentlichen Dienst, bei internationalen Organisationen, in den sog. Übersetzungsbüros, -angestellte Übersetzer arbeiten unter den verschiedensten Bedingungen. Der gemeinsame Hut für die heutige Betrachtung ist „Qualität".

Bei den angestellten Übersetzern schließe ich hier die Kolleginnen und Kollegen ein, die zwar Übersetzer sind und angestellt, aber nicht als Übersetzer angestellt, sondern billiger, typischerweise als Sekretärinnen.

„Qualität" im Sinne dieses Statement bedeutet: Die Anforderungen werden befriedigt. (Das sind nicht unbedingt die Erwartungen des Auftraggebers, weil die nicht immer sinnvoll sind.)

Lassen Sie mich mit den Angestellten in Großunternehmen beginnen, zu denen ich selbst gehöre, und von den anderen Umfeldern lediglich die mir besonders wichtig erscheinenden Unterschiede oder im Zusammenhang mit Qualitätssicherung stehenden Probleme erwähnen. Die angestellten Übersetzer teile ich grob in zwei Gruppen auf:

1. Es gibt eine größere Zahl, die als Solisten bestimmten Einheiten zugeordnet sind und dort spezifische übersetzerische Aufgaben wahrnehmen, oft in einer Art Sachbearbeiterfunktion. Sofern dafür die Fachkenntnisse ausrei-

chen oder diese von der erwerbbaren Sorte sind, ist die Qualität die, die von der Umgebung verlangt und verantwortet wird, für unsere Betrachtung also unproblematisch.

2. Woran man im Zusammenhang mit Unternehmen eher denkt, sind die Sprachendienste, also Teams von Übersetzern, die manchmal nach Sprachgruppen aufgeteilt sind und gewöhnlich innerhalb einer Sprache bleiben, seltener in zwei oder mehr arbeiten. Ich werde mich jetzt auf die Mitarbeiter solcher Teams konzentrieren.

Zu den Rahmenbedingungen ist mit Blick auf die Qualität folgendes zu sagen:

Der enge Kontakt zum fachlichen Umfeld und damit die Möglichkeiten zu sachlicher Information und Fortbildung sind im Zusammenhang mit der Qualitätssicherung wichtige Gesichtspunkte. Hier hat der interne Übersetzer Vorteile. Er ist gewöhnlich erfahren in seinem Tätigkeitsfeld, besonders in unternehmensspezifischen Belangen, wo er praktisch unentbehrlich ist.

Weitere günstige Aspekte:

- angestellte Übersetzer ruht in einer gewissen wirtschaftlichen Sicherheit und hat nicht immer sein Budget im Hinterkopf wie der Freiberufler.

- Bei aller Hektik kann er auf wichtige Arbeiten mehr Zeit verwenden. Er hat leichteren Zugang zu Autoren und spezieller Literatur.

- Die Qualitätsanforderungen und damit der erforderliche Aufwand sind für ihn besser erkennbar und zu berücksichtigen als für den Übersetzer draußen.

- Die „richtige" technische Ausstattung ist vorhanden oder, wenn sie nicht genehmigt wird, das Fehlen dem Angestellten nicht anzulasten.

- Der angestellte Übersetzer haftet für schlechte Arbeit mit seiner Stelle, zumindest aber mit seinem finanziellen Vorwärtskommen.

Der angestellte Übersetzer erscheint damit als der geeignete Garant für Qualität und Träger der Qualitätssicherung. Der interne Übersetzer ist außerdem nach Fach und Sprache eine potentielle Schnittstelle. Was er nicht leisten kann, könnte vergeben werden, in Zusammenarbeit mit ihm, weil er die Ressourcen der Firma, also z.B. die vorhandenen Prüfungsmöglichkeiten, kennt und zur

Qualitätssicherung nutzen könnte. Alles in allem hapert es aber trotzdem mit der Qualität, und Qualitätssicherung ist eher die Ausnahme. Warum?

Der Übersetzer muss in vielen Sprachendiensten alles machen, auch das was er nicht kann. Nicht nur, weil er es sich nicht leisten kann, etwas nicht zu können, sondern auch weil unintelligente Regelungen im Wege stehen, z.B. dass nur in Urlaubszeiten oder nur bis zu einem bestimmten Betrag pro Jahr Arbeit vergeben werden darf. Viel Arbeit geht an ihm vorbei, entsteht irgendwo, ohne ihn. Gesicherte Kontinuität ist die Ausnahme.

Er verzettelt sich zwar nicht polyglott, muss aber oft auch in der Fremdsprache Texte übersetzen, die der Profi dem Muttersprachler überlassen würde. Übersetzungen werden oft vom Auftraggeber oder seinen Beauftragten „bearbeitet", was nicht selten verschlimmbessert bedeutet, und die Änderungen nicht besprochen.

Zum Druck bestimmte Texte bekommt der Übersetzer nicht immer zum Korrekturlesen. Das Übel nimmt da seinen Lauf, wo der Sprachdienst organisatorisch falsch an- oder aufgehängt ist. Die hierarchische Einbindung spielt da eine wichtige Rolle. Es setzt sich da fort, wo der Sprachendienst beliebig umgangen werden kann, - selbst da, wo er „zentral" heißt, - und die Krone wird dem Übel aufgesetzt durch eine typischerweise berufsfremde Leitung, die immer noch eher die Regel ist als die Ausnahme. Es ist durchaus nicht überraschend, dass die Übersetzer oft falsch eingekauft und naiv eingesetzt werden. Der übersetzerische Laie lernt aller Erfahrung nach nur selten, das Übersetzungsgeschäft zu begreifen und sinnvoll zu lenken. Mit oberflächlichen Wirtschaftlichkeitsrechnungen - vor allem untauglichen Vergleichen mit dem Preis für eingekaufte Leistungen - schafft man weder output noch Qualität. Wenn der Leitung aber der Einblick verwehrt ist, wie will sie verstehen, was geleistet werden könnte, und wie sollen sich die Verhältnisse bessern?

Ein weiteres Problem ist der fast erdrückende Dilettantismus, dem der angestellte Übersetzer ausgesetzt ist. Rings um ihn herum wird mehr oder (meistens) weniger erfolgreich fremdsprachlich produziert, und Einfluss nehmen kann er nur auf einen relativ kleinen Anteil. Leider gilt das auch für wichtige Texte, an denen in der Ausgangssprache viele teure Mitarbeiter beteiligt waren.

Warum dieser Zustand andauern kann und den meisten gar nichts auffällt? Das besorgt die weit verbreitete Naivität gegenüber dem Übersetzungsgeschäft, die davor schützt, in schlechten Übersetzungen ein Problem zu sehen. „Einer zieht dies Wort vor, der andere jenes, warum sich also streiten?"

Kleinere und kleine Firmen

Wird der Betrieb kleiner, nimmt die Polyglotterie etwa so zu, wie die Zahl der Übersetzer abnimmt. Es wird eine Übersetzerin als Sekretärin angestellt, die alle romanischen Sprachen hin und her erledigt, Englisch kann sie sowieso. Korrespondenz, Forschungsberichte, Handbücher, Geschäftsberichte. Über die Ergebnisse lässt sich nicht ernsthaft diskutieren.

Übersetzungsbüros

Die Übersetzer in Büros, die mit angestellten Übersetzern arbeiten, können Qualität liefern, wenn (auch) folgende Voraussetzungen erfüllt sind: Fachliche Kompetenz und ungehinderter Zugang zum Auftraggeber. Der Zugang zu Hintergrundinformationen ist für den „Büro"-Angestellten etwas schwieriger als für den Angestellten in der Industrie. Die Risiken lassen sich aber minimieren, indem der Auftraggeber vorausschauend und bereitwillig liefert, was außerhalb seiner Firma nicht oder wahrscheinlich nicht bekannt ist, so z.B. spezielle Terminologie.

Nicht unerwähnt bleiben soll hier, dass der eigentlich selbstverständliche Rückfluss weitgehend unbekannt ist. Der Übersetzer müsste aber erfahren dürfen, was gut war, und was beim nächsten Auftrag anders lauten sollte. Das wäre ebenfalls mitzuteilen. Leider ist intelligente Zusammenarbeit dieser Art bisher die Ausnahme. Die Übersetzer müssten aufhören oder aufhören können, einen Zustand hinzunehmen, von dem sie selbst genau wissen, dass er unbefriedigende Ergebnisse bringt. Man könnte vielleicht durch Aufklärung auf diesen Zustand Einfluss nehmen: Auf jeden Fall müsste der Übersetzer von seinesgleichen beauftragt werden, nicht vom Einkauf oder ähnlich.

Ein falsches Signal für Qualität, das ich erwähnen möchte, weil es alle Angestellten trifft, kommt vom Öffentlichen Dienst. In den Einstufungsrichtlinien wird unterstellt, dass man umso besser ist, je mehr Sprachen man „beherrscht", jeweils hin und zurück, auch von einer fremden in eine andere. Wegen der beim Öffentlichen Dienst vorhandenen Überprüfungsregelungen sind die Auswirkungen zwar etwas anders zu sehen als bei ähnlichen Voraussetzungen in der Wirtschaft, aber das Signal scheint mir unglücklich, auch weil es die Bezahlung berührt.

Ingrid Schreiber: So, wie die Dinge liegen, konnte der Vortrag nicht euphorisch sein. Es ist tatsächlich so, wie Herr Kern die Dinge dargestellt hat, es dürfte nur wenige Ausnahmen geben. Ich bin für die leider pessimistische, aber realistische Einstimmung dankbar. Die Grundlagen für einen optimistischeren Ausblick in die Zukunft zu schaffen sind wir als Berufsverband aufgerufen. Wir können unsere Verantwortung nicht auf Politiker oder unsere Auftraggeber, die die Problematik gar nicht kennen, abschieben.

Unser nächster Referent ist Herr Graham. Er wird die Problematik aus der Sicht eines Auftraggebers aus der Wirtschaft beleuchten.

John D. Graham: Qualitätssicherung aus der Sicht des Auftraggebers

Als Leiter eines größeren Sprachendienstes in der Industrie und Wirtschaft verfüge ich über ein eingespieltes, hausinternes Team von erfahrenen Übersetzern und Dolmetschern, die die üblichen Sprachkombinationen abdecken. Sie sind mit der Technik und Terminologie unseres Hauses bestens vertraut. Ferner haben sie direkten Zugang zu allen Sachbearbeitern, Mitarbeitern und Informationsstellen des Hauses. Hinzu kommt, dass unser Haus über eine gut ausgestattete Fachbücherei verfügt, und dass für jede Sprachgruppe ein Terminologe zur Verfügung steht, dessen Aufgabe es ist, die Terminologie zu erforschen, zu sichern und die Ergebnisse der Recherchen von anderen festzuhalten. Seit langem haben wir erkannt, dass Terminologie ein wesentlicher Qualitätsfaktor von Übersetzungen darstellt.

Mein Vorredner ist auf die Notwendigkeit des engen Kontaktes hausinterner Übersetzer zum fachlichen Umfeld und damit auf die Möglichkeit zu sachlicher Information und Fortbildung eingegangen. Die daraus abzuleitenden Qualitätsanforderungen sind inzwischen von ihm dargestellt worden.

Ich betrachte mich allerdings nur dann als „Auftraggeber", nicht im Hinblick auf die Leistung meiner Mitarbeiter, sondern auf die Leistung, die ich „einkaufen" muss.

In der Industrie und Wirtschaft sind die meisten Sprachendienste nicht auf 100 prozentige Abdeckung des Bedarfs ausgelegt. Bestenfalls decken sie ca. 75 % des Bedarfs in den gängigsten Sprachen. Wenn von Zeit zu Zeit Schwierigkeiten auftreten, Termine pünktlich zu liefern oder in einem bestimmten Format oder mit einer bestimmten Software, und immer, wenn es um Sprachen geht, die nicht intern vertreten sind, muss ich auf fremde Hilfe umsteigen. In solchen Situationen bin ich dann in der gleichen Lage wie kleine, mittelständische oder sogar Großfirmen, die keine eigenen Übersetzer beschäftigen.

Wie geht man vor?

Grundsätzlich ist anzumerken, dass wir Sprachendienste in der Industrie ganz anders vorgehen, als Übersetzungsbüros in der freien Wirtschaft.

Eigentlich dürfte man davon ausgehen können, dass alle, die sich „Übersetzer/Dolmetscher" schimpfen, und ihre Dienste kommerziell, d.h. gegen Entgelt, anbieten, bzw. die in Verzeichnissen der BDÜ-Landesverbände geführt sind, kompetente Profis sind. In anderen Worten, steht der Name in einem ernstzunehmenden, seriösen Verzeichnis, müsste man erwarten können, dass es sich hier um einen geeigneten professionellen Übersetzer handelt, vorausgesetzt, das jeweilige Fachgebiet und Sprachgebiet ist angegeben, so dass die gewünschte Leistung erbracht werden kann. Es ist eine bedauerliche Tatsache, dass dies nicht der Fall ist.

Wäre es möglich, einen Übersetzer/Dolmetscher „von der Stange" blind zu wählen und einzusetzen, könnte jeder beliebige Kaufmann die Aufgabe der Auftragserteilung übernehmen. Es ist ebenfalls leider noch eine Tatsache, dass viele Kaufleute - auch ohne die geringsten Sprachkenntnisse, geschweige denn die leiseste Ahnung von dem zu haben, was ein Übersetzer bzw. Dolmetscher eigentlich leisten muss - unbekümmert Übersetzungs- und Dolmetscherdienste einkaufen. Das ist der Grund, warum so viele gut ausgebildete, höchst erfahrene und sehr fähige Übersetzer und Dolmetscher ihre Zeit verbringen, als Leiter von Sprachendiensten usw. eine rein kaufmännische, verwaltungstechnische Tätigkeit im Bereich des Einkaufes auszuüben, und Übersetzer und Dolmetscheraufträge an geeignete Lieferanten zu vergeben.

Wie die meisten meiner Kollegen, die sich in dieser Lage befinden, habe ich im Laufe der Zeit einen „Fundus" an Übersetzern/Dolmetschern für die verschiedensten Fachgebiete aufgebaut. Einige dieser freien Mitarbeiter habe ich in den Mitgliederverzeichnissen der Landesverbände des BDÜ, andere z.B. in dem

"Directory of Translators and Interpreters in ITI-German Network" gefunden. Hinzukommen andere, die mir irgendwann ihre Angebote unaufgefordert zugeschickt bzw. sich auf Veranstaltungen vorgestellt haben, die dann entweder nach sorgfältiger Prüfung und Erprobung oder aber auch gelegentlich - aus der Not - ohne vorherige „Prüfung" zum Einsatz gekommen sind.

- Bei der Vergabe von Übersetzungs- bzw. Dolmetscheraufträgen an Fremdkräfte muss auf folgende Qualitätsfaktoren geachtet werden:

- Der ausgewählte Übersetzer/Dolmetscher muss über die entsprechenden Fachkenntnisse, Sprachkombination und Erfahrung verfügen.

- Der Übersetzer/Dolmetscher muss im Vorfeld über Umfang, Termin, Inhalt und Sonderwünsche in Zusammenhang mit den zu übersetzenden Texten im Klaren sein. (Hier werden zum Beispiel Dringlichkeits- bzw. Schwierigkeitszuschläge verhandelt und vereinbart.)

- Die Problematik des Layouts und der notwendigen Terminologie werden mit dem Übersetzer/Dolmetscher besprochen. (Wenn möglich erhält der Übersetzer/Dolmetscher die Vorkorrespondenz, frühere Versionen usw.). Hierbei wird festgelegt, mit welchem Softwareprogramm, in welcher Form, auf welcher Art Diskette die fertige Übersetzung geliefert werden soll.

- Der enge Kontakt zu dem fachlichen Umfeld ist vielleicht der wesentlichste Qualitätsfaktor. Aus diesem Grunde muss der Übersetzer/Dolmetscher den ungehinderten freien Zugang zu dem jeweiligen Sachbearbeiter erhalten, damit Unklarheiten, vermeintliche Ungereimtheiten, die Intention des Autors usw. direkt und „ungefiltert" geklärt werden können. Diese Direktverbindung ist eine wichtige Voraussetzung, um eine qualitativ gute Übersetzung liefern zu können.

Die fertig gestellte Übersetzung (ob auf dem Papier oder auf Diskette) geht nicht an den Sachbearbeiter, sondern an die Übersetzungsabteilung zurück. Dort wird - wenn möglich - der übersetzte Text auf Richtigkeit, terminologische Konsistenz usw. überprüft, die Diskette unter Umständen in ein Gesamtdokument eingefügt bzw. neu formatiert/konvertiert etc. Von der Übersetzungsabteilung wird dann die fertige Übersetzung an den Sachbearbeiter weitergeleitet.

Die Defizite in den - leider immer noch begrenzten - Überprüfungsmöglichkeiten werden zu diesem Zeitpunkt erst recht deutlich. Es ist nicht immer möglich, jeden Text gründlich zu überprüfen. Stichprobenartig werden jedoch alle Texte in uns bekannten Sprachen „überflogen". Findet man einen Fehler, dann wird gründlicher überprüft. Besonders heikel sind Fälle, wobei Sprachen verlangt werden, wie z.B. Arabisch, Chinesisch, Finnisch, Kishuaeli usw., da diese Sprachkenntnisse intern selten vertreten sind. Hier hilft nur die nachweisbare Zuverlässigkeit und Seriosität - in anderen Worten die Professionalität -des Übersetzers bzw. des Dolmetschers. Reicht die mir zur Verfügung stehende Zeit aus, kann ich unter Umständen den übersetzten Text unserer Firmenvertretung in dem jeweiligen Land zur Überprüfung zusenden. Dies ist allerdings nicht immer eine empfehlenswerte Vorgehensweise und nicht ganz ohne eigene Problematik.

Jeder kennt die Binsenweisheit, dass eine gute Übersetzung teuer ist, aber, dass eine schlechte Übersetzung womöglich noch teurer sein kann. In der Industrie und Wirtschaft werden im Normalfall Qualität, Zuverlässigkeit und Termineinhaltung (und die Termine sind in den meisten Fällen sehr sehr eng!) verlangt. Diese Eigenschaften haben natürlich ihren Preis. Meine Aufgabe besteht darin, das Verhältnis zwischen Kosten und Leistung so abzuwägen, dass die gelieferte Übersetzung ihren Zweck erfüllt, zu einem Preis, den ich vertreten kann. Im Normalfall wird keine Nobel-Preis-Literatur verlangt, sondern Verbrauchsliteratur, wobei die „Botschaft" hundertprozentig herüberkommt.

Die Voraussetzung, die ich im Namen unseres Hauses an alle von uns beschäftigten freien Übersetzer und Dolmetscher stelle, ist Verantwortung und Professionalität. Wer mit Verantwortung arbeitet, bringt die professionelle Leistung, die wir suchen. Eine solche Leistung beinhaltet die entsprechenden Qualitätsmerkmale.

Gibt es für mich die Hoffnung, diese Leistung irgendwann mal als Selbstverständlichkeit voraussetzen zu können?

Ingrid Schreiber: Auch Herr Graham hat darauf hingewiesen, dass in Bezug auf die Qualität und die Möglichkeiten ihrer Sicherung sehr vieles im argen liegt. Es gibt zwar in Unternehmen in begrenztem Umfang Möglichkeiten, auf die Qualität der von außen oder innen gelieferten Übersetzung einzuwirken, aber es gibt wohl auch ebenso viele Möglichkeiten, diese Einflussnahme zu umgehen. Herrn Kerns Ausführungen haben dies schon verdeutlicht. Ich bin auf der Suche nach Wegen, wie meine eingangs definierten Vorstellungen realisiert werden könnten, und stelle schon nach zwei Statements fest, dass die Sache sehr vielschichtig ist. Es kristallisieren sich aber jetzt schon konkrete Ansatzpunkte für die Definition eines Qualitätssicherungssystems heraus. Schwierig wird die Aufklärung bei denen sein, die noch nicht wissen, was hinter der Arbeit von Dolmetschern und Übersetzern steht. Sie haben gesagt, Qualität sei abhängig von den Bedingungen, unter denen sie zu erbringen sei. Das ist ein ganz konkreter Ansatzpunkt, den man in Qualitätssicherungsrichtlinien oder -normen einbringen könnte. Man könnte möglicherweise auch darauf einwirken, dass Übersetzungen nicht mehr von berufsfremden Personen vergeben werden. Wie gesagt, konkrete Ansatzpunkte zeichnen sich ab.

Wir kommen nun zu dem Statement von Herrn Schneider, der die Sicherung der Qualität bei der Behörde darstellen wird, beim Bundessprachenamt in Hürth.

Ferdi Schneider:
Qualitätssicherung aus der Sicht des öffentlichen Dienstes

In Anbetracht der Wichtigkeit des Großteils der im öffentlichen Dienst zu übersetzenden Dokumente (wie internationale Verträge, politische Grundsatzerklärungen, Gesetze, Vorschriften, Anordnungen, technische Dokumentation etc.) spielt die Sicherung der Qualität der Übersetzungen in unseren Sprachendiensten eine große Rolle.

1. Der wichtigste Faktor zur Sicherung der Qualität ist natürlich der Übersetzer selbst, der über die für seinen Beruf erforderlichen Qualifikationen verfügen muss. Da nicht jeder, der die Bezeichnung Übersetzer führt, diese Qualifikationen aufweist, führen wir in aller Regel eine Eignungsfeststellung durch - und zwar ungeachtet des beruflichen Werdegangs - um aus eigener Anschauung die Leistungen des Bewerbers beurteilen zu können. Dabei geht es uns primär um die translatorische Komponente und um die Allgemeinbildung, wobei Fachkenntnisse auf den anfallenden Gebieten natürlich einen Bonus darstellen. Die der Qualitätssicherung dienende Ausbildung am Arbeitsplatz in der ersten Phase der Anstellung umfasst translatorische und fachliche Aspekte, Vertrautmachung mit der anfallenden Materie, mit den verfügbaren Hilfsmitteln und mit der Teamarbeit.

Im weiteren Verlauf der Tätigkeit schließt sich die Fortbildung an, die entweder übersetzerischer oder fachlicher und fachsprachlicher Art sein kann. Zur übersetzerischen Fortbildung zählt z.b. der Austausch mit befreundeten Regierungssprachendiensten im Ausland, der die Möglichkeit bietet, sich nicht nur im Land der Arbeitssprache mit den neuesten sprachlichen Entwicklungen vertraut zu machen, sondern auch, die Arbeitsweise der Kolleginnen und Kollegen und deren Verfahren zur Qualitätssicherung kennen zu lernen. Bei großen Sprachendiensten wie im Bundessprachenamt wird auch die Teilnahme an fachlichen Fortbildungsveranstaltungen im In- und Ausland geboten, bei denen die Übersetzerinnen und Übersetzer z.B. zusammen mit Juristen, EDV-Spezialisten oder Medizinern an Lehrgängen teilnehmen, was sich sehr positiv auf die fachliche und die fachsprachliche Richtigkeit der Übersetzungen auf den jeweiligen Fachgebieten auswirkt.

Auch die in großen Sprachendiensten - zumindest in den gängigen Sprachen - mögliche Spezialisierung auf einige Fachgebiete kann der Qualitätssicherung förderlich sein, wobei zunächst aber eine breit angelegte translatorische Befähigung vorhanden sein muss.

2. Eines der wesentlichen Mittel zur Qualitätssicherung ist für uns die Überprüfung aller wichtigen, nicht nur zu rein informatorischen Zwecken übersetzten Dokumente durch sprachlich und fachlich versierte Revisoren, die sich in aller Regel aus dem Kreis bewährter Übersetzer rekrutieren. Die Wichtigkeit der Überprüfung wird in den Regierungssprachendiensten generell anerkannt. Sie ist ja auch nicht auf den übersetzerischen Bereich begrenzt: Jedes wichtige Dokument, ob es in Ministerien oder Firmen entsteht, durchläuft verschiedene Stadien der Hierarchie und erfährt Änderungen, bis es zur endgültigen Version gediehen ist.

Die Überprüfung kann unterschiedlicher Natur sein. Sie wird je nach Bedeutung des Textes mehr oder weniger feinmaschig sein. Manchmal wird ein Überfliegen der Übersetzung auf Logik und die Vollständigkeit ausreichen, in anderen Fällen bedarf es eines genauen Textvergleichs mit Abwägung der jeweiligen Bedeutungsinhalte, der sich z.B. bei der Übersetzung von wichtigen Verträgen empfiehlt. Die Überprüfung kann hierarchisch oder kollegial organisiert sein. In der hierarchischen Organisation arbeiten in der Regel drei Übersetzer einem Überprüfer zu, der die notwendigen Änderungen vornimmt, dabei aber gehalten ist, nicht seinen Stil den Übersetzern aufzuoktroyieren, sondern primär für die fachliche und fachsprachliche Richtigkeit und Vollständigkeit zu sorgen. In der hierarchischen Organisation trägt der Überprüfer die Verantwortung für die Übersetzung.

Bei der kollegialen Organisation sieht ein versierter Übersetzer die Arbeit seines Kollegen durch und macht seine Änderungsvorschläge. In diesem Fall trägt der Übersetzer die volle Verantwortung für seinen Text. Aber auch in diesem Fall hat man die Gewähr eines unbefangenen zweiten Blicks auf die Arbeit, der eigentlich unerlässlich ist, wenn man völlig sichergehen will, dass der Übersetzer nicht gelegentlich durch Struktur oder Eigenheiten des Ausgangstextes in seiner Wiedergabe nachteilig beeinflusst worden ist. (Auch wenn keine Überprüfung durch andere stattfindet, sollte der Übersetzer seine Übersetzung noch einmal ohne Blick auf den Ausgangstext durchlesen, da dann die sonst leicht möglichen Interferenzen, die durch zu enge Anlehnung an den Ausgangstext entstehen können, offenkundig werden.) Diese Art der Durchsicht empfiehlt sich auch bei Übersetzungen aus exotischen Sprachen, für die keine Überprüfer zur Verfügung stehen. Zumindest eine gewisse Qualitätskontrolle ist auch hier mit der Durchsicht der Arbeit im Hinblick auf Logik, Plausibilität und Fachsprache gegeben.

Generell wird die Überprüfung der Arbeiten neuer Mitarbeiter gründlicher vorgenommen werden als die von bewährten langjährigen Mitarbeitern, vor allem auch deshalb, weil bei der Einarbeitung die Gründe für die vorgenommenen Änderungen mit den Kollegen erörtert werden.

Trotz der Wichtigkeit, die hier der Überprüfung beizumessen ist, ist sie - z.B. aus Termingründen - nicht immer möglich. Hier bietet sich bei der Übersetzung von Reden ggf. eine Teamarbeit von zwei Übersetzern an, die ihre Arbeit diktieren, bei dringenden Aufträgen die Heranziehung der für die jeweilige Aufgabe am besten qualifizierten Mitarbeiter. Wann immer möglich, sollte jedoch eine Überprüfung vorgenommen werden.

3. Übersetzer und Überprüfer können aber nicht im luftleeren Raum arbeiten. Sie brauchen Referenzmaterial, das ihnen der Sprachendienst bereitstellt. Hierzu gehören nicht nur die erforderlichen Fachwörterbücher in ihrer jeweils neuesten Ausgabe, sondern auch Primärliteratur zu dem zu übersetzenden Sachthema in Ausgangs- und Zielsprache. Auch Paralleltexte, die ähnliche oder gleiche Sachverhalte behandeln, oder Sammlungen von Muster- oder Standardtexten können eine Hilfe zur Qualitätssicherung sein.

Unsere Auftraggeber sind gehalten, zu den Übersetzungsaufträgen die vorhandenen Unterlagen mitzuliefern. Dies ist besonders wichtig bei der Beantwortung von Fragebögen, bei Änderungsvorschlägen zu einem vorliegenden Schriftsatz, aber auch bei jeglichem anderen Schriftverkehr, bei dem auf einen Vorläufer Bezug genommen wird. Hier sind ständige Hinweise seitens der Sprachendienste von Nöten, da das Mitsenden ohne jede böse Absicht oft vergessen wird. Ein Weg, die Auftraggeber hieran zu erinnern, ist ein deutlich sichtbarer Aufdruck auf den Standardformularen, mit denen die Übersetzungen in Auftrag gegeben werden.

4. Ein weiterer wichtiger Aspekt zu Qualitätssicherung ist der Kontakt zum Auftraggeber während der Erstellung der Übersetzung, vor allem wenn mehrdeutige Aussagen zu klären oder Änderungsvorschläge zu erörtern sind.

In vielen Fällen ist durch eine kurze Rückfrage eine lange Recherchearbeit zu vermeiden und gleichzeitig eine verbindliche Auskunft zu bekommen. Dies gilt natürlich primär in den Fällen, in denen der Auftraggeber der Verfasser des Ausgangstextes ist. Aber auch als Empfänger von Dokumenten ist er in aller Regel mit dem Sachverhalt vertraut und kann in Zweifelsfällen mit Nutzen angesprochen werden.

Bei schwierigen technischen Anleitungen, bei denen von richtigen Übersetzungen sehr viel abhängen kann, bedienen wir uns gelegentlich auch neben unserer eigenen Überprüfung zusätzlich der „fachlichen Mitprüfung" durch den Auftraggeber, der in diesen Fällen anhand der Übersetzung einzelne Bedienschritte vornimmt und prüft, ob die Anweisung in der übersetzten Form bleiben kann.

5. Bei manchen Sprachendiensten wendet man aus Gründen der Qualitätssicherung das so genannte Muttersprachenprinzip an, d.h., dass jeder Übersetzer ausschließlich in seine Muttersprache übersetzt. Hierfür spricht manches, da rein sprachlich und stilistisch der Muttersprachler oft dem Übersetzer, der in die Fremdsprache übersetzt, überlegen ist. Dafür aber gelingt es dem Übersetzer, dessen Muttersprache die Ausgangssprache ist, in der Regel besser, in die feinsten Verästelungen des Ausgangstextes analytisch einzudringen. In vielen Fällen empfiehlt sich daher aus meiner Sicht eine Kombination von Muttersprachlern für die Ausgangs- und die Zielsprache, wobei eine praktische Lösung wäre, den Übersetzer in seine Muttersprache

übersetzen und von seinem Überprüfer, der die Ausgangssprache als Muttersprache hat, überprüfen zu lassen. Denkbar sind natürlich auch andere Modelle. Generell aber ist festzustellen, dass die Mischung von Sprachlern verschiedener Nationalität in aller Regel für die Qualitätssicherung Vorteile bringt.

6. Auf die Wichtigkeit des Referenzmaterials bin ich bereits eingegangen. Zur Erleichterung der Auffindung einschlägiger Texte haben wir im Bundessprachenamt ein Übersetzerinformationssystem (ÜSIS) implementiert, mit dem wir nicht nur Doppelübersetzungen vermeiden, sondern auch den Übersetzern eine Hilfe an die Hand geben mit Deskriptoren, die in einem besonderen Thesaurus festgelegt sind, einschlägige Vorläufertexte oder Referenzliteratur aufzufinden. Auch Anschlüsse an Wissensdatenbanken sind geplant. Mit diesen Mitteln hat der Übersetzer die Möglichkeit, sich im Bedarfsfall über das vom Auftraggeber mitgelieferte Referenzmaterial hinaus über den Auftragsgegenstand kundig zu machen, was vor allem bei der Konfrontation mit innovativen Gebieten erforderlich sein wird.

7. Die Güte der Übersetzungen manifestiert sich auch in der richtigen Terminologie. Terminologiearbeit stellt daher einen wesentlichen Beitrag zum Gesamtkomplex der Qualitätssicherung dar. Gesicherte Terminologie bekommen wir aus Originaldokumenten, durch vergleichende Terminologiearbeit anhand von Primärliteratur, durch Arbeit in Terminologieausschüssen, in denen Fachleute mit Sprachkenntnissen und Sprachler mit Fachkenntnissen zusammensitzen und Äquivalente ermitteln oder auch festlegen.

Die vorhandene Terminologie steht den Übersetzern bei einigen Dienststellen auf PC oder Microfiches, bei anderen auf einer Datenbank zur Verfügung. Vor Beginn der Übersetzung eines umfangreicheren Werkes wird z.B. im Bundessprachenamt eine so genannte „textbezogene Abfrage" durchgeführt, bei der die gewünschten Wortgleichungen in der Reihenfolge, wie sie im Text auftauchen, aufgeführt werden. Arbeiten mehrere Übersetzer - z.B. aus Termingründen - an einem Text, wird vor Beginn der Arbeit festgelegt, welche Termini und welche Synonyme jeweils zu verwenden sind, um so die Konsistenz des Textes zu wahren.

Mit all den geschilderten Verfahren kann man dazu beitragen, die Qualität der Übersetzungen zu sichern. Im entscheidenden Mittelpunkt des Übersetzungsprozesses aber bleibt nach wie vor der Übersetzer selbst, ohne dessen Qualifikation alle anderen Maßnahmen letztlich Stückwerk bleiben.

Ingrid Schreiber: Ich habe am Anfang gesagt, es sei eine der Zielsetzungen dieser Veranstaltung, das herauszuarbeiten, was gut und schlecht ist. Dieser Beitrag hat gezeigt, dass es zumindest im Bundessprachenamt nicht ganz so schwierig ist, Maßnahmen zur Sicherung der Qualität zu ergreifen und durchzuführen. Was mich sehr beeindruckt hat, ist die Möglichkeit, zunächst Eignungsfeststellungsprüfungen, später gezielte Fortbildungsmaßnahmen, durchzuführen. Der Vortrag hat gezeigt, wie es gemacht werden könnte, und er hat den Übersetzern Anregungen gegeben, über die zu liefernde Qualität und ihr eigenes Qualitätsbewusstsein nachzudenken. Man kann aus solchen Ausführungen Rückschlüsse ziehen auf das, was man noch nicht selbst erkannt hat. Dann kann man das Erkannte in bessere Qualität einbringen.

Wir kommen nun zu dem Statement von Herrn Dr. Krüger, der als Vertreter der Justiz aus der Sicht des Auftraggebers die Problematik darstellen wird.

Dr. Hans-Joachim Krüger:
Sicherung der Qualität von Dolmetschern und Übersetzern aus der Sicht der Justiz

Ein Problem, das seit dem 1. Gerichtsdolmetschertag 1986 - und ich muss sagen leider - unverändert besteht. Der eingehende und umfassende Überblick von Herrn Dr. Eilscheid 1987 zur Problematik der Übertragung bei Gericht bedarf keiner Ergänzung. Die Umsetzung all dessen in die Praxis durch überzeugende Möglichkeiten zur Auswahl geeigneter Dolmetscher oder Übersetzer hat nicht stattgefunden. Denn weder die Justiz noch die Dolmetscher und Übersetzer selbst haben bisher befriedigende Wege zur Qualitätssicherung der Übertragungsleistungen auf dem Gebiet der Justiz gefunden. Die nachfolgenden Ausführungen, Ergebnis langjähriger Erfahrungen in der Praxis, zeigen mehr Grenzen als die Möglichkeiten der Qualitätssicherung.

A. Aus der Sicht der Justiz könnte das Thema auch lauten: Wie wählt der Laie den Fachmann aus?

I. Ausgangspunkt für die Auswahl von Dolmetschern und Übersetzern in Nordrhein-Westfalen und anderen Ländern bleiben nach wie vor die Verzeichnisse der allgemein beeidigten Dolmetscher und der ermächtigten Übersetzer bei den Präsidenten der Oberlandesgerichte und den Generalstaatsanwälten. Hinweise auf besondere Qualifikationen enthalten sie nicht. Sie sind - so ein Merkblatt des Landgerichts Düsseldorf für Interessenten - ein Hilfsmittel für den internen Dienstgebrauch, um schnell und ohne Nachforschungen Dolmetscher und Übersetzer hinziehen zu können. Der weitere Inhalt des Merkblattes zeigt, dass damit keine Qualitätssicherung für den Justizbereich verbunden ist. Denn in diese Liste kann eingetragen werden, - nicht, wer geeignet ist, -sondern gegen dessen Eignung und Zuverlässigkeit in persönlicher und fachlicher Hinsicht keine Bedenken bestehen. Gefordert wird - und ich möchte sagen nur - die Beherrschung der Fremdsprache und die Fähigkeit, schwierige Texte juristischen und wirtschaftsbezogenen Inhalts einwandfrei übertragen zu können und der Nachweis der fachlichen Eignung durch ein Prüfungszeugnis der IHK, ein Dolmetscher- oder Übersetzerdiplom eines Hochschulinstitutes, einer Fachhochschule (Fachbereich Sprachen) oder ein Abschlusszeugnis über den erfolgreichen Abschluss einer staatlich anerkannten Sprachschule. Die Vorlage derartiger Unterlagen genügt, eine Prüfung aber gerade der für den Justizbereich wichtigen besonderen Fähigkeiten fehlt. Denn die gar nicht in Frage gestellte allgemeine Qualifikation als Dolmetscher oder Übersetzer reicht eben nicht aus. Neben der Auswahl nach der Liste bleibt, häufig bei nicht „gängigen" Sprachen, nur noch die Auswahl nach einer Bewerbung eines Dolmetschers oder Übersetzers bei dem einzelnen potentiellen Auftraggeber. Dass hier nur nach dem Grundsatz des "trial and error" (wenn letzterer denn erkannt wird) verfahren werden kann, liegt auf der Hand.

II. Nach der Entscheidung anhand der Liste bleibt für eine leistungsorientierte Auswahl nur der bei der Übertragung gewonnene Eindruck. Das kann zudem nur für den Dolmetscher gelten, denn für den Übersetzer hat der Auftraggeber kaum sinnvolle Überprüfungsmöglichkeiten. Die Anknüpfungspunkte, die sich z.B. für den Richter als Laien bieten, sind nur mit Vorsicht zu benutzen:

Bei eigenen Sprachkenntnissen wird die Vollständigkeit der Wiedergabe im Groben überprüfbar sein, Einzelheiten und Feinheiten sind natürlich nicht zu beurteilen. Im übrigen bleiben nur quantitative Überprüfungsmethoden mit all ihren Fragwürdigkeiten:

Der Vergleich der Äußerungen des Fremdsprachigen auf der einen Seite und der Umfang der Übertragung auf der anderen Seite zeigen vielfach Mängel auf. Der Wortschwall des Zeugen oder Beschuldigten übersetzt mit einem Satz, lässt auch für einen Laien erkennen, dass der Dolmetscher zwar den Sinn übertragen haben mag, aber die für die Beurteilung wichtige Fülle der Sprachäußerungen nicht vermittelt hat.

Gerade die Art der Übermittlung des Gesamtverhaltens des Fremdsprachigen bei seinen Äußerungen lassen häufig einen Rückschluss auf die Sorgfalt des Dolmetschers bei der Übertragung zu. Das Zögern des Sprechenden, der Abbruch und der Neubeginn eines Satzes oder Nachfragen zum Verständnis müssen auch in der Übertragung aufscheinen. Eine „flüssige" Übersetzung bedeutet den Verlust von Unmittelbarkeit und im Grunde die Unrichtigkeit der Übertragung, jedenfalls für die Zwecke des Gerichts.

III. Ist der geeignete Dolmetscher oder Übersetzer gefunden, kann der Auftraggeber die Voraussetzungen für eine angemessene Übertragung erheblich verbessern. Dazu gehört vor allem die rechtzeitige Information über Inhalt und Umfeld des einzelnen Verfahrens und z.B. Eigenheiten des zu Vernehmenden. Es ist allerdings einzuräumen, dass die Praxis davon nur selten Gebrauch macht. Die Justiz wird nach meiner Überzeugung nur durch hinreichende Zulassungsvoraussetzungen für ihren Bereich die Qualität der Dolmetscher- und Übersetzerleistungen sicherstellen können. Es ist nicht hinnehmbar, die Prüfung der Geeignetheit dem einzelnen Auftraggeber zu überlassen, zumal er meist nicht zu einer sachgerechten Beurteilung in der Lage ist.

B. Ebenso wenig ist freilich zu übersehen, dass die Dolmetscher und Übersetzer selbst im Rahmen ihrer Ausbildung, auch mit einem Ergänzungsfach wie Rechtswissenschaft, nicht in dem zu fordernden Maß die notwendigen Voraussetzungen für eine Sicherung der Qualität geschaffen haben. Nur allzu häufig werden Defizite erkennbar.

I. Spezialkenntnisse für Gerichtsdolmetscher und -Übersetzer sind unerlässlich. Es geht dabei sicher um Rechtsbegriffe aus den verschiedensten Rechtsgebieten, aber vor allem um das Verständnis dafür, was bei der Übertragung für die unterschiedlichen Verfahrensbeteiligten von Wichtigkeit ist.

1. Die Kenntnis der Rechtsbegriffe hier - eventuell ihre Vergleichbarkeit mit ausländischen Rechtsinstituten -, jedenfalls aber die Erläuterung ihres Inhalts sind zu verlangen. Der Dolmetscher muss wissen, dass eine „Übersetzung" im engen Sinne nicht weiterführt, da meist schon dem Einheimischen der Inhalt eines Rechtsbegriffes nicht ohne weiteres bekannt ist. Was bedeuten Vorerbschaft oder Bewährung im deutschen, im französischen oder im türkischen Rechtskreis, gibt es sie dort überhaupt und sind ihre Bedeutungsfelder gegebenenfalls gleich oder, was wohl wahrscheinlicher ist, verschieben sie sich?

2. Wichtig vor allem aber ist zu wissen, welche Bedeutung neben ihrem Inhalt Art und Weise der Sprachäußerungen der Parteien, Zeugen und Beschuldigten für den Bereich der Justiz haben. Ausdruckswahl, Sprachbeherrschung, Weitschweifigkeit oder konzise Darstellung und die bereits oben angesprochenen Besonderheiten bei der Aussage sind ausschlaggebende Bewertungs- und damit Entscheidungsgrundlagen in fast allen gerichtlichen Verfahren. Die bloße Zurückführung auf den Sinn verfälscht die Erklärung des Fremdsprachigen. Dem muss bei der Übertragung Rechnung getragen werden. Pointiert: Nicht der Dolmetscher soll freigesprochen oder verurteilt werden, es geht um den Angeklagten.

II. Auch Dolmetscher und Übersetzer sollten sich ihrerseits -mehr als das bisher geschieht - in geeigneten Fällen mit dem Inhalt des Verfahrens vor der Übertragung vertraut zu machen suchen. Wird das Gericht nicht tätig, sollten selbst Informationen eingeholt werden, etwa durch Einsichtnahme in eine Anklageschrift oder ein Urteil 1. Instanz oder durch Unterrichtung durch den Vorsitzenden. Das ist nicht für jedes alltägliche Verfahren notwendig, erscheint aber bei größeren Verfahren außerordentlich hilfreich.

III. Eine notwendige Voraussetzung für den Gerichtsdolmetscher und -Übersetzer ist auch die Vertrautheit mit den Usancen bei Vernehmungen oder Urkundenübersetzungen in und außerhalb der Hauptverhandlung oder einer Beweisaufnahme. Die gelassene Reaktion auf nachdrückliche Vorbehalte oder Angriffe und Ablehnungen durch Verfahrensbeteiligte will gelernt sein. Sie fordert neben der selbstverständlichen Sicherheit im Fachlichen die Fähigkeit, etwa die Schwierigkeit der Übersetzung deutlich zu machen, und ganz allgemein persönliches Standvermögen.

IV. In der täglichen Praxis ist die Qualität der Dolmetscher- und Übersetzerleistungen für den Bereich des Gerichtswesens nicht gesichert. Daran ändert nichts, dass es schon jetzt viele Dolmetscher und Übersetzer gibt, die über die Beherrschung der Fremdsprache hinaus die besonderen Voraussetzungen der Übertragung im Bereich der Gerichte erfüllen; aber leider ist es nicht die Regel, das gilt besonders für wenig verbreitete Sprachen.

Notwendig ist hier ein festes Berufsbild. Ein nicht unwesentliches Hindernis dürften dabei die verschiedenen Ausbildungswege und Abschlüsse bilden. Sicher kann die Justiz - wie etwa in Hamburg - Eingangsprüfungen einführen, die die Interessenten zu einer angemessenen Vorbereitung auf die Tätigkeit im Bereich der Justiz zwingen, aber letztlich kann nur im Rahmen einer Ausbildung oder nach dieser durch eine Zusatzausbildung die Vorbereitung auf den Sonderweg des Gerichtsdolmetschers und -Übersetzers sinnvoll gesichert werden. Dafür wird eine rein unterrichtsmäßige Ausbildung nicht ausreichen. Unterricht und enge Kontakte zur Praxis wären m.E. notwendige Ansatzpunkte. Gerade ein Verband wie der BDÜ sollte sich weiter um ein Berufsbild auf diesem Sonderweg bemühen. Vielleicht ist gerade jetzt, wo auch die neuen Länder derartige Materien regeln können, ein erneuter Vorstoß über die Zulassung von Dolmetschern und Übersetzern erfolgreich.

Ingrid Schreiber: Herr Dr. Krüger hat in seinem Vortrag gesagt, es gebe glückliche und unglückliche Zufälle. Er hat Dinge erwähnt, die nicht erfreulich sind, aber es war wohltuend und erfreulich, dass ein Vertreter der Justiz die Sachlage so kritisch dargestellt hat. Für uns war es ein glücklicher Zufall, dass wir Herrn Dr. Krüger als Referenten gewinnen konnten. Ihr Statement enthielt einige ganz konkrete Ansatzpunkte, wie wir das Ziel der Qualitätssicherung in den einzelnen Bereichen fördern können. Zwar ist der Bereich der Justiz für die Dolmetscher und Übersetzer ein Komplex für sich, aber es gibt doch Gemeinsamkeiten, die sich in Herrn Krügers Schlüsselfrage herausschälen: „Wie sucht der Laie den Fachmann aus?" Das trifft auf die Justiz genauso zu wie auf die Industrie. Auch bin ich für die Anmerkung dankbar, dass es in der Ausbildung kaum eine ausreichende Vorbereitung auf die Tätigkeit bei Gericht gibt. Schließlich danke ich Ihnen für den Vorschlag, zur Schärfung des Problembewusstseins gemeinsame Veranstaltungen durchzuführen, an denen Repräsentanten der Justiz und unseres Berufsstandes teilnehmen. Das ist ein ganz konkreter Ansatzpunkt, den sicher auch die einzelnen Landesverbände des BDÜ aufgreifen können.

Nun kommen wir zu dem Statement von Herrn Danaher, der, wie ich schon sagte, seine Teilnahme kurzfristig absagen musste. Er ist freiberuflicher Übersetzer, und Frau Gradincevic wird es nun übernehmen, seine Gedanken zur Qualitätssicherung aus der Sicht des freiberuflichen Übersetzers vorzutragen.

Paul Danaher: Qualitätssicherung aus der Sicht eines Freiberuflers

Die Qualitätssicherung setzt messbare Eigenschaften voraus. In der Industrie oder im Handel werden z.B. physische Merkmale, Leistungen und Messwerte aufgeführt, die die Qualität bzw. die Eignung eines Produktes für den beabsichtigten Zweck belegen. Alle hier, die technische Fachbereiche bearbeiten, kennen normierte Begriffe wie „Brucheinschnürung" oder „Mischgutprobe". Eine derartige Grundlage fehlt komplett in der Übersetzungsbranche. Erstens ist der Kunde oft gar nicht in der Lage, die Qualität einer Übersetzung zu kontrollieren, da er der Fremdsprache nicht mächtig ist. Häufig aber hat der Kunde entweder Kenntnisse zumindest der Fachsprache, oder er hat Vertretungen im Ausland, die eine Übersetzung kontrollieren können.

Wenn der freiberufliche Übersetzer Glück hat, kann sich eine Beziehung entwickeln, wo die Fach- und Sprachkenntnisse des Übersetzers einen regen Dialog mit dem Auftraggeber ermöglichen, der zu einem kulturell angepassten Text führt, der nicht nur den Inhalt des Originals vermittelt, sondern auch die Wirkung des Originals bei der fremdsprachigen Zielgruppe erreicht .

Damit verschiebt sich aber die Frage der Qualität oder des Leistungsvermögens der Übersetzung. Wir sehen uns jetzt mit dem Problem konfrontiert, wie man den Erfolgsgrad der Vermittlung einer Nachricht bemisst. Als ich mich mit dieser Problematik von fünf Jahren ursprünglich befasste, schwebte mir vor, man könnte eine ideale Übersetzung definieren und dann die Abweichung einer praktischen Übersetzung irgendwie messen.

Neulich habe ich in diesem Sinne sogar einen empirischen Versuch gewagt. Ich schickte einen m. E. sehr anspruchsvollen Text an fünf Übersetzer, die sich als Fachübersetzer fürs Finanzwesen bezeichneten. Die Übersetzungen wurden ganz neutral - dem Anschein nach identisch - ausgedruckt und einem kleinen Kreis von Kunden vorgelegt. Die Übersetzungen selbst wiesen weitreichende Interpretationsunterschiede auf.

Der Originaltext stammt aus dem Bankwesen, und die Übersetzungen wurden von Bankiers geprüft, die hervorragende Englischkenntnisse besitzen, sowie von Revisoren, die einschlägige Erfahrung aufweisen. Was dabei herauskam, war verheerend: Die Bewertungen der Übersetzungen gingen total auseinander.

Das Kernproblem der Übersetzung lag darin, dass die deutschen und angelsächsischen Steuerbehörden die angesprochene Investition sehr unterschiedlich behandeln. Eine wörtliche Übersetzung führt daher zwangsläufig zu Unsinn. Trotzdem hatten sich einige Übersetzer an manchen Stellen für Formulierungen entschlossen, die dem deutschen Text zwar sehr nahe kamen, inhaltlich aber entweder völlig sinnlos oder zumindest sinnentstellend wirkten.

Die Gutachter haben ganz unterschiedlich reagiert. Obwohl sowohl das Zielpublikum als auch der Zweck der Übersetzung deutlich geschildert wurde, fühlte sich der Revisor nicht in der Lage, bewusste Abweichungen vom deutschen Text zu billigen. Auch einige Bankiers konnten sich von dem Standpunkt nicht befreien, dass eine Übersetzung dem Original getreu sein muss, auch wenn dies zu augenscheinlich falschen Aussagen in der Zielsprache führt.

Wenn also Übersetzer und Kunden sich nicht darüber einigen können, was eine gute Übersetzung ist, kann man überhaupt hoffen, Qualitätsnormen zu entwickeln?

Für mich ist die Antwort ganz eindeutig: Wir müssen eine Zusammenarbeit mit Kunden, Behörden, Norminstituten und Wissenschaftlern anstreben, um eine empirische Untersuchung der kommunikativen Wirksamkeit in die Wege zu leiten. Wichtig dabei ist, dass man zunächst eine Aufstellung derjenigen Punkte macht, die in der Ausgangssprache zu vermitteln sind, und diese mit der empfangenen Mitteilung in der Zielsprache systematisch vergleicht.

Eine modelltheoretische Vorgehensweise habe ich in einem Artikel in Language International bereits vorgeschlagen. Danach soll man zunächst die zu übertragende Information genau definieren. Das Zielpublikum in der Ausgangssprache wird befragt, um herauszufinden, wie gut oder schlecht der Ausgangstext diese Information vermittelt. Anschließend wird das Zielpublikum in der Zielsprache auch befragt, um festzustellen, wie erfolgreich die Übertragung war. Nur dann, wenn die wesentliche Information auch richtig verstanden wird, kann man m. E. von einer qualitativ hochwertigen Übersetzung sprechen.

Es wird von meinen Kolleginnen und Kollegen völlig richtig der Einwand erhoben, dass wir allzu oft die erforderlichen Informationen nicht bekommen - z.b. es werden häufig Bedienungsanweisungen zum Übersetzen gegeben, ohne dass der Übersetzer das Gerät oder sogar eine Abbildung davon je sieht. Dazu kann ich nur sagen, dass heutzutage die Industrie sich mit dem Begriff „Qualitätssicherung an allen Arbeitsplätzen" gerne schmückt. Auch würde der Auftraggeber leichter einsehen, dass der Übersetzer die erforderliche Grundinformation braucht, wenn man ihm das Übersetzen als kommunikativen Prozess darstellen könnte.

Ich will natürlich nicht behaupten, dass dieser Ansatz sämtliche Probleme der Qualität für Übersetzer und Kunden lösen wird, aber die Naturwissenschaft hat uns immer wieder gezeigt, dass es sinnvoll ist, mit einfachen Beispielen anzufangen, anstatt alle Schwierigkeiten in einem Schwung aufzugreifen. Erst dann, wenn wir eine klare Vorstellung haben, wie eine gute Übersetzung auszusehen hat, werden wir in der Lage sein, Übersetzer zu benoten oder sogar auszubilden. Bis dann sind alle Qualitätsanstrengungen bestenfalls Geschmackssache und schlimmstenfalls reine Augenwischerei. Wir müssen unbedingt versuchen, durch Vergleiche und Untersuchungen objektive Maßstäbe zu entwickeln, sowie die Übereinstimmung der subjektiven Bewertungen von Kunden, Lehrern, Revisoren und Übersetzern überprüfen.

Für den Freiberufler liegt es natürlich auf der Hand zu sagen: Ich bin ein guter Übersetzer, da meine Kunden meine Übersetzungen immer akzeptieren, und meine Kunden erkennen offenbar Qualität, da die immer zu mir kommen. Damit habe ich vielleicht meine Zukunft gesichert, die Qualität meiner Übersetzungen dagegen überhaupt nicht. Wir müssen unbedingt mit anderen Gruppen zusammenarbeiten, um objektive, empirische Erkenntnisse zu sammeln und auszuwerten. Das sollte m. E. eine der wichtigsten Aufgaben des BDÜ für die kommenden Jahre sein.

Frau Schreiber: Zunächst danke ich Frau Gradincevic, dass sie kurzfristig für Herrn Danaher eingesprungen ist. Herr Danaher hat uns eine ganze Reihe von

Hinweisen gegeben, wie wir das eingangs definierte Ziel anpacken könnten. Er hat uns aber nicht über die Schwierigkeiten im unklaren gelassen, objektive Kriterien für eine an sich nicht messbare Sache neu zu definieren. Es sind wiederum einige Gemeinsamkeiten herausgekommen, die wir für unsere zukünftige Arbeit verwerten können.

Durchgängig durch alle Statements war bisher die Forderung an unsere Auftraggeber, uns die erforderlichen Informationen zur Verfügung zu stellen, um überhaupt den Versuch einer qualitativ hochwertigen Übersetzung wagen zu können. Das wäre eine Forderung, die in einen Forderungskatalog leicht zu übernehmen wäre.

Wir kommen nun zu dem letzten Referenten des heutigen Vormittags, Herrn Professor Arntz, der von seiner Aufgabenstellung her, nämlich der Sichtweise des Ausbilders, eigentlich an den Anfang zu stellen gewesen wäre. Wir haben ihn bewusst ans Ende gestellt. Er wird aus der Sicht des Ausbilders darlegen, was im Bereich der Ausbildung unter Qualitätssicherung verstanden wird.

Professor Dr. Reiner Arntz: Qualitätssicherung aus der Sicht eines Ausbilders

Der Beitrag der universitären Ausbildungsinstitute für Übersetzen und Dolmetschen auf dem Gebiet der Qualitätssicherung unterscheidet sich zwangsläufig vom Beitrag der beruflichen Praxis: Aufgabe der Hochschulen ist es, durch eine angemessene Ausbildung die Grundlagen für hochwertige übersetzerische Leistungen und damit zugleich indirekt die Voraussetzungen für die Sicherung von Qualität zu schaffen. Dass die Berufspraxis diesen Beitrag anerkennt und ihm sogar einen hohen Stellenwert beimisst, zeigt der Koordinationsausschuss „Praxis und Lehre" des BDÜ, der im Jahre 1983 mit dem Ziel eingerichtet wurde, konkrete Vorschläge für eine Verbesserung der Ausbildungsqualität zu erarbeiten. Diesem Ausschuss gehören zu gleichen Teilen Vertreter der Ausbildungsinstitute und der Berufspraxis an.

Ein wichtiges Arbeitsergebnis ist das 1986 verabschiedete Memorandum, das insbesondere in den Ausbildungsinstituten im In- und Ausland, aber auch in der Berufspraxis mit großer Aufmerksamkeit zur Kenntnis genommen worden ist und das die Reformbemühungen an den Hochschulen in den letzten Jahren in vielfältiger Weise beeinflusst hat. Dieses Memorandum enthält jedoch nicht nur konkrete Anregungen für den Aufbau und die inhaltliche Gestaltung von Lehrveranstaltungen, in denen praxisrelevantes Fakten- und Methodenwissen vermittelt wird. Bei genauer Lektüre des Gesamtpapiers wird vielmehr deutlich, dass den Verfassern darüber hinaus ein Element am Herzen liegt, das man als „Entwicklung von Qualitätsbewusstsein" bezeichnen könnte.

Dieser Aspekt scheint mir in unserem Zusammenhang von besonderer Bedeutung zu sein, und ich möchte im folgenden kurz auf die Frage eingehen, was die Universitäten tun können - und bereits tun - um solches übersetzerisches Qualitätsbewusstsein bei den angehenden Übersetzerinnen und Übersetzern zu fördern.

Natürlich ist ein zunächst recht verschwommener Begriff wie „Qualitätsbewusstsein" wesentlich schwieriger zu beschreiben und auch schwieriger zu vermitteln als konkretes Faktenwissen oder methodisches Rüstzeug. Es geht ja hier nicht um den Erwerb von Wissen, sondern darum, eine Einstellung zu entwickeln und zu fördern, die das Handeln in einer Vielzahl unterschiedlicher Situationen leiten soll. Qualitätsbewusstsein muss daher gewissermaßen implizit vermittelt werden, und zwar zum einen durch eine Berücksichtigung dieses Aspekts bei der Auswahl der Lehrinhalte, zum anderen durch die Art und Weise, in der diese Inhalte präsentiert werden.

Um mit dem zweiten zu beginnen: In allen universitären Studiengängen für Übersetzer und Dolmetscher spielt inzwischen die Vermittlung von Fachwissen im Rahmen eines so genannten Sachfachs und das damit eng verknüpfte Übersetzen von Fachtexten eine wichtige Rolle. Dieses Verknüpfen von Sprach- und Sachwissen ist in der Theorie nicht so schwierig, es stellt aber in der konkreten Durchführung große Probleme, nicht zuletzt, weil es nicht immer leicht ist, Dozenten zu finden, die in beiden Gebieten kompetent sind. Dort, wo das nicht gelingt, ist die Versuchung für den Dozenten groß, seine Wissensdefizite in dem betreffenden Fachgebiet zu überspielen - entweder indem er entsprechend simple Texte auswählt und somit in praxisferner Weise die in Fachtexten vorhandenen Schwierigkeiten herunterspielt, oder aber, indem er falsche Lösungen großzügig akzeptiert.

Der Effekt für die Studierenden ist in beiden Fällen fatal: Es wird ihnen suggeriert, dass Qualität letztlich keine Rolle spielt. Zum Glück wird mindestens ebenso häufig der entgegengesetzte Weg beschritten, d.h., es werden Fachleute, z.B. Techniker oder Juristen aus Hochschule oder Berufspraxis, einbezogen. Dies geschieht vielfach punktuell, gelegentlich - was günstiger, aber auch kostspieliger ist - in Form von team-teaching, d.h., Sprachfachmann und Sachfachmann arbeiten in einer Lehrveranstaltung zusammen und ergänzen sich gegenseitig. Der positive Effekt eines solchen Vorgehens geht weit über das rein Fachliche hinaus. Dadurch, dass der Sprachfachmann, der sich selbstverständlich intensiv um den Erwerb von Sprachwissen bemühen sollte, die fachlichen Defizite, die er gegenüber dem Experten hat, offen eingesteht - sein fachlicher Schwerpunkt sind nun einmal die Sprachen -, vermittelt er den Studierenden eine für die spätere Berufspraxis ganz wichtige Erkenntnis: man kann - bei allem Bemühen - nicht alles können, und das ist auch nicht notwendig, sofern man es sich eingesteht und die richtige Konsequenz zieht, nämlich mit Fachleuten des betreffenden Bereichs kooperiert. Die Grundlagen, die nötig sind, um eine solche Kooperation fruchtbar werden zu lassen, sind während der Ausbildungszeit durchaus zu vermitteln.

Große Bedeutung für die Entwicklung von Qualitätsbewusstsein hat übrigens auch das sog. Muttersprachenprinzip, das darin besteht, dass Lehrkräfte - auch wenn sie ihre jeweilige Fremdsprache ganz ausgezeichnet beherrschen - in den entsprechenden Veranstaltungen grundsätzlich nur in ihrer Muttersprache übersetzen. Dem liegt, ähnlich wie in dem gerade genannten Fall, die Einsicht zugrunde, dass sich Perfektion - wenn es sie überhaupt gibt - nur in einer Sprache, der Muttersprache, erreichen lässt und dass die Studierenden diesen Perfektionsgrad erwarten dürfen. Das Muttersprachenprinzip, das sprachliche Laien und auch Studienanfänger immer wieder überrascht, hat sich zum Glück an den deutschen Instituten weitgehend durchgesetzt.

Was nun die Ausbildungsinhalte angeht, so möchte ich auch hier zwei Bereiche nennen, die sich in besonderer Weise für die Vermittlung eines übersetzerischen Qualitätsbewusstseins eignen.

An erster Stelle bieten sich hier die Lehrveranstaltungen an, die den kritischen Umgang mit Texten zum Gegenstand haben, insbesondere Übungen zur Textanalyse. Hier kann es um die Beurteilung der Qualität von übersetzungsrelevanten Texten aus der Berufspraxis gehen, die ja bekanntlich nicht immer vorbildlich, manchmal sogar unverständlich sind. Aber die Betrachtung darf sich nicht auf ein vordergründiges, auf einzelne Textstellen bezogenes Kritisieren so genannter Fehler beschränken. Es geht ja nicht nur um Lexik, Syntax oder Stil, es geht in gleichem Maße, ja sogar mehr noch um die Frage, ob und inwieweit der Text als Ganzes dazu geeignet ist, in der gegebenen Situation eine intendierte Funktion zu erfüllen. Eine solche Analyse bietet zugleich die Basis für den nächsten, im engeren Sinne übersetzungsrelevanten Analyseschritt, bei dem es um den Erwartungs- und Verstehenshorizont der intendierten Zielgruppe geht, um die Frage, welche Elemente des Ausgangstextes übernommen bzw. weggelassen werden müssen, damit der Text in der Zielsprache eine angemessene Wirkung entfalten kann. All dies sind Fragen, mit denen sich die moderne Übersetzungswissenschaft intensiv beschäftigt und die für die übersetzerische Praxis von unmittelbarer Bedeutung sind, denn die mangelnde Berücksichtigung entscheidender textexterner Faktoren kann die Qualität einer Übersetzung, wie viele traurige Beispiele belegen, erheblich mindern und sie im Extremfall wertlos machen. Die theoretische Beschäftigung mit Fragestellungen dieser Art und ihre Umsetzung in praktischen Übungen trägt entscheidend dazu bei, dass sich schon recht früh Qualitätsbewusstsein entwickeln kann.

Das zweite Gebiet, die Terminologie, ist m. E. noch besser geeignet, den Gesichtspunkt der Qualität in den Blickpunkt der Studierenden zu rücken. Eng verbunden vor allem mit der fachübersetzerischen Ausbildung haben auch terminologische Lehrveranstaltungen, vielfach durch praktische Übungen unterstützt, sich inzwischen ihren Platz an den meisten Ausbildungsinstituten erobert. Hier geht es in ganz besonderem Maße um präzises Arbeiten. Das beginnt bei der Auswahl des Quellenmaterials, das fachlich zuverlässig, sprachlich korrekt und zudem in beiden zu untersuchenden Sprachen gleichwertig sein muss, es setzt sich fort bei den terminologischen Recherchen im engeren Sinne, bei der Auswahl der Termini, der Definitionen, bei der Klärung der Begriffssystematik und schließlich bei der Beurteilung der Äquivalenzbeziehungen zwischen den beiden Sprachen. Jede Nachlässigkeit, die zudem recht bald zutage tritt, kann die Zuverlässigkeit des Bestandes schmälern und ihn möglicherweise völlig nutzlos werden lassen.

Dies sind nur einige Beispiele dafür, wie die Ausbildung dem Gesichtspunkt der Qualität - explizit oder implizit - Rechnung tragen kann bzw. in vielen Fällen bereits Rechnung trägt. An den Ausbildungsinstituten setzt sich immer mehr die Überzeugung durch, dass ihre Aufgabe darin besteht, Übersetzer auszubilden, die nicht nur Qualität produzieren - für sich genommen ja bereits ein anspruchsvolles Ziel -, sondern die auch in der Lage sind, ihre fachlichen Stärken und

Schwächen einzuschätzen und ihr übersetzerisches Vorgehen entsprechend einzurichten. Wer das kann, ist auch in der Lage, eine qualitativ hochwertige Leistung in sachlicher Form gegen ungerechtfertigte Kritik zu verteidigen. Und er verfügt auch über das nötige Selbstbewusstsein, dort, wo dies erforderlich ist, die Mitwirkung des Auftraggebers - in Form von Hintergrundinformationen - einzufordern. Es muss ein wichtiges Ziel gerade der theoretischen Ausbildungsinhalte sein, die hier erforderlichen Argumentationsgrundlagen zu bieten. So gesehen ist dann der oft behauptete Gegensatz zwischen Theorie und Praxis keineswegs zwingend, schließlich können ja auch Praxis und Lehre erfolgreich kooperieren, wie die Arbeit des BDÜ zeigt.

Ingrid Schreiber: Dieses Statement hat gezeigt, dass sich die Lehre auf den Weg begeben hat, praxisnah auszubilden. Die Lehre muss in der Lage sein, den Studierenden vorzuleben, die eigenen Grenzen zu erkennen. Wie das geschehen kann, wurde dargelegt. Es ist wichtig vorzuleben, dass man nicht alles können kann. Das führt auf den Weg der Schärfung des Problembewusstseins, und durch die aufgezeigten Schritte führt es zu der Fähigkeit, dem Auftraggeber durchaus selbstbewusst darzulegen, dass man in Erkenntnis seiner eigenen Grenzen einen Auftrag auch einmal ablehnen muss. Ich erinnere mich an einen Satz, den Herr Schneider einmal in Saarbrücken gesagt hat, dass es nicht schlimm sei, wenn man nicht alles wisse. Schlimm sei, wenn man nicht wisse, dass man nicht alles weiß. Die Ausführungen von Herrn Prof. Arntz haben gezeigt, dass die Lehre auf dem Weg ist, diese wesentlichen Erkenntnisse zu vermitteln. Wenn dieser Weg weiter beschritten wird, können sich Praxis und Lehre weiter annähern, und die Entwicklung geht in unserem Sinne voran.

Diskussion

Dr. Letizia Fuchs-Vidotto: Qualitätssicherung ist für uns lebenswichtig. Von unseren Übersetzungen kann auch Leben abhängen. Ich erinnere nur an Gebrauchsanweisungen, an Beschreibungen von technischen Geräten.

N.N.: Es geht um Qualität und ein Qualitätssicherungssystem. Ich möchte mich dazu äußern, wie man ein Qualitätssicherungssystem in Angriff nehmen könnte. Als Ergebnis der Vorträge ist festzuhalten, dass die Qualitätssicherung sehr ergebnisorientiert gesehen wird. Ich glaube nicht, dass dieser Ansatz richtig ist. Auch wenn man Ergebnisse definiert, die erfüllt werden sollen, ist es für die Kollegen wichtig zu wissen, wie kommt man an das Ergebnis. Dies kann man auch dem Laien klar machen, der den Fachmann beauftragen soll. Ich preise nicht das Ergebnis an, sondern zeige den Weg dorthin auf. Damit mache ich deutlich, dass am Ende das richtige Ergebnis steht. D.h., eine Verfahrensbeschreibung, wie man die richtige Qualität erhält, ist viel wichtiger, als die Ergebnisse zu definieren. Man muss einen direkten Weg finden, damit das Unterfangen wirtschaftlich durchgeführt werden kann. Qualität hatte in allen Beiträgen stets das Wort „gut" als Begleitwort. „Gut" ist ein subjektiver Begriff. Wer definiert, was gut ist? Ich kann meine Übersetzung für eine gute Übersetzung halten, ist sie für den Kunden nicht zu gebrauchen, dann war sie letztendlich schlecht. Man muss im Grunde die richtige Qualität treffen und nicht eine gute oder eine schlechte. Ein weiterer Begriff ist die Arbeitsqualität. Bei einer richtigen Arbeitsqualität erhalte ich zum Schluss automatisch die richtige Qualität. Das kann man auch einem Laien vermitteln und verkaufen.

Ingrid Schreiber: Ich bedanke mich für die Konkretisierung der Gedanken, die ich an den Anfang dieser Veranstaltung gestellt habe. Der Gedanke von der guten Übersetzung ist sehr subjektiv, gewiss, aber wir haben als Thema die qualitativ hochwertige Übersetzung, die deswegen von guter Qualität ist, weil sie den jeweiligen Anforderungen entspricht.

Ferdi Schneider: Auch ich bin der Ansicht, dass Qualität ergebnisorientiert gesehen werden sollte. Nicht immer ist eine Übersetzung im Goldschnitt erforderlich. Es kann durchaus sein, dass man gerade für informatorische Zwecke einen geringeren Aufwand treiben kann, dennoch ergebnisorientiert richtig liegt.

Dr. Christiane-J. Driesen: Ich möchte zu dem Statement von Herrn Dr. Krüger bemerken, er hat den Dolmetscher gemeint, aber sehr häufig vom Pseudodolmetscher gesprochen. Der Sinn unserer Sitzung gestern morgen war es aufzuzeigen, dass nur der am höchsten qualifizierte Dolmetscher bei einem Gericht tätig sein dürfte. Wenn Sie Listen von Sachverständigen haben, dann können Sie sicher sein, dass diese ihren Beruf erlernt haben. Das können Sie leider nicht bei den Dolmetschern. Denn hätten Sie qualifizierte Dolmetscher, hätten Sie Ihre Probleme nicht. Der BDÜ hat zur Gestaltung der Prüfung in Hamburg beigetragen. Geprüft werden in einer fünfstündigen Prüfung die forensischen Kenntnisse und die Dolmetschtechniken. Wir haben Lehrgänge zum Dolmetschen in Zusammenarbeit mit Juristen durchgeführt, und wir sind dabei, diese an der Universität anzusiedeln. Wir erfüllen also Ihre Ansprüche, indem wir mit den Bedarfsträgern zusammenarbeiten.

Irmgard Soukoup: Ich komme aus Wien und möchte Ihnen darlegen, welche Unterstützungsarbeit der Österreichische Gerichtsdolmetscherverband leistet, die Eintragungsverfahren der Gerichtsdolmetscher in die Listen zu regeln. Im Vortrag von Herrn Dr. Krüger ist angeklungen, dass in Deutschland der Hochschulabschluss bzw. der Abschluss an einer Fachhochschule genügt. Bei uns ist es so, dass sich jeder für die Eintragung in die Liste bewerben kann, egal, ob er einen einschlägigen Abschluss hat oder nicht. Dafür aber wendet sich der listenführende Landgerichtspräsident an den Gerichtsdolmetscherverband mit der Bitte um Begutachtung der Eintragsbewerber. Diese Art Prüfung, sie nennt sich zwar Begutachtung, ist aber tatsächlich eine Prüfung, setzt sich aus einem juristischen und einem sprachlichen Teil zusammen. Die Kommission hat drei Mitglieder. Es gibt einen Vorsitzenden, einen Juristen, der ein Richter ist, und einen Sprachbeisitzer. Das Problem bei der Prüfung ist eigentlich abzugrenzen, welcher Teil überwiegen soll, der juristische Teil oder der sprachliche. Wir praktizieren dieses Modell schon einige Jahre und hoffen, dadurch verhindern zu können, dass komplette Laien, die sich ja bewerben können, überhaupt den Stempel führen dürfen. Wir sind noch dabei, diese Prüfungsmodalitäten zu ändern, und wir sind uns nicht sicher, ob wir hier wirklich ein gutes Modell gefunden haben. Zu ergänzen ist, dass der Landgerichtspräsident sich nicht an die Empfehlung des Verbandes halten muss. Ingrid Schreiber: In der Bundesrepublik Deutschland sind wir erneut dabei, eine Vereinheitlichung der Vereidigungsrichtlinien zu formulieren, und zwar in Verbindung mit einer abgestuften Vorabprüfung der Qualifikation.

Klaus D. Leith: Die ISO 9000 wurde angesprochen. Mir ist bekannt, dass es z.B. in Großbritannien größere Übersetzungsbüros gibt, die bereits über ein Qualitätssystem verfügen, das von der British Standard Institution nach der nationalen Norm, die der ISO 9000 entspricht, zertifiziert wurde. Der Trend geht scheinbar ohnehin dahin, dass die gewerblichen Verwender auch bei ihren Zulieferern auf zertifizierte Qualitätssicherungssysteme Wert legen. Es ist zu vermuten, dass das auch für uns Dienstleister aktuell werden könnte. Ist geklärt, ob es objektive Hindernisse gibt, die einer Anwendung der Normenreihe DIN ISO 9000 durch freiberufliche Übersetzer, einzelne oder in Sozietäten oder Arbeitsgemeinschaften zusammengefasste, gibt? Gibt es ferner Hindernisse, eine Zertifizierung dieser Qualitätssicherungssysteme zu erlangen? Wenn dem so ist, würde ich es begrüßen, wenn der BDÜ eventuell in Verbindung mit dem BFB oder auf europäischer Ebene der SEPLIS eine für freiberufliche Dienstleister anzuwendende Regelung anstreben würde. Gibt es solche Hindernisse allerdings nicht, dann würde ich es begrüßen, wenn der BDÜ eine Arbeitsgruppe ISO 9000 einberufen könnte. Ich wäre dann an einer Mitarbeit interessiert und auch gerne dazu bereit.

Ingrid Schreiber: Ich kann Ihnen nicht sagen, ob es Hindernisse gegen die Anwendung der ISO 9000 bzw. 9004 gibt. Für Ihre Bereitschaft, in einer Arbeitsgruppe BDÜ ISO 9004 mitzuarbeiten, sind wir Ihnen sehr dankbar. Wir werden darauf gerne zurückkommen.

Ingo Hohnhold: Herr Schneider, Sie erwähnten die Überprüfung von Übersetzungen als wichtigsten Faktor für Qualität. Wie wirken Sie einer langfristigen eigenverantwortungsmäßigen Verkümmerung von Übersetzern entgegen? Wenn, wie ich vermute, nach längerer Zeit zuverlässig gewordene Übersetzer Überprüfer werden, wie ich vermute, wie wirken Sie dem entgegen, dass kompetent und zuverlässig gewordene Übersetzer ständig wieder abgeschöpft werden zur Seite der Überprüfer? Herr Prof. Arntz, Sie hatten erwähnt, dass das Qualitätsbewusstsein gefördert werden muss, gleichzeitig aber gesagt, dass es ein vager Begriff sei. Im weiteren Verlauf sind Sie dann auf Qualitätskriterien eingegangen, ohne das so zu nennen. Halten Sie es nicht auch für sinnvoll, zuerst die Qualitätskriterien, d.h. die Kenntnis von Qualitätskriterien zu entwickeln, und in zweiter Linie erst das Bewusstsein? Damit das Bewusstsein sofort auf Substanz trifft? Sie haben weiter gesagt, wenn die Dozenten selbst keine tiefere technische Ahnung haben, fachtechnische Übersetzungsübungen durchzuführen, deren Ergebnisse demzufolge relativ flach ausfallen, Sie sie aber als gut bewerten, dann müssen doch die Studenten meinen, Qualität spiele keine Rolle mehr. Ist es nicht vielmehr so, dass die Studenten meinen, die geringe Qualität sei schon Qualität?

Ferdi Schneider: Was Sie zur Verkümmerung gesagt haben, kann ich in dieser Schärfe nicht nachvollziehen. Erstens ist ein Teil der Übersetzungen ohnehin ohne Überprüfung. Ich erwähnte in meinem Vortrag, dass der gesamte Bereich der informatorischen Übersetzung nicht überprüft wird. D.h., dort ist der Übersetzer für sein Produkt allein verantwortlich. Zweitens ist es so, dass der Umfang der Überprüfung im Laufe der Jahre degressiv ist, bezogen auf den qualifizierten Übersetzer. Jemand, der seit Jahren da ist, wird in weitaus geringerem Umfang überprüft als ein neu hinzukommender. Außerdem wird in vielen Fällen der kompetente Übersetzer eines Tages Überprüfer. Trotzdem haben wir es uns zum Prinzip gemacht, dass jeder Überprüfer, schon um die volle translatorische Kompetenz zu behalten, einen Teil seiner Arbeit damit verbringt, weiterhin eigene Übersetzungen zu machen. Es ist also keineswegs so, dass er ausschließlich mit Überprüfungen befasst ist. In manchen Sprachendiensten des öffentlichen Dienstes ist es so, dass die Überprüfung kollegial vorgenommen wird, da es sich um zwei Übersetzer auf gleicher Ebene handelt, die sich da gegenüber sitzen. Ich halte dies für einen guten Ansatz, er lässt sich aber aus finanziellen Gründen nicht in allen Dienststellen durchführen.

Prof. Dr. Reiner Arntz: Zu der Frage nach Qualitätskriterien: Ich habe mich ganz bewusst auf den Gesichtspunkt des Qualitätsbewusstseins beschränkt, der sich als roter Faden durch das ganze Studium zieht und in einer Vielzahl von Lehrveranstaltungen unterschiedlicher Form wieder aufscheint. Hätte ich konkret über Übersetzungsübungen gesprochen, dann hätte ich dargelegt, dass es in diesem Bereich natürlich klare Kriterien gibt. Dieser Kriterienkatalog würde sich in etwa an dem orientieren, was eingangs von Frau Schreiber gesagt wurde, also einer formalen Überprüfung der Präsentation der Übersetzung in formaler, in sprachlicher Hinsicht. Wird die Übersetzung der Aufgabe in jedem Punkt gerecht? Diese Punkte müssen genau aufgegliedert werden. Es ist also völlig klar, dass wir in Übersetzungsübungen ganz eindeutige Kriterien anlegen. Auch der andere Punkt, dass es für den Dozenten, und ich habe nur einen fiktiven Dozenten gemeint, sieht er sich plötzlich mit der Aufgabe konfrontiert, eine Lehrveranstaltung anzubieten, die fachtechnisches Wissen erfordert, natürlich ideal ist, wenn er in beiden Gebieten eine Ausbildung durchlaufen hat. Ich habe aber mit Extremfällen argumentiert und bin, so glaube ich, relativ allgemein geblieben. Ich könnte aber, würde ich über Hildesheim sprechen, die Sache ganz anders darstellen.

Ingo Hohnhold: Sie hatten gesagt, dass bei dem Verhalten des fiktiven Dozenten die Studenten meinen könnten, auf Qualität käme es nicht an. Meine Frage war: Meinen die Studenten nicht viel eher, dass das, was da auf niedrigem Niveau zustande käme, bereits Qualität sei?

Prof. Dr. Reiner Arntz: Da will ich Ihnen nicht widersprechen. Diese Gefahr ist durchaus gegeben.

Dr. Peter A. Schmitt: Ich habe einige exotische Gedankenfragmente zur Abrechnung von Übersetzungsleistungen und dem Zusammenhang zur Übersetzungsqualität. Die bei Freiberuflern zurzeit übliche Abrechnung von Übersetzungsleistungen auf Zieltextbasis ist durch einschlägige Computerprogramme sehr vorteilhaft. Es gibt aber auch Nachteile, die mit der Qualität zu tun haben. Die derzeitige Abrechnungsmethode ist quantitätsorientiert und nicht qualitätsorientiert. Sie ist zieltextbasiert und nicht ausgangstextbasiert, d.h. je länger der Zieltext ist, desto mehr Geld. Das fördert nicht das Ziel von Fachsprache generell und von Technical Writing speziell, sich möglichst klar und kurz auszudrücken. Denn die kürzere Übersetzung ist oft diejenige Übersetzung, die mehr Arbeit macht, die also eine höhere translatorische Kompetenz erfordert, aber ausgerechnet diese Übersetzung bringt dann letztendlich weniger Geld.

Eine andere Beobachtung: Angebot und Rechnungen auf Wort- und Zeilenbasis werden von vielen Kunden zum einen als übersetzertypische Erbsenzählerei empfunden. Diese Abrechnung provoziert m.e. müßige Diskussionen mit dem Kunden darüber, was ein Wort oder eine Zeile ist, und diese Methode zementiert die Ansicht, dass Übersetzer Wörter übersetzen und nicht Texte. Deswegen soll man sich überlegen, ob man nicht anders verfahren kann. Damit komme ich zu meiner Frage. Ich selbst praktiziere einen anderen Weg mit meinen Kunden, mit meinen Stammkunden. Mit Stammkunden hat man natürlich andere Möglichkeiten zu kommunizieren. Der Kunde hat ein Problem, nämlich einen Übersetzungsbedarf, und braucht dazu eine Lösung. Für diese Lösung steht ein definiertes Budget zur Verfügung, und man hat auch einen Termin. Wir als Übersetzer bieten eine Problemlösung, und in einem Angebot sagen wir, was es kosten wird. Wenn wir z.B. anbieten, für DM 20.000,- ein Handbuch zu übersetzen, dann ist es dem Kunden völlig gleichgültig, wie viele Zeilen das sind, oder welche Hilfsmittel wir einsetzen. Wenn wir statt dessen sagen, der Preis sei 18.764,57, weil der Zieltext 9867 Zeilen lang sei, dann kann es sein, dass der Kunde irgendwann einmal einen Lehrling nachzählen lässt, wie viele Zeilen das sind, kommt zu einer anderen Zeilenzahl und reklamiert. Dies ist konkret schon öfters passiert, obwohl der Kunde auf einer anderen Grundlage durchaus DM 20.000,- gezahlt hätte. Denn den Kunden interessiert das Produkt, die Einhaltung des Liefertermins und der Preis und immer öfter auch die Qualität, aber nicht so sehr der Weg dahin. Gibt es Kollegen, die auch anders abrechnen, anders als auf Zieltextbasis? Eine weitere Frage an die Vergeber von Übersetzungsaufträgen: Was machen Sie, wenn ein Übersetzer ein Angebot abliefert, in dem er nicht auf Zeilen- oder Wortbasis den Angebotspreis differenziert oder spezifiziert, sondern sagt „Ich mache Ihnen das für soundsoviel Mark."

John D. Graham: Ich bringe eine andere Lösung ein, die ich seit langem sowohl intern bei meinen angestellten Übersetzern als auch bei den eingekauften Dienstleistungen praktiziere. Ein Freiberufler hat bei mir die Chance, seine Übersetzung nach Zeitaufwand abzurechnen. Macht sich also ein Übersetzer die

Mühe, einen Text aufzuarbeiten, um den Zweck besser zu erfüllen, kann er die dazu erforderliche Zeit in Rechnung stellen.

Jürgen Kern: Auch ich lasse mich auf Gespräche ein. Es sind aber nur wenige Texte, die unter eine solche Kategorisierung fallen, wo man wirklich davon reden kann, dass es darauf ankommt, den Text möglichst wieder so kurz und prägnant zu fassen wie im Original. Das sind ganz große Ausnahmen. Nach Zeit zu rechnen, kommt auch bei mir vor. Nur gibt es ganz wenige Übersetzer, denen ich zutrauen kann, dass sie einen bestimmten Text wirklich so liefern, dass ich hinterher einen nach Zeit abgerechneten Text verantworten kann. Die Großzügigkeit kann da nicht groß sein. Es gibt Ausnahmen, wo das Werk verstehen wird, dass man Konzessionen gemacht hat, weil es dem Übersetzer gegenüber fair ist. Diese Texte sind für den Zeitraum eines Jahres wahrscheinlich aber an einer Hand abzuzählen.

David Orpin: Bei Werbetexten bin ich dazu übergegangen, einen Pauschalpreis anzusetzen, der sich zusammensetzt aus Länge und Kreativität. Die Werbeagenturen, für die ich arbeite, akzeptieren das. Texter haben auch keine Zeilenbasis. Ich habe bei allen Ausführungen mehr und mehr den Eindruck gewonnen, dass es sich um eine wunderbare, heile Welt handelt, die mit der Realität wenig zu tun hat. Qualität ist mit Sicherheit messbar bei technischen Übersetzungen, wo es ein richtiges und ein falsches Wort gibt. Meine Übersetzungen kommen überwiegend aus dem Bereich Werbung und Öffentlichkeitsarbeit. In diesen Bereichen kommt es auf Stil, auf Kreativität an. Es gibt wenig, was man als richtig oder falsch quantifizieren könnte. Als freiberuflicher Übersetzer wird man fast niemals vom Kunden unterstützt, was die Qualität betrifft; er gibt uns nicht die Zeit. Sehr oft will er auch nicht einen entsprechenden Preis bezahlen. Oft werden wir angerufen und nach dem Preis der Übersetzung gefragt. Liegt der Preis über DM 2,-/Zeile, bekommen wir den Auftrag nicht. Den Kunden interessiert hauptsächlich, dass die Übersetzung möglichst schnell und billig gemacht wird.

Ingrid Schreiber: Ich hatte nicht den Eindruck, dass die Referenten eine heile Welt vorgaukelten. Ich hatte eher den entgegengesetzten Eindruck. Sie haben bestätigt, dass wir fast niemals vom Kunden die entsprechende Unterstützung erhalten. Unsere Zielsetzung wäre es, Merkmale zu definieren, nach dem Kunde und Übersetzer für ihre Bereiche mehr oder weniger gezwungen wären, sich an ganz bestimmte Vorschriften zu halten.

Helmut Fouquet: Ich wende mich an Herrn Dr. Krüger. Ich bin ermächtigter Übersetzer beim OLG Köln und dolmetsche häufig bis ins Sauerland hinein. Wenn ich aufgefordert werde zu dolmetschen, erhalte ich normalerweise nicht mehr als das Aktenzeichen und die Zimmernummer. Ganz selten wird mir auch noch gesagt, wer die Teilnehmer sind. Ich komme also unvorbereitet hin, da ich nicht weiß, um was für einen Fall es sich handelt. Eine halbe Stunde vor Beginn setze ich mich mit den Parteien in Verbindung und höre dann zum ersten Mal, worum es geht. Ich arbeite hauptsächlich in Amtsgerichten und traue mir nicht zu, Landgerichtsverfahren zu dolmetschen. Ich schlage daher vor, dass das Dolmetschen eingeteilt wird in Gruppen, z.B. Konferenzdolmetscher, die die Notizentechnik beherrschen, bei den schnellen Verhandlungen beim Landgericht zu beschäftigen. Dann wäre das Amtsgericht frei, die anderen langsamer arbeitenden Dolmetscher zu beschäftigen. Mir ist es auch wichtig, wer die Bestellung macht. Ich werde häufig durch Übersetzungsbüros engagiert, würde die Arbeit aber sehr viel lieber vom Gericht direkt bekommen. Zum einen würde ich das Doppelte verdienen, denn die Büros nehmen die Hälfte des Honorars, zum anderen wüssten die Gerichte dann, wen sie anfordern. Und auf meinen Wunsch hin könnte ich sicher besser vorbereitet werden. Ich arbeite auch sehr viel auf dem Übersetzergebiet. Ich habe festgestellt, dass die Richter und die Präsidenten der OLGs mit Übersetzungsbeglaubigungen überfordert werden. Ich frage mich, ob diese Dinge nicht auch vom Leiter der Geschäftsstelle übernommen werden könnten, der die Übersetzer und deren Unterschriften kennt, der den Gerichtspräsidenten also ganz wesentlich unterstützen könnte. Dies wäre eine Frage, die international zu regeln wäre.

Dr. Hans-Joachim Krüger: Was den ersten Teil Ihrer Erklärung angeht, kann ich nur sagen: Es ist so. Dass das nicht befriedigend ist, habe ich versucht, deutlich zu machen. Ich bin nach wie vor der Meinung, dass es sinnvoll wäre, wenn das Gericht es nun einmal nicht macht, sich seinerseits zu erkundigen, um was für ein Verfahren es sich handelt. Ich würde auch empfehlen, sich nicht unbedingt an die Geschäftsstelle zu wenden, sondern gleich den Richter der Abteilung zu fragen. Manchmal kann man allerdings auch schon dem Aktenzeichen entnehmen, ob es sich um eine umfangreichere Sache handelt, oder ob es sich um eine Ordnungswidrigkeit handelt. Zum einen muss die Justiz lernen, Sie zu unterrichten, zum anderen müssen Sie von den Möglichkeiten Gebrauch machen, die in Ihrem Beruf begründet liegen, in Ihrer Verpflichtung, sich zu informieren. Zu Ihrem zweiten Teil: Als Abhilfe kann ich Ihnen nur empfehlen, selbst zu den Richtern zu gehen und darum bitten, beim nächsten Mal nicht über ein Übersetzungsbüro, sondern direkt geladen zu werden. Ob Sie damit in

Konflikt mit dem Büro geraten, hängt von Ihrem Verhältnis zu diesem Büro ab. Notfalls muss man den Mut aufbringen, das Verhältnis aufzukündigen. Im Vorfeld einer Kündigung sollte man mit den Richtern sprechen und um direkte Berücksichtigung bitten. Die Initiative müssen aber Sie ergreifen. Ich bin kein Freund von Übersetzungsbüros. Ich überlasse auch nicht die Auswahl der Geschäftsstelle. Wir haben eine Auswahl von zwei, drei Dolmetschern bei bestimmten Sprachen, die wir üblicherweise nehmen. Sind diese nicht verfügbar, behalte ich mir vor, selbst den Versuch zu unternehmen, etwas Passendes zu finden.

Romana Krowarsch: Es geht um Qualitätssicherung in Bezug auf Abrechnungsmodalitäten. Ich habe schon seit langem zwei verschiedene Abrechnungsmodalitäten für Auftraggeber. Die erste ist die gewohnte Abrechnung nach Zeilen. Sie ist bei den Übersetzungen möglich, wo der Übersetzer ganz selbständig eine Übersetzung anfertigen kann. Die zweite Möglichkeit ist die Abrechnung nach Zeit. Das funktioniert so, dass der Übersetzer in die Firma des Auftraggebers geht, dort seine Übersetzung anfertigt und ständig Rücksprache mit dem Auftraggeber halten kann, z.B. bei der Erledigung von Korrespondenz. Das wird von sehr vielen Firmen positiv aufgenommen. Meine Frage: Wie steht es mit der Bereitschaft der Auftraggeber, sich die Zeit zu nehmen, mit dem Übersetzer ein ausführliches Gespräch über die zu fertigende Übersetzung zu führen? Denn nur so kann die ideale Qualität erreicht werden.

John D. Graham: Ich nehme mir immer soviel Zeit, wie der Übersetzer braucht, um die Sache zu klären. Sie bieten an, in die Firma zu gehen. Dazu muss ich bemerken, das das aus arbeitsrechtlichen Gründen nicht erlaubt ist. Wer in einem Manteltarifvertrag steht, ist den Bedingungen der Berufsgenossenschaft unterworfen. Die Berufsgenossenschaft erlaubt es nicht, dass Sie in eine Firma kommen, um dort zu arbeiten. Denn dann entsteht de facto ein Arbeitsverhältnis. Es muss ein Leiharbeitnehmervertrag abgeschlossen werden. Das geht nur über Personalwesen und Einkauf. Das hat dann nichts mehr mit mir als Auftraggeber zu tun.

Romana Krowarsch: Aber der Dolmetscher kommt auch in die Firma. Der Unterschied besteht lediglich darin, dass sein Produkt mündlich ist.

John D. Graham: Das ist richtig. Aber dabei handelt es sich meistens um Dolmetscher für Sprachen, die wir nicht intern vertreten haben. Wir müssen sie also ohnehin einkaufen. Wenn unser Computer streikt, holen wir jemand in die

Firma, mit dem wir einen Vertrag geschlossen haben. Freiberufliche Übersetzer, die in unserer Firma arbeiten, müssen einen Leiharbeitsvertrag unterschrieben haben. Wir unterliegen diesen Bedingungen.

Jürgen Kern: Die Versicherungsfrage wäre wohl hier zu klären. Bei uns gibt es eine ganze Reihe von Pensionären, die in die Firma kommen und dort übersetzen. Aber zu dem fachlichen Teil: Sie sprechen von Korrespondenz und in dem Zusammenhang von höchster Qualität. Das kann ich nicht vereinbaren. Es gibt nur wenig Korrespondenz, bei der es auf Qualität ankommt. Wir müssen uns da auf eine bestimmte Textsorte verständigen. Ich nehme an, Sie unterstellen hier eine exotische Sprache. Für Korrespondenz liefere ich Ihnen die vorausgängige Korrespondenz und erwarte, dass Sie den Zusammenhang zu der Antwort sehen.
Romana Krowarsch: Auch bei Geschäftsbriefen kann es auf eine qualitativ sehr hochwertige Antwort ankommen. Oft will der Auftraggeber einen ganz gewissen Unterton vermitteln. Ihm ist es sehr wichtig, dass bestimmte Sätze besonders höflich klingen. Das kann z.b. eine Sekretärin oder Fremdsprachenkorrespondentin nicht leisten.

Jürgen Kern: Diese Berufsgruppen sind hier ohnehin aus der Diskussion ausgeschlossen. Sie kommen bei mir nicht in diesen Ablauf. Wenn da nun wirklich die genannten Untertöne sind, und vorausgesetzt, Sie sprechen von Exoten, dann wären die internen Sprachendienste aufgefordert, Ihre Übersetzung zu überlesen. Im Zweifelsfall können Sie die unternehmensbezogenen Untertöne ohnehin nicht richtig wiedergeben.

Ferdi Schneider: Ich kann nur etwas über die Kontakte zwischen fest angestellten Übersetzern und Auftraggebern aussagen. Ich stelle im allgemeinen eine große Bereitschaft seitens der Auftraggeber fest, mit dem Übersetzer zusammenzuarbeiten, sofern es sich um Produkte handelt, die von ihm selber stammen. Ist er z.B. Autor einer Rede, die er nächste Woche in Amerika halten will, ist ihm selbstverständlich daran gelegen, möglichst gut anzukommen. Daher ist er gerne bereit, ein paar Stunden zu opfern. Sofern er nur am Rande mit einem Auftrag befasst ist, wird diese Bereitschaft schnell sinken. Im übrigen erwartet der Auftraggeber in der Regel, dass er vom Sprachendienst von Fachleuten bedient wird, die ihre Fragen auf das absolute Minimum, das für den Text erforderlich ist, begrenzen. Generell ist es auch eine psychologische Sache. Es liegt am Übersetzer, dem Auftraggeber verständlich klar zu machen, dass seine Mitarbeit in seinem ureigensten Interesse ist.

Ali Ihsan Atacan: Es ist bei den größeren Prozessen an den Landgerichten üblich, dass medizinische, psychologische, daktyloskopische, daktylographische Gutachten eingeholt werden. Diese werden während der Verhandlung vorgetragen. Ich teile Ihre Meinung, dass ein Gerichtsdolmetscher sehr versiert sein sollte in der juristischen Terminologie. In den Terminologien, die in den Gutachten zum Vorschein kommen, ist man häufig überfordert. Sollte es nicht selbstverständlich sein, dass der Vorsitzende Richter in diesen Fällen die Akte oder zumindest solche Gutachten bzw. die Anklageschrift dem Dolmetscher von vornherein zur Verfügung stellt? Dann hätte der Dolmetscher Gelegenheit, sich auf die Verhandlung vorzubereiten. Nach dem ZSEG ist so etwas ja auch vorgesehen.

Dr. Hans-Joachim Krüger: Ich kann nur antworten: So sollte es sein. Sie sollten hingehen und den Richter darauf ansprechen, dass Sie auf diesem Gebiet nicht ausgebildet sind, und dass Sie sich hier erst klug machen müssen. Dann sollten Sie den Mut haben, die Akte oder das Gutachten mit der Bemerkung zu verlangen: Ich kann das nicht aus dem Stegreif machen. Ein Richter müsste dann das Verständnis aufbringen, dass man nicht auf allen Gebieten beschlagen sein kann. Der Richter kennt ja auch oft nicht die Bedeutung der deutschen Ausdrücke in einem derartigen Gutachten. Auch ich gehe in die Bibliothek und schlage Fachausdrücke nach, die mir nicht geläufig sind. Ich sehe nicht ein, dass der Dolmetscher um ein Vielfaches schlechter dastehen soll als ich.

Dr. Rudolf Mikus: Wenn wir in den letzten Jahrzehnten in den Sozialwissenschaften etwas gelernt haben, dann die Tatsache, dass man bei Anliegen wie z.B. Qualitätssicherung mit Bestimmungen und Vorschriften nicht das Entscheidende erreichen. Das Grundübel scheint zu sein, dass es zu wenig Leute gibt, die an hoher Qualität interessiert sind. Die Wirtschaft hat gezeigt, dass man viel effektiver über Anreiz- oder Belohnungssysteme arbeitet als über Bestrafungs- oder Verordnungssysteme. Im Gegensatz zu dem, was hier gesagt worden ist, muss ich feststellen, dass in meinem Bereich der Lehre sich die Dinge keineswegs so positiv darstellen wie dies hier gesagt worden ist. In der Lehre scheinen mir Anreize zu einer optimalen Lehre für den Lehrenden immer noch ziemlich schwach ausgebildet an deutschen Hochschulen. Wir haben nach wie vor strukturelle Defizite an unseren Hochschulen. Für eine gute Lehre wird man nicht adäquat entlohnt. Dies erhalten Sie nur, wenn Sie publizieren. Das System, Anreize für eine optimale Qualitätssicherung zu schaffen, scheint mir im Privatwirtschaftlichen Bereich weithin noch zu wenig entwickelt. Hier könnte der BDÜ aufklärend wirken. Es wäre wichtig, potentiellen Auftraggebern schlagkräftig darzulegen, dass es sich lohnt, nicht den billigsten, sondern den besten Übersetzer zu nehmen. Dies würde auch die Übersetzer motivieren, gut zu sein.

Ingrid Schreiber: Einer Ihrer Kollegen hat in einem Gespräch mit mir gestern Abend bereits die strukturellen Defizite angesprochen, die Sie beklagen. Was Ihren letzten Vorschlag betrifft, so müssen wir dahin kommen, dass der Auftraggeber selbst die hohen Anforderungen an den Übersetzer und sein Produkt stellt, d.h. wir müssen zu einer "market-driven quality assurance" kommen, also einer Qualitätssicherung, die vom qualitätsbewusst gewordenen Markt selbst verlangt wird. Bis dahin ist noch ein weiter Weg. Wir wollen versuchen, einen bescheidenen Anfang zu machen.

Herr Prof. Arntz hat von dem etwas vagen Begriff der Qualitätssicherung und der Qualität gesprochen und davon, dass wir dies mit Leben erfüllen sollen. Ich hoffe, das ist uns ein wenig gelungen. Wir haben heute vielleicht Ansatzpunkte gefunden, wie die Qualität von Übersetzungen und Dolmetschleistungen in Zukunft gesichert werden kann.

Ich danke meinen Referenten von ganzem Herzen. Es war Ziel der Veranstaltung, aufgrund der heterogenen Beiträge einen möglichst umfassenden Einstieg in die Problematik der Qualitätssicherung zu bekommen. Wir werden sehen, wie die Ergebnisse dieser Veranstaltung verwertet werden können.

Schlusswort: Friedrich Krollmann

Wir kommen zum Ende unseres Kongresses.

Zunächst einmal darf ich den Podiumsteilnehmern und Frau Schreiber als Moderatorin danken. Mein besonderer Dank gilt aber allen denen, die sich an der lebhaften Diskussion beteiligt haben.

Im Hinblick auf die fortgeschrittene Zeit können wir auf die zusammenfassenden Berichte der Moderatoren der einzelnen Arbeitskreise verzichten, zumal wir uns vorgenommen haben, die Tagungsakte in kürzester Zeit fertig zu stellen und Ihnen zuzusenden. Es ist mir gegenüber mehrfach bedauert worden, dass man bei den Parallelveranstaltungen jeweils nur an einer Vortragsreihe teilnehmen konnte. Nun, die anderen Vorträge werden Sie dann in der Tagungsakte nachlesen können.

Auf eine andere Veröffentlichung im MDÜ darf ich Sie hinweisen, die in Kürze erscheint: Unsere "Allgemeinen Auftragsbedingungen für Übersetzer" sind inzwischen vom Bundeskartellamt genehmigt worden. Es handelt sich zwar nur um unsere Empfehlungen, wenn Sie jedoch davon abweichen, tragen Sie natürlich das juristische Risiko.

Zum Abschluss darf ich noch einmal kurz daran erinnern, was wir mit diesem Kongress erreichen wollten: Hauptziel war es, einmal die Basis zu Wort kommen zu lassen. Ich hoffe dieses Ziel ist erreicht worden. Auch wir als Bundesvorstand brauchen Vorgaben, die wir nur von Ihnen bekommen können. Wir haben uns deshalb an die Praxis gewandt, wie auch aus dem Titel der Veranstaltung hervorging. Vielleicht hat es auch an diesem Titel gelegen, dass leider die Lehre hier unterrepräsentiert war. Dies war für mich persönlich eine Enttäuschung, könnte doch der sicher falsche Eindruck entstehen, dass die Lehre an der Praxis nicht interessiert ist.

Was will die Praxis? Was braucht die Praxis? Eines ist wohl deutlich geworden: Der translatorische Tante-Emma-Laden ist tot. Das bedeutet aber nicht, dass wir zwangsläufig auf den translatorischen Supermarkt hinmarschieren. Dieser Kongress hat sich in besonderem Maße an den freiberuflich tätigen Übersetzer gewandt. (Der angestellte Übersetzer hat unter Umständen andere Sorgen.) Und der freiberufliche Übersetzer sieht sich heute, was beispielsweise seine Ausstattung, den Grad seiner Spezialisierung, ja wie der Veranstaltungstitel sagt, sein ganzes Umfeld unter Einschluss der Technik angeht, sich ständig ändernden Verhältnissen ausgesetzt. Dies bedeutet, dass wir in Bezug auf die Professionalität unserer Berufsausübung ganz andere Maßstäbe an uns selbst legen müssen. Das war das Leitmotiv, das über der Veranstaltung stand; ich hoffe, Sie haben davon profitieren können.

Bevor ich den Kongress schließe, ist es meine angenehme Pflicht, einer ganzen Reihe von Personen zu danken. Ich danke den Referenten und den Moderatoren für ihre vorzüglichen Vorträge, ich danke dem Bundesvorstand, der sehr aktiv mitgearbeitet hat, wie Sie in den Arbeitskreisen gemerkt haben (und meine ständige Ungeduld im Zusammenhang mit dieser Veranstaltung geduldig ertragen hat). Ich danke auch unseren Kollegen von der FIT und unseren Schwesterverbänden, die zu uns gekommen sind.

Mein ganz besonderer Dank gilt aber unserer Bundesgeschäftsführerin, Frau Reglind Vogt, und ihrer Assistentin, Frau Brigitte Siermann-Bong, in deren Händen die gesamte Detailarbeit der Organisation gelegen hat. Ihnen allein ist der reibungslose Ablauf der Veranstaltung zu verdanken.

Mein größter Dank, meine lieben Kolleginnen und Kollegen, gilt Ihnen, dass Sie in so großer Zahl unserer Einladung gefolgt sind und sich so lebhaft beteiligt haben.

Referenten - Kurzbiographien

Stephanie Abel:	Gebärdensprachdolmetscherin, Referentin für Gebärdensprache beim BDÜ
Dr. jur. Reiner Arntz	Professor für Romanistik am Institut für Angewandte Sprachwissenschaft der Universität Hildesheim, Dekan des Fachbereichs III "Sprachen und Technik" der Universität Hildesheim; Diplom-Übersetzer
Jürgen Bauer	Diplom-Übersetzer, freiberuflicher Übersetzer für Italienisch, Russisch, Englisch, Referent für literarisches Übersetzen beim BDÜ
Jochen Beer	Diplomkaufmann, Steuerberater, Referent für Steuern beim BDÜ
Dr. Peter Bleutge	Rechtsabteilung des Deutschen Industrie- und Handelstages
Dr. Eduard Brackeniers	Generaldirektor des Übersetzungsdienstes bei der Kommission der Europäischen Gemeinschaften
Helmut Brähler	Inhaber der Fa. Brähler Konferenztechnik ICS
Paul Danaher	Freiberuflicher Dolmetscher und Übersetzer für die englische und amerikanische Sprache

Gerhard Freibott	Leiter des Bereichs "Zentrale Informationsdienste" der Fa. Krupp Industrietechnik GmbH, Duisburg, Lehrauftrag an der Universität Bochum
Dr. Letizia Fuchs-Vidotto	Freiberufliche Dolmetscherin und Übersetzerin, u.a. tätig für Europäische Gemeinschaften, Europäisches Parlament, Europäisches Patentamt
Marianne Goldschmidt	Diplom-Dolmetscherin, Geschäftsführende Inhaberin der Acom Information Services AG in Basel, einer Unternehmensberatung für maschinelle Übersetzungssysteme und Terminologie-Datenbanken mit Dolmetsch- und Übersetzungsdienst und der Acom-Fachübersetzungen in Lörrach
John D. Graham B.A.	Leiter des Übersetzungsdienstes bei der Mannesmann Demag AG
Bernard Heidelberger	Leiter der Abteilung Dolmetschen beim Gerichtshof der Europäischen Gemeinschaften
Christian Heynold	Konferenzdolmetscherdienst bei der Kommission der Europäischen Gemeinschaften
Ingo Hohnhold	Diplom-Übersetzer, Sprachendienst der Siemens AG/Siemens Nixdorf AG, Referent für Terminologie, Lexikographie und Dokumentation beim BDÜ
Dr. Rolf-Dietrich Keil	Professor, Präsident der Puschkin-Gesellschaft
Jürgen Kern	Diplom-Dolmetscher, Leiter des Referates „Sprachendienst" der BASF AG, Mitglied des Koordinierungsausschusses „Praxis und Lehre", 1. Vorsitzender des BDÜ-LV Rheinland Pfalz
Dr. Peter Klima	Rechtsanwalt
Dr. Hans-Joachim Krüger	Vorsitzender Richter einer Wirtschaftsstrafkammer am Landgericht Düsseldorf

Felix Mayer	Diplom-Übersetzer, Mitarbeiter im Modellversuch „Sprachdatenverarbeitung in der Übersetzer- und Dolmetscherausbildung" der Fachrichtung 8.6 „Angewandte Sprachwissenschaft sowie übersetzen und Dolmetschen" an der Universität des Saarlandes
Edith Nerke	Diplom-Übersetzerin, freiberufliche Übersetzerin für Englisch und Italienisch
Dr. h.c. Ewald Osers	Mitglied des Ältestenrates der Fédération Internationale des Traducteurs (FIT)
Renato Reinau	Verantwortlicher für Zentrale Terminologie im Sprachendienst der Schweizerischen Kreditanstalt/ CS-Holding.
Michael Reiter	Redaktion Anglistik beim Langenscheidt-Verlag
Dr. Peter A. Schmitt	Diplom-Übersetzer, Dozent für technisches Übersetzen beim Fachbereich Angewandte Sprach- und Kulturwissenschaft (FASK) der Johannes-Gutenberg-Universität Mainz in Germersheim, Leiter der Fachgruppe Terminologie, Referent für Fachübersetzer beim BDÜ
Dr. Klaus-Dirk Schmitz	Professor für übersetzungsbezogene Terminologielehre im Fachbereich Sprachen an der Fachhochschule Köln, Präsident der Gesellschaft für Terminologie und Wissenstransfer
Ferdi Schneider	Leitender Regierungsdirektor beim Bundessprachenamt in Hürth, Vertreter des Bundessprachenamtes in der Konferenz der Übersetzungsdienste europäischer Staaten
Gisela Siebourg	Vortragende Legationsrätin I. Klasse, Leiterin des Sprachendienstes des Auswärtigen Amtes
Dr. Susanne Tiemann	Präsidentin des Bundes der Steuerzahler, Präsidentin der SEPLIS, des Europäischen Verbandes der Freien

	Berufe, Vorsitzende des Wirtschafts- und Sozialausschusses der EG
Dr. Pavel Toper	Professor, Stellvertretender Vorsitzender des Rates der Übersetzer im russischen Schriftstellerverband
Otto Vollnhals	Autor von Fachwörterbüchern
Walter Volz	Leiter der Verwaltungseinheit „Sprachkoordination" bei der Kommission der Europäischen Gemeinschaften
Dr. Friedrich Graf von Westphalen	Rechtsanwalt
Norbert Zänker	Freiberuflicher Dolmetscher und Übersetzer für Englisch mit dem Fachgebiet Recht, Vorsitzender des BDÜ-Landesverbandes Berlin, Referent für Honorare und Gebühren beim BDÜ

Konferenzdolmetscher:

Rudolf Behrens
Elke Nowak-Lehmann

Bundesvorstand:

Friedrich Krollmann	Präsident
Petra Fröschen	Vizepräsidentin
Antje Kopp-Zug	Vizepräsidentin
Ingrid Schreiber	Vizepräsidentin
Dr. Falk Peter Weber	Vizepräsident
Gudrun Sotiroudis	Bundesschatzmeisterin